エリア・スタディーズ 165

アゼルバイジャンを知るための67章

廣瀬陽子〔編著〕

明石書店

ロシア
ジョージア
カスピ海
ザカタラ
ハチマズ
グバ
バザルジュズ山
シェキ
ガバラ
カザフ
イスマイリ
アルメニア
トウズ
ミンゲチェヴィル
ギャンジャ
シャマヒ
スムガイト
バクー
ナフタラン
イェヴラフ
バルダ
クラ川
アブシェロン半島
ゴブスタン
アグダム
ザビラバド
トルコ
ハンケンディ
（ステパナケルト）
アラス川
ラチン
ナゴルノ・
カラバフ
ナヒチェヴァン
ジュルファ
レリク
レンカラン
アスタラ
イラン

アゼルバイジャン全図

はじめに

アゼルバイジャン共和国は、コーカサスに位置するソ連邦を構成していた国である。１９９１年のソ連解体を機に独立した後、独立後の政治経済の混乱やナゴルノ・カラバフ紛争などで、厳しい時代を生き抜いてきたが、２０００年代に入ってからは、オイルマネーで飛躍的な経済成長を遂げた。首都バクーも２００５年くらいから急激に近代化し、様相が一変した。そのため、日本の娯楽番組などではアゼルバイジャンを「金満国家」などと称して、同国の表面的な部分だけを紹介する傾向が強いように思われる。

しかし、テレビなどで紹介される姿はアゼルバイジャンのほんの一部に過ぎず、それらが描き出す印象は、アゼルバイジャンの真の理解をむしろ妨げるだろう。実際には、ほとんどの国民は素朴な生活を送っており、日本の官民双方からの援助もアゼルバイジャン国民を支えてきた。また、アゼルバイジャンは日本のテレビでは報じられないような深く複雑な歴史、多様で素晴らしい文化を持ち、地政学的に「戦略的要衝」に位置していることから、厳しい対外関係の中で生き抜いてきた。民族紛争でも苦しみ、様々な痛みを経験してきた国でもある。

そこで、等身大のアゼルバイジャンを理解していただくために、多くの分野の執筆陣に執筆をお願いし、本書が出来上がった。各章、各コラムは新進気鋭の研究者から熟練の先生方や実務家の方まで、最高の執筆陣にお願いできたと自負している。執筆陣の多くはアゼルバイジャンでの研究や仕事の実経験を持っており、実に深い造詣をお持ちである。最初の全体像こそ編者が構想したものの、執筆者の方々にも執筆項目や新たな執筆者をご提案いただいたので、編者には思いもつかなかった項目も含めることができ、執筆者の皆様のご協力によって比類なきアゼルバイジャンの書物が出来上がったと自負している。

本書がカバーしている項目は実に広い。

第Ⅰ部の概説は、アゼルバイジャンを、地政学、自然・地理、環境、都市などの視点から捉え、同国のイメージをつかんでいただけることを目的としている。

第Ⅱ部の歴史のパートでは、アゼルバイジャンの歴史を19世紀から現代にかけて解きほぐしつつ、日本とも関係が深いスパイ・ゾルゲのコラムも設けた。アゼルバイジャンの複雑な歴史展開に読者も驚くに違いない。

第Ⅲ部の政治のパートでは、政治体制、アゼルバイジャンの現代政治を掌握してきたアリエフ一家、議会、選挙、政党、人権問題、軍事という項目からアゼルバイジャンの政治・軍事状況を明らかにした。アゼルバイジャンが政治的混乱を経験したのちに獲得した現在の「安定」は、国民が重視する要素である一方、諸外国からは非民主的であるとして多くの批判を受けてきた。

アゼルバイジャンは多民族国家である一方、テュルク系民族としての連帯も維持してきた。第Ⅳ部の民族・人口のパートでは、アゼルバイジャン民族にフォーカスを当て、アゼルバイジャン内外の動向を明らかにするために、ユダヤ人やイラン在住のアゼルバイジャン人や在外アゼルバイジャン人についても論じ、人口問題にも迫った。また三つのコラムは、アゼルバイジャン民族をより深く理解する上で重要な情報を提供してくれる。

アゼルバイジャンは民族分布の複雑性、戦略的重要性から、古くから多くの紛争・戦争に悩まされてきたが、第Ⅴ部の紛争のパートでは、ロシア革命以後の紛争にからむ問題を取り上げている。アゼルバイジャンはロシア革命後にも痛ましい混乱の時期を経験し、ナゴルノ・カラバフ紛争は激しい戦闘のあと停戦合意したものの、同地域が未承認国家化したこともあり、現在でも深刻な問題であり続けている。ソ連末期の黒い一月事件は未だに国民の心に深い傷を刻む。同国および近隣諸国の紛争のゆえに、多くの難民・国内避難民を抱えている現実も重い。他方、カスピ海領海問題など、人が絡まない紛争もアゼルバイジャンを悩ませてきた。

第Ⅵ部では、アゼルバイジャンの石油・天然ガスと経済を扱う。アゼルバイジャンの経済を考える上で、石油・天然ガス開発の問題は切り離せない。そして、石油はアゼルバイジャンの歴史や発展を考える上でも大きな意味を持ってきた。そこで、バクーの石油、天然ガスの意義や開発について歴史的に検討しつつ、歴史の一ページを飾ったオイルバロンについても論じる。また、外洋と接しないアゼルバイジャンにとって、石油・天然ガスを輸出するためのパイプラインは極めて重要な意味を持つが、パイプラインは容易に敷設できるものではなく、ルート選定から建設まで多くのドラマを持つものだ。さらに、アゼルバイジャンの経済に多面的に斬りこむ。概観をした後、対外経済関係、産業、農業などの部門について論じ、石油価格の下落がアゼルバイジャンにもたらした影響を銀行業界やハザルランドプロジェクトなどから考える。

第Ⅶ部では、アゼルバイジャンの外交を解体する。まず、概観をしてから重要な国、すなわちイラン、トルコ、ジョージア、アルメニア、ロシアとの関係を詳しく論じる。ここにあげた国名からも分かるように、アゼルバイジャンにとっては、旧ソ連で強い影響力を持つロシアが重要なのはもちろん、加えて近隣諸国との関係も肝要である。その流れで、旧ソ連の地域協力機構であるＧＵＡＭ（ジョージア、ウクライナ、アゼルバイジャン、モルドヴァという加盟国の頭文字を取っている）におけるアゼルバイジャンの立ち位置も興味深い。また、地域・イスラームの論理で切り離せない北コーカサスとの関係も別途検討する。

第Ⅷ部では、アゼルバイジャンの文化を非常に多面的に見てゆく。宗教、教育、アゼルバイジャン語、アゼルバイジャン文字、絨毯、音楽・舞踊、食文化、祝祭（ノヴルーズ・バイラム）、古代から現代に至るまでの多様な建築の姿、路上に見られる興味深いもの、前近代の城塞、スポーツとその一環のチェス、民間療法など、扱う分野は極めて広い。そのどれもがアゼルバイジャンを知る上では欠かせない要素であり、また、これらを知ることによってアゼルバイジャン人への親近感が一気に強まること請け合いである。

最後の第Ⅸ部では、アゼルバイジャンと日本の関係を考える。アゼルバイジャンの知名度は日本ではまだ決して高くないが、アゼルバイジャン人が極めて親日的で、また様々な形で日本と関わってきたことがよく分かるはずである。日本は概してアゼルバイジャンと良好な関係と保ち、また日本のＯＤＡや草の根無償はアゼルバイジャン人を大いに助け、そのことがまた日本に対する敬意を高めてきた。このような公的な支援のみならず、富士メガネによるプライベートな形での視力支援なども行われてきたことはあまり知られていないのではないだろうか。そしてアゼルバイジャンでは日本文化や日本語への関心が極めて高く、それらを学ぶ者が多いことも特筆に値するだろう。他方、日本企業もアゼルバイジャンで活躍してきた。日本・アゼルバイジャン経済合同会議なども行われるようになり、日本とアゼルバイジャンの経済関係は確実に深まっていったのである。日本とアゼルバイジャンの関係は包括的に良好な形で発展してきたと言ってよい。

なお、地名、人名については、複数のカタカナ表記がありうるが、編者が統一させていただいたことを付記したい。加えて、歴史的に変遷がある呼称は基本的に歴史的な呼称を採用（例えば、ザカフカスなど）した一方、外国での呼称を尊重したケース（第40章など）もある。いずれにせよ、全体の責任は編者にある。

本書でも論じられているように、アゼルバイジャンの最初の国家であるアゼルバイジャン民主共和国が成立したのは１９１８年であり、本書が出版される２０１８年は、建国百周年という節目の年である。そのような記念すべき年にアゼルバイジャンを多面的に捉えた本書が出版されることをとても嬉しく思う。本書は、一般の方はもとより、実務家や研究者に至るまで、広い層の方々に受け入れていただけると考えている。本書がより多くの方々に読んでいただけることを、そしてアゼルバイジャンの真の魅力を伝えられることを、心から願ってやまない。

最後に、編者のお願いに快く応じてくださった多くの執筆者の皆様、そして本書の企画をご提案下さり、編集の労を担ってくださった明石書店の佐藤和久氏に心からお礼を申し上げたい。

２０１８年６月

編者　廣瀬 陽子

アゼルバイジャンを知るための67章

目次

I 概説

II 歴史

Ⅲ　政　治

Ⅳ　民族・人口

V　紛　争

VI　石油・経済

Ⅶ　外交と近隣諸国との関係

Ⅷ　文　化

CONTENTS

IX 日本とのかかわり

※本文中、とくに出所の記載のない写真については、原則として執筆者の撮影・提供による。

I

概説

1

アゼルバイジャンの概説

★文明の十字路★

南コーカサスに位置するアゼルバイジャン共和国（Azərbaycan Respublikası）は、ソヴィエト連邦の一構成共和国であったが、1991年12月25日のソ連解体に伴って独立を果たした。

旧ソ連諸国であり、また日本からは地理的にも遠く、日本人にはまだ馴染みがない国であるが、アゼルバイジャンは東西の文明の十字路に位置し、魅力的な文化と歴史を持つ国であると同時に、資源も豊かな戦略的意義の高い国でもある。また母語であるアゼルバイジャン語は、日本語と同じアルタイ語系に属し、日本語と文法体系がかなり近い。また、アゼルバイジャンが極めて親日的であることを考えれば、日本人にとってアゼルバイジャンはもっと身近な国であってよいはずだ。

アゼルバイジャン共和国は、カスピ海、ロシア、ジョージア（グルジア）、アルメニア、イランに囲まれた本土と、アルメニア、トルコ、イランに囲まれた飛び地（ナヒチェヴァン自治共和国）から成る。面積は8万6600平方キロメートルで、日本の約4分の1、北海道よりやや大きい程度である。アゼルバイジャンの地方行政区画は59の県、県と同レベルの11市、および一つの自治共和国および自治州（被占拠中）で構成されており、首都バクー（Bakı）はコーカサス最大の都市だ。

同国は、世界最大の塩湖であるカスピ海の石油と天然ガスにより、石油供給と石油関連産業で栄えてきた。帝政ロシア時代には、バクーの石油の生産量は世界の生産量の半分を超えていた。

また、気候が変化に富み、世界の11つの気候帯のうち、九つを有し、国内に全植生を有するとされている。国土の半分くらいは山岳地帯だが、北部は大コーカサス山脈の南側に位置し、ダゲスタンとの国境上に位置するバザルジュズ山が国内最高峰で標高４４６６メートル、ババダーク山も標高３６２９メートルと北部には標高の高い峰がそびえる、そして、南部にはタリッシュ山脈が、そして西部には大・小コーカサス山脈がひかえる。

山に囲まれた内陸は砂漠に近い気候だが、カスピ海に面した北部地域は温暖湿潤気候で、南部地域はステップ気候ながら地中海性気候にも近い。他方、山岳地帯は高湿低温の寒冷地で、夏もかなり涼しいなど、国内でも地域ごとに気候はかなり多様である。そして、クラ川、アラス川に代表されるような、川がある地域は農業に適しているが、そうでない地域では、雨も少ないので、農業には灌漑施設が必須となっている。

このような気候により、多様な果物、野菜を豊富に産し、羊を中心とした牧畜や綿花の栽培も盛んとなっている。さらに、地理的に東西の文明の結節点、宗教の交錯点に位置するため、アゼルバイジャンは文化的にもとても豊かである。

人口は、９９２万２９５人（２０１８年6月・国連）だが、15年足らずで約１６０万人の人口増加を記録するなど、人口増加率は高い。一方、ソ連解体前後に難民・国内避難民（Internal Displaced Person: I

DP）が100万人以上発生し、長年難民キャンプ生活を強いられていたが、近年は政府が提供した住居に移り住む家族も増えている。なお、その難民・避難民の内訳は、ナゴルノ・カラバフ紛争によるアルメニア、ナゴルノ・カラバフおよびその周辺からのアゼルバイジャン人、ウズベキスタンから追放されたメスヘティ・トルコ人（メスフ人）難民とチェチェン難民、さらにアフガニスタン難民など、大変多岐に亘る。そして、この難民と国内避難民が社会不安の一因にもなってきた。

人口動態をさらに複雑にしている要因に民族分布の多様性がある。1999年のセンサスによれば、アゼルバイジャン人（90・6％）、レズギ人（2・2％）、ロシア人（1・8％）、アルメニア人（1・5％）、タレシュ人（1・0％）、その他となっているが、その他の民族はアヴァール人、アグール人、アッシリアン新アラマイク人、ウクライナ人、ウディ人、エルジヤ人、オセット人、カラチャイ・バルカル人、北アゼルバイジャン人、クルツ人、クルマンジュ人、ジョージア人、サフール人、タタール人、タット人、タバッサラン人、ダルグワ人、トルコ人、ハラジュ人、ヒナルグ人、ブドゥフ人、ベラルーシ人、ポーランド人、ポンティック人、ラク人、リシャン・ディダン人、ルーマニア人、ルトゥル人、ロマブレン人など極めて多様だ。なお、アルメニア人は主にナゴルノ・カラバフに居住している。また、イラン北部にアゼルバイジャン共和国以上に多くのアゼルバイジャン人がいるということにも注意が必要だ（第21章参照）。

民族数が多いということは、言語にも当然複雑さを与える。公用語はアゼルバイジャン語（アルタイ系テュルク諸語のオグズ系に属し、トルコ（共和国）語やトルクメン語に近い）であるが、アゼルバイジャン国内で確認された生活言語は、アゼルバイジャン語の他、ロシア語、アヴァール語、アルメニア語、

図1　コーカサス地域の民族・言語の分布地図

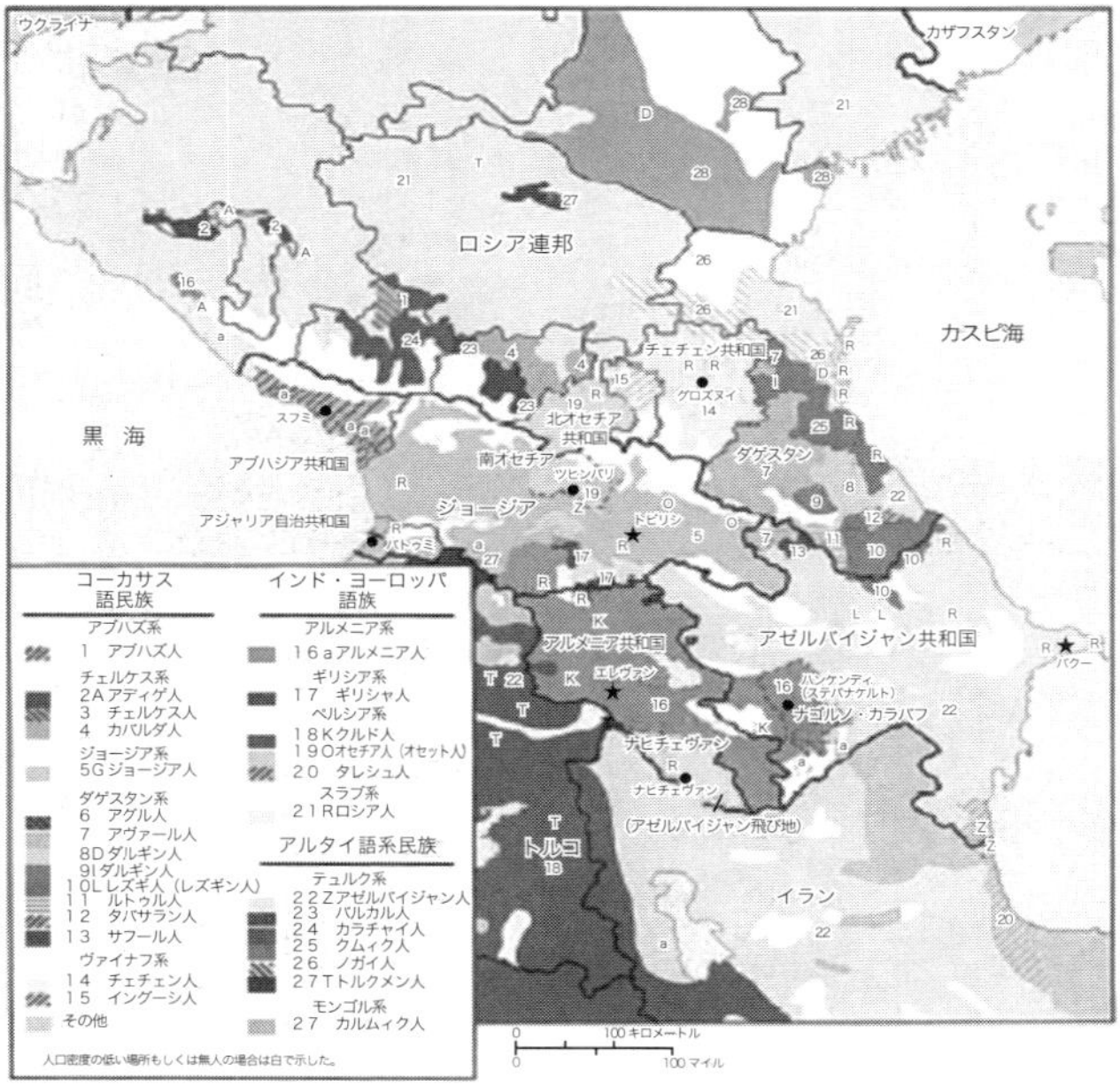

（出所）廣瀬陽子『旧ソ連地域と紛争：石油・民族・テロをめぐる地域学』慶應義塾大学出版会、2005年、43頁を基に作成

クルド語、タット語、タレシュ語、レズギ語など、14言語に及ぶ。アゼルバイジャン語の文字は、アラビア文字、ラテン文字、キリル文字などの変遷を経て、91年の独立後は再びラテン文字が採用されている。アゼルバイジャン語には、地政学的位置や侵略の歴史の故に、ペルシア語やアラビア語、ロシア語の単語も多数入っている。若者の間では英語熱が高まっているが、ソ連時代の名残で高齢層の間や北部ではロシア語流通率も高い。

宗教は、イスラーム教徒が97%以上を占めるが、うち、約7割がシーア派、約3割がスンニ派で、前者は南部に、後者は北部に多い。南部の隣国・イランがシーア派、北部の隣国・ロシアの北コーカサスがスンニ派であることから、アゼルバイジャンがイスラーム教の宗派分布の分岐点にもなっていると言える。加えて、ロシア正教（2・5％）、アルメニア使徒教会（2・3％。主にナゴルノ・カラバフ）、その他ユダヤ教なども信仰されているが、地域差・民族差がある。それでも、ソ連時代に世俗化されているので、宗教色は概して強くない。イスラーム教徒でも、ベールを纏う女性は少なく、飲酒も普通になされている。また、ソ連解体後は、イスラームの祝祭日も復活している。例えば、アーシューラー（ヒジュラ暦におけるムッハラム月の10日目にあたり、その日に行われる宗教行事も意味する。シーア派とスンニ派で差異があるが、前者はタアズィーヤというイマーム・フサインの殉教追悼行事を行う）やクルバン・バイラム（犠牲祭）、ラマダン（断食）などがあるが、ラマダンを行うのは中高年以上の一部に限られており、ラマダン期でもレストランなどは通常通りの営業をしている。

文化的にはトルコ、イランに近いが、日本では春分の日にあたるノヴルーズ・バイラム（ペルシア文化での新年）はイラン同様に1年で最大の祝祭日である（コラム7参照）。また、食文化については、トルコ、イランは勿論、ロシアの影響も強く受けている。紅茶はアゼルバイジャンでは欠かせない飲み物であり、名産の一つでもある（第54章参照）。

このようにアゼルバイジャンの多様性は極めての顕著であり、その魅力は計り知れない。（廣瀬陽子）

2

地政学から見たアゼルバイジャンの位置

★ランドパワー小国としての運命★

アゼルバイジャンは、コーカサス地方の最大の都市であるバクーを首都に持ち、古くから文明の交差点として栄えてきた地域に存在する、旧ソ連圏から誕生した新興国家である。

アゼルバイジャンと言えば、一般的にはカスピ海沿岸の豊富な石油資源を持つ格闘技の強い国、という程度の認識かもしれないが、現在はユーラシア大陸の内陸国として、とりわけ世界の政治を動かす大国たちにとって、再び重要視される位置にある。これを読み解く上で参考になるのが「地政学」という考え方だ。

近年になってから「地政学」(Geopolitics)という言葉やタイトルのついた書籍を日本でも頻繁に目にするようになったが、これは２００２年に当時の米国連銀総裁アラン・グリーンスパンが「地政学リスク」(Geopolitical Risk)という言葉を頻発したことで日本でも広く知られるようになった言葉だ。しかしその概念事態は古く、近代に入って本格的に使用され始めたのは20世紀はじめからだ。

簡潔に言えば、地政学は19世紀から始まった列強による植民地拡大主義に使われた、列強同士の権力争いに参考とされる、

I 概説

地理をベースとした国家戦略の考え方をまとめたものだ。そしてここから見ることによって、アゼルバイジャンのような小国のかかえる地理的な状況を大きく俯瞰することができそうだ。

具体的な詳しい地理状況の説明については次章にゆずるが、本章ではこのような大きな「地政学」という観点から、このアゼルバイジャンという国が世界・地域の国際関係においてどのような地理関係を持ち、かつそれらが対外的・戦略的にどのような意味を持っているのかについての概況を簡潔に述べてみたい。そこで本章では、そのような状況を読み解くためのキーワードを三つ用意した。それは「ランドパワー小国」「遠い資源国」、そして「通り道」である。

第一に、アゼルバイジャンはランドパワー国家である。ただし「地政学の祖」とされる英地理学者ハルフォード・マッキンダーなどの文献による定義では、アゼルバイジャンは大国ではないために、厳密には「ランドパワー国家」とはならず、むしろ「ランドパワー小国」となる。外洋へのアクセスを持たず、伝統的に他地域の帝国たちに運命を翻弄されてきたからだ。それは、アゼルバイジャンが、過去（そして現在）の帝国たちの遺産のおかげで、多民族（アゼルバイジャン人のほか、レズギ、ロシア、アルメニア人など）かつ多言語（14カ国語）国家であることにもあらわれている。

このような小国にとって決定的になるのが、歴史的にも大きな影響を与えてきた周辺の四つの大国との関係だ。まず北に位置するロシアである。18世紀後半からのペルシアとの覇権争いから19世紀初頭にロシア帝国に組み込まれてから、アゼルバイジャンでは石油産業が勃興している。帝国崩壊の前後の20世紀に一時的に独立したが、１９２０年には赤軍に占拠されてから共産化して連邦に組み込まれ、ソ連崩壊後にようやく独立して現在に到るが、現在でもクレムリンの影響力は感じられている。

南に位置するイランについては、国名の元になった紀元前のアケメネス朝や、カフカス・アルバニア国時代から歴代のペルシア帝国に何度も支配されており、８世紀に入ってカリフ領となってからは伝統的にイスラム教が定着している。19世紀にロシアに編入されるまでサファヴィー朝の領内にあり、現在のイランの北部にはタブリーズを中心に本国（９６５万人）よりも多く（１５００万人ほど）のアゼルバイジャン人が住んでいることも、その距離感の近さを示しているが、現在の政治的影響力は限定的だ。

次に東側に位置するトルコだが、言語的・民族的にアゼルバイジャン人と近いテュルク系であり、これは11世紀のセルジューク朝の時代の遊牧民（チュルクメン）の流入の影響が大きいとされている。トルコとの距離感の近さは特別であり、これは安全保障上の直近の課題としての「ナゴルノ・カラバフ紛争」も大きい。詳しくは後の章で解説されているが（第25章参照）、これは西北に位置するアルメニアが、１９０５年に発生したとされる「アルメニア人虐殺事件」の関係からトルコと敵対しており、いわば「敵の敵は味方」という意味で、必然的にトルコと共闘する形となっている。

いずれにせよ、歴史的にアゼルバイジャンはランドパワーとなる周辺の帝国たちから圧倒的なパワーを感じながら生き残りを図ってきた。東南アジアでよく使われるアフリカのことわざに「２頭の象が争うと足下の雑草は踏みにじられる。しかし、２頭の象が愛し合っても足下の草は踏みにじられる」という小国の悲哀を述べたものがあるが、現代のアゼルバイジャンはその「草」の状態から抜け出せるカードが一つある。それがエネルギー資源である。

二つ目の「遠い資源国」というキーワードは、アゼルバイジャンにとって（現在のところは）大きな恩恵を与えてくれている。古代から石油の存在が確認され、拝火教も盛んなことから「火の国」とも呼ばれてきたアゼルバイジャンだが、石油生産が本格的になってきたのは19世紀のロシア帝国時代からだ。1870年にロシア帝国が独占を諦めると、科学賞などでおなじみのノーベルやロスチャイルド家のような私企業の資本が本格参入を始め、産業が盛んになるとそれが共産化を招き、1920年のボリシェヴィキのバクー制圧によってソ連の所有物となる。大祖国戦争（第二次世界大戦）では油田がヒトラーに狙われるも、産出する石油のおかげでソ連の勝利に貢献し、後に枯渇してからソ連内での生産地としての重要度は減少したが、技術発展のおかげで冷戦後は開発ブームにわいている。

もちろん天然資源の輸出に頼って失業率が上がる、いわゆる「オランダ病」の危険性が高く、IMFなどの国際機関にも経済構造を多極化を勧められて農業なども盛んになっているが、石油ガス油田の開発資金を外国から呼び込むスタイルはかわっておらず、21世紀に入ってからは高い経済成長を記録していた。ところが近年の原油価格低下の影響を受けて、2016年は初のマイナス成長を記録している。このような基本的な経済的な基盤と、大国からの距離の遠さを最大限に活用しつつ、アゼルバイジャンは、ロシアや西洋、そしてトルコなどに対しても、基本的に中立でバランスをとる「等距離外交」を志向する傾向が強い。

三つ目の「通り道」とは、地政学で重要視される物流・交通と軍隊の通り道に関するものである。アゼルバイジャンは外洋にアクセスを持たないため、国家の最重要物資である石油やガスをパイプラインで運ばなければならなくなる。すると、必然的にそのルートは陸上を経由することになり、周辺国との関係、さらには戦力投射が行われたルートの重要性が如実にあらわれてくる。とりわけ近年では、係争中のアルメニア、そしてロシアを避ける形でジョージア（グルジア）を経由してトルコにつながる「バクー・トビリシ・ジェイハン」（ＢＴＣ）石油パイプライン、「バクー・トビリシ・エルズルム」（ＢＴＥ）ガスパイプラインが建設されたほか、トルコから欧州に向かるトランスアナトリアン天然ガスパイプライン（ＴＡＮＡＰ）の建設が２０１３年に始まっている。パイプラインの敷設状況から、アゼルバイジャンが文明や帝国のパワーだけでなく、資源の通り道としても「十字路」に位置していることが分かる。

ナポレオンは「ある国の地理を知れば、その国の外交政策がわかる」と豪語したと言われている。もちろん地理的な状況だけでは、アゼルバイジャンのような国の外交政策は何も分からないのだが、それでもいくつかの条件は見えやすくなる。例えば資源国としての立場は国際的なエネルギー価格などにも左右されやすいが、その他の大国との微妙な地理的な位置関係のおかげで、アゼルバイジャンはリスクもチャンスも秘めた潜在力の高い国であることは間違いない。

（奥山真司）

3

地理・気候・自然

★アゼルバイジャンと植物遺伝資源★

著者の専門である植物育種学は、農作物の新品種作出（育種）、関連する技術開発、およびそれらの学術的基盤の構築を目指す学問分野である。同分野の研究者や技術者にはアゼルバイジャンや周辺地域に縁があったり、関心を持つ方が散見される。その理由の一つとして、この地域を起源とする農作物や、研究対象の農作物と系統学的に近い植物種（近縁種）がこの地域に多いことがあげられよう。

農作物は元々野生植物であり、人類がそれに選抜を加えて栽培化したものである。したがって、その起源地には栽培化に関わった植物や、その仲間が残されていることがある。例えば、アゼルバイジャンを含めたコーカサス地域はコムギ・オオムギの起源地、もしくはそれに非常に近いと考えられており、近縁種や在来種が豊富である。在来種とは、その地域で長年栽培されてきたローカル品種であり、優れた局地適応を示す反面、収量、品質あるいは作業管理の面で最新の品種に劣る。そのため、生産者が在来種にメリットを見いだせないと近代品種への転換が進み、耕作者がいなくなった在来種は絶滅する。近縁種とは、要するにその作物の仲間の野生植物である。これらは生息地の攪乱・開発等の要因で失われてしまう危険がある。在来種や近縁種をここでは「(植物)遺伝資源」と呼ぶ。

育種に携わる者にとって遺伝資源はきわめて貴重である。例えば、手元の資料には「育種のためには、それまでに利用されていない新しい遺伝的変異〔とその供給源〕、すなわち遺伝資源が必要である」と明快にまとめてられている(河原、2010、〔 〕は著者)。研究者や技術者にとって在来種や近縁種は歴史的な価値を持つばかりでなく、既存の品種にない特性を新品種に付与するための育種の素材なのである。農業生産を取り巻く環境が変化し続ける限り(地球温暖化、新たな病害の発生、コスト、消費者の嗜好など)、育種には終わりがない。その意味で遺伝資源は人類の食を支えるための共有財産である。こうした共通認識の元、各国が遺伝資源を互いに交換しながら育種を進められるような国際ルールができあがりつつある。

アゼルバイジャンに遺伝資源が豊富な理由として、気候風土と歴史的要因があげられる。アゼルバイジャンはカスピ海の西岸に位置し、アゼルバイジャン側資料によれば国土面積は8万6600平方キロメートルである。これは北海道よりもやや大きい。国土のおよそ40%が山岳地帯であり、これには大コーカサス山脈、小コーカサス山脈、およびタリッシュ山脈が含まれる。国土の最高地点が標高4466メートルである反面、カスピ海海面は海抜マイナス26・5メートルである。

アゼルバイジャンは多様な気候の国としても知られており、氷河もあれば半砂漠もある。気温は、国内最高気温記録がプラス46℃、最低気温記録がマイナス32℃である。降水量は、例えばバクーの位置するアブシェロン半島は年間150から200ミリだが、タリッシュ山脈のある地点では1600から1700ミリであり、さらに多い地域もあるという。ただし、年間降水量400ミリ以下の地域が国土の65%を占めているので、全体としては乾燥している国土と言えるだろう。そのため、灌漑無しでは農業生産が不可能な土地も多い。

多様な気候風土を踏まえると、そこに暮らす生き物も多様であることは想像に難くない。アゼルバイジャン科学アカデミーがまとめた同国の生物相（ある特定の地域における生物の多様性）を一部紹介すると、同国ではおよそ5020種の菌類、2万5000種の無脊椎動物、667種の脊椎動物、および4500種の高等植物（維管束のある植物）が記録されているという。無論、こうした生物間の相互作用も多様化を推し進めている要因となり得る。

アゼルバイジャンには有史以前から人が住んでいたと考えられ、古くから農耕が行われていた可能性が高い。あるコムギ研究者は、いわゆる肥沃な三角地帯の一地域（トルコ南東部と言われている）で誕生した古いタイプの栽培コムギ（栽培二粒系コムギ）が分布域を広げ、カスピ海南西岸の野生種と交雑した結果、現在私たちが食べるパンの原料となるコムギ（パンコムギ）が誕生したという可能性を指摘している。最近になって、8400年前のトルコの遺跡から見つかったコムギが栽培二粒系でなくパンコムギであることが報告された。もし、先述の「パンコムギカスピ海南西岸起源説」が正しいなら、8400年前よりさらにさかのぼった時代から栽培二粒系コムギがカスピ海沿岸で作られていた（農耕が行われていた）ことになる。ムギ類の他にもアゼルバイジャンで長い栽培の歴史を持つ農作物として、マメ類、果菜類、飼料作物、果樹、および工芸作物の一部があげられる。これらのすべてがアゼルバイジャン（もしくはコーカサス地域）起源というわけではないが、同国の気候風土に適応するものが長期間にわたって選抜され在来種となっているのは魅力的である。

アゼルバイジャンは自国の遺伝資源の重要性を認識しており、遺伝資源の保護と利用を目的として、2003年にアゼルバイジャン植物遺伝資源研究所が設立されている。同研究所には中央アジアでは初めてとなるジーンバンクも併設された。これにより、遺伝資源に関する包括的な研究や、国内関連機関（農業試験場など）との連携が図られることとなったが、人材や資金の面で問題があるのは万国共通の悩みである。この点で国際共同研究は参加国のみならず、アゼルバイジャンにも大いにメリットがあると言えよう。

我が国の研究者は、過去に何度かアゼルバイジャンを訪れ遺伝資源収集を行っている。旧ソ連時代の1966年には京都大学コーカサス地方植物調査隊がバクーに立ち寄り、郊外でムギ類を中心に収集を行った。2003年には、当時の独立行政法人農業生物資源研究所ジーンバンクが、テンサイ（サトウダイコン）近縁種の収集を行った。これについて、以下に少し詳しく述べる。

テンサイはビーツやフダンソウと同一の植物種で、この種は地中海沿岸が原産と言われている。テンサイ近縁種はヨーロッパを中心に分布しているが、コーカサス地域にはある特定の分類群に属する近縁種が認められる。日本とロシアの共同探索収集の一環として、アゼルバイジャンを含めた三カ国の国際テンサイ近縁種探索収集チームが結成され、アゼルバイジャン南部に派遣された。著者は日本側メンバーの1人として招かれ、これに参加した。

探索地は見渡す限りの原野で、現地の人の情報を元に調査をすすめる（図1、2）。従って、アゼルバイジャン側研究者の案内がなければ、探索は不可能である。このときは、植物遺伝資源研究所所長であるゼイナール・アクパロフ博士が同行した。博士は優れた研究者であり、何度も近縁種を発見し

図1　アゼルバイジャン南部の探索地域の一つ。地名は、**Geledera** 村の周辺ということしかわからない。持参した **GPS** で、緯度、経度および標高を記録した。標高は、およそ2000メートルであった。

図2　現地で雇った運転手（左）と著者（右）。後ろは移動でお世話になった乗用車。旧ソ連製の普通乗用車だが、これで道路の有無に関係なくどこでも行った。一度悪路でスタックし、現地の人たちに抱え上げてもらい脱出したことがある。

ては「おーい、あったぞー」と著者らを呼んだ。同地はイランに隣接しており、国境フェンスの向こうには隣国のレーダー施設が見える。同行したロシア人研究者に、「国境の向こうに近縁種があったらどうする？」と聞いたら、「（躊躇せず越境して）採集しろ」と無茶なことを言われた。幸い、そのような事態にはならなかった。夜は農家に泊めてもらい、大いに歓待された。人々は大変親切であったが、東アジア人がとても珍しいようであった。移動の途中で休憩していると、子どもたちが好奇の目で近寄ってきて、何事か話しかけてはキャッキャと喜んでいた。

アゼルバイジャンにおける収集はまずまずの成果を上げ、採集した種子は参加国それぞれのジーンバンクに収められた。現地で見る限り、これらの近縁種はかなり過酷な環境で育っており、乾燥や耐病性に関する有用な形質を保持すると期待できる。形態的な多様性が認められたが、遺伝的多様化の程度などの問題について、ＤＮＡマーカー等を用いた調査が必要と考えている。

著者の知る限り、その後２００８年に岡山大学・鳥取大学合同調査グループがアゼルバイジャン北部で68カ所という大規模なムギ類収集調査を行っている。こうした活動を通じて、同国遺伝資源の研究や利用が進むことを祈念している。

（久保友彦）

4

アゼルバイジャンの都市と観光

★歴史・文化が織り成す風景★

本章ではアゼルバイジャンの主要な都市と観光地を紹介する。首都バクーは最も魅力的な街であろう。歴史的な旧市街、19世紀の石油ブーム時に建設された西洋風の建物、モスクをはじめとした多様な宗教施設、ソ連時代の無機質な建物、そして21世紀の石油ブームで建設された超近代的なビル群やイルミネーションと、小さな街にこれほど様々な文化が詰まった例も珍しいだろう。特に必見なのは旧市街で、城壁都市バクー、シルヴァンシャー宮殿、および乙女の塔は2000年にユネスコの世界遺産に指定されている。また、黒い一月事件やナゴルノ・カラバフ紛争の犠牲者の多くを埋葬している「殉教者の小径」は、同国の負の歴史を体感できるだけでなく、カスピ海とバクーの街を一望できる絶好の場所だ。多くの博物館は、オイルバロン（第29章参照）の建物を再利用しており、展示はもちろん、建物も一見の価値がある。カスピ海沿岸の公園やクルーズも素晴らしい。

バクーは郊外も面白い。空港近郊には、アーテシュギャーフ（拝火教寺院）があり、世界でも有数の巡礼地となっている。また、近くにはヤナルダーと言われる岩から常に火をふいている場所

殉教者の小径

高台から見るバクーとカスピ海

ゴブスタン国立保護区の岩絵の一部

バクーの目抜き通り、ニザミ通り

もある。これらが古の時代に当地でゾロアスター教（拝火教）が発展した礎となった。

バクーから南西50キロメートルほどに位置するゴブスタン国立保護区には、１００平方キロメートルにわたって無数の洞窟が点在し、アルタミラのような石器時代の岩絵群が見られ、1万年以上も前から当地に人が住んでいたことを今に伝える。船、狩猟、祝祭、動物など様々なものを描いた古代の岩絵は、２００７年にユネスコの世界遺産に指定された。また、そこからほど近い「マッド・ボルケーノ」と呼ばれる泥の火山も興味深い。

西部のギャンジャは、人口28万人を擁する第二の都市である。アゼルバイジャンの大詩人、ニザーミー・ゲンジェヴィーの出身地であるほか、１９１８年から２年間存在したアゼルバイジャン共和国の首都が最初におかれた地でもある。

ナヒチェヴァンは飛び地のナヒチェヴァン自治共和国の首都である。ナヒチェヴァンの語源はアルメニア語で「ノアが最初に降り立った土地」を意味する言葉だとされるが、かつてはアルメニア系住民が半数以上を占めていた。現在もアルメニア人は自分たちの土地だと認識している。同地はかつて、本土と鉄道で結ばれていたが、ナゴルノ・カラバフ紛争によりアルメニアを通過できなくなったため、現在は空路のみで結ばれている（最近、トルコがトルコ・ナヒチェバン・イラン・アゼルバイジャン本土を結ぶ鉄道の建設を計画しているという報道はある）。同地は大部分をアルメニアに囲まれているため、燃料問題にはいつも悩まされており、トルコとイランとの短い国境線が命綱となっている。その一方で同地は「政治家を排出する地」だと認識されてきた。第二代大統領アブルファズ・エルチベイ、第三・四代大統領アリエフ父子をはじめとして、著名な政治家を多く輩出している。当地の出身者はナヒチェヴァン・クランと言われ、政治のみならず、経済でも大きな力を持っている。

スムガイトはバクーから北西30キロメートルほどに位置する町で、ソ連時代はアルミなど重化学工業で栄えた。１９８８年のスムガイト事件（アルメニア人との民族衝突）の舞台となった地でもあるが、やがて大工場群が廃墟と化し、環境汚染とその人体への影響が深刻となった。近年、かなりの改善が見られるが、かつては障害児の出産率が極めて高く、住民の多くが何らかの疾患を抱えていた。２００７年には米・ブラックスミス研究所が発表する「世界で最も汚染された10の都市」にも選ばれてしまったほどだ。ソ連解体後、廃墟化した工場の再生が外国からの援助（日本企業も参入）などにより進められてきたほか、赤新月社などが身体障害者のケアに当たってきた。その一方で、２０１１年12月21日の大統領令により、「スムガイト化学インダストリアルパーク」が同国の産業多角化、技術革新、雇用機会の拡大、起業支援などを目的に大規模に建設され、これまで輸入していた工業資材なども多く自前で調達できるようになった他、大規模な工業都市計画に基づき、住宅、公共施設、学校なども整備されて、スムガイトに新たな息吹が吹き込まれた。

シャマヒは、バクー北部に位置する歴史的に重要な都市で、6〜16世紀には現在のアゼルバイジャン北部一帯に存在していたシルヴァン諸王朝の首都であり、東西交易の中心地だった。現在も古い町並みが残り、絨毯とワインの名産地でもある。

ガバラは同国中部の町で、古代アルバニアの主要都市の遺跡とソ連時代から重要な位置を占めてきたレーダー基地で有名である。ガバラ遺跡からはゾロアスター教、キリスト教、イスラーム教という三つの宗教の遺跡が発掘された。かつては、アルメニア系の住民も多く、カパガクというアルメニア系の名前がついていた。

グバはロシアとの国境に近く、18〜19世紀にグバ・ハーン国の都があった地で、レズギ人や山岳ユダヤ人が多い。特に、グルムズ・ガサバ（赤い村）という地区は、山岳ユダヤ人の居住地域で、ペルシア系のタート語やロシア語が主に話されている。シナゴーグをはじめとしたユダヤ的な町の風景は、アゼルバイジャンにいることを忘れさせる。

シェキはコーカサス山脈の麓に位置する町で、18世紀にサファヴィー朝イランの崩壊後に当地のハーンが独自に支配し、発展した。絹の名産地でもあり、かなり栄えていたが19世紀にロシア帝国に征服されてしまった。現在でもハーンの宮殿やキャラバンサライなどが当時の面影を伝えており、キャラバンサライは宿泊施設にもなっている。

ザガタラは北部の自然豊かな地であるが、ロシアの北コーカサスに多いレズギ人とアヴァール人が主たる住民であることから、しばしばロシアとの統合を求める抗議行動が起きてきた。ジョージアやウクライナでロシアが使った「自国民保護」の論理が同地に使われることをアゼルバイジャン当局は強く危惧している。

カスピ海沿岸のレンカランはイランに近い南部の要衝で、近くには、長寿村として有名なレリク村もある。

そして、日本のテレビ番組で頻繁に取り上げられているのが石油と関連が深い海上油田都市（ネフチ・ダシュラリ）、そしてナフタランである。前者は首都バクーから100キロメートル離れたカスピ海上に位置する、ソ連時代の1940年代末から建設が進められたギネスブックにも載る世界初の海上石油プラットフォームである。住宅施設、娯楽施設、公園、飲料工場など様々なものが建設され、一時は五千人が居住した時期もあったが、現在は二千人程が居住していると言われる。後者は、バクーから北西に320キロメートル離れた村だが、「石油風呂」で有名であり、多くの人々が湯治に訪れる（第60章参照）。

最後に、ナゴルノ・カラバフ（アゼルバイジャン語では「ダグルフ・ガラバグ」。第25章も参照）自治州とその周辺地域は、アルメニア人に占拠されたままとなっており、その奪還は国民の悲願である。「ナゴルノ」は「山岳の」、「カラバフ」は「黒い庭」という意味だが、「黒い庭」と言われる所以は、その肥沃な土壌と黒く見えるほど深い緑をたたえた豊かな森林にあるという。州都ハンケンディ（アルメニア人は「ステパナケルト」と称する）とソ連時代に同州で例外的にアゼルバイジャン人の居住比率が高かったシューシャは、多くの芸術家を輩出し、絨毯作りでも名高かったことから、アゼルバイジャン人の心の故郷になっている。

（廣瀬陽子）

5

バクーは「風の町」なのか

★語源説の真偽を探る★

アゼルバイジャン共和国の首都、バクー。観光目的にせよビジネス目的にせよ、この町を訪れた者の多くが、何らかの形でその名の由来を聞かされたことだろう。曰く、バクーとはペルシア語で「風の町」を意味しており、この町に吹きつける強風に由来しているのだ、と。

このような説明を耳にしてきたのは、現代に生きる我々だけではない。例えば、中央アジア探検で知られるヘディンは1885年にバクーを訪れたが、その旅行記の中で「風の町、バクー」という表現を使い、この地の強風についても繰り返し言及している。130年以上も前にこの地を訪れたスウェーデン人が、現代の日本人旅行者と同じような説明を現地住民からされていたかもしれないと考えると、なんとも面白い。

「バクー=風の町」とする語源説については、我が国の出版物、例えば『新版ロシアを知る事典』や『中央ユーラシアを知る事典』（いずれも平凡社）の「バクー」の項目にも記されている。これは、アゼルバイジャン共和国における出版物においても同様である。例えば、2007年に出版された、大学用の地名学の教科書には、「多くの研究者たちの考えでは、バクーはペルシア語の『バードクーベ』という語に由来し、すなわち、『風が強い場所』、『風が吹く町』という意味である」と記されている。

ペルシア語の「バード（bād）」は、「風」を意味する。「クーベ（kūbe）」は、「叩く」という意味の動詞 kūftan の現在語幹 kūb に、類似したものを表す接尾辞 -e が接続したものであろう。ちなみに、現代ペルシア語の辞書で kūbe を引くと、「槌」「（ドアの）ノッカー」などといった意味が出てくる。余談ではあるが、動詞 kūftan は、中東から東欧、南アジアで食されるハンバーグに似た料理「キョフテ」あるいは「クフタ」の語源でもある。これは kūftan の過去分詞形 kūfte に由来する語で、「叩かれた＝すりつぶされた、ミンチにされた」という意味である。

ともあれ、「バードクーベ」は、語義としては「風が叩きつける」程度に解釈することができ、そこから「強風が吹く場所」という意味になるというのだ。そして実際に、ペルシア語ではバクーを「バードクーベ」と呼ぶことがある。特に17～19世紀の作品に、この表現は多く見られる。一例を挙げれば、17世紀に書かれた『至高の天国』、18世紀の『世界征服者の歴史』や『ロスタム史』、19世紀の『ナーセルの清浄の園』や『旅の庭園』などである。以上は、いずれもイランで書かれた歴史書や地理書であるが、アゼルバイジャン現地で書かれた『ガラバーグ史』（19世紀）でも、「バードクーベ」という表記は用いられている。

ペルシア語の書物だけではない。アラビア文字で書かれていた19世紀のアゼルバイジャン語でも、「バードクーベ」は用いられる。初のアゼルバイジャン語による新聞『種蒔く人』が、その代表例だ。1875年から1877年にかけて隔週刊で発行されていたこの新聞の発行地は「バードクーベ」と

『種蒔く人』表題部（アゼルバイジャン国立博物館にて撮影）

記されており、各記事の中でも、一貫して「バードクーベ」が使われている。１９０６年に創刊された『モッラー・ナスレッディン』（コラム2参照）でも、一部に「バードクーベ」の表記が用いられている。

しかし、実のところ、「バードクーベ」の使用例は、それほど多くない。17世紀以前のペルシア語作品で「バードクーベ」が用いられるのは稀であり、「バークー（Bākū）」、「バークーイェ（Bākūye）」などと呼ばれるのが主である。18～19世紀のペルシア語作品でも、必ず「バードクーベ」が用いられるというわけではない。アゼルバイジャン北東部の町グバで暮らしたバキュハノフによるペルシア語史書『エラムの薔薇園』（19世紀）でも、「バークー」が用いられている。

そして、ペルシア語以外の書物で「バードクーベ」が用いられることは、時代を問わず、ほぼ無い。アラビア語では「バークー（Bākū）」、「バークーヤ（Bākūya）」、「バクーヤ（Bakūya）」、「バークーフ（Bākūh）」などが用いられる。オスマン・トルコ語やロシア語、あるいは英独仏などの西欧語でも、綴りは様々だが「バークー」に該当する表記が一般的である。すなわち、「バードクーベ」という呼称を用いているのは、ペルシア語やアラビア文字アゼルバイジャン語の作品の一部だけなのである。他の言語の表記には、/d/ や二つ目の /b/ といった音素は現れない。

そもそも「バード・クーベ」という表現自体が、ペルシア語としては不自然である。kūbe という形が用いられることは文法的に奇妙に思えるし、動詞 kūftan を風と結びつけて用いることも、普通はないようだ。

以上の情報から、次のような推測が成り立つだろう。まず、この町の名は、もともと「バークー」、あるいはそれに近い音で発音されるものであった。そして、ペルシア語話者にとって、その地名は意味が分からないものだった。それでも彼らは、自分たちの言葉で何とか解釈しようと試み、「バードクーベ」という言葉を当てはめた。これは、日本人がアイヌ語の地名に漢字を当てはめたのと同じような感覚であったのかもしれない。

アゼルバイジャンの地名が、強引にペルシア語の単語で解釈される例は、バクー以外にもある。例えば、グバ（Quba）は、ペルシア語では「ゴッベ（Qobbe）」と呼ばれ、/b/ が二重子音化される。ゴッベとは、ペルシア語で「ドーム」の意味である。グバの実際の語源は不詳だが、少なくともペルシア語以外の言語、例えばアゼルバイジャン語や、英・独・仏・露といった言語の表記において、/b/ を二重子音化している例はない。

あるいは、一種の文語的表現、美称と考えることもできよう。都市がこの手の語呂合わせ的な別称を持つことはしばしばあり、例えばオスマン帝国の首都であったイスタンブルが「イスラムボル（イスラームに満ちた地）」などと呼び慣らされていたことはよく知られる。「バードクーベ」も、そういった呼び名の一つであったかも知れない。

ここで、「バクー＝風の町」説の真偽についてまとめてみよう。まず、かつてバクーが「バードクーベ」と呼ばれたというのは、正しい。ペルシア語やアラビア文字アゼルバイジャン語の作品を中心に、この呼称は、遅くとも17世紀から使われている。「バードクーベ」がペルシア語で「風の町」と解釈できるというのも、正しい。ただし、ペルシア語としては若干不自然である。バクーが風の強い町であるというのも、当然ながら正しい。しかし、バクーが風の強い町であったために「バードクーベ」と名付けられたという説は、間違いと考えてよいだろう。なお、『アゼルバイジャン地名百科事典』（2007年）など、アゼルバイジャンで出版された書籍の中にも、「風の町」語源説に否定的なものがあることを記しておく。

バクーという地名に関しては、本当の語源が何なのかも含めて、不明な点が多い。確かなのは、「風の町」はバクーの語源ではないこと、そして、それとは無関係に、我々はバクーの強風に耐えねばならないということである。

（塩野﨑信也）

6

環境問題（河川・カスピ海）

――――★国境を越えた環境問題を解決するためには？★――――

アゼルバイジャンは、近年、石油・天然ガス資源開発などを通して急速に発展してきたが、同時に様々な環境問題も顕在化してきた。アゼルバイジャンの河川・カスピ海などの水環境に関わる環境問題の特徴は、国境を越えた問題となっていることである。例えば、アゼルバイジャンを流れる主要な河川であるクラ川やアラス川は、ジョージアやアルメニアなどを通って流れたり、イラン等との国境を流れたりする河川である。また、カスピ海は、アゼルバイジャン、イラン、カザフスタン、トルクメニスタン、ロシアの5カ国に囲まれている。したがって、周辺国との協働による環境問題への取り組みが必要とされる。

アゼルバイジャンは、大コーカサス山脈、トランスコーカサス高地、小コーカサス山脈、タリシュ山脈などの山岳によって囲まれている。山岳からは、多くの川が流れてきて、カスピ海に注いでいる。クラ川やアラス川は、農業の灌漑用水としてのみでなく、水力発電としても利用されている。河川の水資源の有効利用に関しては、１９２７年には既に、トルコとソ連との間で、お互いに平等に使用することを合意した。１９５７年には、イランとアゼルバイジャンの国境を流れるアラス川の利用

写真１　自噴して燃える天然ガス

にあたって、イランとソ連は、農業の灌漑のための河川水や水力発電によって得られた電力を、双方の国が半分ずつ受け取ることを定めた二国間協定に署名している。１９８８年には、ソ連内でナゴルノ・カラバフ紛争が発生し、ソ連の崩壊によってアルメニア、アゼルバイジャン、ジョージア等が独立した後も紛争は続いたが、１９９４年には両国間で停戦となった。その後、１９９９年には、河川水の汚染を浄化し、環境問題に対する意識を高めるために、アルメニア、アゼルバイジャン、ジョージアにある約50のＮＧＯ組織が集まり、クラ・アラス連合の新たなＮＧＯが立ち上げられた。その後は、設立されたＮＧＯを中心として、富栄養化の原因となる河川水中の栄養塩や、魚や人間の健康に影響を及ぼす有害物質などのモニタリングと水質管理が行われている。

一方、カスピ海は、流出河川を持たない「閉ざされた海」である。昔は、海洋とつながっていたと推測されているが、数十万年～数百万年前に大陸移動によって陸地に閉じ込められたと考えられている。カスピ海は、閉じ込められてから長い歴史を持ち、かつ塩分が沈殿等によって一般的な海水の塩分の約三分の一となった独特な汽水域である。したがって、長い年月をかけて進化してきた多くの固有生物が生息し、独特な生態系が形成されている。キャビアを生産するチョウザメ類をはじめとした漁業も盛んに営まれている。

カスピ海が「閉ざされた海」であることから、カスピ海の水位は流入する河川水、地下水の量、お

写真２　カスピ海沿岸での石油開発

よび海面からの蒸発の量によって決まる。長期的には、地球温暖化などの気候変動も水位に影響するため、カスピ海の水位を一定に保つことは困難である。実際、カスピ海の平均水位は、世界の平均海面より26～27メートル程度低い位置にあるが、１９３０年ごろから急速に低下し、2・5メートル程度低くなった。しかし、１９７０年代半ばからは、水位は逆に急速に上昇し、１９９０年代半ばには１９３０年以前の水位に戻った。このような水位変化によって、カスピ海沿岸の住宅地や工業地では冠水被害、農業地では塩害などが発生した。近年も水位は低下傾向ではあるが、比較的安定しており、今後もヴォルガ川（ロシア）、ウラル川（カザフスタン）、クラ川、テレク川（ロシア）などのカスピ海への流入河川の水量を監視することによって水位を調節する必要がある。

カスピ海の環境問題として最も関心が高いのは、沿岸域、あるいはカスピ海の海底における石油・天然ガス資源開発による生態系への影響である。アゼルバイジャンを含めたカスピ海沿岸の海底には、豊富な石油・天然ガス資源が存在し、バクーには天然ガスが自噴している場所もある（写真1）。特に、アゼルバイジャンでは、バクーを中心として、19世紀末より石油・天然ガス資源開発が盛んに行われてきた（写真2）。ソ連の崩壊後は、欧米資本を中心とした多国籍企業がカスピ海の石油・天然ガス資源開発事業に参入し、カスピ海の石油・天然ガス埋蔵量の調査によって豊富な資源が存在することを明らかにするとともに、開発事業を加速化してきた。一方で、古くから行われている開発事業の際に、石油製品、フェノール、合成界面活性剤などの有害物質がカスピ海に流れ込んだと考えられており、生態系への影響が懸念された。実際に、1980年代以降、チョウザメ類の病気や水鳥類の死亡、カスピカイアザラシの大量死などが報告されており、体内への有害物質の蓄積との関連性が疑われた。カスピ海は「閉ざされた海」であるため、有害物質は陸上に取り除かない限り、海水中や海底に蓄積し続ける。今後も、石油・天然ガス資源開発はますます活発化すると予想されるが、環境への十分な配慮が必要である。その他、カスピ海の生態系は、河川を通じた有害物質や富栄養化物質の流入、タンカー等の船舶の往来に伴う外来種の移入、密漁による過剰な漁獲、河川デルタの埋め立てや堤防の建設に伴う動物の産卵場、仔稚魚の育成場の消失など、様々な人間活動による影響を受けており、時折環境問題としてクローズアップされる場合がある。

以上に述べた環境問題は、冒頭に述べたとおり国境を越えた問題である。アゼルバイジャンの河川の利用にあたっては、軍事衝突等によって滞った時期もあったが、当事国間での協定や合意に基づき、適正な管理がなされつつあると考えられる。一方、カスピ海については、周辺の5カ国間で領有権問題が存在するものの、国家主権や漁業権に関する合意が形成されつつある。カスピ海の環境問題に対しては、1998年に世界銀行、欧州連合、国連開発計画、国連環境計画が協力して、「カスピ海環境プログラム」を設立した。今後も、「カスピ海環境プログラム」を中心として、カスピ海の現状を把握するためのモニタリングや、環境保全措置、緩和措置などを推進し、カスピ海の生態系と調和した生物・化石資源等の開発・利用を進めることが求められている。

（北澤大輔）

Ⅱ

歴　史

7

歴史1（19世紀以前）

★国民の多元的起源★

通常、我々がある地域あるいはくに、国家の通史を考えるとき、対象の存在も範囲も自明である。勿論その境界が曖昧であることはよくあるし、変化することも普通である。あるいはある時点から下って、地域・くに・国家が成立ち変化する過程こそが歴史であるかもしれない。今日のアゼルバイジャンが1918年にアゼルバイジャン民主共和国として独立したとき、トルコ政府もイギリス当局もまたイラン（当時の国際的名称は、ペルシアであった）もアゼルバイジャンという地域的概念や国家性を理解することができなかった。この政府の主張する地理的範囲が地域として自明のまとまりを保持し、周囲の地域と区別された名称を持ち、20世紀的概念によれば国民と主権と領土を有したのは最近のことである。

歴史的に見ると南コーカサス東部の主要住民は、コーカサス系、インド・イラン系、トルコ系言語の話者であった。ディヤコノフによると南コーカサスを含んだ中東の主要住民はコーカサス語の話者であった。彼らはアナトリア中部の先住民であるハッティ人、アナトリア・イラン高原・アルメニア高地にまたがる地域にいたウラルトゥ人、その南にいたフリル人、ザグロス山脈にいたカッシート人であり、シュメール人、エラム人もまたコーカサス人であったかも知れない。トルコ語系のアゼルバイジャン語がシュメール語と関係あるとする主張（太陽語理論）は妄想である。

紀元前4000～3000年紀、南コーカサスにクル＝アラス文化が広がっていたが、アゼルバイジャン共和国ではミンゲチェヴィル、ババデルヴィシュ、クル・テペ、ショル・テペ、ガラペク・テペ、メイネ・テペに遺跡が残されている。クル＝アラス文化に続く中期青銅器時代に、その遺産を受けていくつかの地域的文化が起こった。グルジアとアルメニア共和国のトリアレティ文化、グルジア南部とアルメニア共和国のカルミルベルド文化、アルメニア共和国東部からナゴルノ・カラバフ北部のセヴァン＝ウゼルイク文化であった。最後のものは、前19～前17世紀アゼルバイジャン共和国のほぼ全地域にわたって遺跡が展開する。青銅器時代末期と鉄器時代初期にあたる前10～前7世紀にはホジャル＝ケダベク文化がカラバフの低地に成立した。この遺跡から前10世紀のアッシリア王の名前が入ったアガタ製の指輪が発見されている。これと同じ時代にナヒチェヴァンにはナヒチェヴァン文化があった。紀元前2000年紀に南コーカサスは歴史時代に入るが、ヴァン湖周辺が本拠のウラルトの力はナゴルノ・カラバフに及んだ。その東には、現北西イランのウルミア湖東岸を中心するコーカサス系（あるいはイラン系）のマンナイがあり、これも最盛期の勢力は南コーカサスに及んだ。ウラルトゥとマンナイの繁栄を終わらせたのは前7世紀に北コーカサスから来たスキタイ人であったが、各地に同胞を

シルヴァンシャーの宮殿

残して帰還した。この後カスピ海の名前のもとになったカスピ人が登場し、アルバニア人やクドスィ人とともにアケメネス朝に服属した。ヘレニズム期には、アルメニア・アルサケス朝の勢力も及んだ。

イランのササン朝は伝統的に全土を東西南北の4道に分けていた。3世紀の北道にはアードゥルバーダガーン、アルミーン（アルメニア）、ウイロザーン（東グルジア）、シーガーン（アルメニアのシサカン地方）、アルダーン（アケメネス朝時代のアルバニア）、バラーサガーン（カスピ海沿岸）に分かれていたが、6世紀にはアードゥルバーダガーン軍管区に編入され、帝国軍司令官の支配下にあった。前66年、ローマ軍がコーカサスに侵入した折、アルバニア王の4万の軍隊は敗北、翌年にも王弟の率いる歩騎8万2000人が戦いに望み、和議に持ち込んだ。前36年のアントニウスのアルメニアへの侵入に際しても王自らが出陣した。ローマ軍はさらに東に進軍し1世紀末にはバクーの近くに軍団を駐屯させた。アルバニアは26の異なった種族からなっていたが、王権は広域に及んでいたようである。紀元1世紀には新たにパルチアのアルシャク朝からアルバニア王が（首都ガバラのちにバルダ）迎えられ、4世紀にキリスト教に改宗した。最も古い現地王朝はアランシャヘク朝で、クル川中流左岸の歴史的アルバニアを押さえていた。6世紀ガルドマン地方にササン朝の王族ミフランがホスロー朝あるいはミフラン朝を興した。またシャマヒにコーカサス系のルピニア家の王国があった。

カスピ海岸はマスクト（前1〜7世紀）、アラン、バラサグン、サヴィール、ハザル等の北からの遊牧民の進入路になった。マスクトは定住して7世紀を迎えるが、ハザルはアラブ軍によって撃退され、一部は捕虜になり定住させられた。またバラサグンは、3世紀アラス川下流域に現れ、マスクト人やクルド人を支配下に入れた。これに対してササン朝はイラン系住民を入植させて遊牧民を防いだ。その結果この地域は今でも、イラン系諸語の話者が多い。

7世紀、南コーカサス東部を席巻したアラブ人は、土着政治機構の弾圧を目的として705年アルバニアの諸侯を首都に拘束した。他方、各地にアラブ人の遊牧民軍団を配置した。この中からバヌーシャイバーン家はシルヴァーン・シャーとして自立、後に王統はイラン系ケスラーニー朝に替わった。アッラーン地方でもクルド系シャッダード家がカラバフ低地を制圧した。アラブの支配に続く、セルジューク朝、イルハン国、チムール朝の支配も固有政治構造やエスニックなバランスを大きく変えることはなかったものと思われる。しかし、15世紀にトルコマン系の諸王朝カラコユンル朝、アクユンル朝、サファヴィー朝の時代、トルコマン系遊牧民の定住が増え、言語におけるトルコ化、宗教におけるイスラム化が進行した。特にサファヴィー朝はアナトリア、シリア、イラクからシーア派トルコマン遊牧民やクルド人をコーカサスに移住させた。このためダゲスタン人はアゼルバイジャン人をキジルバシュあるいはガジャルと呼んだ。

シルヴァーン地方は生糸の生産で豊かで、18世紀にシャマヒの人口は数万人に達した。バクーは5000人程度、その南のサリヤンも数千人であった。しかし、18世紀に入るとダゲスタン人による略奪、地域政権間の私闘によって混乱が起こった。東グルジア王イラクレ二世とグバのファトフアリー・ハンによる南コーカサス中東部広域政権樹立の成果は、両王の死によって失われ、ロシアが両国旧領の回収を手はじめに、南コーカサス東部の併合を開始した。

（北川誠一）

8

歴史2（19世紀）

★国際社会への参加★

18世紀南コーカサス東部に数多く展開していた半独立の地域政権は、19世紀の初めにはかなり整理された。それらは、デルベント、グバ、バクー、シャマヒ、シェキ、ギャンジャ、カラバフ、ナヒチェヴァン、エレヴァン、ターレシ諸ハン領とイェリスーとカザフの2スルタン領、ジャル・ベラカン共同体であった。支配者の家系はサファヴィー家のターレシュを除くとクル川以北はコーカサス系、以南はトルコ系であった。ロシアは1803年のジャル・ベラカンを皮切りに次々とこれらを併合した。

当初ロシア政府は併合した各地域をプロヴィンツィアとし、旧支配者とロシア人軍司令官の支配に任せた。1828年からはアゼルバイジャン共和国の領域東部は東ザカフカース州（後、カスピ州）、西部は西ザカフカース州（ジョージア・イメレチア県）に分けられ、1844年からはカフカース副王（あるいは総督）府の支配を受けた。州・県の区画と名称はしばしば変更された。アゼルバイジャン共和国の領域は概して東部、西部および西南部に三分されていたが、ロシア帝国では、民族領域が行政上の下位区分を構成するべきであるとは思われていなかったのである。

　ツァーリ政権はアゼルバイジャン人に対して、「ザカフカースのタタール人」という名称を用いた。今日から見ると「ザカフカース」という限定も、また「タタール」という用語も不適当であるが、トルコのスルタンの臣民でもペルシアのシャーの属民でもないロシア帝国に固有の集団像を言葉の上で作り出したという点では、絶妙な命名であった。ただこれは単に行政上の便宜的名称であり、それ自体は何らの身分上の特権あるいは差別を含意するものではなかった。

　ロシア政府はイスラム教を禁止したり、ロシア正教への改宗を強制することはなかった。ギャンジャ占領後の1805年、アレクサンドル一世の勅令によって、同地方にアーホン1名ムッラー8名からなる委員会が置かれた。聖職者は官僚として年俸が与えられる一方、皇帝に対する忠誠は絶対的な義務であった。聖職者養成はロシア帝国の国境の内部で行ったので、コーカサスのシーア派は当時イランとイラクで進んでいたアフバリー派、ウスリー派の論争にはかかわりを持たず、20世紀に有力になった「聖職者の統治」論にも影響を受けなかった。また、イランのような聖職者の位階制も発達しなかった。南コーカサスのイスラム教徒は、皇帝あるいは副王に直属のザカフカース・イスラム宗務局（1872年設立）の指導下に配置されたが、その長としてシーア派のシャイフ・アル・イスラームとスンナ派のムフティーが置かれた。現役の聖職者には給与が、退職者には年金が支給された。宗教資産は保護されたが、巡礼には当局の許可が必要であった。

　ロシアは南コーカサスに一次製品の生産地、工業生産の消費地、国際交易の経由地を求めた。塩やサフランに増して古くから有名であった石油は、次第に重要度を高めていった。原油採掘に止まらず、

バクー港（1900年）

１８５８年にココレフ・ボターニン灯油精製工場が操業を開始した。同様に古くから有名であったシルヴァーンの絹については、１８２９年にシェキでイタリア製機械を導入した生糸巻き取り工場が開業した。

鉄道は１８７３年にバクー・チフリス線が開通し、さらに黒海岸のポチまで延長されて石油輸出能力が向上した。海運では１８４０年代に蒸気船が就航を開始、１８５９年にはコーカサスアンドマーキュリー海運会社（本社サンクト・ペテルブルグ）がバクーで営業を開始、パリ、ニューヨーク、シンガポールとバクーを結び付けた。バクー港の取扱高１８３０年代平均40万ルーブリはクリミア戦争後の70～90万ルーブルに上昇した。積み下ろしたのは布地、果実、野菜、積み出しは鉄鉱石、銅、絹、石油であった。電信は１８６８年に開通、電話は１８８０年に市内電話が使われるようになった。人口は19世紀末、11万１９０４人に達した。

都市の発展の一方、農村では領地支配を巡る混乱が続き、農民は封建的身分関係に呻吟していた。１８４６年ニコライ一世の請願勅裁書によって、領民を身分支配と土地所有の両面から支配する封建領主であるベク、アガ（アー）、メリクに対して私有地、免税私有地だけでなく、恩貸地を所有地と認定した。続いて、１８４７年の領民規定において、15歳以上の男子領民に5デシャチナの土地を与えること、領民は現物地代、牧地使用料を支払うほか、領主直営地でも労役を義務化された。また、領主は警察権および懲罰権を与えられたが、領民には移動の権利が与えられた。一方、村落数で8割を占める国有地農民には、自由移動が禁止された（１８５３年）。

また、非常に複雑であった公課に関しては税目を2種に絞り、金納が決定された（１８５２年）。ロシアにおける農村改革に対応する改革は、ジョージアでは１８６４年に実施されたが、アゼルバイジャンでは１８７０年に実施された。この改革によって、農民に対する封建的身分支配が停止され、賦役は金納化された。15歳以上の男子には5デシャチナ基準の土地の永続的土地利用が保証された。分与は個人にではなく、村落共同体に対してなされた。農民による農地の購入も許されたが、価格は高めに設定されたうえ、クレジットの制度が伴なかったので、農民土地私有率は改革直前の約20％からさほど進まなかった。

ロシア語と世俗教育を受け官途についた若者の中には、地域の近代化と同胞の啓蒙の必要を強く感じる人々が現れた。歴史家バキハノフ（１７９４～１８４７年）や言語学者カーゼムザーデ（１８０２～１８７０年）に始まる人々であった。１８３０年代に設立された郡学校の卒業生がこれに続いた。また、イランで生まれたアーフンドザーデ（１８１２～１８７８年）やタレーボフ（１８３４～１９１１年）もムスリムの文化的政治的覚醒に寄与した。カーゼムザーデのアゼルバイジャン語文法とアーホンザーデの文学作品は、近代アゼルバイジャン文章語教育に貢献した。資本主義経済の発展に伴い人々の政治意識も向上した。石油で財を成した現地の富豪の中には、啓蒙活動のスポンサーになるものが表れた。タキーザーデ（１８２１～１９２４年）は新聞『カスピ』を後援したが、執筆人の中には、トプチバシェフ（１８６２～１９３４年）、アガイェフ（１８６９～１９３９年）、ナリマノフ（１８７０～１９２５年）、ラスールザーデ（１８８４～１９５５年）がいて、１８７４年開設の市議会、１９０６年開設のロシア国会では、現地富豪ともども議員団を務めるものも表れた。

（北川誠一）

9

歴史３（革命とソ連時代）

★近代的国民形成への道★

石油産業の順調な発展と共に、バクーの社会経済的・政治的動向は第一次ロシア革命期に二つの方向に向かった。一つはコーカサスだけでなくロシア全体でも重要な工業都市に成長した労働運動であり、もう一つはムスリムの国民的地位を確立するための運動であった。バクーの労働運動が、帝政に与えた最初の一撃は、１９０４年の「団体協約闘争」で、労働者は大きな勝利を勝ち取った。農村でも過激な農民運動が起こっていた。この最中、バクーでムスリムがアルメニア人居住区を襲撃する事件が起こり、衝突は南コーカサスの各地に波及した。「アルメニア・タタール戦争」（１９０５～１９０６年）である。アルメニア人の１２８集落、ムスリムの１５８集落が破壊され、全体の死者推計は３１１０人から１万人の幅で推定されている。労働者と農民の運動の沈静化、政府と深刻な対立を起こしていたアルメニア人政党「ダシュナク党」の活動の弾圧を目的として、治安当局が煽動したのであると考えられている。

１９０５年10月ニコライ二世の「宣言」によって、国会開設が承認され、１９０６年には第一期国会議員選挙が実施された。アゼルバイジャンのムスリムからはトプチバシェフら５人

1906年8月放火された焼け落ちた採油用櫓

が選出された。彼らは第一党の立憲君主主義者「カデット」と統一会派を組んだ。これに先立って、1905年第一回ロシア・ムスリム大会が開かれ、臣民としてキリスト教徒との平等の権利を求めることが決議された。第二回の大会では恒常的な組織であるロシア・ムスリム同盟が創設され、社会的経済的目標が強調されたが次第に内部の路線対立も目立つようになった。しかし、反動的なツァーリは議会を解散し、選挙法を反対派を排除できるように改悪したので、立憲主義者全般についてもムスリムの地位向上についても運動は沈滞した。

二月革命後、バクー労働者の経済闘争が再開された。ボリシェヴィキと社会革命党左派はゼネストを主張して闘争を勝利に導き、十月革命後はバクー・ソヴィエトに拠って自治機構を掌握、さらに1918年3月13日にはバクー・コミューンを樹立した。コミューンはボリシェヴィキがダシュナク党の協力を得て、1911年に社会民主労働党の旧シンパによって創られていたミュサヴァト党やその他のムスリム勢力を武力的に排除したものであった。ダシュナク党部隊はボリシェヴィキに味方したが、ムスリム住民に無差別攻撃を行い3000から1万2000の死者を出した（三月事件）。バクーには戦時共産主義が実行され、厳しい食料挑発が実施された。また、ダシュナク党部隊はボリシェヴィキ政権の了解の上、シャマヒとグバでも同様の虐殺を行った。

ミュサヴァト党はギャンジャに撤退して、5月28日アゼルバイジャン民主共和国を樹立し、8月オスマン軍とともにバクーに進撃した。この時3月の報復として1万人ほどのアルメニア人と非ムスリム市民が虐殺された（九月事件）。コミューンの指導者達は逃亡に失敗し銃殺された。アゼルバイジャン民主共和国（アゼルバイジャン語では人民共和国）は、イスラーム圏に最初に樹立された世俗的共和国で、民主的な憲法を持っていた。ミュサヴァト党のラスールザーデが国会議長。パリ和平会議で事実上の独立承認を取り付けたが、周辺のあらゆる諸国と国境問題をかかえた。アゼルバイジャンという地名は、本来南コーカサスを含まないが、アゼルバイジャン・タタール人、アゼルバイジャン・トルコ人という名称は知識人の間ではある程度広まっていた。

ソヴィエト・ロシアは南コーカサス諸国の国際的地位が確立する前に武力併合することを計画、最初の犠牲になったのがアゼルバイジャンであった。まずアゼルバイジャン共産党を設立、ナリマン・ナリマノフを革命委員会議長に据え、１９２０年4月28日にソヴィエト・アゼルバイジャンを宣言させた。ミュサヴァト党政権は事前に革命委員会に権力を移譲していたので、「アゼルバイジャンの自主的統一」という嘘偽が主張された。赤軍はたちまち全土を占領、旧政権幹部、ミュサヴァト党員、共和国軍将兵は銃殺されるか、国外へ逃亡するかした。新政権は全土で「戦時共産主義」を宣言し、赤軍兵士およびバクー労働者の為に食料を徴発した。他方、バクーでは労働者を総動員し、農村部で不足している日用品の生産を拡大した。

１９２１年からのネップ期では農村における穀物徴発は停止され、商取引が許可された。軽工業の一部は貸付され、集団営農も消滅した。ソヴィエト政権はバクー油田のために資金、資材、人員の集中的投下を行った。ソ連政府は現地住民の党に対する信頼を確保するために党及び政府人員の現地化政策を実施した。党においては主席あるいは次席のアゼルバイジャン人化、アゼルバイジャン人党員の増加が求められた。そのために全体として識字率、特定分野の専門家の養成が行われ、前者に関しては、1924年のアゼルバイジャン語表記のラテン文字化の効果も表れて、1926年の18・1%が1936年には73・8%に上昇した。

1928年から1932年までの第一次5カ年計画期に入ると、農村では集団化と富農撲滅運動が推進され、全ソ連で同じ割合の農民が富農に指定され、文字通り撲滅された。農家経営は強制的に集団農場に統合された。この間、アゼルバイジャン・ソヴィエト社会主義共和国としてソ連邦に加入、1923年から1936年まではさらに中間組織ザカフカース・ソヴィエト社会主義共和国連邦に編入された。1937〜1938年では中央の指令で大粛清が行われて、種々の名目で古くからの党幹部、社会的活動家、知識人が殺された。アゼルバイジャンにおける犠牲者の総数は7万人であると言われる。アゼルバイジャンで粛清を実施したのは、ヴァレンチン・ベリアの盟友ミル・ジャファル・バギロフ（1933〜1953年、1956年死刑）。第二次世界大戦において、アゼルバイジャンの人口は1940年の327万人から1946年の273万人に減少した。戦後のソ連社会の発展はブレジネフ書記長の時代に（1966〜1982年）に天井に到達したが、アゼルバイジャンにおいてもその盟友ヘイダル・アリエフ（1969〜1982年、アゼルバイジャン共産党第一書記、1982〜1987年、ソ連共産党中央委員会政治局員、第一副首相）の時代に絶頂期を迎えた。しかし、バクー油田は枯渇、工業施設は老朽化、各地に公害が目立ち、社会の雰囲気は沈滞した。ペレストロイカとソ連崩壊に直面してもアリエフの後任たちは、状況に有効な対処をすることができないままに、ソヴィエト・アゼルバイジャンの最後の日を迎えた。

（北川誠一）

10

歴史4（独立後）

★アリエフからアリエフへ★

ヴェジロフからムタリボフ（ミュタッリボフ）へ

1987年アルメニア人の間にナゴルノ・カラバフ自治区のアルメニアへの帰属替え要求が強まると、1988年2月バクー近郊の工業都市スムガイトで、アゼルバイジャン人群衆がアルメニア人を襲撃する事件が起った。事件後、アリエフの後任で（ナゴルノ・カラバフのシューシャ出身）、スムガイト市党書記を務めたこともあるバギロフ（在職1982～1988年）に替わって、やはりシューシャ出身のコムソモール活動家で、外交畑に転じていたヴェジロフ（在職1988～1990年）が第一書記に就任した。ゴルバチョフ書記長の信任厚いヴェジロフは、市民運動の傘組織として出発したアゼルバイジャン人民戦線と協調するするかのように1989年9月主権宣言を行い、11月にはナゴルノ・カラバフ特別統治委員会（1989年1月12日～11月28日の間存在、委員長ヴォルスキー）を解散させた。しかし、紛争そのものは解決しないまま、人民戦線強硬派は平行権力樹立を意図し、12月から翌年1月にかけて、イランとの国境で民族統合デモを実行、混乱に乗じて地方政庁を占拠した。続いてバクーでアルメニア人に対するポグロムが起こるとソ連当局はアルメニア人保護を名目に、内務省軍と国防軍実戦部隊を投入し、デモ隊と市民に多数の死者を出した。「黒い一月事件」である。作戦の真の理由は共産党支配の打倒を目指す人民戦線鎮圧にあったと考えられている。ヴェジロフはこの事件の責任を取らされて辞任した。後任はバクー出身で、経済関係の実務に従事していたムタリボフ（前職は閣僚会議議長＝首相）であった。

ムタリボフは、「黒い一月事件」後の混乱を、脱ソ連化の手法で乗り切った。3月15日にはゴルバチョフがソ連大統領に就任したので、ムタリボフも、5月にアゼルバイジャン大統領に選出された。ムタリボフはソ連内務省の協力の下にギャンジャ周辺の村落からアルメニア人を一掃した「指輪」作戦を実施したが、これ以後、紛争はアルメニアとアゼルバイジャンとの間の国家間戦争へ進んでいく。9月2日の共和国最高会議選挙では、対抗派は民主ブロックを組織したが、共産党はナゴルノ・カラバフ問題の平和的解決を訴えて勝利し、定数360中280を占めた。この選挙で元党第一書記のアリエフも選出された。1991年2月5日には国号をアゼルバイジャン・ソヴィエト社会主義共和国からアゼルバイジャン共和国へと変更したが、3月17日のソ連存続を問う国民投票では投票率74・9％、存続賛成93・3％であった。ムタリボフ自身、ソ連存続に賛成であったが、8月クーデタ事件後の8月30日独立を宣言、9月8日の大統領選挙では圧倒的得票で勝利した。続いて9月10日に党を解散した。ナゴルノ・カラバフは、9月2日ナゴルノ・カラバフ共和国を宣言していたが、アゼルバイジャン国会は11月26日ナゴルノ・カラバフの自治を取り消した。ナゴルノ・カラバフはこれに応じて、12月10日独立国民投票を実施した。ソ連邦がなくなるとナゴルノ・カラバフの戦闘は一層激化した。1992年1月2日、ムタリボフはナゴルノ・カラバフとその周辺を直接地統治下においたものの、アルメニア人側は一層優勢になり、2月ホジャルの戦闘では、避難するアゼルバイジャン人老人や子供、女性に多数の死者がでた。3月、人民戦線はムタリボフ大統領の責任を糾弾して辞任に追い込んだ。5月、旧共産党の力が強い国会はムタリボフの責任を否定し、再度大統領であると決議したが、人民戦線の圧力下、ムタリボフはロシアに亡命した。

エルチベイ

翌6月の大統領選挙では、ロシアとの軍事的・経済的・文化的関係の断絶、アゼルバイジャン共和国の経済的独立、イラン領アゼルバイジャンの併合とアゼルバイジャン・イスラーム共和国の樹立、トルコとの友好関係の形成などの政策を主張するナショナリズム的傾向の強いエルチベイが59％の票を得て当選した。しかし、人民戦線の全組織を糾合することはできず、新ミュサヴァト党の国会議長イサ・ガンバル（ハンバル）は与党であったが、多少現実的政策を持ち、より世俗的な民族独立党は反対派に廻った。元共産党員多数の議会の機能は50名の議会委員会が果したが、この結果1991年9月3日からナヒチェヴァン自治共和国の議長として自動的に国会副議長だったアリエフはポストを失った。アリエフとの関係が悪化し、ムタリボフ派との調整にも失敗した。

カスピ海底のアゼリ、チラグ、グナシリ3油田はソ連時代に発見されていたが財源不足のため開発は放置されていた。この開発を提案したのはムタリボフで1991年秋、欧米の石油会社に個別の油田採掘権譲渡を打診していた。BPはカスピ海石油開発を働き掛けるために1992年9月サッチャー元首相を派遣した、エルチベイは欧米の投資に期待し、油田開発計画は調印の手前まで進んだが、突然の失脚で中止になった。

アゼルバイジャンはナゴルノ・カラバフの周辺での戦闘に失敗し、4月アルメニア軍は、アルメニアとナゴルノ・カラバフの間にあるケルバジャル郡を占領、さらにイランとの国境沿いのアゼルバイジャン領に前進した。このような状況で、前線軍指令官ヒュセイノフの反乱軍がバクーに進撃、政府軍および民兵はバクーを防衛しようとしたが、6月エルチベイはアリエフに後事を託しナヒチェヴァンに逃亡した。

ヘイダル・アリエフ

議会は直ちに、アリエフに大統領の大権を与えた。アリエフは、先ず、エルチベイ不信任の国民投票を実施し、続いて10月の大統領選挙では、ナゴルノ・カラバフ問題の解決を訴えて当選した。アリエフはナゴルノ・カラバフの戦争に勝利することはできなかったが、民族独立党の反対にも拘わらずCISに加入して、ロシアとの関係調整を図った。NATOに対しても、「平和のためのパートナーシップ」に参加してバランスをとった。トルコとはエルチベイが締結した協定全ての維持を表明した。1994年初夏のシューシャ陥落以後

アゼルバイジャン共和国副大統領兼ファーストレディ、メフリバン・アリエヴァ

ヘイダル・アリエフ・センター（2012年竣工）。わが国でもおなじみザハ・ハリード女史の設計である（出典：同センターHP）

ナゴルノ・カラバフの戦線は鎮静化し、ビシュケク議定書により5月12日以降停戦に入った。1995年の国会選挙では、アリエフ自身が1992年11月2日に組織した新アゼルバイジャン党が過半数の議席を獲得した（得票率は62％）。1994年にカスピ油田の開発に関する「世紀の契約」が結ばれ、1999年からはグルジアの港町スプサ経由の原油輸出が開始され、カスピ海と地中海を結ぶBCTパイプラインも2006年に開業したが、その前の2003年アリエフは息子イルハムに地位を引き渡して他界した。

（北川誠一）

コラム1

バクー生まれのリヒアルト・ゾルゲ
――独立と支配に必要な諜報機関の英雄

加藤哲郎

２００８年9月22日、アゼルバイジャンの首都バクーを、20人ほどの日本人が訪れた。８月に隣国ジョージア（グルジア）とロシアの軍事衝突があったばかりであったが、日本人一行はアゼルバイジャン共和国外務省の手厚い歓迎を受けた。

民間の日露歴史研究センター主催、アゼルバイジャン外務省後援の第5回ゾルゲ事件国際シンポジウムの報告者・出席者たちで、日本のほかロシアと中国からも代表が出席した。

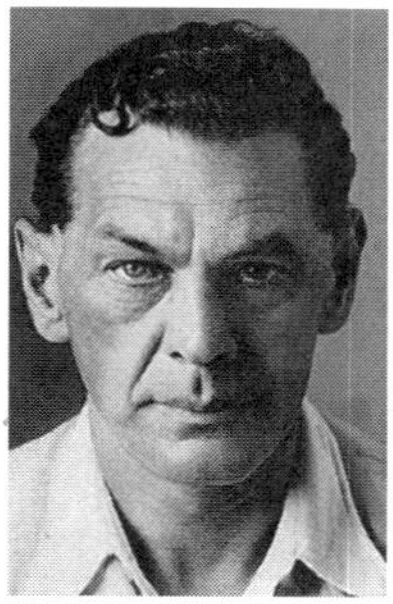
リヒアルト・ゾルゲ

会場は、アゼルバイジャン共和国初代大統領の名をとった４年制エリート養成大学、ヘイダル・アリエフ名称アゼルバイジャン共和国国家保安省アカデミー講堂だった。その教員30人、学生２００人も会議に参加し、篠田正浩監督の映画『スパイ・ゾルゲ』が上映された。

アゼルバイジャンで、なぜゾルゲ事件なのか。戦前日本で活躍した旧ソ連赤軍諜報員、「20世紀最高のスパイ」と称されるリヒアルト・ゾルゲは、１８９５年10月４日にバクー市郊外のドイツ人村サブンチュで生まれた。ドイツ人の父親は、バクーに進出したノーベル兄弟系石油開発会社の技師、母親はロシア人だった。ゾルゲは3歳でドイツに引き揚げるまで、アゼルバイジャンで育った。たった3年とはいえ、バクー生まれのゾルゲは、アゼルバイジャンゆかりの

ゾルゲ公園

数少ない世界的著名人である。

実際バクー市の中心にリヒアルト・ゾルゲ記念公園があり、高さ3メートル、横5メートルの記念碑が建っている。サブンチュには生家が保存され、ゾルゲ名称小中学校に博物館も設けられている。

もっともこの記念碑は、旧ソ連時代に作られた。ゾルゲをソ連の大祖国防衛戦争勝利の英雄として讃えるものだ。1964年に、それまでゾルゲの存在そのものを否定していたソ連が、冷戦下の諜報活動強化のため、第二次世界大戦の英雄に仕立て上げた。

1941年の日米開戦前夜、ゾルゲは、近衛内閣嘱託・元朝日新聞記者尾崎秀実から日本軍が南方に向かい対ソ戦争は避けられるという御前会議情報を得て、モスクワに送った。それは、ソ連の対独戦への戦力集中を可能にして国を救う最高機密情報だった。今日でもプーチンのロシアは、ゾルゲを救国英雄と評価している。

アゼルバイジャンは、ソ連の崩壊・解体で1991年に独立した。初代大統領ヘイダル・アリエフは、もともと旧ソ連国家保安委員会（KGB）幹部で、アゼルバイジャンKGB議長から共産党第一書記になった。独立した共和国では最高会議議長・大統領の独裁者となる。ロシアのKGB出身プーチン大統領と似た経歴で、

コラム1

バクー生まれのリヒアルト・ゾルゲ

バクーの空港の名もヘイダル・アリエフ国際空港である。

おまけにヘイダル引退後に大統領を継いだのは、長男のイルハム・アリエフで、2018年現在も、新アゼルバイジャン党による事実上の一党独裁である。

バクーのゾルゲ記念塔・国際シンポジウム開催の裏事情は、ここにある。時にロシアと対立することがあっても、旧KGBを引き継いだ国家保安省が、アゼルバイジャンの独立とアリエフ家による独裁の後ろ盾である。それゆえに、世界によく知られたスパイ・ゾルゲが顕彰され、学ばれるのだ。

日本には、バクー生まれのゾルゲに着目した推理小説、作家西木正明『夢顔さんによろしく』(文春文庫)がある。

ゾルゲや尾崎秀実が社会主義ソ連のために活動した時代の日本の首相は、近衛文麿公爵だった。近衛自身は敗戦でA級戦犯容疑者にされ自殺した。

しかし近衛家長男文隆は、満州で敗戦を迎えソ連の捕虜となった。米国留学や父の秘書時代をソ連の諜報機関に厳しく尋問され戦犯とされた。シベリア抑留の悲劇で、劇団四季ミュージカル『異国の丘』の主人公のモデルである。

抑留者の大半が帰国した1950年以降も、近衛文隆はイワノヴォ戦犯収容所に残された。56年日ソ国交回復で戦犯も恩赦で帰国できることになったが、それが決まった10月に、文隆は体調を崩し急死する。アメリカCIAは、ソ連による毒殺と疑った。

近衛文隆は、1952年から日本との文通を許された。遺品として残された43通の家族宛手紙の内8通に、「夢顔さんによろしく」という奇妙な名前が出てくる。どうやらソ連に影響力ある「夢顔」なる人物に頼んで自分の釈放を早めてほしいということのようだが、受けとった妻正子ら家族も、親しい友人たちも、心当たりがない。

この「ユメガオ」を、歴史家工藤美代子は天皇の弟・高松宮と推理した（工藤『近衛家七つの謎』PHP研究所）。本項筆者は、結婚時の媒酌人だがA級戦犯になった木戸幸一のことではと推論した（加藤『731部隊と戦後日本』花伝社）。だが西木正明は、これを「ムガン」と読む。

アゼルバイジャンのバクーはムガン高原に近いから、首相秘書時代にゾルゲ・尾崎と面識があり、敗戦直後からソ連で長期抑留中の近衛文隆は、ゾルゲの死刑を知らずにゾルゲの影響力による早期帰国を夢見た、という謎解きである。

史実としては確定しようがないが、日本とアゼルバイジャンを、ゾルゲと近衛家プリンス文隆を介して結びつけたところに、西木の小説の面白さがある。アゼルバイジャン旅行のバックにしのばせたら、きっと役立つだろう。

III

政　治

III

政　治

11

共和制下での権力世襲

――★進む大統領への権力集中と政経両面での寡頭支配★――

２００３年10月31日。この日アゼルバイジャンは新たな段階に入った。先に行われた大統領選挙で勝利したイルハム・アリエフ首相（当時）が大統領就任式に臨んだのである。この時、父ヘイダル・アリエフ前大統領は病床にあって長く公衆の面前に姿を見せておらず、三選を目指した大統領選挙からも途中で撤退し、後継として息子のイルハムを指名していた。政権の継承を不安視する向きもあったが、大規模な選挙不正を指摘されながらも選挙戦での勝利という形を作り、選挙後の野党の抗議行動を力で抑え込んでこの日を迎えたのである。41歳の新大統領はいささか緊張した面持ちで並べ置かれた憲法とクルアーンに手を置き、宣誓の言葉を述べた後、アゼルバイジャン三色旗に跪いてキスをした。これを以って、選挙を経てはいるものの、アゼルバイジャンでは大統領職が父から子へ受け継がれた。

これは旧ソ連地域では初の事例であり、同じ頃に旧ソ連・東欧諸国で選挙不正をきっかけとした大衆抗議行動により連鎖的に政権が倒れた「カラー革命」とは対照的であった。また、同様の権力継承を狙う中東・北アフリカの諸政権がいわゆる「アラブの春」の中で政権の維持に失敗したことを考えると、現代

第11章

共和制下での権力世襲

世界においても稀なケースと言えるだろう。

アゼルバイジャンは国民の直接投票で選ばれる大統領を国家元首とする共和制国家である。大統領職はソ連末期の1990年、ソ連邦中央で大統領職が設置されたのに倣って導入されたものだが、1995年に制定された現憲法で強力な権限を付与された。憲法によれば執行権は大統領に属しており、議会への予算提出や国家規模の経済社会プログラムの承認といった広範囲の政策決定権、首相の任免（必ずしも議会の承認を必要としない）、閣僚任免、判事任命、地方行政府長官の任免などの幅広い人事権、議会選挙の詳細日程や国民投票の設定といった政治日程の決定権、非常事態令や戒厳令、宣戦の布告、恩赦・叙勲といった権限が大統領に与えられている。また、憲法・法律に反しない限りにおいて大統領令・大統領命令を出すことができる。立法・執行・司法の三権分立は憲法で謳われているが、実態はチェックアンドバランスを基本とする体制ではなく、強力な権限を持つ大統領が執行府を含めた三権を指導・管理する、「大統領による統治」である。

さらに、こうした体制の長期化・永続化を狙って、現行憲法は度々改正されてきた。1995年の憲法制定時に盛り込まれていた大統領の三選禁止規定は2009年の改正で削除され、現職が何度でも立候補できるようになった。また、当初5年であった大統領の任期は2016年の改正で7年に延長された。この2016年の憲法改正では「第一副大統領」「副大統領」のポストが大統領任命職として新設され、大統領が任期途中で辞職した場合は第一副大統領・副大統領・首相の順で代行を務めることになった。そして2017年2月、新設された第一副大統領にメフリバン・アリエヴァ大統領夫人が任命され、話題となった。最新の改正憲法の規定に基づく大統領選挙は2018年10月に実施

2003年10月31日に行われた大統領就任式（ヘイダル・アリエフ遺産研究センターウェブサイト［http://aliyevheritage.org/en/51126710.html］）

される予定であったが、２０１８年２月、イルハム・アリエフ大統領は大統領令を発して臨時大統領選挙を４月に行うことを宣言した。主要野党が選挙をボイコットする中、８人が立候補した４月の選挙ではアリエフ大統領が86％の得票率で圧勝した。

次に地方制度について見ておくと、アゼルバイジャンは全土を84の地区・市で構成しており、特別な単位として首都バクー市とナヒチェヴァン自治共和国が定められている。自治共和国のトップである最高会議議長以外はすべて行政府の長官が大統領によって任免される。首都バクー市と全国84の地区・市のレベルでは住民に参政権が与えられておらず、「地方議会」も存在しない。住民が地方政治に参加できるのは、「バラディーヤ」と呼ばれるコミュニティレベルの基礎自治体においてのみである。

こうして政治制度面から見ると、「強力な大統領を中心とする中央と大統領の代官たちに統治される地方」という構図が明確である。これに加えてアゼルバイジャンの特徴として挙げられるのは、経済面での極端な中央と地方の格差である。２０００年代に入ってアゼルバイジャンは石油ブームで注目を集めたが、ソ連崩壊後に新規開発された海底油田・ガス田はほとんどが首都バクーの近辺であり、石油ブームに乗って集まった海外からの投資も首都バクーに集中した。この結果、ソ連後半から低迷を続けていたアゼルバイジャン経済は首都周辺だけが急速に回復・成長することとなり、中央と地方の経済格差が一気に拡大したのである。

ところで旧ソ連諸国では、ソ連崩壊以降「オリガルヒ」と呼ばれる新興の寡頭資本家が時の政権と密接な関係を築いて事業を急拡大し、大きな政治的経済的影響力を持つという事象が共通して見られた。資金面や票の取りまとめで政府を支える連合体の重要な構成要員となることもあれば、「政商」として有力エリートに連なる場合もあるが、基本的には移行期経済においてビジネスで「成功」し独占的な地位を築いた事業家たちが「オリガルヒ」となった。アゼルバイジャンにおいても「オリガルヒ」と呼ばれる人々が存在するが、同国の特徴は、事業家が政界に影響を及ぼすというベクトルではなく、支配エリートが自らビジネスの中核となり、自身の権限内で自社に優遇を図ることで事業を拡大し、それを背景にさらなる政治的経済的影響力を発揮するという事例が散見されることである。

このようなアゼルバイジャンのオリガルヒの典型とされるのが、マンマドフ前運輸相とその企業体Garantホールディング（旧ZQANホールディング）である。マンマドフ前運輸相は1970年代から一貫して鉄道運輸機関で勤務し、2002年に運輸相に任命された。彼の企業グループは2005年に形成され、運輸省の管轄案件の受注で事業を拡大・多角化し、アゼルバイジャン第三の企業グループと言われるまでに成長した。グループの旧名は運輸相とその家族の名前を一文字ずつとって付けられたと言われている。この他、メフリバン・アリエヴァ大統領夫人・第一副大統領の実家がオーナーで同国一の企業グループと言われるPashaホールディングをはじめ、第二のグループとも言われるGilanホールディング（非常事態相がコントロール）、Ataホールディング（前税務相）、Azinkoホール

首都バクーに建設中の**Garant**系列のビル。頂上部に「**TRUMP**」の文字が入っている（2015年9月）

ディング（国有財産担当国家委員会議長）、Improteksグループ（前労働社会保障相）など、「アゼルバイジャン型オリガルヒ」が複数存在する。

こうしたオリガルヒたちは、石油ブームに沸く首都バクーで膨張したバブル経済のパイを奪い合う一方、自分の子分を地方行政府長官に任命してもらうことによって地方にもビジネスを拡大し、政治的経済的影響力を強めようとした。この結果、２０００年代半ば以降になると、大臣の近親者や部下が地方行政府長官に任じられるケースが目立つようになった。また、中には豊富な資金を背景に国外でのロビー活動を行う者も現れた。前出のGarantホールディングはアメリカでのロビー活動に加え、ドナルド・トランプ米大統領の会社ともビジネス関係を持っていた。首都バクーには業務提携に基づき、Garantホールディングによって「トランプ・タワー」が建設中であったが、完成直前に工事がストップし、その後米大統領選挙の結果を受けて業務提携が解消されている。また、Garantホールディングも、前運輸相の失脚によって優位性を失い、退潮著しいと言われる。

アゼルバイジャンの寡頭支配はこのような、国内外において幾重にも重なった複雑な政治的経済的結びつきによって支えられているのである。

（立花　優）

12

21世紀の「国父」づくり

★アゼルバイジャンとヘイダル・アリエフ★

「独立アゼルバイジャンは偉大なる指導者ヘイダル・アリエフの傑作である」——これは、現代のアゼルバイジャンにおいて節目の時期に繰り返し登場するフレーズの一つである。こうした修辞への態度の如何は別として、1991年の独立回復後のアゼルバイジャン政治を「ヘイダル・アリエフ」という政治家を抜きに語ることはできない、という点で衆人の意見は一致するだろう。

1923年5月10日（この日は現在「花の祭典」の日として祝われている）、ナヒチェヴァン市で生まれたヘイダル・アリエフは、1944年に国家保安人民委員部（のちの国家保安委員会KGB）に入って頭角を現し、1964年にアゼルバイジャンKGB第一副議長、1967年に同議長に就任し、1969年にはアゼルバイジャン共産党中央委員会第一書記に選出されて共和国のトップとなった。第一書記就任後のヘイダル・アリエフは、ブレジネフの後ろ盾を背景に「反汚職キャンペーン」の名の下大規模な幹部の配置転換を行って共和国内の人事を掌握した。1982年まで続くヘイダル・アリエフの共産党第一書記時代に形成された幹部構造はその後も強固に保たれ、ソ連末期の政争とヘイダル・アリエフ復権の土台となった。1982年にはソ連第一副首相およびソ連共産党中央委員会政治局員となり、ソ連体制内で最も高位に就いたアゼルバイジャン人となったが、ゴルバチョフ期の1987年に失脚、政治の表舞台から一度姿を消す。

ここからヘイダル・アリエフの「第二章」がスタートする。失脚後もしばらくモスクワにとどまっていたが、1990年1月にソ連軍が介入して民族主義勢力を弾圧したバクー事件（黒い一月事件）が起きるとアゼルバイジャンに戻り、同年9月に実施された人民代議員選挙にナヒチェヴァン自治共和国から立候補して当選、自治共和国最高会議議長に就任して共和国政界に突如復帰したのである。当時はソ連指導部を後ろ盾とするアゼルバイジャン共産党政権と、民族主義勢力の連合体である人民戦線が激しい政争を繰り広げていたが、ヘイダル・アリエフの政界復帰は第三勢力の登場を意味していた。やがて1992年に共産党政権が崩壊、後を受けた人民戦線政権も翌1993年にクーデターで崩壊すると、ヘイダル・アリエフが後を託される形で共和国のトップに返り咲いた（この日は現在「国民救済の日」として国の祝日となっている）。この時、ヘイダル・アリエフ70歳であった。ヘイダル・アリエフはかつての人脈を駆使して自身の政党新アゼルバイジャン党（YAP、第14章参照）に旧共産党エリートを糾合する一方、政敵を徐々に排除して政治基盤の安定化を図った。

ヘイダル・アリエフ政権でもたらされた政治的安定は、政争に勝利して対抗勢力を排除したことが最大の要因だが、事実上敗北状態であったナゴルノ・カラバフ紛争の停戦協定の締結や、カスピ海のエネルギー資源開発に西側企業を参入させる「世紀の契約」の締結など、対外的な懸案事項の処理に成功したことも大きかった。いずれにせよ、1993年以降のアゼルバイジャンにおいて、対内的・

対外的な舵取りはヘイダル・アリエフという一政治家の政治手腕に拠っていたのである。

２００３年12月にヘイダル・アリエフが死去すると、跡を継いだイルハム・アリエフ大統領がまず着手したのが、ヘイダル・アリエフを「国父」として神格化し、自らをその正統な後継者として位置づけることであった。２０１４年３月、イルハム・アリエフは「アゼルバイジャン人民の全国的指導者ヘイダル・アリエフの記憶を不朽のものとすることについて」の大統領令を出し、共和国宮殿やスポーツ・コンサート複合施設、空港などに「ヘイダル・アリエフ」の名を冠すること、バクーおよびすべての市・地区において通りと広場を一つずつ「ヘイダル・アリエフ」の名にすることを命じた。これを受けて、各地の都市中心部または郊外の広大な敷地に「ヘイダル・アリエフ公園」が造成された〈写真1〉。これとは別に、２００４年から活動を開始した「ヘイダル・アリエフ財団」が各地の中心部に「ヘイダル・アリエフセンター／博物館」を建設し、ヘイダル・アリエフを顕彰する行事の会場となっている。また、あまねく全土に「ヘイダル・アリエフ像」が建立されており、海外での像建立も積極的に行われている。

写真１　ギャンジャ市郊外にある広大な「ヘイダル・アリエフ公園」の入口。巨大な凱旋門風のゲートが建設中であった（2015年９月）

モニュメント（ハード面）の整備に加えて、ソフト面でも礼賛・神格化が進められている。２００８年には「ヘイダル・アリエフの遺産を研究する」ためにアゼルバイジャン国民科

写真２　2011年、大統領50歳の誕生日に用意された50メートルのケーキ（スムガイト市）Azadlıq Radiosu［https://gdb.rferl.org/BB8D3FFF-E9A7-4A3C-A82A-96F5172E497D_w1023_r1_s.jpg］

学アカデミー歴史研究所に「アリエフ学」部門が設置された。また、様々な分野における発展が「ヘイダル・アリエフと○○」というようにヘイダル・アリエフと結びつけられて紹介される方法が定式化している。さらには「ヘイダル父さん」「巨星」といったヘイダル・アリエフを称える歌謡曲が作られてテレビで放映されたりしており、個人崇拝が進んでいる。アゼルバイジャンにおけるヘイダル・アリエフの「国父」化は、トルコにおけるアタチュルクの位置づけを意識しているとの指摘もある。

以上のようなヘイダル・アリエフの国父化事業が進むアゼルバイジャンにおいて、イルハム・アリエフ現大統領に対する個人崇拝を思わせる事例も観察されている。２０１０年代に入ると、イルハム・アリエフ現大統領の誕生日である12月24日に大統領の年齢と同じメートル数の巨大ケーキを用意させ、市民にふるまう市行政府長官が登場して話題となった〈写真２〉。この「催し」はやがて行われなくなったが、アゼルバイジャンにおける現大統領の位置づけを考える上で興味深い。

そして現在強力にプッシュされているのがイルハム・アリエフ大統領の夫人、メフリバン・アリエヴァである。２００３年のイルハム・アリエフ大統領就任以降、「ヘイダル・アリエフ財団」総

写真3　イルハム・アリエフ大統領一家。前列左からアルズ（次女）、メフリバン（夫人）、イルハム、ミカイル（孫）、アリ（孫）、レイラ（長女）。後列左からセメド・グルバノフ（アルズの配偶者）、ヘイダル（長男）、アゼル（甥）［http://static.president.az/media/W1siZiIsIjIwMTcvMDUvMTMvNnRkeWFyNjh6MV8wMTQuanBnIl0sWyJwIiwidGh1bWIiLCIyMDQ4eDk5OTkiXV0?sha=b7bdc74891778e56］

裁、国民議会議員、与党ＹＡＰ副議長をはじめ次々と要職に就き、娘たちと共にアゼルバイジャンの華々しい対外イメージ作りに寄与してきたが、２０１７年２月には新設された第一副大統領に任命された。実家はアゼルバイジャン随一のビジネスグループのオーナー一族（パシャエフ家）であり、第一副大統領就任をはじめとする最近の動きを「アリエフ家からパシャエフ家への権力移行」と見る向きもあるほどである。

（立花　優）

13

政情を映す鏡

★アゼルバイジャン議会略史★

１９１８年5月28日、トビリシにある旧カフカス総督宮殿の一室で、ザカフカス・セイムのムスリム会派議員らで結成された国民評議会によりアゼルバイジャン民主共和国の独立が宣言された。このときの独立宣言、およびその後の国民評議会の決定により、新国家は男女普通選挙権を有する議会制共和国として歩みを始めることになる。１９１８年11月になると国民評議会は１２０議席からなる民主共和国議会へと発展解消した。この議会では独立を主導してきたミュサヴァト党（第15章参照）が多数派であったが、民族や政治信条によって結成された他の会派も活動していた。民主共和国は23カ月の短命に終わるが、民主共和国議会の存在は、アゼルバイジャンが近代民主国家として産声を上げた証として記憶されることになる。

１９２０年のソヴィエト政権成立以降、アゼルバイジャンはソ連体制に組み込まれていった。この時期の議会（１９３８年から最高会議）は共産党中央が決定した基本方針を承認する場であり、会期も短く象徴的な意味しか持っていなかった。この状況を変化させたのは、ソ連中央での政治改革であった。１９８５年にソ連共産党書記長に就任したゴルバチョフの指導の下開始された改革により、ソ連邦最高会議の重要性が増したのである。この影響は連邦構成共和国であったアゼルバイジャンにも波及した。折しも共和国は経済の低迷、ナゴルノ・カラバフ自治州の帰属変更問題、共和国旧指導部の粛清などで動揺しており、一方で共産党による指令システムは変わらなかったため、街頭と最高会議が政治的議論の場となり始めていた。共和国が抱える諸問題に対処できない体制への不満を吸収し、急速に影響力を拡大していた人民戦線は、1990年に予定されていた最高会議選挙で勝利を収めることで政治的主導権を握ろうとしていた。しかし1990年1月にソ連軍の介入を招いたことで人民戦線は議会選挙で勝利を収めることができず、共和国共産党の権力は維持された。

写真1　アゼルバイジャン国立農業大学。アゼルバイジャン民主共和国時代に一時期国民評議会と政府の建物として利用された（ギャンジャ市、2011年）

1991年8月、ソ連中央でクーデター未遂が発生したことで、ソ連は一気に解体へと向かっていく。共和国共産党は後ろ盾を失う形となって弱体化する一方、息を吹き返した人民戦線は街頭示威行動で圧力をかけ、自派議員と共産党系議員が半々になるような新たな合議体の設置に成功する。これが、50人からなる「国民評議会」である。この合議体は1992年5月に「国民議会」に改称し、母体となる最高会議の機能を停止させて、自ら単一の立法機関として機能した。メンバーは国民から直接選挙で選出するのではなく、最高会議議員から選出され、欠員が出た場合は最高会議議員の中から国民議会で選出し、補充するという特殊な方式を採った。こうした選出方式は人民戦線政権期を通じて変化せず、基本的には1995年の新憲法制定と同時に行われた新議会選出まで維持された。1993年のヘイダル・アリエフ政権成立から1995年の新憲法制定までは、国民議会をベースとしつつ議論に参加できる最高会議議員を増やすことで、国民議会への集中を薄めようとしていた。この時期の議会はまさに政争の主舞台であり、不安定な政情を象徴する場でもあった。それだけに注目度も高かったのである。

1995年に成立した新憲法で定められた議会は「国民議会」という名称を引き継ぎ、国民から選挙で選ばれる定数125の一院制議会となった。しかし議会の権能は以前に比べて大幅に縮小し、また、ヘイダル・アリエフの政敵や反体制的な野党を徐々に排除したことで、議会審議は形骸化し、政治的議論の場としての役割を失っていった。

さて、第11章では「アゼルバイジャン型オリガルヒ」について述べたが、近年、議会においても実質的な企業経営者が議員となる「ビジネスマン議員」が目立ってきている。2010年選出の国民議会議員のうち、ビジネスと関わりのある議員は確認できるだけで30名に上った。本来議員の兼職は文

写真2　現在の国民議会（2015年）

化・学術的職業を除いて制限されており、法的に問題があるのではないかとの指摘がかねてから出されていた。また、こうした「ビジネスマン議員」は議会活動が不活発であることが多く、議会がビジネスクラブのようになっているという懸念も示されている。このように法的にも議会運営上も問題視されているにもかかわらず「ビジネスマン議員」が出現するのは、彼らが地域経済や雇用への影響力、潤沢な選挙資金を持っていることに加えて、議会の形骸化の結果、議員活動の重要性も低下しているという事情があるだろう。こうした議員が増えることで、政権および与党はますます議会のコントロールが容易になり、さらに議会の形骸化が進む、という循環すら窺える。

こうした「ビジネスマン議員」には大きく二つのタイプがあるように思われる。一つは「アゼルバイジャン型オリガルヒ」とは逆のベクトル、つまり経済的に「成功」した事業家が政治的地位をも得ようとするタイプであり、もう一つは「アゼルバイジャン型オリガルヒ」の子分であるタイプである。後者の場合、最初から政権幹部の後ろ盾を得ているが、前者の場合は有力者に斡旋を依頼することも多い。これが一種の売官、汚職の温床ともなっているとの指摘がなされてきた。そして、典型的な「ビジネスマン議員」のケースではないものの議員ポストの売官を裏付けるようなスキャンダルが2012年に発覚し、大きな話題となったのである。

2006年、元アゼルバイジャン国際大学学長エルシャド・アブドゥラエフは国民議会再選挙に与党YAPから立候補した。前年の本選挙でアブドゥラエフは別の選挙区から無所属で立候補し落選したが、不正により投票がやり直しとなった選挙区から与党公認を得て改めて立候補したのである。しかし再選挙投票前に自身の不正が発覚して立候補を取り消され、議員になることができなかった。ところが、立候補にあたってアブドゥラエフは与党の公認を得るために与党議員の一人ギュラル・アフマドヴァに面会し、斡旋を依頼していた。その様子をアブドゥラエフは隠しビデオで撮影していたのである。２０１２年、アブドゥラエフは贈賄行為を明かす声明を出し、隠し撮り動画をYouTubeで公開し始めた。動画ではアブドゥラエフが50万米ドルの提供を申し出たのに対し、アフマドヴァ議員が１００万米ドルを要求して譲らない様子が映されていた。この件はアフマドヴァ議員の背後にメフディエフ大統領府長官の名前も取り沙汰され、「ギュラルゲート」などと呼ばれて世間をにぎわせた。アフマドヴァ議員はＹＡＰから除名され、議員辞職の後逮捕された。

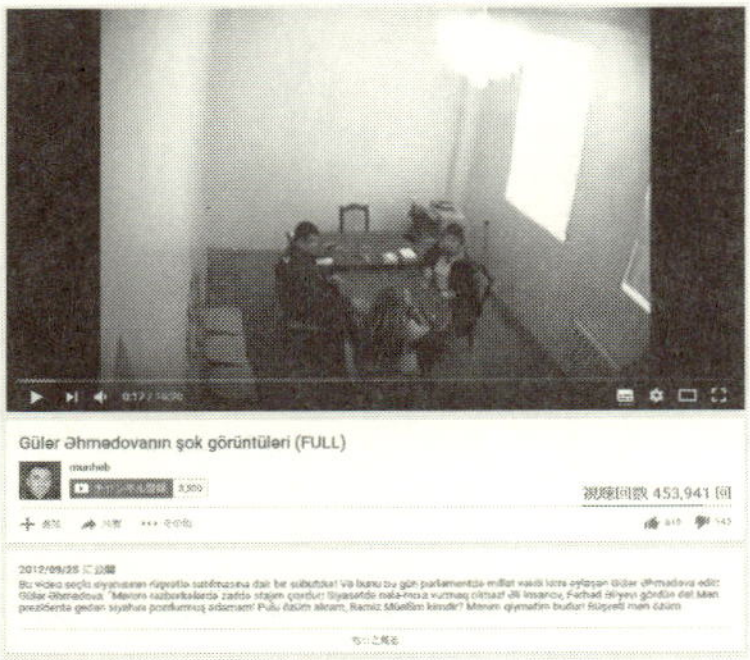

写真３　「ギュラルゲート」でYouTubeに投稿された動画の一つ。

もちろんこうした残念な面だけではなく、議員の政策立案能力向上を目的とした国際ＮＧＯによる議員スタッフの研修、国費による秘書の確保、議会内オフィスの拡充など、議員活動を活発化させるための取り組みもなされている。しかし政府に対する議会のチェック権が縮小し、政党の組織活動が低迷し（第15章参照）、議員の最大の活動が地元有権者の陳情斡旋となっている（第14章参照）現状に鑑みるに、議会が再び政治的議論の場として浮上するには相当の時間と労力を要するだろう。（立花　優）

14

政権交代がない選挙

★アゼルバイジャンにおける議会選挙★

非民主的な体制において、選挙が持つ意味は議論の対象となってきた。権力の維持を図る体制は、体制派候補への投票を呼び掛ける（時として強引な）動員を展開したり、反対派候補の政治活動を妨害したり、運動員による多重投票や集計作業時の不正を駆使してまでも勝利を目指す。また、反対派が事実上存在しない場合でも、地方エリートが政権に対して忠誠心を示すために高投票率を競う、といった現象が見られることもある。

アゼルバイジャンにおいても、独立後の一時期を除いて選挙は体制が支持されているというイメージを演出するための道具となってきた。アゼルバイジャンの有権者が投票できるのは、国政レベルでは大統領選挙、議会選挙（小選挙区制）、国民投票、地方レベルでは基礎自治体選挙であるが、このいずれにおいても、１９９３年以来現与党ＹＡＰが圧倒的勝利を収めてきた。しかし、これまでの選挙では、国際的な選挙監視団から選挙不正が指摘され、国際的な基準に合致していないとの評価が下されてきた。実際、特に近年スマートフォンなど携帯型電子端末が普及したこともあり、投票所スタッフによる票の水増し行為や動員された有権者による多重投票を示唆する動画がインター

写真１　2015年11月の議会選時にSNSに投稿された写真。ごみ箱に書かれた「投票箱」の落書き（［https://www.facebook.com/nidavh.org/photos/a.205594756144303.46957.205309746172804/930286590341779/?type=3&theater］2017年４月30日最終閲覧）

ネット上に数多く投稿されている。こうした不正行為がなかったとしても、ＹＡＰの相対的な優位は揺らがないというのが大勢の見方であるが、「国民の大多数に支持されている」というイメージを様々な手段を用いて既成事実化し続けてきたのである。

また、現政権は自身にとって危機的な状況においては反対派を徹底的に弾圧することも厭わなかった。これは、現政権の権力維持にとって最大の難関であった２００３年の大統領選挙（ヘイダル・アリエフ大統領（当時）が病床から選挙撤退を表明、当時首相であった大統領の息子イルハム・アリエフが与党候補となり、当選）で、選挙不正を糾弾する反対派のデモが治安部隊によって徹底的に弾圧されたことからも明らかである。これに対し、政権に批判的な野党勢力は選挙不正の指摘を繰り返す一方、時として打開策のないまま、野党間の連携を欠いたままに選挙のボイコット戦術を採用してきた。こうした背景から、一般的に選挙、特に選挙結果に対する国民の関心や信頼は決して高いとは言えないのがアゼルバイジャンの現状である。２０１５年の国民議会選挙時、「投票箱」と落書きされたゴミ箱の写真（写真１）がＳＮＳ上で数多くシェアされていたが、まさに選挙に対する一般的なイメージを表していると言えよう。

では、アゼルバイジャンにおける選挙には全く意味がないのだろうか。確かに、現状では投票の結果政権交代が起きる可能性がほぼ存在しないという点で選挙に意味はないが、選挙という「催し」は、それを通じて有権者と政治家が接触する貴重な機会の一つとなっているのである。

ここで筆者の体験談を紹介しよう。２０１０年の国民議会選挙当時、筆者は首都バクーのやや郊外寄りの地区にある集合住宅に住んでいた。その地区では、ある与党新人候補陣営が運動員による戸別訪問形式の選挙活動を展開しており、筆者もこの陣営の運動員の訪問を受けた。この時、運動員は（写真2）のような「お土産セット」を持参していた。このセットには候補のこれまでの活動や政見・公約について書かれたパンフレットのほかに、候補の写真が随所に散りばめられた卓上カレンダーやカードサイズのカレンダー、候補の名前入りボールペンにライターが入っていた。運動員は有権者にこのセットを手渡して候補への投票を呼び掛け、エリア内の有権者が記載されたリスト上で訪問した住戸をチェックしていた。筆者は当然有権者ではないが、住居の持ち主の名前が記載されていたのであろう。このような「お土産セット」を用いた選挙活動は、資金面で余裕のある候補が与野党を問わず行っていた。筆者は地下鉄車内で、先の与党候補陣営と同一の選挙区から出馬していた野党系候補の「お土産セット」を持つ若者を目撃した。また、報道から都市部だけでなく地方でも集会で同様の「お土産セット」が配布

写真２　2010年の国民議会選挙時に与党候補陣営の運動員が戸別訪問で配付していたセット

されていたことが分かっている。

こうした運動方法は候補者の名前を短期間で有権者に売り込むための方策の一つだが、特に新人候補の陣営に多かったように思われる。現職議員の場合は、すでに選挙区内の有権者にある程度名前が知られていることから、「実績」のアピールを前面に出すことが多い。ここで言う「実績」とは、在任中に選挙区内のコミュニティから受けた陳情をいかに実現してきたかというものである。この陳情の内容は、ガスや水などのコミュニティ内のインフラ整備から住民の失業問題に至るまで、実に幅広いものがある。選挙期間中、現職候補は有権者との集会においてこうした「実績」をアピールし、有権者側から新たな陳情がなされる、という姿が現地メディアで報じられていた。住民との対話集会は多くの新人候補も開いているが、「実績」のアピールができるのは現職候補の強みとなっている。

アゼルバイジャンにおいて、政権があらゆる手段を用いて政権交代の可能性を封じる中、選挙で大きく政治が変動するということは期待できない。新人候補にせよ現職候補にせよ、選挙において最終的にモノをいうのは利益誘導や陳情実現に有効な政権とのパイプがあるかどうかである。しかしこうした選挙においても、有権者は選挙期間中に候補との接触を通じて陳情活動を行って生活環境の改善を図るなど、単に唯々諾々と選挙に参加しているわけではない。候補の側も有権者との接触を図り「実績」をアピールすることで、自らのブローカーとしての価値を住民・政権双方に示し、影響力を拡大しようとしている。さらに選挙は、こうした陳情プロセスの一部を可視化させる効果を持っているのである。

（立花　優）

15

立ち枯れる複数政党制

★アゼルバイジャンの政党事情★

ソ連邦崩壊前夜、アゼルバイジャンではナゴルノ・カラバフ自治州の帰属をめぐる民族対立の激化、経済の低迷などの問題が深刻化し、有効な対応をとれない共産党の権威が低下しつつあった。こうした中、アゼルバイジャンでは従来の政治の在り方に代わる新たな道を模索する動きが急速に広まり、政治的な議論が活発化して数多くの政治結社が形成され始めた。1990年の最高会議選挙に際しては、社会民主党が共産党以外で初めて政党として登録され、その他非公認の民族主義勢力も参加して事実上の複数政党による選挙となった。さらに独立後の1992年には政党法が作られて複数政党制が整備され、政治結社が政党登録を受けるようになった。政党法によれば、政党とは「アゼルバイジャン共和国市民によって国の政治生活、市民の政治的意思の形成と表明に参加することを目的として本法に従って設立された非営利法人」をいう（第1条）。1993年に現政権が成立して以降も政党の登録数は増え続け、中央選挙委員会の資料によればアゼルバイジャンには2015年時点で55の登録政党が存在する。

ここでそのすべてを紹介することはできないが、アゼルバイジャンの現在を考えるうえで重要な政党について、その概略を説明しておこう。

1993年以来与党である新アゼルバイジャン党（Yeni Azərbaycan Partiyası, YAP）は、アゼルバイジャンの飛び地ナヒチェヴァン自治共和国で1992年11月に結成された。結党を主導したのは当時影響力を持っていた知識人の集まりで、その人数から後に「91人」と称され、党内で特別な存在となった。この「91人」が当時ナヒチェヴァンのトップであったヘイダル・アリエフに新党の結成を要請した、というのが公的な結党史となっている。しかし同党の実態は、旧共産党エリート層を糾合するための母体であった。1993年6月に起きたクーデターで混乱する政局を託される形でヘイダルが共和国のトップに就任すると、政府機関や教育機関、企業関係の大量入党もあってYAPの党員は劇的に増加した。2017年現在YAPは85の地方党組織、7434の初級党組織に69万人の党員を擁する巨大政党となっている。党のトップである党議長は結党以来ヘイダルが務めたが、2003年にヘイダルが死去した後、2005年にイルハム・アリエフが党議長に選出された。「野党」として結党され、そのことは党のアイデンティティにおいても重要視されているが、党勢の拡大や現状を支えているのは「大統領の党」という性格である。これは、2005年4月の改定まで政党法において大統領が政党員であることが禁じられていたにもかかわらず、ヘイダルが党議長であり続けたことに表れている。

一方、1992年から1993年まで政権を担当した人民戦線は、大衆運動組織として1989年に結成された。混迷した当時の状況にあって、人民戦線は激烈な民族主義と反ソ連・反共産党の方針を掲げて急速に支持を拡大した。1990年にはソ連軍の介入（黒い一月事件）を招き弾圧を受けるが、1992年春には旧共産党系の政権を大規模デモで倒し、大統領選挙で勝利して政権を担うに至っ

右上：バクー市中心部 **Sahil** 駅そばにある、**YAP** 本部の入る建物。建物はこじんまりとしており、主要な政府庁舎からも離れている。
右下：**YAP** ギャンジャ市支部。
左上：**YAP** バルダ地区支部。
左下：**YAP** ナフタラン地区支部。
地方の **YAP** 支部は行政府のすぐそばに位置していることが多く、行政との一体性を感じさせる。

た。しかし様々な主張を持つ政治集団の連合体であった人民戦線は内部での路線対立を常に抱えており、独立直後の難局に効果的に対処することができなかった。1993年に入ると、ナゴルノ・カラバフ紛争での劣勢の責任をめぐる争いから有力な民兵組織の離反を招き、クーデターによって政権は崩壊した。この人民戦線にルーツを持つ政党のうち、代表的な政党としては、ミュサヴァト党、人民戦線党がある。前者のミュサヴァト党は1918年からの民族共和国を主導した政党（1911年結成）の後継政党を自認しており、1992年「復活」党大会を開いた。人民戦線政権の与党として機能することが期待されていたが、1993年のクーデター以降は主要野党の一角として活発な活動を見せている。2003年の大統領選挙では、選挙不正を訴える同党主導のデモが治安部隊に弾圧された。後者の人民戦線党は、人民戦線政権の一部が政党化した形で結成された。政党として登録されたのは1995年である。トップである党議長には人民戦線政権時に大統領を務めていたアブルファズ・エルチベイが就いたが、2000年に彼が死去すると党は3派に分裂した。この他、現在野党の立場にある政党には、もともと様々な政治結社の連合体であった人民戦線から分離して政党化したものが多い。

このように、アゼルバイジャンにおける政党の活動は活発であるように見えるが、実態はどうだろう。ここでは、アゼルバイジャンの政党の「活動度」を測る指標として、政党がどの程度の政治資金をどのように集めているかに注目してみよう。

各党が中央選挙委員会に提出した2014年の政治資金収支報告によれば、何らかの政治資金収入ありと報告したのは12党で、これは全登録政党の4分の1にも満たない数である。この12党のうち、政治資金のすべてを国からの政党助成金（国民議会議員を擁する政党に対し議席数に従って配分される）に頼っていたのが5党、助成金以外の収入項目があったのは7党だけであった。最も多くの政治資金を集めているのはYAPで、全収入が11・3億円（2014年末のレートで計算）計上されており、うち党員からの党費が9・4億円（83・1％）を占めていた。ミュサヴァト党が得た政治資金は主に党員からの党費で約1400万円とYAPの0・1％程度しかなく、人民戦線党に至ってはゼロという状況である。

もちろんこれが政党に関わる金のすべてというわけではない。野党の中には、党員・関係者が個人的に関与するNGOを通じて国内外から資金を調達し、所属政党の政治活動に充てている党もあると言われてきた。しかし、YAPを除いてアゼルバイジャンの政党の活動は基本的に党員のボランティアによって細々と支えられているのが実情であり、全国的・組織的に大規模な活動をするには程遠い。YAP以外の登録政党が党費すら十分に集められない背景には、この国を広く覆う失業・低収入の問題がある。

以上のような登録政党とは別に、アゼルバイジャンには登録されていない政党・組織も数多く存在している。独立以来常に活動が活発なのはイスラーム政党である。アゼルバイジャン・イスラーム党は1991年に首都バクー郊外のナルダランで結成された。ナルダランはシーア派の強固なコミュニティが存在することで有名であり、同党もシーア派コミュニティを基盤としている。また近年ではシングル・イシュー型の運動も盛んとなっており、そのうちの一つであるREAL（Respublikaçı Alternativ Hərəkatı、共和主義者オルタナティブ運動）は、大統領の三選禁止規定を削除する2009年の改憲案への反対運動から発生した。代表のイルガル・マンマドフは既成政党の幹部だったが2003年に袂を分かち、オープン・ソサエティ財団で勤務するなどした後、運動のリーダーとなった。2013年にマンマドフが逮捕された後も、運動は2014年に政党化を決め、活発に活動を継続している。

（立花　優）

16

深刻な人権問題

★国際的な批判の高まりの中で★

アゼルバイジャンの人権状況は決して良好とは言えない。例えば報道の自由などを評価することで有名な、米国に本部を置く国際NGO団体のフリーダム・ハウス（Freedom House）は、アゼルバイジャンの人権状況に対して厳しい評価をしてきた。最新の2018年版のレポートでも、自由、部分的に自由、自由ではないという3段階で、総合的に「自由ではない」と評価されており、悪化の状態が顕著な国でも上位に位置している。そして、インターネットの状況は「部分的に自由」だが、報道も「自由ではない」と評価されている。なお、ナゴルノ・カラバフが「部分的に自由」であると評価されていることは皮肉だと言えよう。ヒューマン・ライツ・ウオッチ（Human Rights Watch）、アムネスティ・インターナショナル（Amnesty International）などの国際人権NGOの評価もどれもかなり厳しいものである。

国連人権委員会、欧州評議会、EU、米国など、国際社会からも、人権問題に関する多くの批判や勧告を受けてきたのみならず、2016年10月にはEITI（採取産業透明性イニシアティブ［Extractive Industries Transparency Initiative］＝石油・ガス・鉱物資源等の開発に関わる採取産業から資源産出国政府への資金の流れの透明性を高めることを通じて腐敗や紛争を予防し、成長と貧困削減に繋がる責任ある資源開発を促進するための多国間協力の枠組み）が、アゼルバイジャンのＮＧＯへの対応を問題視して、アゼルバイジャンのフル・メンバーシップの再付与を拒否し、４カ月間での改善を要請するということも生じた。その要請を受け、アゼルバイジャン側は、「ＥＩＴＩがダブルスタンダードを改善しない限り復帰の検討はない」として自ら脱退を表明したことも、アゼルバイジャンの評価を貶めることになった。

アゼルバイジャンの人権侵害については、幾つかの側面から考える必要がある。

第一に、政治的自由や言論の自由がほとんど認められていない。基本的に反政府的な活動家、ジャーナリスト、弁護士、政治家は厳しく弾圧され、反政府的な集会も許されない。それら、反政府的な人物たちに対しては様々な嫌がらせがなされたり、麻薬所持や書類偽装などの「冤罪」で有罪にされたりする。肉体的・精神的暴力を受けたり、暗殺されたりすることもある。盗撮や偽造によって作成された性交渉の動画が世に出されたりすることもあるほか、家族に危害が加えられることも多い。麻薬所持の冤罪は最も多く見られ、通りすがりに警官がポケットに麻薬を押し込み、職務質問をかけて逮捕する例も多いことから、活動家の間ではＳＮＳで「出かける前にはポケットを縫い付けろ」というメッ

アゼルバイジャンの政治犯釈放を求める運動

セージが行き交うほどである。筆者の知人の反体制派ジャーナリストは国外で逮捕され、同じくジャーナリストだった彼女の兄はバクーで暗殺された。また、筆者の知人の活動家夫妻は長期にわたり投獄され、投獄中も持病の薬の服用を認められなかった上に、拷問も受け、生命の危機にさらされるなど、弾圧の事例は筆者の身近でも起きていた。加えて、反政府的な集会が公認されることは稀で、非公認の集会は激しく弾圧を受けるほか、人々が広場などを占拠できないように、放水車が使用されるなど、様々な強制的な手段が取られるほか、集会が予定されている場所を事前に封鎖したり、そこに繋がる公共交通を全て止めたりして、未然に集会を防ぐ対策も念入りに行われてきた。

第二に、第一の点とも関わるのだが、囚人に対する拷問を含む極めて非人道的な行為についても問題視されることが多い。薬の頓服や必要な治療が許されない状況、性的暴行を含む様々な暴力などが数多く報告されている。また、拷問の対象の多くが冤罪による政治犯であることもまだ問題であり、家族や親族に危害が及ぶ場合も少なくない。

第三に、信仰の自由、結社の自由にも大きな制限がかかっている。エホバの証人など、弾圧を受けている宗教団体が多いほか、反政府的なメディアや政党は度々妨害を受けており、活動を禁止されたり、解散させられたりしたものも多い。加えて、NGOへの監視、弾圧も極めて厳しい。ジョージアやウクライナでの「カラー革命」の背後に、欧米から支援を受けたNGOの活動があったことから、NGOへの動きは特に注視されている。

第四に、一般市民への人権軽視も深刻である。まず、バクーを中心とした都心のインフラ整備は顕著に進んでいる一方、地方に行けば行くほどインフラが未整備であり、水道、電気、ガスなどが引かれていない地域も多い。それが故に、アゼルバイジャンが石油・天然ガスで経済的に潤った後も、日本政府はODA（政府開発援助）や草の根・人間の安全保障無償資金協力などで、アゼルバイジャンの地方の上下水道の整備など多くのインフラの発展に貢献してきた。また、開発が進んでいるが故の人権侵害もある。都市計画や近代的な建物やスポーツ施設や商業施設などの建設、大統領の意向などのために、多くのバクー住民が強制移住の憂き目にあってきた。例えば、2012年5月の第57回ユーロヴィジョン大会（欧州の国別対抗音楽祭）は、2万5000人を収容する「バクー・クリスタル・ホール」で行われたが、そのホールの建設のために、周辺に住んでいた多数の住民が立ち退きを強いられ、欧州諸国が人権侵害だとして問題視したこともあった。また、公害被害が放置されていることも国際社会から問題視されており、第4章で述べたように、スムガイトなどは世界で最も汚染された地域トップテンに位置付けられたこともあった。

第五に、女性・子供に対する人権侵害も多々報告されている。中でも深刻視されているのが児童婚の問題である。児童婚は、国連の基準によればどちらか一方が18歳未満である場合の結婚を言うが、主に被害者は女子である。児童婚により、若い女子が学業を続けられなくなり、将来の夢を奪われるだけでなく、体の成長発達にも悪影響が及ぶ可能性があり、最悪の場合、成熟しない体での妊娠・出産で命を奪われることすらある。2011年には統計に上っているだけでも、約2100人の18歳未満の女子が結婚をしており、その内訳は都心が約39%、地方が約61%と、地方でより状況が深刻であることも浮かび上がる。なお、隣国ジョージアのアゼルバイジャン人地域でも児童婚が問題視されている。さらに児童婚をした約半数が中学校すら卒業できていないことからも、児童婚が子供・女性の

ドイツで行われたプライドパレード[性的少数者のパレード。世界各地で行われている]に参加するアゼルバイジャンからの参加者(ロシアからの参加者と共に)

権利を大きく侵害していることは明白であるが、「文化」であるとして看過されている現実があるのも事実だ。また、近年では医療技術の発達により、妊婦の出生前診断によって、妊娠中の子供の性別がわかるようになったが、それに伴い、妊娠した子供が女児である場合の堕胎率が上がっていることも問題視されている。このような現象は他の多くの国や地域でも見られることだが、男尊女卑の文化を象徴していると言えるだろう。

第六にマイノリティに対する人権侵害も深刻だ。例えば、ＬＧＢＴＱ（性的少数者。レズビアン、ゲイ、バイセクシャル、トランスジェンダー、ジェンダークィアの頭文字から成る）の権利は世界最低レベルであると評価されている。同性間の性交渉は２０００年以後合法とされたものの、同性間結婚や同性間の関係の承認、同性間の家族の構成および養子縁組は禁止されており、ＬＧＢＴＱである者は就業など様々な機会における差別や、精神的かつ肉体的な暴力を受けることも多い。そのため、その事実を世間的に隠す者が多いとされる。だが不自然な生活に我慢ができなくなり、自殺したり、国外に逃げたりする例も増えている。２０１５年９月に欧州議会は、アゼルバイジャンの人権擁護者への対応を非難する決議を採択し、そこで特にＬＧＢＴＱの人々の状況に対する懸念も表明している。（廣瀬陽子）

17

アゼルバイジャンの軍事力

★南コーカサス有数の軍事大国★

アゼルバイジャンの国防政策は、「2010年に策定された「アゼルバイジャン共和国軍事ドクトリン」によって規定されている。この中では、アゼルバイジャンに対する最大の軍事的脅威はナゴルノ・カラバフ地方に対するアルメニアの実効支配と領土要求であるとされており、アルメニアを仮想敵国とする姿勢が明瞭である。このアルメニアとの継続的な敵対関係が存在する故に、アゼルバイジャンは南コーカサス有数の軍事力を保有する。

アゼルバイジャン軍は陸軍、空軍、海軍の3軍種から構成され、総兵力は6万6950人と見積もられている（2018年度版『ミリタリー・バランス』による）。このほかには内務省隷下の国境警備隊（兵力約5000人）と国内軍（兵力1万人以上）、重要産業施設や政府機関の警護を担当する政府特別警護庁（OGSO）隷下の国家親衛隊（兵力約2500人）といった準軍事組織が存在する。

アゼルバイジャン軍のうちで最大の比率を占めるのは陸軍であり、兵力5万6850人、戦車439両、歩兵戦闘車181両、装甲兵員輸送車568両、火砲575門、戦術弾道ミサイル発射システム4両などを保有する。編制面では自動車化歩兵旅団4個、軽歩兵旅団19個、砲兵旅団1個、多連装ロケット旅団1個等を中心としており、これらの部隊によって5個軍団が編制されている。空軍は兵力7900人とごく小規模で、ソ連製のMiG―29戦闘機及びSu―25攻撃機各約20機、各種ヘリコプター約70機などを運用する。海軍の兵力は2200人とさらに少なく、少数の警備艇、機雷戦艦艇、揚陸艦を運用する。

こうしたアゼルバイジャン軍の活動を支える軍事支出は、過去に急速な伸び率を示してきた。ストックホルム国際平和研究所（SIPRI）が独自に算出した見積もりによると、2000年時点におけるアゼルバイジャンの軍事支出（国防費だけでなく、準軍事部隊の関連費等も含めていると見られる）は2億5500万ドル（2015年購買力平価換算）に過ぎなかったが、2010年にはこれが13億8200万ドル（同）と5倍以上に増加した。国際的な原油価格の高騰によってアゼルバイジャン経済自体が高度成長を遂げたことに加え、この機にアルメニアに対して圧倒的な軍事的優位を確保する思惑があったものと見られる。原油価格が下落してもアゼルバイジャンの軍事支出は依然として一定の伸びを示しており、2015年には30億2100万ドル（同）に達した。これは同年におけるアルメニアの軍事支出（4億4700万ドル）の7倍近い額である。

ただし、原油価格の下落によるアゼルバイジャン経済の落ち込みは軍事支出にも影響を及ぼしており、2016年の国防費は19億3200万ドル（同）へと大幅に削減された。GDPに占める軍事支出の比率で見ても、これまでは4％台後半から5％台後半で推移していたものが、2016年には4％ちょうどに留まっている。それでも同年のアルメニアの軍事支出（4億2300万ドル）に比べて圧倒的なレベルであることには変わりはない。

こうした軍事支出の伸びは、アゼルバイジャン軍の急速な近代化に結びついている。ソ連崩壊後、アルメニア軍の装備状態は総じてアゼルバイジャン軍よりも優良であったが、２０００年代以降、アゼルバイジャンは急速なキャッチアップを図った。主な武器供給国はロシアで、２０００〜２０１６年の間に、Ｔ－90Ｓ戦車１００両、ＢＭＰ－３Ｍ歩兵戦闘車１１８両、ＢＴＲ－80Ａ装甲兵員輸送車70両、Ｍｉ－35Ｍ攻撃ヘリコプター24機、Ｍｉ－８汎用ヘリコプター66機等およそ20億ドル相当の武器がアゼルバイジャンに引き渡されている。アゼルバイジャンはこのほかにも、ウクライナ、ベラルーシ、トルコ、イスラエルからも先端武器の導入を図っており、装備近代化の停滞しているアルメニア軍に対して大きく差をつけつつある。グルジアまで含めた南カフカス全体で見ても、アゼルバイジャン軍は格別に装備優良な軍事力であると言えよう。

演習を行うアゼルバイジャン軍。手前がロシア製新型戦車**T-90S**

ただし、航空・海上戦力の近代化については大きな進展を見ていない。アゼルバイジャンは韓国からＦ／Ａ－50戦闘爆撃機や潜水艦の導入を図ろうとしたと伝えられるが、韓国側の同意が得られず、頓挫したと見られる。この結果、アゼルバイジャン空軍の航空機は老朽化による稼働率低下に悩まされていると言われるほか、カスピ海を活動範囲とする海軍についても質量の両面でごく限定的な存在

ロシアから納入されてきた**BTR-82A**装甲兵員輸送車

に留まっている。例外は２０１１年に導入されたＳ－３００ＰＭＵ２広域防空システムで、限定的な弾道ミサイル防衛能力を備えることから、アルメニア軍の装備するスカッド短距離弾道ミサイルを無効化しうる存在として注目されている。

アルメニアは集団安全保障条約機構（ＣＳＴＯ）におけるロシアの同盟国であり、アゼルバイジャンがその仮想敵国であることを考えれば、ロシアがアゼルバイジャンに対して多額の武器供与を行っていることは奇異に映る。これについては、武器購入資金の乏しいアルメニアよりも豊富なオイル・マネーを有するアゼルバイジャンを優先するという機会主義的側面も存在しようが、アゼルバイジャンに対する軍事的影響力の確保という地政学的側面も無視できない。ロシアがアルメニアとの同盟を優先してアゼルバイジャンへの武器供給を遮断した場合、アゼルバイジャンはもともと関係の深いトルコへの傾斜を強めることが予想されるためである。また、アゼルバイジャンは米国から沿岸警備艇や特殊部隊への訓練の供与を受けていた時期もあり、ロシアの影響力が後退すれば、トルコばかりか米国の影響力が高まることへの懸念も存在しよう。

もっとも、ロシアのこうした姿勢はアルメニア側の不満を呼んでもいる。アルメニア駐留ロシア兵によるアルメニア人一家殺害事件、ロシア系電力会社による電気料金の値上げ、２０１６年４月にナゴルノ・カラバフで発生した過去最大規模の軍事衝突などを機に、近年のアルメニアでは過去になく

アルメニアとの前線地帯を視察するガサノフ国防相

反露的感情が高まってきた。こうした中でロシアはアルメニアにイスカンデル戦術ミサイル・システムを供与するなどして同国の抑止力維持にも配慮する姿勢を見せている。

最後に、人員充足の問題にも触れておきたい。アゼルバイジャン軍では、職業軍人である将校以外の人員充足を徴兵に頼っており、18歳から35歳までの男子国民に対して18カ月（高等教育修了者は12カ月）の兵役が義務付けられている。また、兵役終了後15年間は予備役として登録され、その数はおよそ30万人と見積もられている。しかし、徴兵については賄賂による徴兵逃れが横行していることから、徴兵を担当する組織を一新して徴兵義務の履行を厳格化するなどの改革も行われている。

（小泉　悠）

Ⅳ

民族・人口

18

アゼルバイジャンの民族

★シーア派が多数派★

アゼルバイジャン人は、アゼルバイジャン共和国、イラン北西部など居住する民族の名称。現在アゼルバイジャン（アゼリー）人はアゼルバイジャン、イラン、トルコ、ロシア、ジョージア（グルジア）など広い地域に居住している。1937年以降、ソヴィエト連邦ではアゼルバイジャン人が正式名称となったが、日常的には伝統的な呼称の「アゼリー人」や「トルコ人」の名称が使われていた。1991年にソ連が消滅しアゼルバイジャンが独立すると政権はアゼルバイジャン人という帰属意識を国民連帯と統合のアイデンティティーとして利用している。

歴史的に見ると、アゼルバイジャンは7世紀にアラブ支配下となりイスラム化が始まった。11世紀以降、中央アジアからやってきたトルコ系遊牧民がペルシア人、クルド人、カフカス系諸民族、アラブ系と混血し、14世紀から15世紀にイルハン国やティムール朝の支配下で言語・文化面でトルコ化の影響を受けて形成されたのがアゼリー人であった。支配層はペルシア語文化圏内でペルシア語とトルコ系言語のバイリンガルであった。16世紀、サファヴィー朝下でシーア派（十二イマーム派）信仰が広まったことから、アゼリー人はシーア派が信仰の主流となっているもののの、ザカフカスでは4分の1程度がスンナ派（ハナフィー学派）を信仰している。アゼリー人は、トルコ系言語のアゼルバイジャン（アゼリー）語を母語としている。アゼルバイジャン（アゼリー）語は、トルコ語、トルクメン語、ガガウズ語とともにトルコ諸語のオグズ語群（南西語群）を形成している。特にアゼルバイジャン（アゼリー）語とトルコ語は方言とも言えるぐらいに近似している。

イラン・ロシア戦争の結果、ゴレスタン条約（1813年）とトルコマンチャーイ条約（1828年）が締結され、ロシアとイランはアラス川が国境と定められた。これ以後、アゼリー人の居住地域はアラス川の南北に二分されたが、アゼリー人はエスニックグループとして一つである。1878年、ロシアはザカフカス支配のためティフリス（トビリシ）にザカフカス総督府を設置した。総督府はザカフカス・ムスリム宗務局を設置し、スンナ派とシーア派のムスリム聖職者を別個に管理・統制した。アゼリー人はこの宗務局を通じて宗教的にも統制を受けた。総督府は異民族統治を円滑にするためロシア語に通じたムスリムの行政官や通訳官を養成し登用した。彼らを通じてヨーロッパの文化がアゼルバイジャンに流入した。アーフンドザーデ（1812〜78年）は通訳官となって習得したロシア語を通じてヨーロッパ文学を学び、アゼルバイジャンの文学や演劇の創出に大きな役割を演じた。これはアゼルバイジャン人知識層に西欧的な価値観を理解できる意識をうえつけたが、アゼルバイジャン人一般の民族意識は帝国臣民のムスリムのままであった。人名に関して、姓にロシア語の男性 -ov、女性 -ova をつけることが始まっている。

第一次ロシア革命（1905年）、イラン立憲革命（1906〜11年）、青年トルコ人革命（1908年）

の三つの革命がアゼリー人に大きな影響を与えている。ロシア革命期のアゼルバイジャンでは、出版規制が緩和され、『イルシャド』、『ハヤット』などアゼリー語新聞の発行が許可された。新聞から得られた知識や情報により、アゼルバイジャン人という帰属意識が広まった。民族意識の形成に汎トルコ主義、汎イスラーム主義、社会主義が影響を与えている。

１９１７年のロシア十月革命によりカフカスで独立運動がおき、１９１８年アゼルバイジャン民主共和国が独立した。ラスールザーデ（１８８４～１９５５年）を首班とするこの共和国はイスラーム圏で最初の共和国となったが、赤軍のバクー進駐により23カ月間で瓦解し、20年にアゼルバイジャン・ソヴィエト社会主義共和国が成立した。ソ連時代、アラビア文字廃止とラテン文字導入、初等教育の義務化、ロシア語教育の普及、宗教政策として脱宗教・脱イスラーム化が推進され社会は世俗化した。共産党幹部への登用ではロシア語が必須となった。30年代後半に始まったスターリンの大粛清で多くのアゼリー知識人が犠牲となった。ロシア人共産党幹部が支配し、アゼルバイジャン人のソヴィエト人意識を定着させる政策をすすめた。ソ連の共産化政策と国際交流の制限はイランのアゼリー人との交流を減少させ、南・北アゼリー人のアイデンティティーを懸隔化させることとなった。

１９８６年以降、ゴルバチョフ大統領のペレストロイカが呼び水となって、エルチベイ（１９３８～２０００年）率いる人民戦線が民族運動を牽引し、禁止されていた旧アゼルバイジャン国旗（三色旗）が登場して民族意識を覚醒させた。１９９１年のソ連消滅によりアゼルバイジャンは共和国として独立を回復した。しかし独立初期の１９９０年代は経済的な混乱やナゴルノ・カラバフ紛争による大量の避難民が発生し、共和国全体が疲弊していた。ヘイダル・アリエフ大統領（在任１９９３～２００３年）

が混乱を収拾し、権威主義的な政治体制を確立した。2003年、息子のイルハム・アリエフが大統領職を継承した。05年にBTC（バクー・トビリシ・ジェイハン）パイプラインが開通してカスピ海産原油の輸出を開始した。アゼルバイジャンは産油国として経済的に活況期に入った。同大統領は石油収入を文化事業にも使いアゼルバイジャン文化の振興を図り、アゼルバイジャン人の民族意識の強化につとめている。他方、イランへの関心は低く、アゼルバイジャン共和国のアゼリー人には国境を越えて南北アゼルバイジャン連帯・統合に発展する動きは見られない。アゼルバイジャン共和国ではソ連時代に脱宗教化が推進されたことから、独立後もトルコでの世俗主義の浸透と同じように、国民レベルで世俗化が進み、1日5回の祈りやラマダン（断食）などイスラームの戒律も緩やかであり、飲酒にも寛容で女性の服装も自由である。アゼルバイジャンでは民族意識に復興主義や原理主義のイスラーム運動と結びつく動きは見られない。世俗的なアゼルバイジャン人ではあるが、外国人との通婚、特にアゼルバイジャン人女性の外国人との結婚は少ない。国際結婚に関しては保守的な人が多い。

アゼルバイジャン国内には、2009年の統計によると、少数民族が人口の8・9％いる。少数民族にレズギン人、ロシア人、タルシュ人、アヴァール人、ジョージア人、クルド人、ユダヤ人がいる。ナゴルノ・カラバフ紛争により多くのアルメニア人とロシア人が国外に移住した。近年、アゼルバイジャン人の民族意識の強化策は、少数民族のアイデンティティーの維持より多数派アゼルバイジャン人への同化の方向に進んでいる。

（松長　昭）

19

アゼルバイジャン人の名前

★名前に反映される時代背景★

アゼルバイジャン人の氏名は、その時代背景に影響を受けて変化してきた。

アゼルバイジャンがソ連に編入されると、アゼルバイジャン人は氏名の登録を義務付けられ、苗字については、ロシア風の「～の元に生まれる」を意味する接尾語、すなわち男性であれば「エフ」「オフ」、女性であれば「エヴァ」「オヴァ」を名前の最後につける傾向が強まっていった。例えば、アリがアリエフ／アリエヴァ、フセインがフセイノフ／フセイノヴァ、ママド（ムハンマドの短縮形）がママドフ／ママドヴァ、というふうに変えられたのだ。

また、名前についても社会状況や共産主義イデオロギーなどに影響を受け、ソ連時代に変化が見られた。具体的にはロシア風の名前が増えたり、共産主義風の生活が名付けに影響していったりしていたのである。

ロシア革命後には、トラクター、コンバインというような労働に関する単語が名前に使われたり、ナルコム（人民委員会を意味するロシア語のナロードヌイ・コミテートから）、ライコム（地域委員会を意味するアゼルバイジャン語のライオン・コミテシから）、マルマト（情報を意味するアゼルバイジャン語から）などに代表される多くの共産党関連の単語が名前に使われたりするようになった。

また、1920〜30年代には、ソ連において新しい社会を構築するための仲間意識を高めたり、ソ連の成功と幸せを讃えたりするようなアゼルバイジャン語の単語を用いた名前が流行となった。例えば、男性の名前であれば、アザド（自由）、バフティヤル（運命）、サアダト（幸福）、インギラブ（革命）、ムバリズ（闘争）、ムバラクおよびタブリク（ともに、幸あれ、お祝い申し上げます、など）、ヴガール（プライド）など、女性の名前であれば、イラダ（意思ないし決意）、マタナト（強さ、安定、忍耐など）、アザデ（自由）、ラフィガ（友人、仲間）などが、新たなタイプの名前として民衆の間で広がっていった。

加えて、1938年にアゼルバイジャン語の文字表記がキリル文字とされたこと、また社会・政治のソ連化の進展などにより、アゼルバイジャン人の名前にもロシアの命名パターンが広く見られるようになってきた。例えば、ロシア語ではほとんどの女性の名前に三つの音節があり、最後の音節は母音「-a」で終わる。リュドミラ、スベトラーナ、マリア、タチャーナなどだ。ロシア名はそのような名前の中間の音節を強調する（例として lud-MI-la、svet-LA-na）のに対し、アゼルバイジャンの伝統的な女性の名前では、最後の音節が強調されてきた。つまり、レイラ（ley-LA）、セブダ（sev-DA）などという具合である。だが、女性の間でも、だんだんロシア的な名前が増えてきて、タミラ、タマラ、エスミラなどのロシア的なの3音節の名前が普通に見られるようになった。また、伝統的なアゼルバイジャンの女性の名にも最後の音節に「-a」をつけることで、名前をロシア的にするケースも増えた。例えば、ナルミンはナルミナに、グルナはグルナラになるようなケースが増えていったのである。加えて、最後の音節に「-a」をつけることで伝統的にはアゼルバイジャンの男性に付けられていた名前が女性の名前に転用される例も増えた。例えば、アディールがアディラに、ファリドがファリダに、イルハムがイルハマに、ナティグがナティガに、ラミズがラミザに変えられ、女性にも命名されるようになっていったのである。

他方、男性の名前については、二つの音節からなる短い名前が伝統的であり、ファイグ、シャイグ、ナミグ、トフィグなどのように最初の音節には「-a」または「-o」が含まれ、二番目の音節には「-i」が含まれるパターンが主流だった。だが、このようなアゼルバイジャンの男性の名前も、末尾が「-g」ではなく、ファイク、シャイク、ナミク、ナティクのように、ロシア風に「k」で終わるパターンも増えていったのである。「-k」を末尾に据えることでロシア的な名前にする方法は、現在でも多用されている。

このような名前のロシア化は、ソ連体制下における政治・社会状況と人々のアイデンティティの変化による自然な結果だと考えられているが、他方でロシア化への抵抗の意思を名前で表現した者もいたというのもまた事実である。

なお、１９６０~９０年代には、外国語の名前をロシア化する方法が人気となった。すなわち、ディナラ、ダイアナ、エルザ、エリナなどの名前である。

他方、ソ連時代に新しいアゼルバイジャン語の名前の流行も生まれた。例えば、ソ連時代の著名なアゼルバイジャン人劇作家のジャファル・ジャッバルリの作品から少なくとも14の名前がアゼルバイジャンで命名に使われるようになった。男性の名前でオクタイ、ヤシャル、エルハン、アイドゥン、ゴルフマズ、ドンマズ、ソンマズなどが、女性の名前でアルマス、ソルマズ、ギュルタキン、セヴィル、ギュラル、ギュンドゥズ、ギュルシュなどがあり、それらは現在でも人気のある名前である。

1940〜50年代には、国民的詩人であるサマド・ヴルグンがトルコ語起源の「アイ」（「月」の意味）を含む名前を創出した。それらには「アイギュン」（月日）、「アイベニズ」（丸顔）などが含まれるが、実際、ヴルグンは自分の娘にアイベニズ、孫にアイギュンと名付けた。その頃から、一般の人々も「アイ」（月）と「ギュン」（日）を用いた名前を多く創出するようになり、その中には「アイヌル」（月光）、ギュナイ（日・月）、アイテン（月のように）、アイタジュ（月の冠）、アイシャン（月・幸福）、アイセル（月・急流）などが含まれ、これらは現在も極めて人気が高い名前である。

しかし、ソ連解体が近づくにつれ、氏名の「非ロシア化」が進むようになり、人々は、苗字からロシア語風の語尾をなくしたり、伝統的な語尾に変えたりしようとし始めた。ペレストロイカ初期は当局の目が厳しく、苗字の変更は容易ではなかったが、次第に容認されるようになり、ソ連解体後にはその動向に拍車がかかった。そして、多くの人々が、苗字の末尾から「エフ」「オフ」、「エヴァ」「オヴァ」を外し、そこに「―ザデ」（ペルシア語起源）や「―リ」、「―ル」（ともにトルコ語起源）の語尾をつけたり、外したままにしたりするようになったのである。つまり、アリエフであれば、アリザデ、アリル、アリなどに変えられた。どのような語尾をつけるのか、つけないのかは、それぞれのアイデンティティと関係しているとされる。

また、名前についても非ロシア化が進み、女性の名前からロシア風の「-a」が外される傾向が強まってきたて、例えばソ連時代には流行の名前だったナルミナはナルミンに取って代わられるようになっていったのだった。１９６７～９０年の１８０人分の出生証明書を検証すると、ナルミナが６人いたのに対し、ナルミンは1人だったが、１９９０～９６年の２００人分の出生証明書では、結果が逆になり、ナルミンが５人いたのに対し、ナルミナは１人だった。

さらに近年では、アゼルバイジャン政府も名前の非ロシア化を推進している。アゼルバイジャン用語委員会は非アゼルバイジャン的な名前を危惧し、マリア、エカテリーナ、オーリャ、セルゲイ、アレクサンドル、ドミトリなどのロシア的な名付けがアゼルバイジャン人に対して今後禁じられる可能性があるとも表明している（仮に、禁止になったとしても、同国に住む外国人には適用外）。なお、同委員会は２～３のコンポーネントから成る長い名前（例えば、ナジャフとギュルから成るナジャフグルなど）も禁止するべきだとも主張しているが、法制化には至っていない。また、同委員会はすでに、ロシア的な苗字の末尾から「エフ」「オフ」、「エヴァ」「オヴァ」を外し「-az」や「-yaz」に変更するよう大統領令を出すように政府に提案しているが（その理由は、アゼルバイジャンのインターネットのドメイン名が「az」であるためだという）、その実現可能性はまずないと見られている。

このようにアゼルバイジャンの名前はその時々の社会情勢やアイデンティティ、政治の趨勢によって変化してきたし、これからも変化していくであろう。

（廣瀬陽子）

20

アゼルバイジャンとユダヤ人

★イランが意図せず結んだ縁★

アゼルバイジャンとユダヤ人という組み合わせは突飛に思えるかもしれないが、実は現在のアゼルバイジャンにユダヤ人は1万人弱暮らしており、1970年ではその数字は4万人強にのぼっていた。アゼルバイジャンのユダヤ人の歴史は非常に古く、また多彩である。

伝説では、紀元前8世紀にパレスチナから散っていった、いわゆる「ユダヤの失われた十の部族」の一つがここにたどり着いたとされる。

もう少し確からしい情報では、3世紀にはユダヤ人はこの地に暮らしていた。古代ユダヤ王国がローマによって破壊された際、多くのユダヤ人はヨーロッパのみならず、東アラブやペルシア地域にも離散していった。その後、ペルシア王国での迫害から逃れてきたユダヤ人が、東コーカサス・ユダヤ史の基本的な起源である。

彼らが暮らす地域の南北で戦争が続いてペルシアとの関係が切れてからは、彼らは東コーカサスに事実上閉じこもることになり、そのために、ペルシア語系ながらヘブライ文字で記すユダヤ・タート語や、その他諸習慣が長く保存され、世界のユダヤ人の中でも独特な特徴を持つに至った。当初イスラム教への改宗を迫った地元のムスリム支配者たちも次第に経済面からユダヤ人を懐柔し、文化的・人口的中心地となったグバは、「コーカサスのエルサレム」とも呼ばれるようになる。

18世紀になると、ペルシア・オスマン・ロシア間の戦争に巻き込まれ、ユダヤ人にしては珍しく自衛目的で武装することもあった。最終的にこの地域がロシア帝国の支配下に入ると、ユダヤ人は政治の安定化を期待した。彼らは自らを「ジュフール」と呼んでいたが、ロシア人やロシアのユダヤ人からは、「山岳ユダヤ人」(ゴルスキエ・エヴレイ)と呼ばれるようになった。なぜ「山岳」かというと、おそらく「ダゲスタン」の「ダグ」が「山岳」という意味であるのと同じである。彼らは現在のダゲスタンとアゼルバイジャンにまたがって暮らしていた。

ロシアの支配下で、宗教の自由は比較的保障された(ユダヤ人口の中心地だったロシア帝国下のウクライナやリトアニアなどよりも恵まれた状況である)。そして、ペルシアのユダヤ人とのつながりは依然として断たれたままであったのに対して、新たにロシア帝国内のユダヤ人との交流が生まれていく。

バクーが石油生産基地として発展するに従い、ロシア帝国他地域からバクーに移住するユダヤ人(こちらは基本的に「アシュケナジーム」と呼ばれる東欧系)も現れ、アゼルバイジャン・ユダヤ人の中心は次第にバクーに移っていった。1926年の調査では、ヨーロッパ系のユダヤ人は1万9000人を数え、7500人の山岳ユダヤ人を凌いでいた。

19世紀終わりから20世紀初頭にかけてシオニスト運動が盛んになると、山岳ユダヤ人を含むアゼルバイジャン・ユダヤ人の間でも、シオニストとしての夢を持つ者が現れるようになった。もっとも、パレスチナに向かった者は限定的ではあった。

ソヴィエト体制になってからは、初期の現地化政策の流れで、政府はユダヤ・タート語を奨励し、伝統の維持も容認した。だが30年代に入ると、他のソ連地域同様に少数民族に対する締め付けを強化し、文字をラテン文字、やがてキリル文字に転換させた。

また、この時期から政府は山岳ユダヤ人をいわゆるユダヤ民族の一部とは見なさず、イラン系民族の一部（タート人）のユダヤ教への改宗者として定義するようになった。家庭のレベルでは習慣や意識はある程度残ったが、社会的には周囲に同化する傾向は強まった。

伝統的ユダヤ教学院の少年たち（グバ、1920年）
（Mountain Jews, 2002 より）

１９８９年に始まるナゴルノ・カラバフ紛争や続くソ連崩壊を契機に、1万人以上のユダヤ人がイスラエルに移民した。旧ソ連の他の地域にも当てはまるように、初期の意識的なシオニストを除くと、経済的な混乱からの逃避が移住の主な動機だったと見られる。つまり、多くはアゼルバイジャンが嫌で移住したわけではなかっただろう。

事実、ヨーロッパの悲劇的なユダヤ史と異なり、アゼルバイジャンのユダヤ人の状況は必ずしも悪くなかった。ソ連崩壊後、一時的に反ユダヤ的な言説が公共の場に出現することはあったが、あまり大きな流れにはならなかった。ソ連当局が山岳ユダヤ人をイラン系民族と定義したのも必ずしも不自然なことではなく、事実として彼らはタート人やアゼリー人の間に馴染んでいた。

第二次世界大戦時、コーカサス地域はナチスの侵攻に見舞われた。東欧地域で目立ったナチスの協力者はコーカサス地域でも現れたが、東欧と比べるとユダヤ人の被害は限定的だった。十分な調査は進んでいないものの、ユダヤ人を匿うなどしてナチスのユダヤ人狩りからユダヤ人を保護したムスリムが多くいたという証言も報告されている。民族的にはイラン人――「イラン」は「アリーア」という意味である――であるとソ連が認定していたことも山岳ユダヤ人には奏功した。

現在のイスラエルの500万人以上のユダヤ人口に占めるアゼルバイジャン系は微々たる数であるから、アゼルバイジャンとイスラエルの外交関係は以上の歴史と分けて考えるべきではあるが、独立後のアゼルバイジャンとイスラエルは友好関係を保っており、その背景に、こうした友好的な歴史は多少なりとも影響しただろう。

では、なぜ現在の両国の関係は良好なのか。確固とした要因はいくつかあり、その一つは経済である。主にエネルギー関連で、イスラエルはアゼルバイジャンにとって第4位の輸出相手国である（2014年のデータでは輸出額全体の8・1％を占める）。

シナゴーグ内部（グバ、1944年）（Mountain Jews, 2002 より）

しかしもう一つの地政学的要因に、再びイランが関わってくるのである。イラン革命以降イスラエルとイランの関係が悪化していたなか、「イスラエルを地図上から消し去る」と豪語したアフマディネジャド大統領になってから、イスラエルはイランを最大の脅威として捉えるようになった。一方のアゼルバイジャンも、ナゴルノ・カラバフ紛争でアルメニアを支援したイランに不信感を持つようになった（ロシアもアルメニアを支援した）。

こうした背景から、両国はイランを牽制すべく外交関係を強化するようになった。２００９年にはイスラエルのペレツ大統領がバクーを訪問し、２０１２年にはリーベルマン外相が訪問してイスラエルがアゼルバイジャンに武器や軍事訓練の提供を行う合意が結ばれた。

イスラーム圏ではトルコと友好関係を保ってきたイスラエルの側には、トルコ以外にも非アラブのムスリム国家と良好な関係を保とうとの思惑も働いた（なお、イスラエルは、トルコの手前、トルコによるアルメニア人虐殺を公式には認定しておらず、アルメニアとの関係は微妙であり、その意味でもアゼルバイジャンに近づくことになる）。２００８年から２０１０年にかけて、イスラエルとトルコの関係が悪化したことは、そうした動機を強めた（２０１６年に両国の関係は改善）。アゼルバイジャンもトルコとイスラエルの継続的な関係に範を求め、計３カ国の協調関係を自国の安全保障の基礎にしようとしている。

イランの与り知らないところでイランが絡みながら、アゼルバイジャンとユダヤ人の長い歴史は今後も継続していきそうである。

（鶴見太郎）

21

イランのアゼルバイジャン人

★マイノリティか、それともマジョリティか★

イランのアゼルバイジャン（地方）は、同国の西北部に位置し。現在の行政区分としては、東・西のアゼルバイジャン州およびアルダビール州（1993年に東アゼルバイジャン州から分離）の範囲に相当する。その面積は約10万㎢（イラン全体の6%）、人口（2016年統計）は693万人（イラン総人口の約7%）である。

イランにおけるアゼルバイジャン人（アゼルバイジャーニー）とは、原義的には、このアゼルバイジャン地方の人（住民、出身者）を指す。従って、その実態は、言語的には当該地域で主として話されているトゥルク系諸言語の使用者のみならず、イラン系諸言語の話者（クルド人、タート人、ターレシュ人など）、或いはアルメニア語の話者なども含まれるし、宗教的には圧倒的多数を占めるシーア派十二イマーム派イスラーム教徒のみならず、スンナ派のイスラーム教徒、さらにはアルメニア教徒などの非イスラーム系住民も含まれることになる。しかし、イラン国内でアゼルバイジャン人と言えば、通常は、アゼルバイジャン・トルコ語（アーザリー・トルコ語）の話者でシーア派十二イマーム派イスラーム教徒である人々を意味している。

イラン国内におけるアゼルバイジャン人の居住圏は、主とし

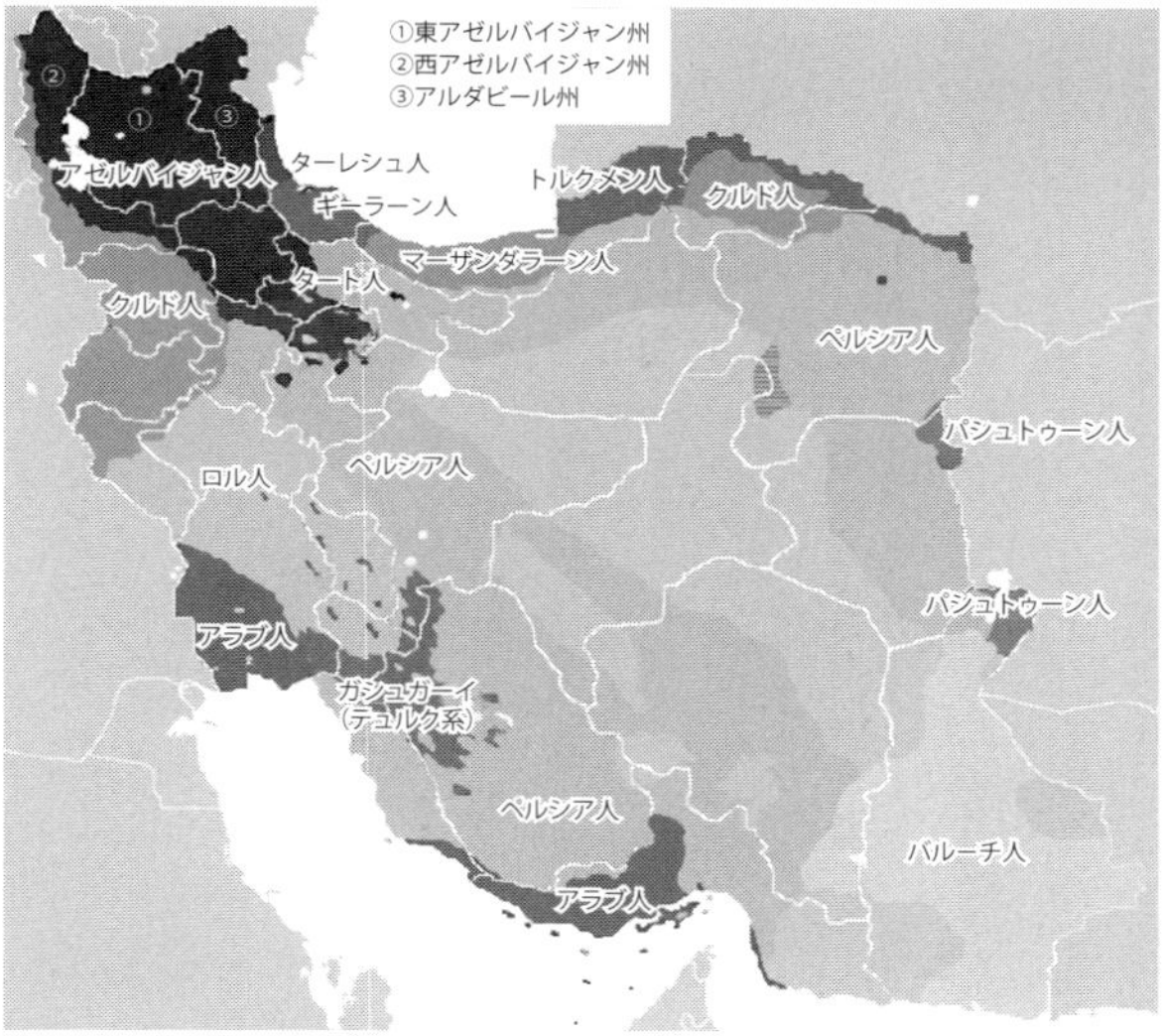

イランの民族分布とアゼルバイジャン地方の諸州

て上記3州であるが、当然のことながら、3州の広がりと正確に符合しているわけではない。付図が示しているように、西アゼルバイジャン州の西半分はクルド人地域であるし、3州以外にもザンジャーン州やガズヴィーン州の西部、コルデスターン州の東部、さらにはハメダーン州の一部、中央（マルキャズィー）州の一部にまで広がっている。

アゼルバイジャン地方は、歴史的にイランの穀倉地帯と呼ばれてきたように、元々、イランの中では自然条件に恵まれた（つまり、比較的降水量が多い）、従って、豊かな農耕地や牧草地を多く有している地域であり、結果として、イランの他の地域と比較して人口密度が高く、つまり人口圧が高いうえに、20世紀に入って幾度か経験した政治的変動（特にアゼルバイジャン国民政府とその崩壊）のために、イラン国外のみならず、国内諸地域への人口移動が際立っている地域でもある。その主たる移動先としては、首都であるテヘラン（一説に依れば、テヘランの人口の25～33％はアゼルバイジャン系だと言われている）をはじめ、マシュハドをはじめとするホラーサーン3州内の諸地域、加えてキャラジュ、ゴムなどの諸都市であるが、現在はほぼイラン全土に広がっている。

ところで、多民族（ゴウム）国家イランの総人口に占める彼らの割合は、イランの国勢調査（センサス）には民族を問う項目が無いために、正確な数値は分からないが、概ね15〜25％（1200〜2000万人）であろうと言われている。つまり、公的にはイランの主要民族とされるペルシア人に次ぐ人口規模を有し、いわゆる少数民族の一つとして位置付けられてはいるが、他の少数民族（クルド人、アラブ人、トルキャマン人、バルーチ人など）とは、その民族問題の在り様を同列に論じることは出来ない。

アゼルバイジャン人は折に触れイラン人アイデンティティを主張する一方で、日常的に関わり合いを持つ他の民族集団、例えば、ペルシア人（ファールス）やクルド人（コルド）との対比において、自らをトルコ人（トルク）と意識し、その様に称するだけではなく、周囲からもそのように表現される。そして、域内のキリスト教徒諸集団と自らを区別し、アナトリアのスンナ派トルコ人とも、域内のクルド人をはじめとするスンナ派諸集団とも一線を画し、イランの他の多くの国民同様、シーア派十二イマーム派のイスラム教徒であることを強く自覚し、イランへの確固たる帰属意識を抱いている。こうした独自のアイデンティティこそが、オスマン朝下の青年トルコ人運動の側からの連帯の呼び掛けや、新生アゼルバイジャン共和国の側からの統合の誘いを前に、それに呼応するような動きがイランのアゼルバイジャンにおいて、少なくとも政治的主張として主流とはならなかった理由の一つではないかと考えられる。

アゼルバイジャンは20世紀に二度、テヘラン政府から袂を分かった経験を持つ。一度目は、

1920年にハーメネ村出身のルーハーニーであるシェイフ・モハンマド・ヒヤーバーニーが主導した「アーザーディースターン（自由の国）」共和国の樹立であり、二度目は1945年から46年にハルハール（現在のアルダビール州南部の都市）出身のジャアファル・ピーシェヴァリーが首班となった「アゼルバイジャン国民政府」の設立であった。両者共に、通説とは裏腹に、イランからの最終的分離・独立を主張することはなかった。特に後者は、確かにアゼルバイジャンの文化的自治を強烈に打ち出し、また、第二次世界大戦後もイランに居座り続けたソヴィエト赤軍のバックアップを受け、同時にアゼルバイジャン共和国側からの政治的影響下にあったことも否めない事実であるとしても、アゼルバイジャン国民政府のプログラムに見る限り、イランの独立と領土保全、アゼルバイジャンの民族的・地方的自治の確立を謳いながら、同時にイラン全土における民主主義の確立と議会主義に立脚した民主的中央政府の樹立を主張しているのみならず、12名の閣僚から成る国民政府の構成の中に「外務大臣」が含まれていないのは、完全な分離・独立を主張していたのではなく、外交権を中央政府に委ねる、緩やかな一種の連邦制を志向していたと考えるべきであろう。

今や、イラン全土でアゼルバイジャン人の姿を目にすることができるし、しかもそれぞれの土地で一般の勤労者としてだけではなく、政治・行政・商業・宗教・知的分野など様々な分野において主要な位置を占めるに至っているのである。

最後にイラン社会で存在感を印象付けたアゼルバイジャン人（トルコ人）の例を幾人か紹介しておこう。パフラヴィー王朝の二代目、モハンマド・レザー・パフラヴィーの母親であるタージョルモルークはバクー生まれのアゼルバイジャン人であるし、現在のイラン・イスラーム共和国の最高指導者、ハーメネイー師は、マシュハド生まれではあるが、彼の父親は、ヒヤーバーニーと同じくタブリーズ近在のハーメネ村の出身。今やイランの国民的詩人に列せられているモハンマド・ハサン・シャフリヤールや、ペルシア語詩の歴史上、四大女性詩人のひとりとされるパルヴィーン・エェテサーミーはともにタブリーズ生まれ、スポーツ界に目を転じれば、かつてはドイツのバイエルン・ミュンヘンで活躍し、現役を退いて今なお知らぬ人とてないサッカープレーヤー、アリー・ダーイーと、シドニーとアテネのオリンピック105キロ超級重量挙げの金メダリスト、ホセイン・レザーザーデはアルダビール生まれのアゼルバイジャン人である。

1979年のイスラーム革命以前も以後もイランはまっしぐらに国民国家の途を歩み続けている。そうした中にあって、アゼルバイジャン人もイラン国民としての意識を益々強めていると言える。その一方で、彼らのアゼルバイジャン人意識には微妙な変化が生じてきているかに見える。自らの文化、特にその言語に対する強い思い入れと自負の念を語りながら（例えば、「ペルシア語は甘美であるが、トルコ語は芸術である」といった表現）、テヘランに生まれ、テヘランに育ったアゼルバイジャン人家庭の若者たちの間では、母語であるアゼルバイジャン・トルコ語はペルシア語に比べて、「ださい」、「田舎くさい」といった意識が横行し、言葉として徐々に敬遠される傾向にあるという。

これも多民族国家イランにおいて国家によって推進されてきた（そして現在も推進されている）ペルシア民族中心的国民統合の結果と言えば、それまでであるが、否定しがたい厳然たる現実でもある。

（八尾師　誠）

22

在外アゼルバイジャン人

★アイデンティティーは維持できるか★

在外アゼルバイジャン（アゼリー）人は、アゼルバイジャン共和国以外の国に生活している人々。その総数は５０００万人とアゼルバイジャン政府は見積もっているが、その総数は不明。アゼルバイジャンの人口９００万に比べると、在外アゼルバイジャン人のほうがはるかに多い。アゼリー人は、１９９１年に独立国となったアゼルバイジャン共和国の国民として、国内では身分証明書を携帯し、海外へはアゼルバイジャンのパスポートをもって渡航する。在外アゼルバイジャン人の定義はないが、このようなアゼルバイジャン国民以外のアゼルバイジャン系の人を在外アゼルバイジャン人と呼ぶことが可能。在外人口で一番多く居住しているのはイラン。イランのアゼリー人については前章で説明されているから、ここでは述べない。在外アゼルバイジャン人には、定住国の国籍ではアゼルバイジャン系と判別できず、自発的な申告によるため総数の把握が困難となっている。

トルクメンチャイ条約（１８２８年にロシア帝国とガージャール朝イランの間で結ばれた条約）により、イラン領アゼルバイジがアラス川を境に北部が帝政ロシアに割譲され、その住民たちはロシア帝国臣民となり、そのムスリムが現在のアゼルバイジャン人となっている。アゼルバイジャン共和国はイラン在住のアゼリー人を在外アゼルバイジャン人と見なしているが、歴史的にはイランのほうが中心地であった。

アゼルバイジャン人は、様々な歴史的政治的な理由により、コーカサス以外の地にも生活している。帝政ロシア国内のアゼルバイジャン人はタタール人と呼ばれていた。オスマン帝国時代は国境の管理も甘かったこともあり、現在のトルコ東部の都市エルジンジャン、エルズルム、カルスなどへの移住者の子孫は「アゼリー・トルコ人」と呼ばれている。イラン在住者は「トルコ人」、「アゼリー人」と呼ばれている。在外アゼルバイジャン人は、ホスト国（ロシア、イラン、トルコなど）では少数民族ではあるが、イラン人、トルコ人との通婚により同化が進んでいる。ロシアのアゼルバイジャン人はロシア語、イラン在住者はペルシア語、トルコ在住者はトルコ語を使用しており、アイデンティティーとしてのアゼルバイジャン語の保持は難しくなっている。モスクワ在住者の中には民族的にはアゼルバイジャン人であるが、ロシア社会に同化してアゼルバイジャン語が話せない若い世代もいる。ムスリムであることから、ロシア人など非イスラム教徒との通婚の例はおおくはない。ヨーロッパ、オーストラリア、米国に主にイラン系アゼリー人が移住した在外アゼルバイジャン人が生活している。移住国で相互扶助、情報交換、親睦を図るため、在外アゼルバイジャン相互扶助団体を組織化しているところが多い。

1920年、アゼルバイジャン民主共和国（1918～20年）が赤軍のバクー進駐により崩壊すると、一部の政治家がトルコ、イランなど政治亡命した。亡命者政治家は、20年代、30年代にトルコ、ドイツやイランなどで在外アゼルバイジャン人リーダーとして活動し、在外アゼルバイジャン人の組織化に尽力し、トルコでは雑誌『アゼルバイジャン』を出版した。亡命者の組織化は反共反ソの意図が強かった。第二次世界大戦中、ソ連軍将兵として従軍したアゼルバイジャン人がドイツ軍の捕虜となっていた。その一部は戦後ソ連に連れ戻されるのを拒否し、トルコの在外アゼルバイジャン人組織の手引きでトルコに亡命した。

トルコ・アゼルバイジャン協会のイスタンブールでの集会

第二次世界大戦後の冷戦期、ソ連のアゼルバイジャン人と在外アゼルバイジャン人との交流は制限されていた。特にトルコはＮＡＴＯ加盟国で反共反ソの最前線の国に位置づけされていたため、ソ連当局はアゼルバイジャン人とトルコの在外アゼルバイジャン人との接触や交流を禁止していた。

１９７９年のイラン革命でイランから欧米への亡命者の中にアゼルバイジャン系イラン人が多くいた。アゼルバイジャン系イラン人が新たな在外アゼルバイジャン人社会を形成した。欧米での在外アゼルバイジャン人社会の中で影響力を持つようになり、それ以前からいた人々との構成に変化を生じさせた。

ソ連末期のナゴルノ・カラバフ紛争によりアルメニア在住のアゼルバイジャン人がアゼルバイジャンに避難民として移住し、アルメニアの在外アゼルバイジャン人社会は消滅した。１９９０年代のアゼルバイジャンの経済情勢は厳しく、政治的にも不安定であったことから、

世界アゼルバイジャン人大会の様子

労働者としてロシア、トルコ、中東、ヨーロッパに流出している。ドバイ、アブダビなどの中東の都市でもアゼルバイジャン人のコミュニティーが出現している。

１９９１年のソ連消滅とアゼルバイジャン独立により、アゼルバイジャン政府はアゼルバイジャン人の民族意識の向上を意図的に進めている。他方、在外アゼルバイジャン人が定住国での同化により民族アイデンティティーを意識しなくなる傾向にあった。民族意識に関して、本国と在外の人ではそのギャップが広がりつつあった。アゼルバイジャン政府は、在外アゼルバイジャン人のアイデンティティー維持のため、在外アゼルバイジャン人との連帯・紐帯と交流強化を図っている。91年12月26日、アゼルバイジャン共和国ナヒチェヴァン自治共和国最高会議議長ハイダル・アリエフ（のちに大統領）が世界各地にくらすアゼルバイジャン人の連帯の必要と考え、「世界アゼルバイジャン人団結の日」を12月31日にすると宣言した。２００１年11月９日と10日、ハイダル・アリエフ大統領は、国内外のアゼルバイジャン人のアイデンティティーの維持、連帯と団結の強化のため、「第一回世界アゼルバイジャン人大会」を開催した。その後も毎年開催されている。２００２年、同大統領は、在外アゼルバイジャン人との連帯と団結の強化を目的として、大統領府直属の「ディアスポラ（在外アゼルバイジャン人）担当国家委員会」を創設した。この委員会は世界中の在外アゼルバイジャン人社会の組織化を積極的に支援している。在外アゼルバイジャン人が少ない日本でも在外アゼルバイジャン人日本代表が任命され、本国との連携強化を図っている。

（松長　昭）

23

資源国の経済を支える1990年以降の人口動態

★生産年齢人口の増加と都市化の進展★

アゼルバイジャンの人口は、1926年には231万人に過ぎなかったが、1989年には702万人となり、この63年間に3倍以上増えたことになる。とりわけ、増加率が高かったのは、1959〜1970年の時期であり、この時期にほぼ1・4倍（年平均3・5％）に増加した。その後の1970〜1980年代においても、10年間にほぼ10万人ずつ人口が増えており、この20年間の年平均人口増加率は2％となっている。ソ連全体に占めるアゼルバイジャンの比重は、1989年国勢調査では2・45％で、ソ連構成15共和国中第6位であった。1999年国勢調査のアゼルバイジャンの人口は795万人となり、旧ソ連15構成共和国中の順位を上げて第5位となって、現在に至っている。

アゼルバイジャンでは、国勢調査が10年ごとに行われており、1989年のソ連時代最後の国勢調査の後、1999年に独立後初めての国勢調査が行われた。最新の国勢調査は2020年に実施された。2009年の国勢調査によればアゼルバイジャンの人口は892万人であり、2017年現在の人口は981万人である。アゼルバイジャンでは、1989年と

図１　1991~2016年のアゼルバイジャンの人口動態（単位：千人）

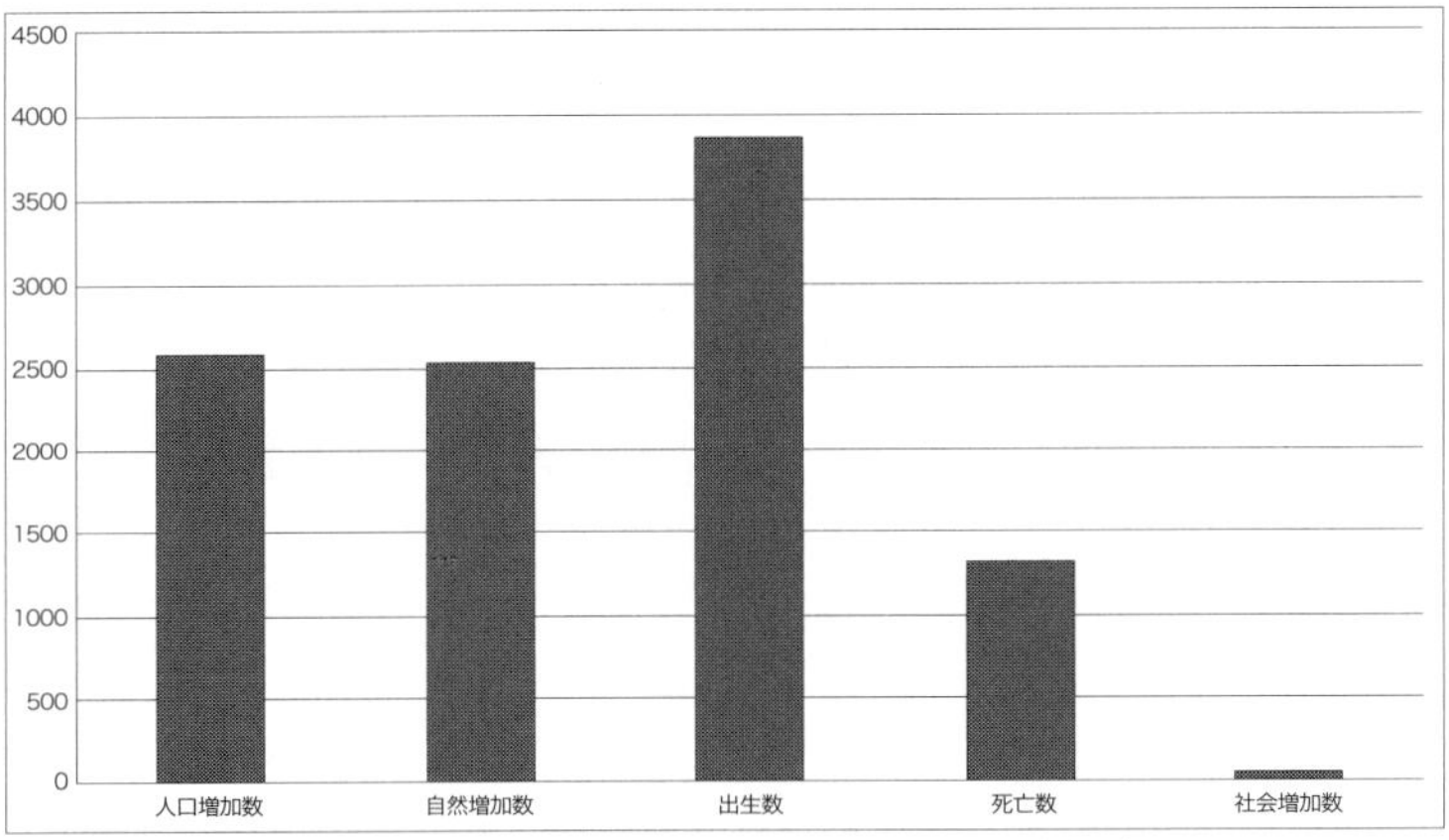

（出所）アゼルバイジャン国家統計委員会のデータをもとに筆者作成

２００９年の国勢調査の間に人口が１９０万人、率にして、27％増加した。これを１９８９〜１９９９年と１９９９〜２００９年に区分すると、人口増加数は、前者が93万人、後者が97万人である。

このようなアゼルバイジャンの人口増加の要因は、出生数の増加による自然増加である。１９９１年から２０１６年までに、人口が２５９万人、率にして、36％増加した。人口増加数の98％が自然増加であり、社会増加はわずか２％である（図１）。１９９１〜２０１６年の自然増加数は２５４万人で、出生数は、３８７万人であった。すなわち、アゼルバイジャンの人口増加の大半が、出生数の増加による自然増加である。

アゼルバイジャンの死亡率は、１９９１年に人口１０００人当たり６・２人であった。１９９０年代の前半には７人以上になったが、１９９０年代後半以降、同６人程度で推移している。ちなみに、２０１６年の死亡率は５・９人である。死亡率が低下した要因

図２　アゼルバイジャンの人口動態

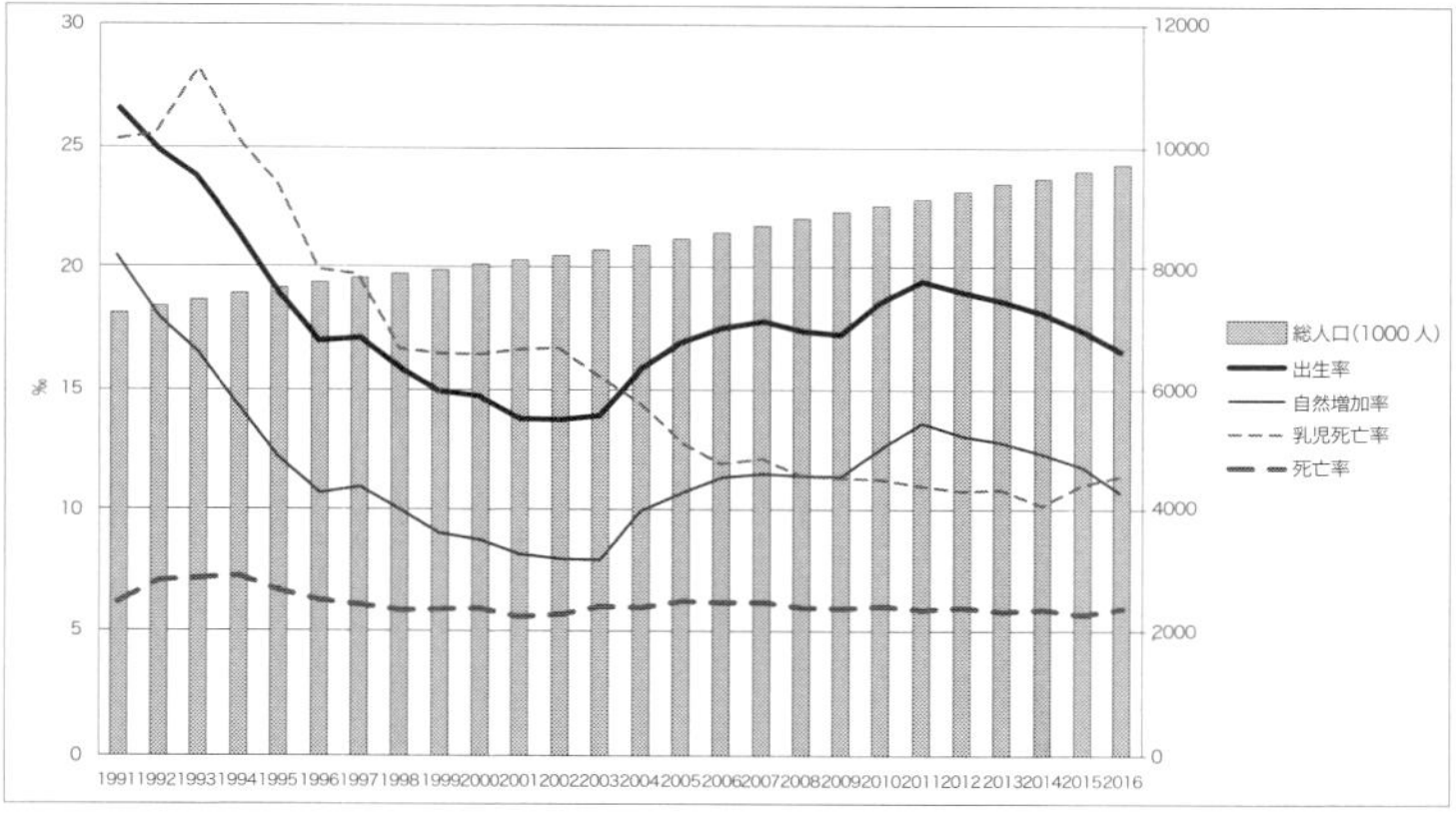

（出所）アゼルバイジャン国家統計委員会のデータをもとに筆者作成

として、乳児死亡率の急速な低下を上げることができる。乳児死亡率は、１９９１年には人口１０００人当たり25・3人であったが、１９９９年に同16・5人に、２００９年には11・３人にまで下がり、著しい改善が見られる（図2）。

出生率に関して、合計特殊出生率（ＴＦＲ）を見ると、１９９１年の２・９人から２００１年には１・８人に低下したが、２０１１年には２・４人まで上昇した。２０１５年現在も２・１人で、人口置き換え水準を維持している。これには、母親の出産年齢が若いことが寄与している。母親の年齢別出産率を見ると、２０１１年には20代の女性１０００人中３５０人が出産しており、20〜24歳では同１８７人が、25〜29歳では同１３８人が出産した。一方、40歳以上では同１人未満である。

アゼルバイジャンにおいて自然増加によって人口が継続的に増加していること、特に、２０００年代初めから出生率が大きく上昇したことには、石油の生産・

図３　婚姻件数と出生数

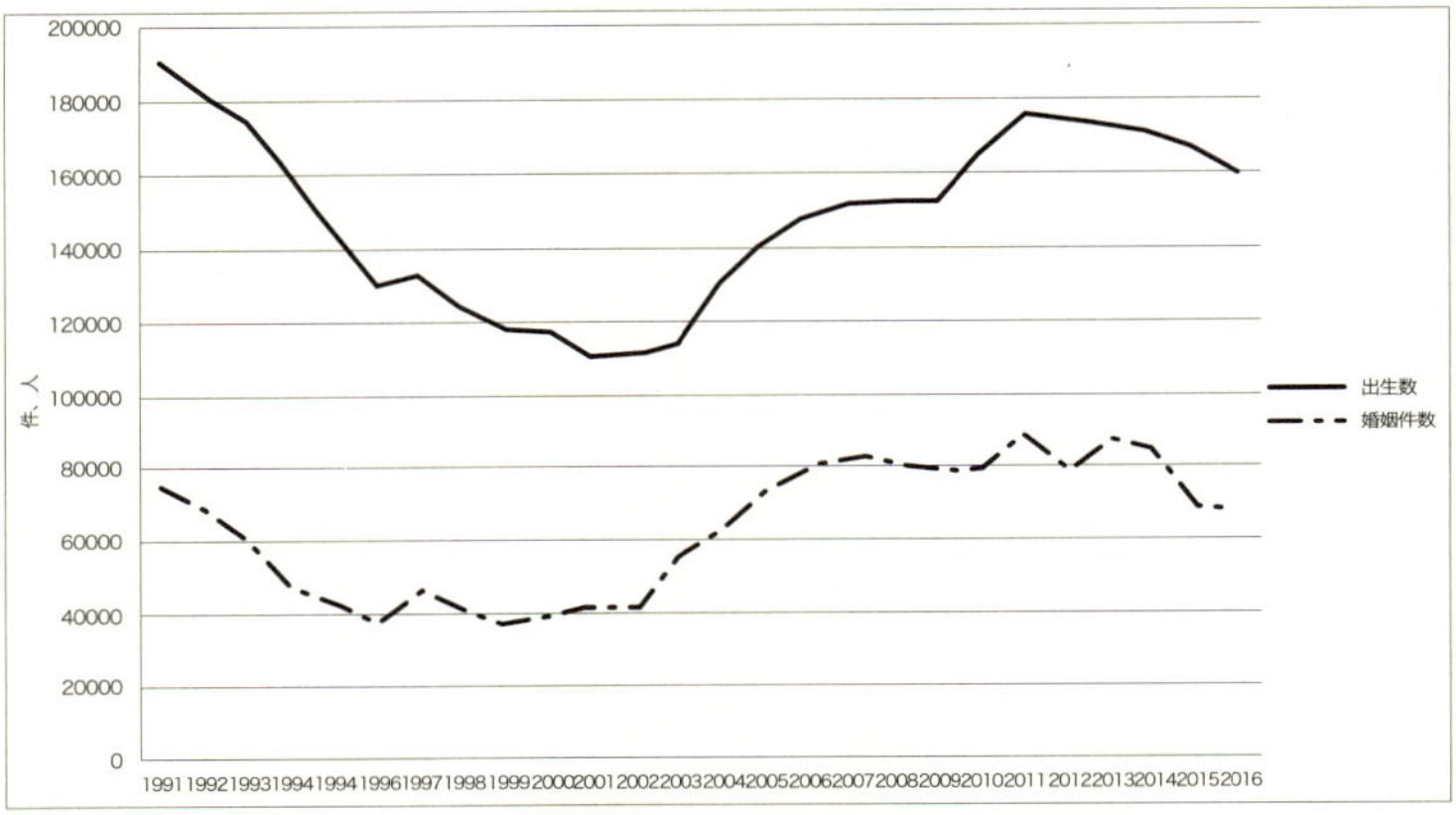

（出所）アゼルバイジャン国家統計委員会のデータをもとに筆者作成

輸出による経済成長が関係していると考えられる。

経済状況の改善は、婚姻の増加をもたらし、それが出生の増加に繋がっている。一般に、出生数と婚姻数の間には高い相関関係がある。アゼルバイジャンの場合、１９９９年から２０１６年の年次データで計算した出生数と婚姻数の相関係数は０・８９８と非常に高くなっている。

婚姻件数は、１９９２年に激減したが、２００３年以降増加している。２００２年以降、２００７年までの５年間で96・２%、年率19・２%の増加であり、出生数の増加率に照応している（図３）。ちなみに、離婚率は、近年増加してきているものの、２０１６年の離婚率は人口１０００人当たり１・４人で、婚姻率６・９人を大幅に下回っている。

アゼルバイジャンの人口動態の特徴は、二つある。特徴の一つは、年齢構成において生産年齢人口が増加していることである。１９９０年におけるアゼルバイジャンの年少人口（14歳以下）、生産年齢人口、老齢人

図4　1991~2016年の年齢別人口増加数

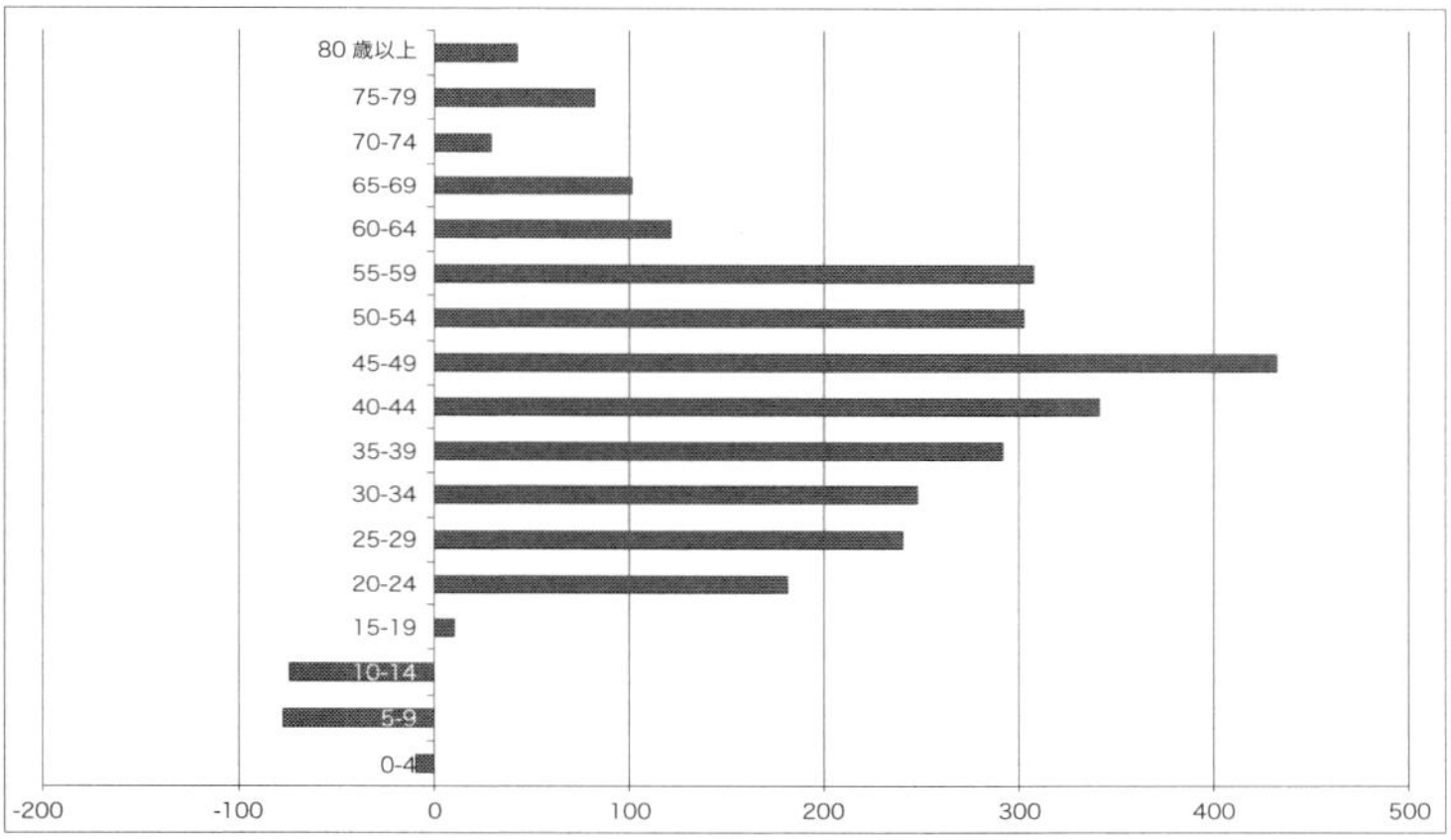

（出所）アゼルバイジャン国家統計委員会のデータをもとに筆者作成

口の比重は、それぞれ32・9%、55・3%、11・8%で、２０１６年には、同22・5%、68・8%、8・7%となり、生産年齢人口の比重が約70%も増加した。逆に、年少人口と老齢人口はそれぞれ6・8%と0・4%減少している（生産年齢人口の定義は、ソ連時代から２０００年までは、男性15～60歳、女性15～55歳であったが、２０１３年以降、男性15～62歳、女性15～57・5歳となった）。

　人口増加率を年齢層別に見ると、１９９１～２０１６年に、20歳から59歳までの年齢層の人口増加率が大きくなっている。特に、働き盛りである45～49歳の年齢層が94%増加している（図4）。この層が生産年齢人口を増加させ、人口増加率を上回る生産年齢人口の増加が、アゼルバイジャンの経済成長の支えとなっていることが示唆される。一方で、被扶養者人口である10歳以下の年齢層の人口が減少し、逆に60歳以上の年齢層の人口が増加していることから、今後、人口の高齢化による被扶養者人口の増加が予測される。

　アゼルバイジャンの人口動態のもう一つの特徴

は、2000年以降、都市の人口増加数が農村の人口増加数を上回ったことである。都市と農村別人口を見ると、アゼルバイジャンの都市人口は、1968年以降、農村人口を上回っている。しかし、1990年以降、都市の人口増加数は激減し、農村の人口増加数が大幅に増加した。

2000年以降の都市の人口増加の要因としては、都市における男性人口の急増が挙げられる。性別人口が記載されるようになった1959年国勢調査以降、アゼルバイジャンでは女性人口が男性人口を上回っており、1959年の男性人口と女性人口の比率は47・5％対52・5％であった。ところが、2000年の都市の男性人口増加数は2万9000人で、女性は2万4600人である。女性1000人あたりの男性人口は、1999年と2009年の国勢調査の間に25人増加し、2017年には994人となり男女の差がほとんど見られなくなった。

首都バクーの人口は、1970年以降増加し続けていたが、1990年に初めて4万5600人減少した。1991年も1万5600人減少した。1990年に180万7800人（アゼルバイジャンの総人口の約4分の1）であったバクーの人口は、独立後の1992年には174万6600人となった。この要因として、ロシア人の著しい人口減少が考えられる。1989年と1999年の国勢調査の間に、アゼルバイジャンのロシア人は39万人から12万人に、率にして、約70％も減少した。バクーの人口は1992年以降増加に転じ、特に2000年以降、年2万人以上増加し、2016年現在の人口は223万人となっている。バクーの人口増加は、都市化の進展の大きな要因となっている。

（田畑朋子）

コラム2

風刺週刊紙『モッラー・ナスレッディン』

松長　昭

帝政ロシアでは、1905年の日露戦争でのロシア軍敗北を契機に革命が起きた。この頃、トルコでは青年トルコ人運動、イランでは立憲革命が起きている。帝政ロシア支配下のコーカサスでも激動期が始まっていた。ロシア革命により新聞や雑誌の出版活動が緩和された。検閲制度は残っていたが、それを巧みにかわしつつジャーナリズムが活況となった。コーカサス総督府があり、文化の中心地であったティフリス（現在のトビリシ）で新聞と雑誌の出版が盛んになった。

週刊紙『モッラー・ナスレッディン』は、1906年4月7日ティフリスで創刊され初版は1000部であった。ナヒチェヴァン出身のジャリル・マッマドグルザーデ（1869～1932年）が編集長兼主筆であった。25年間に748号（1906～1918年間340号はティフリス、1921年、8号はタブリーズ、1922～1931年間400号はバクー）が出版された。タイトルのモッラー・ナスレッディンは、トルコ、イラン、中央アジアに広く伝わる滑稽話に登場する主人公。この週刊紙は毎号8ページで表紙には必ずモッラー・ナスレッディンが描かれていた。

創刊の目的は、社会の不平等、ロシア文化の強制、汚職蔓延など社会現象を風刺画で描写し、政治と社会の旧習と後進性、保守的なウラマーの価値観、宗教的な狂信さを批判し、人々の啓蒙を図ることにあった。編集者の意図は読者に対して、より発展したヨーロッパの社会規範や生活を受け入れさせ、社会を近代化することであった。挑発的な告発の記事の掲載からロシア当局は『モッラー・ナスレッディン』編集部に発禁処分の命令をだした（1912年、1914年、1917年）。3年間の中断後、マッマドグルザーデは、イランのタブリーズに編集部を移して1921年に復刊して合計8号を出版した。

『モッラー・ナスレッディン』の特徴は、色彩豊かな風刺画と民衆が使う平易な言葉であった。風刺画を描いた中心的な人物として、オスカー・シュメルリング（1863～1938年）、ヨゼフ・ロッター（生没年不詳）、アジム・アジムザーデ（1880～1943年）がいた。シュメルリングとロッターはドイツ系で、アジムザーデはアゼリー系であった。マッマドグルザーデが彼らに風刺画のモチーフを提供し、当時のコーカサス、ロシア、イラン、トルコの社会的な風刺を描くのに手助けした。

『モッラー・ナスレッディン』はアゼルバイジャンのみならず、イラン文学に風刺というジャンルを創出させた。ユーモアのある辛辣な風刺とリアルなイラストにより、『モッラー・ナスレッディン』はウラマーの偽善、欧米列強の植民地政策、地元エリートの汚職腐敗を告発し、西欧化、教育改革、女性の平等の権利を取り上げた。20世紀はじめイスラームを風刺し、ウラマーを非難する題材の出版は、編集部にとってリスクが大きかった。『モッラー・ナスレッディン』編集部はたびたび嫌がらせにあい、事務所が何度か襲撃された。ママッドグルザーデは雑誌の内容に激高した群衆の抗議から逃げなければならないこともあった。

1921年、マッマドグルザーデはソヴィエト共産党の要請を受け入れて、革命後のアゼルバイジャンに期待してタブリーズからバクーに帰還した。1922年にバクーで『モッラー・ナスレッディン』を再刊した。ボルシェヴィキ政権は風刺という形式を好まず、文学とジャーナリズムは労働者と農民への奉仕と実践が要求され、『モッラー・ナスレッディン』もそれに沿ったものに変わるよう求められた。彼は消極的ながら抵抗した。共産党はこの週刊紙の姿勢を嫌い、1932年、廃刊にした。

タタール人ウラマーと日本女性

ところで、この週刊紙は日本に関しても掲載している。日本の英国の後押しでアジアでの植民地獲得を風刺した。タタール人イマームのアブデュルレシト・イブラヒムが富士山を背景に着物姿の日本女性をムスリムではないのにイスラームの美徳を有すると褒め、これはイスラームに対する風刺であった。

『モッラー・ナスレッディン』の風刺画は、識字率が低かった時代において、文盲であっても風刺画を見れば内容を理解することが容易であったことから、コーカサスのみならず、ロシア、イラン、トルコ、中央アジアのムスリムの啓蒙に大きな役割を果たした。

コラム3

第一回東方諸民族大会

松長　昭

東方諸民族大会は、1920年9月1日から9月7日の7日間コミンテルン（国際共産主義インターナショナル）がバクーで開催した国際会議。正確には「第一回東方諸民族大会」であるが、第二回以降は開催されなかった。ロシア革命により成立したソヴィエト政府は、当時、旧ロシア帝国辺境地帯の中央アジア、コーカサスおよび隣接する中東地域での革命勢力の拡大を狙っていた。1919年3月に創立されたコミンテルンは、この民族大会の1カ月前にモスクワで第一回コミンテルン第二回大会において論争が行われた。その大会での決議は、中央アジア、コーカサス、中東地域のムスリムに対して民族自決をアピールし、ソヴィエト政府との連帯を呼びかけることを主な目的として、東方諸民族大会のバクー開催を決定した。

第一回東方諸民族大会が開催されたバクーは、カスピ海沿岸の陸上油田から産出する石油が石油工業を発展させ、工場労働者が多く労働運動が早くから頻発していた。バクーはソヴィエトの辺境に位置していたが、労働者にはロシア人、アゼルバイジャン人、アルメニア人、イラン人、トルコ人がいて国際的な雰囲気があった。現地労働者と出稼ぎ労働者を通じて、労働運動や革命運動が近隣諸国へ広まるのに貢献した。1918年5月に建国したアゼルバイジャン民主共和国が赤軍によって20年4月に転覆され23カ月間で終焉を迎えた。赤軍による政権樹立の直後、この会議をバクーで開催したのはモスクワの意気込みと革命運動への自信が非常に大きかった。バクーが選ばれたのは中央アジア、コーカサス、中東から近く、東方諸民族としてムスリムの重要性と、アゼルバイジャンでの革命政権を見せたかったからである。当時のバクーはモスクワ、イスタンブールの大都市に比べると宿泊場所など施設も不足していた。ロシア革命後のまだ混乱した状況下、参加者がバクーへ行くのも大変であった。それでも革命の前線基地であるバクーでの大会に多くの労働者、共産党活動家が参加した。

大会には中央アジアとコーカサスのソヴィエト民族共和国やトルコ、ペルシア、アルメニア、インド、中国、アフガニスタン、欧米など37カ国から1891名が参加した。参加者の80%はソヴィエト国内の東方諸民族出身者で、アゼルバイジャン、北コーカサス、中央アジアからの代表が最も多かった。トルコから元参謀総長・陸軍大臣のエンヴェル・パシャがイスラム革命団体連合を結成して参加した。共産主義者が参加者の中心であったが、エンヴェルのような汎トルコ主義者の参加からも、この大会には様々な思惑があった。日本からは在米日本人社会主

大会参加者の全景

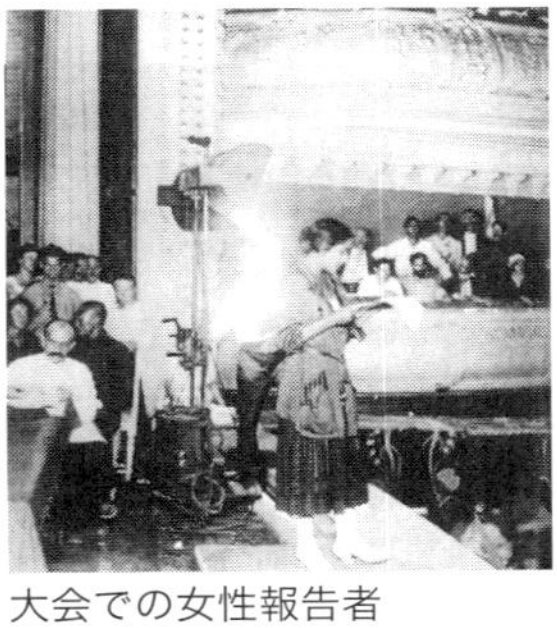

大会での女性報告者

義者団の吉原太郎が参加し大会議長団に選出されている。これだけ民族・宗教・国・思想が違う人々が一堂に参加した大会のため、通訳などでコミュニケーションの問題も大きかった。通訳のいない言語もあって大会運営のはじめは混乱した。途中からロシア語、アゼルバイジャン・トルコ語、ペルシア語が会議用語になった。言語別による大会の運営がされたが、会場は私語に満たされていたという。

「東方諸民族マニフェスト」と「欧州、米国、日本の労働者へのアピール」が採択された。前者のマニフェストでは、「…東洋諸民族のための聖戦、人類が抑圧民族と非抑圧民族とに分かれている状態をなくすための聖戦、どんな言語を語っているか、どんな肌色をしているか、どんな宗教を信じているかにかかわりなく、すべての民族と部族のための完全な平等のための聖戦だ…」と末尾に「この団結の戦闘司令部である共産主義インターナショナル万歳！　帝国主義イギリスに対する東洋諸民族と全世界勤労者の聖戦の火を消えることなく燃えたたせよ！」とあって、植民地主義に反対する共産主義運動として、「聖戦（ジハード）」が使われている。共産主義が宗教を否定しているにもかかわらず、ムスリムを説得するのにイスラームの教えである「聖戦（ジハード）」を使わざるを得なかったのも革命の過渡期を示していたからである。反帝国主義・反植民地主義をアピールした東方諸民族大会であったが、革命運動の中心が東アジアへ移っていったことや、コミンテルンの変化などから、第二回東方諸民族大会が開催されることはなかった。

第一回トルコ学大会

第一回トルコ学大会は、1926年2月26日から3月6日までバクーで開催された。ロシア人の言語学者や歴史学者、中央アジア・コーカサスからトルコ系民族の研究者や共産党党員131名が参加し、17セッションに分かれて参加者が発表した。この大会での主要な議論は、トルコ系諸語の文字表記をラテン文字化であった。中央アジア・コーカサスのトルコ系諸語の文字は、アラビア文字を使って表記していたが、母音を表記していないなど向いていなかった。民衆の間での識字率は低かった。教育を普及させ、民衆の識字率を高めて革命の貫徹を求めるムスリム共産党の知識人たちがいた。これら知識人の考えは、ラテン文字の使用であった。

第1回トルコ学大会参加者

第1回トルコ学大会の開催場所（現・科学アカデミー本部）

コラム4

松長　昭

革命指導者レーニンの民族政策では、言語政策が重要な位置を占めていた。レーニンはロシア語を国家語として少数民族への強制を批判した。ソビエト政権は各民族が民族言語（母語）の使用と普及を重視した。「母語による教育」は、ソ連における教育政策の基本に据えられ、1920年代の「コレニザーツィヤ（現地化）」政策で民族語の自立と普及は大きな位置を占めた。この政策では、民族語を各共和国の国家語として自立させ、モスクワ政治指導部がボリシェヴィキの政治方針を非ロシア系諸民族の広く一般人に伝達させる手段を確保することであった。

中央アジア・コーカサスのトルコ系言語では、文章語はアラビア文字によって表記され、口語から離れていた。このため民衆の間で字が読めない者が多く識字率が低かった。非識字者を一掃し識字率を高めないと、民族語による教育の普及は無理であった。普及には文字改革が必要であった。20世紀初頭以来、一部のムスリム地域では、ジャディード運動の系譜を引く人たちが独自の改良アラビア文字論を唱え、その実践も始めていたので、ラテン文字か改良アラビア文字かの論争が続いた。革命後の言語政策から20年代後半にはラテン文字論が優位となった。アゼルバイジャン大学のトルコ言語学教授で、クリミア出身のベキル・チョバンザーデ（1893～1937）は、第一回トルコ学大会の運営で大きな役割を果したが、ラテン文字使用を積極的に推進した研究者の一人であった。

第１回トルコ学大会での報告の様子（背後はレーニンの肖像画）

第一回トルコ学大会は次のようなテーマで分科会に分かれて進行した。1．トルコ学研究史、文学研究、民俗誌、文化史、トルコ系諸民族原始宗教研究の現状と展開、2．トルコ系諸語・方言の分類、3．トルコ系諸語・方言の起源と系統、トルコ系諸語と他の言語（モンゴル語、フィン・ウゴール諸語）との親族関係、4．トルコ諸語の正書法、5．トルコ系諸語の用語と関連したトルコ諸語・方言の比較形態論、トルコ系諸語書写体系と関連したトルコ系諸語・方言の音声学、6．トルコ系諸民族の文字（アラビア文字、モンゴル文字、ロシア文字、ラテン文字、転写文字）、7．トルコ系諸語の記述言語、8．トルコ系諸民族における（郷土）地誌研究、9．母語による授業の方法論、10．統語論の諸問題。

　トルコ学大会は、レーニンの民族政策を基本にしながら、開催地のアゼルバイジャン人が同大会をリードし、ソ連内のトルコ系諸民族が使用する言語問題（特に文字問題）について討議した。トルコ系諸語でのラテン文字表記の路線が方向づけられていった。

　この大会を否定的・批判的に語ったアゼルバイジャンのラスールザーデらの政治亡命者がいる。ラスールザーデは、この大会のイデオロギー性について、「アルファベットのラテン化、専門のロシア化、言語のプロレタリアート化」だと批判している。

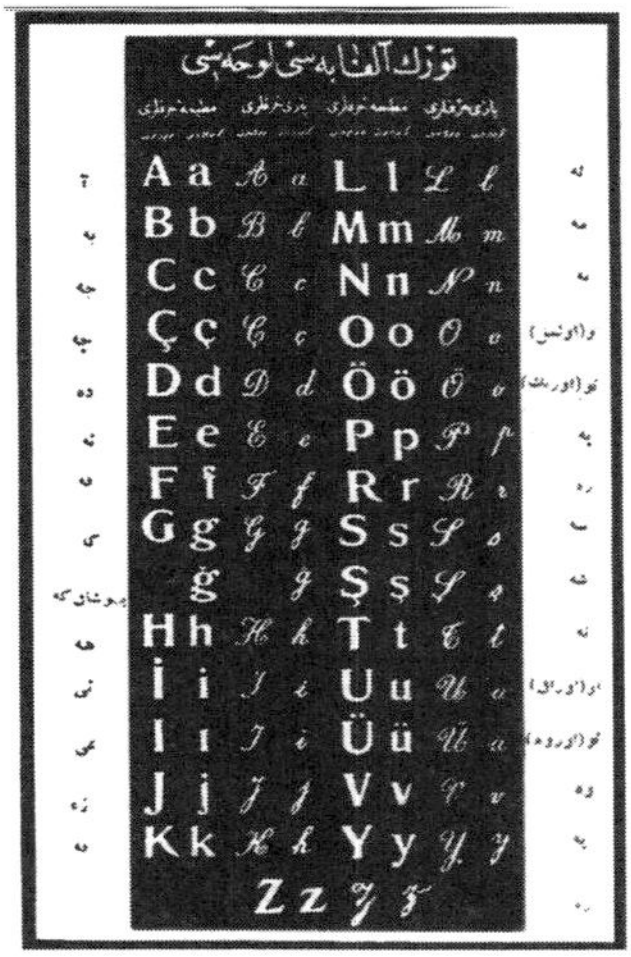

第１回トルコ学大会で承認されたラテン文字案

　この大会以後も1930年代半ばまでアゼルバイジャンを含むソ連トルコ系諸民族の言語政策の基本はアラビア文字からラテン文字への移行・普及であった。新聞、教科書などがラテン文字で出版された。ラテン文字を使った教育の普及であった。

　30年代後半に起きたスターリンによる大粛清は、この大会に参加した多くのトルコ学研究者が犠牲となり命を失った。スターリンの言語政策により、1940年からトルコ系諸言語のラテン文字表記は廃止されキリル・ロシア文字による表記に移行することになった。1940年以降のソ連では、トルコ系諸語はキリル・ロシア文字を使用し、民族語で多くの書籍が出版され、新聞が発刊された。学校教育の普及により識字率は著しく向上し非識字者は一層された。トルコ学大会での主要テーマであったラテン文字化以外の民族語による出版や教育の普及は達成された。

ソ連時代、トルコ学大会は第一回大会が開催されただけで、この大会のようにソ連全体のトルコ系諸民族の民族・言語問題を広く扱う会議は再び招集されず、第二回大会は開催されなかった。

1991年のソ連消滅と中央アジア・コーカサス諸国の独立後もキリル文字の使用は続いていたが、アゼルバイジャンとトルクメニスタンで全廃されてラテン文字へ移行した。ウズベキスタンでウズベク語のラテン文字表記へ移行中であるが、キリル文字も並行して使われている。カザフスタンでもラテン文字への移行を大統領が決定している。キルギスではキリル文字が使われていてラテン文字化の動きはない。第一回トルコ大会での主要なテーマであったラテン文字表記の移行が21世紀になって再び実現の方向に動き始めている。

この大会は民族語の普及と発展を目指していた。その目的はソ連時代に達成された。その後も影響を与え続け、ソ連消滅と独立後の一時期にはあったが、中央アジア・コーカサスのトルコ系諸語が統合して共通言語や共通文字を作り出す動きは起きていない。

V

紛　　争

24

ロシア革命後の混乱

★虐殺また虐殺★

1917年二月革命後、ペトログラド（サンクト・ペテルブルク）の臨時政府支持の「ザカフカース特別委員会（オザコム）」が成立し、10月革命後には、これに替わる執行機関「ザカフカース委員会（ザカフカース・コミッサリアート）」と立法機関「ザカフカース・セイム」が作られたが、この時点でロシアからの独立を求める政治勢力はなかった。1918年3月3日ソヴィエト・ロシアは現地機関に無断でオスマン帝国にアルダハン、バトゥーミ、カルスの放棄を含むブレスト・リトフスク条約を締結した。しかし、オスマン軍は3月初めには停戦ラインである開戦時の国境を突破して前進し、14日に重要な港のあるバトゥーミ、23日にはコーカサスの門と言われるカルスを占領した。オスマン軍はバクーを目指していた。

社会民主労働党と社会革命党は、各地に労働者の権力機関であるソヴィエトを樹立したが、バクー・ソヴィエトは1917年11月2日には社会民主労働党ボリシェヴィキ派のシャウミャンを議長にする執行委員会を発足させた。

一方、ギャンジャ（当時はエリザベトポリ）の「社会団体執行委員会」では、バクーとはことなりムスリムの連邦党（1917

年4月に、やはりムスリム政党のミュサヴァト党と合同）とアルメニア人のダシュナク党が均等の力を持っていた。10月の憲法制定議会選挙においてはバクーでもミュサヴァトに第一の得票数があった。

革命と戦線崩壊後の混乱の中、ムスリムはキリスト教徒との衝突を恐れて武器を求めた。他方、1918年グバのアルメニア人の状態は危機的であり、シャマヒでは3月に20～25カ村のアルメニア村が破壊されているという主張がなされ、レンコランとシャマヒではモロカン教徒とアルメニア人に武器が支給された。ギャンジャでは1917年12月に常駐部隊が武装解除、近隣のシャムキルでは翌年1月撤退途中のロシア軍部隊が武装解除命令を受けて拒否、攻撃を受けて大きな損害を出し、没収された武器は市民に分配された（シャムキル事件）。ギャンジャおよびシャムキルの事件は、バクー・ソヴィエトに自前の軍隊の必要性を実感させた。バクー周辺地域の治安維持のための兵力も必要であった。1月中に形成された赤衛軍には、旧コーカサス軍軍事革命委員会直属の集団が加わり、所持した大量の武器弾薬は社会民主労働者党（ボリシェヴィキ）バクー委員会の管理下に置かれた。兵力6000人だった。アルメニア民族評議会は3～4000人の民族部隊を持っていた。動員数1万に及んだムスリム評議会の部隊の戦力は劣っていたので、ムスリムは一層武器を求めた。

ミュサヴァト党創始者ムハンマド・ラスールザーデ（写真中央左）

3月30日入港したレンコランの現地人（野蛮）師団第2旅団タ

タール人連隊の将兵50人を乗せた汽船イェヴリナ号を、バクー・ソヴィエト軍事革命委員会が臨検する中で発砲があり、数人の死傷者がでた。発砲側の武装を解除することで折り合いがついたが、ムスリム市民は武力衝突を予期、当夜街区にバリケードを設置。翌31日朝からムスリムは集会を開き、武器の分配を要求した。ヘンマト（社会民主労働党のムスリム・ファサード）ナリマノフとシャウミャン、アルメニア人民族政党ダシュナク党の3者が協議し、没収した武器はヘンマト党が受け取ることで妥協が成立した。午後4時ヘンマト党が武器を受領に行くと、軍事革命員会は引き渡しを拒絶し、この時既にムスリム街区では発砲が始まっていて、バクー・ソヴィエトはすでに早朝革命防衛委員会を結成していた。ダシュナク党がソヴィエト側についたので、戦闘が始まった。4月1日、革命防衛委員会はミュサヴァト党による反ソヴィエト反乱が起こったことを布告した。革命防衛委員会の要請で、ムスリム街区に対する艦砲射撃が始まった。ムスリム側は砲撃中止を要請した。午後4時に双方代表に停戦署名がなされた。ミュサヴァト党代表はソヴィエトを支持しており、党員は戦闘に加わっていないと抗議した。停戦合意にもかかわらず、ダシュナク党および赤衛軍アルメニア人部隊のムスリムに対する攻撃、略奪、破壊、非戦闘員に対する虐待、殺害は、赤色艦隊の警告を受けた2日夕刻まで続いた。双方で、3000人から1万2000人の死者が出た。油田地帯の戦闘は限定的であった。

3月の事件と同じ頃、1918年3～4月バクーの西のシャマヒ地方にダナシュク党のステパン・ララヤンの率いる2000人の赤衛軍が派遣され、無差別に破壊、住民の殺人、略奪を行った。アゼルバイジャン民主共和国の調査委員会報告によると8027人が殺害され、53カ村が破壊された。ララヤンの凶行は直ちにバクーに知れ渡り、執行委員アズィズベコフの調査委員会が現地に派遣された。報告を受けた軍事革命委員会では有罪と判断し、結果をシャウミャンに上申したが、シャウミャンは処分に同意しなかった。しかし、シャマヒの戒厳司令官パフラツィンが解任され、隷下の部隊は解散された。同年11月、アゼルバイジャン政府はララヤンを逮捕、身柄は刑務所に収監されたが、同月、心臓発作によって死亡した。ララヤンの父親バラベクはシャマヒ出身、１９０５年の紛争中、バクーで殺害されている。一方、バクーの北、グバには5月1日アルメニア人アマザスプ司令官の率いる１５００人の兵士が到着し、市内および周辺集落で無差別の破壊、住民の殺人を行った。１６７の集落が破壊され、２０００人が殺害された。

三月事件後の4月25日、ボリシェヴィキと社会革命党左派はバクー・コミューン（バクー人民委員委員会）を樹立したが、ギャンジャのオスマン軍との戦闘に敗北、食料調達にも失敗した。左翼中間派は中央カスピ独裁執政府を樹立した。しかし、敗戦を前にした9月14日夜、政府、イギリス派遣軍、旧バクー・コミューン幹部らは船で脱出した。一般市民は波止場に取り残された。オスマン正規軍が2日間入城を待つ間、現地不正規兵はキリスト教徒住民に対する殺人、暴行、略奪、強姦、その他の虐待および破壊行為を行った。ギャンジャからバクーに移転したアゼルバイジャン政府外相ジャファロフは、犯行を認めた者１００人を絞首刑にしたと宣言した。パリ平和会議には国会議長トプチバシェフが主席代表の一行が派遣され、１９２０年1月10日、アゼルバイジャンの独立が承認されると、政府はこれを祝って関係者の恩赦を発表した。

（北川誠一）

25

ナゴルノ・カラバフ紛争

★消えることなき望郷の念★

ナゴルノ・カラバフ（アゼルバイジャン語でダグルフ・ガラバグ〔Dağlıq Qarabağ〕、以後ＮＫと略記）は、ソ連時代にアゼルバイジャン共和国内の自治州だったが、同地の多数派を占めていたのはアルメニア系住民（１９８０年代初頭で77％を占めたが、アゼルバイジャン系は21％だった）であった。ソ連内の国境画定プロセスにおいて、ＮＫ及びナヒチェヴァンの帰属はアルメニアとアゼルバイジャンの間で揺れたが、最終的にはスターリンがアゼルバイジャンの兄国トルコに配慮したこと、ソ連体制が多民族の連帯によって崩されることを防ぐため民族間に様々な禍根を残そうとしたことなどにより、アゼルバイジャン領にされたと言われている（ソ連解体後、多くの反証も議論されるようになった）。

他方アルメニア人は、アララト山を中心としたトルコ領のカルス地方やＮＫ、ナヒチェヴァンなどを「未回収のアルメニア」だとして、奪還を目指してきた。アルメニア人とアゼルバイジャン人の間には言語や宗教などの文化的差異のみならず、歴史的矛盾が多くあった。１９１５年のオスマン・トルコによるいわゆる「アルメニア大虐殺」（トルコは未公認。アルメニア人はテュルク系のアゼルバイジャン人とトルコ人を同一視しており、この復

ナゴルノ・カラバフの現状

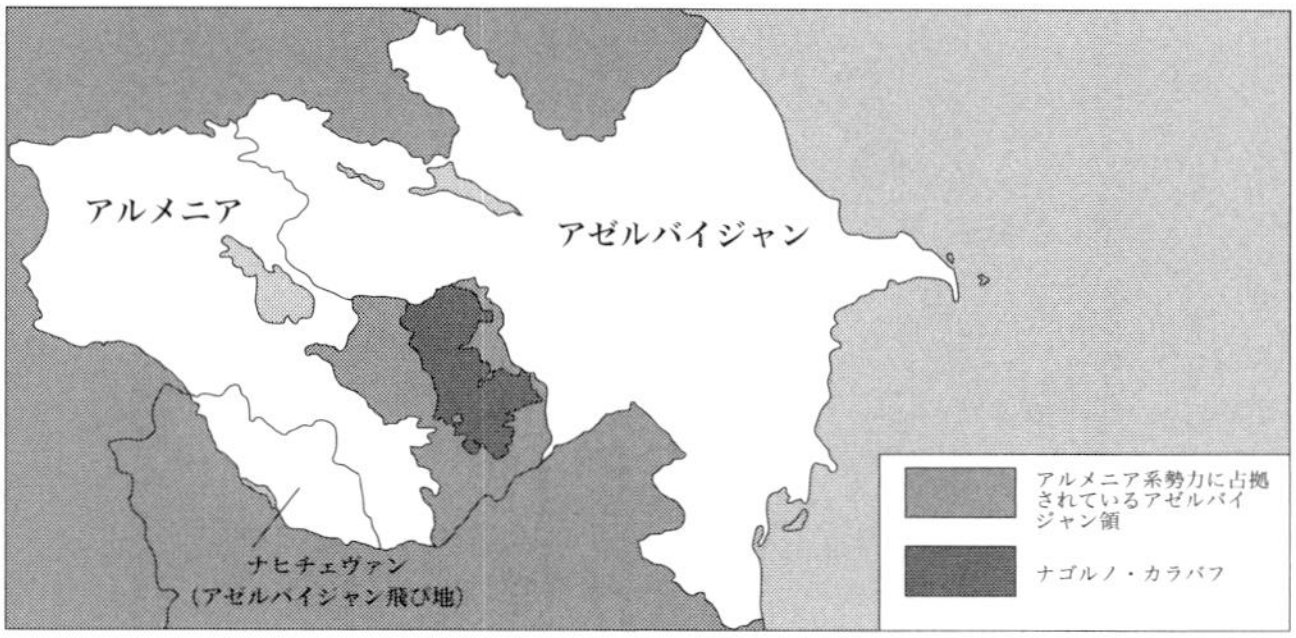

讐が大国トルコではなく、旧ソ連の中の小国アゼルバイジャンに対して行われた側面も無視できない）、１９０５年、１９１８年のアルメニア人・アゼルバイジャン人双方の虐殺事件や内戦期の両民族間の係争地を巡る戦争、さらに列強の干渉など多くの対立の歴史があったのに加え、ソ連時代の国境画定問題はアルメニア人のナショナリズムを刺激した。

ソ連体制下でアルメニア系住民は、アゼルバイジャンにおいて民族的な権利が軽視され文化的・行政的な差別があると訴え続け、特に65年のアルメニア人大虐殺50周年記念祭において民族意識を高揚させると、ＮＫ奪還を決意することとなった。ペレストロイカの進展と時を一にして、アルメニア人を鼓舞する一連の事件が起こると（アルメニア人世界会議での民族意識の高揚、虐殺公認がトルコのＥＣ（当時）加盟の条件とされたこと、アルメニア人知識人の活動活性化、当時の多くのモスクワの知識人・政治家のアルメニアへの共感、プロパガンダによる諸外国からの同情獲得、在外アルメニア人の金銭・政治的援助、強硬だったヘイダル・アリエフ元アゼルバイジャン共産党第一書記の失脚、など）、アルメニア人は奪還を現実的なものと考え、本格的に運動に着手した。そして、87年秋頃よりアルメニア人による平和的な請願運動が始まり、88年初頭にはアルメニアでアゼルバイジャン人排斥運動が起こり始め、アゼルバイジャン人難民がバクーやスムガイトに避難するようになった。88年2月にはＮＫ最高議会がアルメニアへの移管要請を正式に行い、抗議行動も高揚していった。そして、2月22日にＮ

Kのアスケランでアゼルバイジャン人青年2人が殺される事件が起こると、アゼルバイジャンにおいてアルメニア人への敵意が高まり、26日にスムガイトで「スムガイト事件」が発生した。これは、アゼルバイジャン人がアルメニア人を襲撃・略奪し、両民族で32人が死亡したとされる事件だが、極めて謎の多い事件である。例えば、ソ連当局が組織的に計画・実行した、襲撃の契機となった「強姦事件」はアルメニア人がアルメニア女性に対して起こした、事件前に囚人が多数釈放され現地で暴動要員とされていたなどの、陰謀説は枚挙に暇がない。それでも、確かなのは同事件を機に対立が決定的に暴力化したことである。

ソ連は1989年1月に、NKをアゼルバイジャンの自治州としたままソ連共産党直轄とする「特別行政形態」を導入して解決を試みたが、アゼルバイジャンの反対で程なく返還した。ソ連共産党の権威が衰退していく中、両国ではソ連共産党、各国共産党、人民戦線（アゼルバイジャン）、カラバフ委員会（アルメニア）、KRUNK委員会（NK）という権力乱立状況と無法状態が生じた。さらに、「黒い一月事件」（第26章参照）まで発生し、アゼルバイジャン人のナショナリズムとソ連、アルメニアへの憎悪がピークに達した。

さらに、1991年末のソ連解体により、アゼルバイジャン、アルメニア両共和国が独立すると、NK問題は内戦から国家間の「戦争」へと様相を変え、当時のCSCE（全欧安保協力会議）が仲介に乗り出すものの、ソ連軍の兵器が投入され、また海外からも義勇兵や傭兵が参加するようになり、戦闘と被害の規模は飛躍的に拡大した。91年9月2日には、NKが「NK共和国」として独立を宣言し、同年12月10日には独立を問う住民投票も行って、政治的な既成事実が作られていく中、ロシアがアルメニアを軍事的に支援するようになった。こうして、アルメニア側が戦況を優位に運び、92年2月にホジャルの住民が虐殺された「ホジャル事件」をはじめとしてNKの村々を次々に陥落させた。

こうして1994年にロシアの仲介で「ビシュケク議定書」が合意され、停戦を迎えたが、その条件としてアゼルバイジャンはCIS（独立国家共同体）及びCIS安全保障条約機構への加盟や、当時進んでいた欧米との石油計画の仕切り直しなどを余儀なくされた。だが、停戦は紛争の解決を意味せず、NKは国家の体裁を備えて「NK共和国」を自称し、現在も「同国軍」がNKおよびその周辺の「緩衝地帯」（アゼルバイジャン領の約20%）を占拠し続けている。それでも、国際的な国家承認を得られていないため、NKは未（非）承認国家の状態である。

同紛争により死者3万人以上、負傷者約5万人が出たほか、民族浄化の結果、アルメニア人約34万5千人が難民に、アゼルバイジャン人約百万人が難民及び国内強制移住者となって難民キャンプ生活を余儀なくされ、深刻な社会問題となった。また、紛争で殺害されたアゼルバイジャン人の遺体の耳が切られたり、金歯などが盗まれたり、目をくりぬかれたり、様々な愚弄を受けたことも問題視された。加えて、アルメニアによる占拠地でアゼルバイジャンの貴重な文化遺産が多数破壊されたことをアゼルバイジャン側が強く問題視し、国際社会に訴え続けてきた。

停戦発効後も、小競り合いが頻発し、一般民衆を含む犠牲者が毎年かなり出ており、完全な問題解決が望まれているが、和平プロセスは困難を極めてきた。アゼルバイジャンは交渉主体としてNKを認めていないため、交渉は、アゼルバイジャン、アルメニアの首脳陣によって進められてきた。現在、OSCE（欧州安全保障協力機構）ミンスク・グループ（共同議長は、米、仏、露）によって和平の仲介がなされているが、アゼルバイジャン側は領土保全・国境不可侵・内政不干渉を主張し、アルメニア側は民族自決を主張し、和平のプロセスや交渉主体についても合意がなされないため、また、同グループの和平案はどれもアルメニア側に有利だとアゼルバイジャン側が主張しているため、両首脳レベルの会談が時折、行われているものの和平プロセスは膠着している。２００４年にイルハム・アリエフ大統領が国連に仲裁を依頼し始めたが、アルメニア側が強く反発してきた。また、トルコやイランが仲介を試みたほか、ロシアも独自の仲介を度々行っているが、具体的な成果は出ていない。ただし、意味のある内容ではなかったとはいえ、１９９４年の停戦合意以来、初のアゼルバイジャン・アルメニア両国の合意となる「モスクワ宣言」が２００８年11月にロシアの仲介で成立したことは若干の進展と言える。

こうして和平プロセスが膠着する中、２０１６年4月1~5日に停戦後、最大規模の軍事衝突がＮＫで発生した（四日間戦争）。ロシアの仲介で四日間で大きな衝突は終了したものの、その後も小競り合いが続き、双方が主張する死者は、一般人も含めて相当数にのぼるが、明確な犠牲者数は不明だ。本衝突により、アゼルバイジャンは若干の被占拠地を取り戻した。

なお、現在、ＮＫに入るためには、アルメニアで査証を取る必要があるが、アゼルバイジャン側の許可なくＮＫに入ることはアゼルバイジャンの主権侵害となり、アゼルバイジャンへの入国ができなくなるだけでなく、逮捕される可能性もある。

本問題はアゼルバイジャンの最も深刻な外交課題であると共に、アゼルバイジャン、アルメニア双方の発展にも大きく関わることから、早期の解決が望まれる。

（廣瀬陽子）

26

黒い一月事件

★忘れられることなき悲劇★

「黒い一月事件（Qara Yanvar）」は、ナゴルノ・カラバフ紛争が進行する中で、しかしそれとは別に考えられるべきアゼルバイジャンの悲劇である。それは、１９９０年1月19日にゴルバチョフによってバクーに非常事態宣言が出され、その夜から20日にかけて、ソ連の特殊部隊が19時15分にアゼルバイジャンの中央テレビ、電話回線、ラジオ波などをすべて破壊してアゼルバイジャンの通信網を完全に麻痺させた後、ソ連軍とソ連内務省国内軍の両部隊2万６０００人ほどがバクーへ侵攻し、一般民衆を無差別虐殺し、すべての企業を接収した事件だ。

ミハイル・ゴルバチョフ共産党書記長（当時）による非常事態宣言は、15日にアゼルバイジャンのバクー以外の場所に出されていた非常事態宣言をバクーに拡大するものであり、４カ月間続いた。非常事態宣言は、バクー市の状況が極めて危険になったことに鑑み、ソ連憲法第１１９条第14項に基づいて、法的拘束力のある国家当局の介入によって過激派の力を弱め、市民の保護と安全を守るためだとされている。

事件による死亡者は確認されているだけでも１４７名で、負傷者は７４４名以上に及んだが、多くの遺体がブルドーザーで

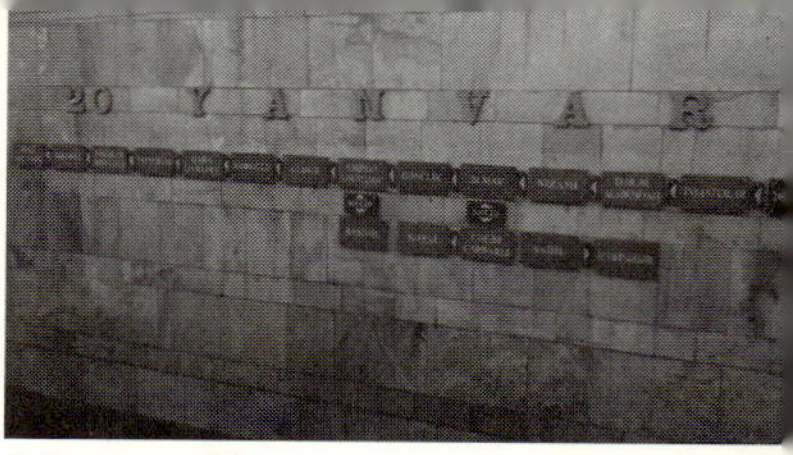

20 Yanvar 駅

カスピ海に投棄されたという証言もあり、行方不明者も多いことから、死亡者は２００名以上、さらに３００名以上だったと主張する者も少なくない。その夜の様子を、人々は女性、子供、老人も含め、「動くものは何でも撃たれた」「家の中にいても、カーテンに人の影が映っただけで撃たれた」と証言する。さらに何百人もの人々が拘留されるなど、その夜を経験した人々は一生忘れられないおぞましい出来事だったと言う。1月15日にバクー以外の場所に非常事態宣言が出されたのを受け、「人民戦線」は、各地の軍事施設の閉鎖を進め、また18日には何百もの乗用車、バス、トラックなどによってバクーを封鎖するように支持者に指示していたことから、「人民戦線」が介入の可能性を感じていたことは明らかである一方、一般民衆にとっては突然の悪夢となった。

事件後、国民は40日間喪に服した。死者の多くは、バクーの「殉教者の小径」（第4章参照）に埋葬され、毎年、1月20日は「殉教者の日」（または「国家の悲しみの日」）とされ、国民をあげて死者を悼んでいる。また、その事件はバクーの地下鉄の駅名にも刻まれている。１９９２年４月27日に、ソ連的な駅名だった「XI Qızıl Ordu Meydanı（第11赤軍広場）」駅が、「20 Yanvar（1月20日）」駅に改称されて今に至る（なお、本事例にとどまらず、他の多くの旧ソ連諸国と同様に、ソ連解体後、アゼルバイジャンでも多くのソ連的な地名が改称された）。そして、２０１０年1月には、黒い一月事件の追悼記念碑がバクーのヤシャマル地区に建造された。

事件は何故起きたのか？ ソ連当局は、1月13日頃からアゼルバイジャンおよびアルメニア両共和国で緊張が高まり、バクーでもアルメニア人の犠牲者が90名以上出たことに鑑み、止むを得ず軍事介入を行ったと説明した。当時、ゴルバチョフは、「バクーの状況は危険で、アルメニア人をポグロム（虐殺）から保護する必要があった」として、軍事介入を正当化したが、その頃にはポグロムはおさまっていたこともあり、本当の理由は別にあったと考えられている。

ペレストロイカの中、ナショナリズムを体現した「人民戦線」がエストニアで発足してから、ソ連各地に人民戦線や類似の運動が波及していたが、アゼルバイジャンにおいても「アゼルバイジャン人民戦線」が勢力を拡大していた。だが、当然のことながら各地の人民戦線が勢いを増すことは、ソ連当局にとって深刻な懸念材料となっていた。そのような中で、「黒い一月事件」が起きた。そのため、「黒い一月事件」の最も重要な理由は、それによって、各地の人民戦線に対する見せしめをしようとしていたためだと考えられている。つまり、人民戦線の活動があまりに活発になれば、アゼルバイジャンのように制裁を受けるのだとソ連構成国に学習させるためだったというのだ。しかも、アゼルバイジャンはムスリム国であり、国際的な批判も少なくなるだろうと計算されたという。実際、当時のドミトリ・ヤゾフ・ソ連国防相は、1月25日に、バクー進攻の目的は、「人民戦線」壊滅にあり、来る3月の選挙での「人民戦線」の勝利を予防し、共産党政権の存続を守るためだったと明確に表明していた（*Известия*, 27 января 1994）。ヤゾフは、「人民戦線」がアゼルバイジャンでクーデターを企図していたとも述べている。

情報統制により、事件の状況がソ連国内はもちろん、諸外国にあまり知られることがなかったことも背景にあるとはいえ、この事件に対する西側諸国の反応は、至って慎重で、「ならず者に厳しく対応する必要があった」とゴルバチョフに同情的だった（同年、ゴルバチョフはノーベル平和賞すら受賞している）。

そして、実際にソ連当局が意図した効果はあったと言ってよい。「黒い一月事件」後も、「アゼルバイジャン人民戦線」は共産党に対する抗議行動を主導し続けたが、アゼルバイジャン共産党は、モスクワによって解任されたアブドゥルラフマン・ヴェジロフ第一書記の後任にアヤズ・ムタリボフを選出し、人民戦線の勝利が予測されていた議会選挙でも、共産党が圧勝した。何故なら「黒い一月事件」で「人民戦線」が大きく支持を喪失したからである。

また、「見せしめ効果」の例としては、前述ヤゾフ発言の翌日である1月26日に、エストニア最高会議が、共産党の独裁放棄を一旦決定していたにもかかわらず、憲法修正案を逆転否決したことがあげられる。

だが、この事件によりアゼルバイジャン人のソ連および共産党に対する憎しみはピークに達し、アゼルバイジャン人の多くが共産党の党員証を焼き、ソ連および共産党との決別を宣言した。それは、今にも続く対露不信感の大きな要因にもなっている。事件の首謀者であり、さらにナゴルノ・カラバフ問題でアルメニアを支援してきたとアゼルバイジャン人が見なしているゴルバチョフは、アゼルバイジャンでは極悪人であり、1999年に夫人のライサ・ゴルバチョワが亡くなった際には、アゼルバイジャン中で祝宴が催されたとも聞いている。ただし、1995年に、ゴルバチョフはアゼルバイジャンに対し、「黒い一月事件」は自身の「政治的な最大の間違いだった」と謝罪している。

このように「黒い一月事件」はアゼルバイジャンにとって極めて辛い歴史の1ページであるが、それでもこの事件は同国のソ連からの決別を決定的なものとし、独立を後押しした重要な契機となったとも言われている。

（廣瀬陽子）

27

難民と避難民

★アゼルバイジャン政府の矛盾と苦悩★

難民と国内避難民は、アゼルバイジャンにおいて主要な政治課題の一つである。

アゼルバイジャンで初めて難民が公式に記録されたのは、ナゴルノ・カラバフ（以下NK）をめぐる暴力衝突に起因し、アルメニアから約19万人のアゼリ人が避難した1989年に遡る。その後、ソ連が解体し、NK紛争が戦争へと発展すると、98年には難民と避難民は84万人にまで膨れ上がった。UNHCRは、2015年末時点で約1300人の難民と約62万人の避難民がいるとするが、当局は、折に触れて難民と避難民で120万人（もしくはNK避難民だけで100万人）という数字を掲げている。

NK紛争直後、避難民はアゼルバイジャン各地に逃れ、全土に12カ所作られた仮設の避難民キャンプや廃墟等の劣悪な環境での生活を強いられたが、政府はこうした状況を改善する能力も資金もなく、UNHCRなどの国際支援に依存していた。

このような状況が改善し始めたのは、石油輸出に伴い経済発展を遂げ、安定的財源を確保した2000年代に入ってからである。政府は、2004年にキャンプの閉鎖と避難民専用居住区画を整備すると発表した。キャンプは2007年までに閉鎖

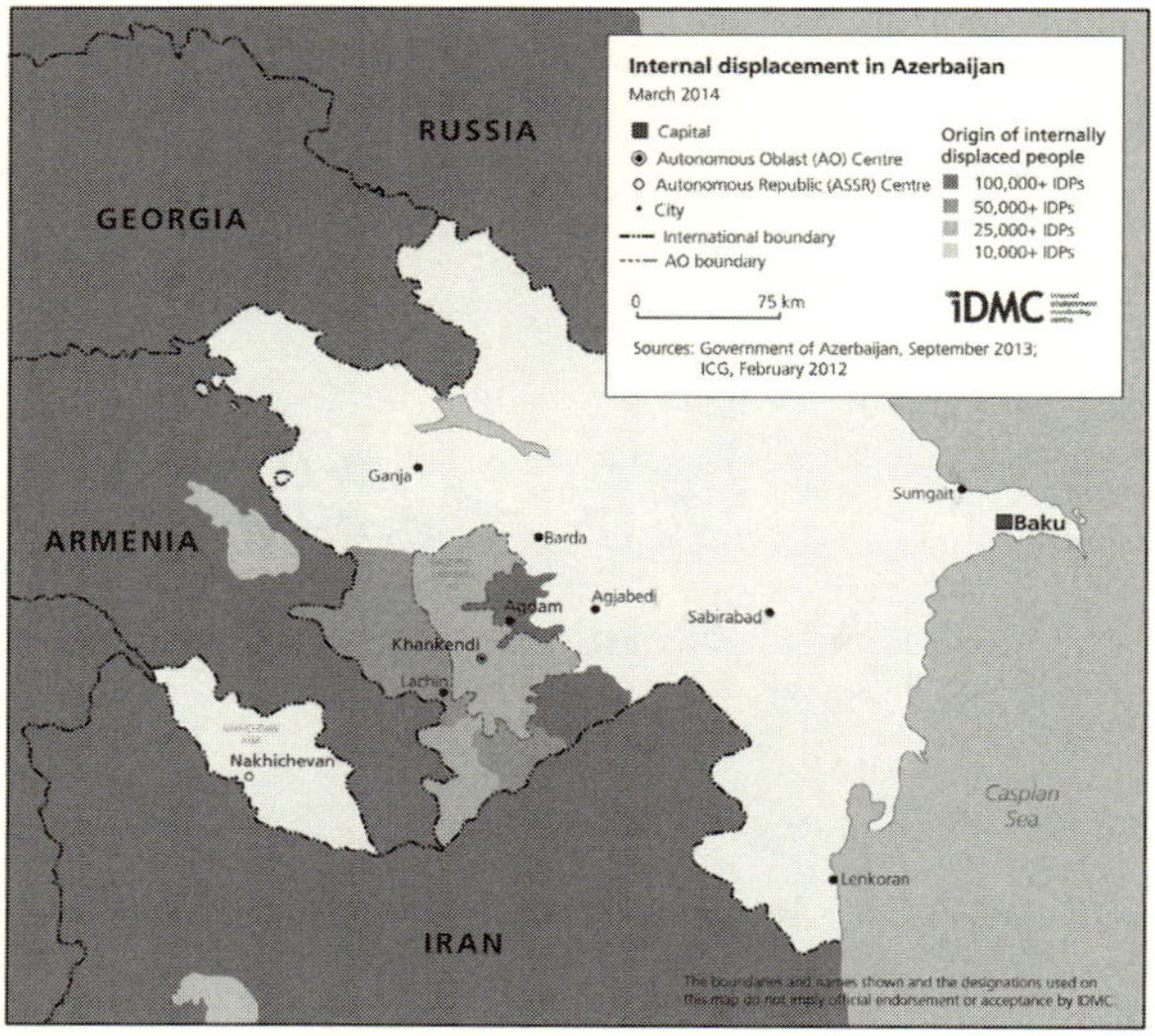

国内避難民の出身地域

され、翌年から専用居住区整備も開始された。並行して政府は、領土奪還後の避難民の帰還とその条件整備を目的としたプログラム「偉大な帰還事業」の策定を開始し、２００９年に完成させた。

アゼルバイジャン政府は、これまでに61億マナト（約35億ドル）を避難民支援に拠出した。その結果、避難民の貧困率は２００３年の75％から２０１３年には18％へ低下した。また、過去13年間で16万人の避難民が恒常的な職を、20万人が一時的な職を得た。そして避難民専用住宅には、２０１６年までに23万人が入居した。

しかし、避難民をめぐる問題は依然として残っている。根本的な問題は、政府の政策は、避難を「一時的なもの」と捉え、将来の帰還を前提に進めて来たため、ＮＫ戦争が解決に至るまで避難民問題の解決もあり得ないという状況に至っていることである。ＮＫ戦争は解決の糸口が見いだせず、戦争発生時に80万人いた避難民は現在も60万人いる。

政府は、避難民を受入先社会に統合せず、むしろ避難民として保護し続けるために専用居住区（病院、学校、商業施設、軍施設等を併設）を積極的に整備してきた。だが、油価も下落し、経済も困難な状況にある中で、「出口の見えない政策」をいつまで継続させるのか、課題に直面している。しかも、領土奪還後に発動する「偉大な帰還事業」は総事業費６００億ドル、今まで投入してきた20倍近くの資金が必要なのである。

政府が進める専用居住区建設にも課題がある。そもそも居住区に入居している避難民は、全体の25％（２０１３年）と決して多くない。依然として廃墟など劣悪な生活環境で生活している避難民も多い。居住区は今後も整備されるが、その際に問題になるのが安全面である。新たな居住区はＮＫ周辺（アグジャバディ、バルダ、ベイラガン、アグダム、ギョイギョル、ゴランボーイ、フィズリ各県）に建設されているが、避難民にとって居住区への入居は、ＮＫ戦争が再発すれば、再びその犠牲となるリスクと隣合わせなのである。

政府は、一方で彼らをＮＫ戦争によって苦しむ「同胞」として国民に示すことにより国内の団結とナショナリズムの高揚に利用し、他方で彼らを避難先社会に統合せず「避難民」という地位のまま留めおいている。そして、「避難民を取り巻く環境が改善している」として国内的には政権の成果を強調しながら、「避難民の数が一向に減っていない」として領土奪還と避難民帰還の必要性を国際社会にアピールしている。このような政府の二律背反する態度は、ＮＫ避難民をめぐる問題が政治性を帯びていることを示している。

さて、実はアゼルバイジャンはソ連時代末期に、ウズベキスタンでの民族衝突を原因とし逃れてきた約5万人のメスヘティ・トルコ避難民を受け入れていた。元来、ジョージアのメスヘティ地方に居住していた同民族はスターリン時代に中央アジアに強制移住させられた後、帰還が認められず、多くが中央アジアに残留していた。従って、彼らの場合は単に「民族衝突による避難民」ではなく、「民族の帰還」という、より本質的な問題を伴っていた。アゼルバイジャン政府は、NK避難民もいたので、メスヘティ・トルコ人を積極的に保護しなかったという指摘もあるが、ジョージアのようにそもそも受入れを拒否したり、ロシア・クラスノダール地方のように米国（第三国）への移住を勧めることはしなかった点も押さえる必要があろう。

メスヘティ・トルコ人の数には諸説ある。もともとアゼルバイジャンには1950年代以降に移住して来た人々も少なくなく、現在、その数を10万人前後とする論者もいるが、政府の人口調査ではトルコ人（メスヘティ・トルコ人を含む）は4万人弱となっている。メスヘティ・トルコ人の数がさほど多くないのは、人口調査の際に民族名をアゼリ人と回答しているためで、実際にはもっと多いとの見方もある。ただ、そもそも同民族の定義をめぐっては論争があり、故に確定的な人数の算定にも難しさは伴う。また同じチュルク系民族の国家に長年住む中で（自発的か否かを問わず）アゼリ人としての帰属意識を持つ者が出ることもあるだろう。

このように自国が抱える紛争によって発生したNK避難民への精力的な取り組み、あるいは同じチュルク系民族のメスヘティ・トルコ避難民に対する受け入れ姿勢などと対照的なのが、1994年以降に受け入れたチェチェン難民への政策である。一時、1万人以上のチェチェン難民（庇護請求者）がいたが、彼らは最大規模の難民集団であった。アゼルバイジャン政府は、元来チェチェン独立派と

チェチェン難民の少年（2006年撮影）

も一定の接点を持っていたため（第45章を参照）、チェチェン人を難民として積極的に支援せずとも、彼らが自国内に留まり、国際機関による支援を受けることは黙認していた。だが、こうした政策は、プーチン政権誕生後に変化する（第44章を参照）。２００１年にアゼルバイジャン政府は、チェチェン独立派代表部等を閉鎖し、中東イスラーム系人道支援ＮＧＯの活動も禁止したのである。

　こうして後ろ盾を失ったチェチェン難民を支援するため、難民登録を行うＵＮＨＣＲは、２００３年から経済的支援を開始したが、当時、難民の97％は最貧困水準の生活を維持することがやっとだった。多くのチェチェン人は、ＵＮＨＣＲに難民登録されていても、アゼルバイジャン国内法上は単なる「外国人」に過ぎず、法的地位に起因する様々な問題（就労、教育、医療等）を抱えていた。

　２００１年以降、チェチェン難民の数は徐々に減少した。これは、ロシアが２００２年頃からチェチェン周辺の避難民キャンプを閉鎖し始め、アゼルバイジャンにいる難民にも帰還を促し、元独立派兵士の引き渡しも積極的に求めたことに起因する。アゼルバイジャン政府は、これを受けて強制送還を含めた厳しい対応を進めた。同地のチェチェン難民評議会は、２００８年にアゼルバイジャンに住む全チェチェン難民が脅威に晒されており、第三国への出国を希望しているという緊急声明を出した。これは難民を保護せず、ロシアの要請に基づき引き渡すアゼルバイジャン当局を非難するものであった。

その後、チェチェン難民の流出は一層加速し、2013年には650人前後に減少した。アゼルバイジャンでは、ともするとNK避難民に関心が集まり、規模で見れば問題にならない難民の存在は軽視されがちである。しかし、2000年代にチェチェン難民がおかれた状況は、大変厳しいものだった。チェチェン難民は、アゼルバイジャン政府がNK避難民を通して紛争の惨状と被害者救済の必要性を対外的に訴える一方で、自国に助けを求め外国から逃れてきた難民には十分な対応をしてこなかったということを明らかにしている。NK避難民がすぐに減る見込みはない以上、政府が難民と避難民をめぐる政策的矛盾に対応する必要性も依然として残っている。

（富樫耕介）

コラム5

チェチェン難民が直面していた課題

富樫耕介

　筆者は２００６年と２０１０年に計３回、チェチェン難民支援に携わるＮＧＯのボランティアとしてアゼルバイジャンを訪問した。チェチェン難民は、最盛期には１万２０００人がいたが、筆者が訪問した２００６年には２８００人程度になっていた。チェチェン難民の大幅な減少について、当時、ＵＮＨＣＲ（国連難民高等弁務官事務所）やＮＲＣ（ノルウェー難民評議会）は、自主的な第三国への移住という可能性を示唆していた。

　しかし、筆者らがこれに疑問を抱いたのは、難民の生活ぶりを見る限り、第三国に移住する金銭的な余裕がなかったためである。当時ＵＮＨＣＲは、チェチェン難民を金銭的に支援していた。だが、支援対象は難民全体の２割程度で、平均支給額は月37ドルであった。当時アゼルバイジャンでは１日２ドル以下で生活する人が貧困レベルに該当すると見なされていたが、月37ドルでは最貧困レベルの生活を維持することしかできない。従って、自主的に第三国へ向かうことは困難であった。

　もう一つ、筆者らが疑問を抱いたのは、当時、ドナーが提供する法律支援センターにおいてチェチェン難民が相談した事案の多くはアゼルバイジャンでの難民生活を継続する上で必要な問題であり、第三国への移住は相談全体の13％しか占めていなかったためである。難民の大幅な減少が第三国への移住に起因しており、多くの難民が移住の準備をしているのであれば、法律支援センターにより多くの相談が寄せられるはずである。

　当時、筆者はチェチェン難民の減少は、ロシ

表　法律支援センターにおけるチェチェン難民の相談内容（2005年）

相談内容	相談者数	%
出産誕生証明	54	30
金融支援	36	20
第3国への移住	24	13
結婚	17	9
滞在登録	12	7
家族、社会問題	7	4
UNHCR への登録	4	2
法文書の準備、修正、修復	4	2
その他	22	12

（出所）Morck, Anna (2006) *Chechen refugees in Baku, Azerbaijan*, NRC.

ア政府が進める「チェチェン安定化」政策（チェチェン紛争の終了を宣言し、難民などをチェチェンに帰還させる取り組み）と関わりがあるのではないかと考えた。UNHCRの担当官は、アゼルバイジャン政府がチェチェン難民をロシアとの取引材料に用いている点を指摘し、この数年で政策は厳しくなったと付言した。担当官は、このような中で残っているチェチェン難民の自立支援を行っているが、UNHCRの予算不足もあり、中々うまく行かないと述べていた。

　チェチェン難民の自立が必要だという点はNRCの担当官も同じ意見だったが、彼は難民を「援助に依存しており自立するつもりがない」と辛辣に批判していた。だが、NRCの教育と食糧支援にも問題があった。筆者らによるチェ

難民学校に支給されていた食糧（2006年撮影）

チェン難民学校の調査では、教育支援金は十分に支払われておらず運営に支障をきたしていた。また、食糧支援も香草とチーズをパンで挟んだ粗末なものだったことが判明した。当時、難民児童の40％は栄養失調状態だったが、ＮＲＣが委託していた現地の業者がマージンをとり、簡素な食糧しか提供していなかったのである。筆者らはこの問題点を難民学校への聞き取りで明らかにし、同じ金額で野菜や肉を支給することをＮＲＣに勧めた。同時に不足する教育および食糧支援金の一部を補塡し、聞き取り調査に基づき現物支給による支援を行った。

　女性や子供を中心とするチェチェン難民がいかに自立するのかは、当時の大きな課題であった。ＵＮＨＣＲは、難民の自立、あるいは紛争の精神的被害から立ち上がるためにも教育、そしてリハビリや心的サポートの必要性を訴えていた。このうち、教育分野についてはアゼルバイジャン政府もＵＮＨＣＲの要求を受け入れ、２００３年以降、難民児童は地元校に通えることになった。

　だが、これは機能しなかった。例えば、戦争による心的なストレスを抱える児童にはケアが必要だったが、地元校では配慮されなかったし、学力が足りなければ下級クラスに編入されたため、難民児童には疎外感が生まれた。また授業はアゼリー語で進められたため、難民児童は意思疎通の問題も抱えていた。加えて薄給の教員が難民児童や親に賄賂を要求するケースもあった。このような不満は、筆者らによる難民児童へのアンケート調査でも確認できた。

　こうした中で、チェチェン人自身が開校していた難民学校は、地元校に馴染めない難民児童を受け入れ機能を引き続き果たそうとしたが、ドナー側は限られた予算の中で支援を行うために難民学校の統廃合を進めた。結果、難民児童の受け入れ場所は減少し、地元校からドロップアウトしてしまった青少年らの教育機会も失われた。このような中で自立への道はむしろ遠のいていったように筆者らには映った。こうしたバクーでの閉塞感に反発しチェチェンに戻ったものの、その後、消息を絶った青少年も少なからずいたと筆者らは聞いている。

チェチェン難民は、当時、大変な状況下にあったが、それはアゼルバイジャン社会が大きく変動していた時期だからでもある。同国には多数のカラバフ避難民がおり、外国から来る難民への関心は元来決して高くなかったことに加え、2000年代は高い経済成長の一方、貧富の差の拡大、失業や汚職の蔓延という問題も顕在化していた。ただ、筆者が自己犠牲精神に溢れるアゼリ人を見たのも確かである。例えば、現地NGOでは薄給ながらも、長年にわたりチェチェン難民児童を熱心に支援する男性に会った。また難民女性センターの職員は、自らもカラバフ避難民でありながら、自分のことは語らず、黙々と支援活動に従事していた。このような人々が困難な状況にあるチェチェン難民に寄り添っていたのも事実である。しかし、趨勢として難民を取り囲む環境は改善されず、同時に難民の減少が生じているという状況が、当時、筆者らが目の当たりにしたことであった。

28

カスピ海領海問題

★最終合意間近★

カスピ海の法的地位問題と領海画定問題

アゼルバイジャンの面積は約8万6600平方キロメートルで日本の北海道とほぼ同じ面積、カスピ海の面積は約37万㎢で日本とほぼ同じ面積である。

カスピ海周辺地域は現在でも世界有数の原油と天然ガスの生産地であるが、問題を二つ抱えている。この問題が解決されれば、同地域の石油・天然ガス事情は今後、大きく変貌を遂げるだろう。

カスピ海には二つの問題がある。一つはカスピ海の法的地位問題（カスピ海は「海」か「湖」か?）、もう一つは領海（境界線）画定問題であり、この二つの未解決問題が天然資源豊富なカスピ海の全面的な探鉱・開発の阻害要因となっている。

カスピ海を「海」とするか、「湖」とするかで沿岸国の法的権利が異なってくる。「湖」であればそこにある資源は沿岸国の共有財産になり、「海」であれば領海の概念が発生して、大陸棚沿岸資源は沿岸国固有の資産になる。

旧ソ連邦の時代、カスピ海沿岸国はソ連邦とイランの2カ国であった。ソ連邦には海洋鉱区の探鉱・開発技術は無く、カスピ海の探鉱・開発は殆ど進んでいなかった。浅瀬の北カスピ海には天然資源がありそうだと予測されてはいたが、何が・どれほどあるのか不明であった。カスピ海の資源と言えば漁業資源（主にチョウザメ）のみで、両者はカスピ海を「湖」と認識して、海洋資産は共有資産と見なされ、平和共存の時代が続いていた。

ところが１９９１年末のソ連邦解体と共に、カスピ海沿岸国はロシア、カザフスタン、トルクメニスタン、イラン、アゼルバイジャンの５カ国になり、以後25年以上の長きに亘り、カスピ海領海問題は延々と続いている。

ソ連邦から新たに独立したアゼルバイジャン、カザフスタン、トルクメニスタンの３国は自国に資金も技術もないので外資を導入して、カスピ海沿岸の海洋探査を開始。すると自国沿岸沖合いのカスピ海海底に油兆が見つかり、「カスピ海は海」と主張、領海宣言をした。これは、資源の見つかった沿岸国としては当然の行為と言える。

ロシア沿岸沖合いには油兆がなく、イランの沖合いは水深が深く、外資も導入していないので、探鉱・開発は行われなかった。

上記理由にて、ロシアとイランは当初「カスピ海は湖」と主張していた。

ところが１９９８年、ロシア沿岸の沖合いで油兆が発見された。するとロシアは直ちに、「カスピ海は海である」と宣言した。

一方、カスピ海が海であり領海の概念が適用されると、ロシアにとり都合の悪い状況が出現した。カザフスタンやトルクメニスタンからロシアを迂回してカスピ海対岸のバクーまでの海底横断原油・

地図1　カスピ海の領海画定問題と海洋鉱区地図

（出所）米EIA "CASPIAN SEA REGION"、点線は領海未画定ライン

天然ガスパイプライン建設構想が浮上したのだ。他国の領土・領海であれば、（環境問題以外）ロシアが建設に反対する積極的理由付けが存在しなくなってしまう。

この点、ロシアにとり頭の痛い問題であろう。

カスピ海の領海（境界線）はロシア・カザフスタン・アゼルバイジャン間ではすでに画定しているが、トルクメニスタンとイラン領海分が依然として未画定である。

カザフスタンでは北カスピ海で大油田が発見され、カシャガン海洋鉱区では既に原油の探鉱・開発・生産が始まり、今後原油生産は大幅に拡大すると予測されている。

トルクメニスタン領海でも外資が探鉱・開発に乗り出し、原油を生産している。

現在でも「カスピ海は湖」と主張しているのはイランであるが、もし自国沖合に油兆やガス兆が発見されれば、「海」に転向するだろう。

参考までに、カスピ海の領海画定問題と海洋鉱区地図は地図1の通り。

カスピ海サミット概観

カスピ海の法的問題と領海画定問題を解決すべく、沿岸5カ国の次官級実務者会議と首脳会議が定期的に開催されている。

第一回カスピ海サミットは2002年トルクメニスタンの首都アシガバードで開催された。ロシアはカスピ海の海中資源を沿岸諸国の共有財産として、カスピ海の海底を周辺5カ国沿岸から中間線で分割することを提案。この提案に対し、カザフスタンとアゼルバイジャンは賛成したが、イランとトルクメニスタンは自国海域となる海底面積が5分の1以下となるため反対した。

第二回カスピ海サミットは2007年10月にイランの首都テヘランで開催され、沿岸5カ国首脳は「テヘラン宣言」を採択した。同宣言ではカスピ海沿岸5カ国のみがカスピ海問題を協議する権利があると謳われ、問題解決のために武力を使用しない点で沿岸諸国は合意に達した。

第三回カスピ海サミットは2010年11月、アゼルバイジャンの首都バクーで開催された。当該5カ国の首脳は「バクー共同宣言」を採択し、引き続き領海画定問題解決に努力することになった。

第四回カスピ海サミットは2014年9月、ロシア南部のアストラハンで開催された。この会議では領海画定問題を協議し、問題解決に向けて具体的に動き出すことになった。同サミットでは、沿岸5カ国は沿岸25海里に国家主権（15海里）と漁業権（その外側10海里）を行使する水域を設けることで合意に達したが、25海里以遠は未解決のまま残った。

第四回カスピ海サミットにおいて沿岸5カ国は、今後2年以内にカザフスタンの首都アスタナで開催予定の第五回カスピ海サミットにおいて最終合意を目指すことで合意に達した。しかし2017年末までに第五回カスピ海サミットは開催されず、2018年後半に開催して、カスピ海問題における最終合意を目指すことになった。

参考までに、第一回カスピ海サミットと第四回サミットの領海画定案を比較すると、グラフ１のようになる。

トルクメニスタンのベルディムハメドフ大統領は２０１７年４月21日、「近々、第五回カスピ海サミットが開催される予定」と発表した。他の沿岸国ではなくトルクメニスタンの大統領がこのような発言をしたことは、同大統領がカスピ海領海問題の早期画定を望んでいることを示唆するものであろう。２０１８年6月現在、トルクメン産天然ガスの輸出先は中国しかなく、輸出先の新規開拓と輸送路の多様化は同国にとり喫緊の課題になっている。

グラフ１　カスピ海沿岸国の海底分割・海岸線の割合（%）

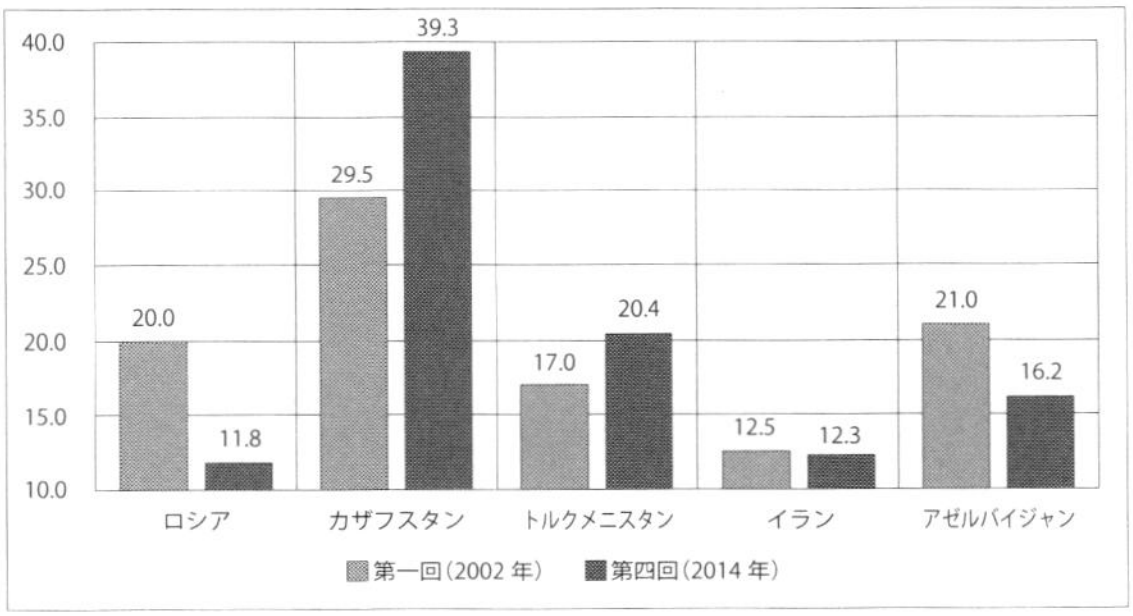

（出所）第１回サミットは2014年9月29日付けTuran誌、第4回サミットは2014年10月13日付けVlasti誌より筆者作成。

過去にはカスピ海において、外資コンソーシアムがアゼルバイジャンとイランの領海未画定海域で探鉱しようとして掘削リグを曳航した際、イラン海軍の軍艦や戦闘機が飛来して、コンソーシアム側は掘削リグを係争海域から撤収した事例も発生している。

第五回カスピ海サミットが愈々、近々開催予定になった。この会議でカスピ海の法的地位問題と領海画定問題が最終決着すれば、カスピ海における各国の原油・ガスの探鉱・開発計画は今後、後顧の憂いなく促進されることになるだろう。

（杉浦敏廣）

29

未承認国家ナゴルノ・カラバフの内政

★軍事的圧力下の多元主義★

ナゴルノ・カラバフ共和国（以下、カラバフ）は、ソ連解体期から1990年代前半にかけてアゼルバイジャン共和国から事実上の独立を達成した未承認国家の一つで、同時期にはアブハジア、南オセチアがグルジア共和国から、沿ドニエストルがモルドヴァ共和国から事実上の独立を達成している。このうちアブハジアと南オセチアは、2008年八月戦争の余波を受けて、ロシア、ニカラグア、ヴェネズエラ、ナウルが承認したが、カラバフと沿ドニエストルは、カラバフの兄弟国であるアルメニアや、ロシアも含めて、いかなる国の承認も受けていない。

カラバフは1991年12月10日、つまりソ連解体直前に独立を問う住民投票を実施し、これによりアゼルバイジャンとの戦争が本格化した。旧ソ連軍の兵器は15の旧連邦構成共和国間で分配されたので、自治共和国以下の単位から構成されていた分離政体は1992年時点では、いずれも軍事的に劣勢となった。この中で、招集さえ難しくなっていたカラバフの最高会議（議会）は、国家の最高機関としての権限を国家防衛委員会（ローベルト・コチャリアン議長）に授けた。1993年以降、戦況はカラバフに有利となり、カラバフは領土を拡大してアルメニアやイランと隣接するようになった。1994年5月のビシュケク停戦協定後、国家防衛委員会の統治は終わり、1995年には大統領職が導入され、コチャリアンが当初は議会により、1996年には民選により大統領に選ばれた。後者は競争選挙ではあったが、コチャリアンが有効票の88・9％得票した。

戦後顕著になったのは、サムヴェル・ババヤン（1965年生）をリーダーとする旧野戦司令官たちの驕慢行為であった。ババヤンは、多数の自警団組織であったカラバフの武装勢力を国軍に転換することに成功し、戦争を勝利に導き、旧ソ連圏で最も若い国防大臣になった。戦後は、その権限を越えて、カラバフのビジネスや内政に影響力を振るうようになり、自分の徒党を肥やした。1997年、コチャリアンがアルメニア首相としてエレヴァンにリクルートされ、第二代大統領としてジャーナリスト上がりのアルカージー・グカシャンが選ばれると、大統領と旧野戦司令官たちの間の衝突は激化し、もはや公然化した。グカシャン大統領は、ババヤンをまず国防大臣職から、次に国防軍指令官職から解任した。また、ババヤンの支持母体となっていた在郷軍人組織「エルクラプ（防衛者）」に対抗して、中立的な在郷軍人会を組織させた。この新組織のリーダーとなって、軍と在郷軍人を政治に巻き込もうとする試みを阻止したのが、カラバフの軍事と政治の要所要所でいぶし銀のような役割を果たすヴィタリー・バラサニャンであった。2000年6月の議会選挙でババヤン勢力を一掃すべく、グカシャン派は民主アルツァフ同盟（アルツァフはカラバフのアルメニア語での呼称）を旗揚げした。オスマン帝国以来の伝統を誇る民族主義政党アルメニア革命同盟（ダシュナクツチュン）もグカシャンを支持した。

ところが議会選挙を前にして、3月22日、グカシャンの暗殺未遂が起こり、ババヤンはその黒幕として、2005年まで収監された。文字通り命がけの闘争に勝ったグカシャンは、2002年の

カラバフ共和国議会（ステパナケルト）

大統領選挙で圧倒的に再選されたが、この選挙では首都ステパナケルトでの投票率が52％しかないなど、不吉な兆候も見えていた。翌２００３年には、カラバフ運動の初心に帰れというスローガンを掲げる野党「運動―88」が旗揚げした（88はカラバフ運動が始まった１９８８年を指す）。運動―88は、グカシャンの野党に回ったアルメニア革命同盟と連合して２００４年の地方選挙で善戦し、党首エドゥアルド・アガベキャンがステパナケルト市長となった。翌２００５年の議会選挙前夜、運動―88とアルメニア革命同盟が議会で躍進するのではないかと予想されていた。この議会選挙は、グカシャン大統領が後継者にバトンを渡さなければならない、２００７年の大統領選挙の前哨戦と見なされていた。

ここから政府側の猛烈な反撃が始まった。２００５年議会選挙では野党連合は11の比例区議席のうち3議席を取っただけで、地方ボスが強い22の小選挙区には全く浸透できなかった。さらに、この選挙では「自由な母国」という体制内野党が生まれ、民主アルツァフ党と同じ10議席を獲得した。政府側から野党へのハラスメントは続き、アガベキャンに対しては2件の刑事事件が立件され（いずれも不起訴）、アガベキャンは体を壊してしまった。政府側は野党を切り崩し、２００７年の大統領選挙に際しては、アルメニア革命同盟と運動―88は、現職グカシャンの後継指名を受けたバコ・サハキャンと政策協定を結んだ。つまり、サハキャンは、民主アルツァフ党、「自由な母国」とあわせて野党も含む主要四党の支持を受けたのである。サハキャンは、カラバフ運動以来、国防、インテリジェンスなどに従事し、グカシャンのような優れた容姿と雄弁さはなかったが、カラバフでは尊敬される人物であった。野党候補は、外務次官のマシス・マイリャンであった。主張の筋は通っているが、ややインテリ臭いマイリャンに比べれば、「カラバフ最大の問題は人口問題である」と率直に認めて、出産手当増額を約束するなど、サハキャンの選挙運動の方が魅力的だったことは否定できない。結果は、得票率85%対12・5%でサハキャンの圧勝だった。２０１０年の議会選挙には、アルメニア革命同盟は与党に移って参加、運動―88の野党に残った部分は選挙をボイコットした。野党皆無の議会が出現したのである。この時期がカラバフ政治が最も停滞した時期だった。

2017年憲法改正国民投票中央選挙管理委員会にて

　サハキャンの再選をかけた２０１２年の大統領選挙に際しては、カラバフ戦争の英雄である前出のバラサニャン中将が対抗馬となった。バラサニャンは、アルメニア革命同盟選出の議会議員であったが、この党が自分ではなく現職を支持することを決めたので離党した。この頃までにはアガベキャンも健康を回復し、前回野党候補であったマイリャンもバラサニャンの参謀となり、３人組でサハキャンに挑戦することになった。バラサニャンが立候補した最大の理由は軍事安全保障問題であった。彼は、アゼルバイジャンが近いうちに必ず軍事境界線を破る、それに対してカラバフ側は1994年休戦協定を信じきって戦争準備していないと訴えたのである。バラサニャンの予想は2016年に的中することになる。2012年の大統領選挙は相対的に伯仲したものになり、現職サハキャンは66・7%、バラサニャンは32・5%獲得した。

2016年四月戦争の結果、サハキャン大統領は自らの非を認め、バラサニャンを安全保障会議書記に、マイリャンを大統領顧問に迎え入れた。戦争のおかげで挙国一致が成立したのである。このことは憲法改正を容易にした。すでに十年前、カラバフはアルメニアと違う種類の憲法を採択していた。いずれも大統領と首相が並存する準大統領制だが、2005年のアルメニア憲法改正は、議会多数派が首相を推薦する首相大統領制（リトアニア、ポーランドなどと同じ）を導入したのに対し、翌年、カラバフは、大統領が議会の承認を得て首相を任命する大統領議会制憲法（ロシアなどと同じ）を選んだ。それから十年経ち、準大統領制は権力分散する傾向があるので、絶えず戦争に直面したアルメニアやカラバフには向かないと考えられるようになった。特にアルメニアは大統領選挙のたびごとに敗者が選挙結果を認めず、街頭暴力や死者さえ生じてきたので、2015年、議会制（大統領は民選ではなく議会が選ぶ）に移行した。カラバフもこれに倣う方向であったが、四月戦争の結果、有事には単独責任であたるべきなので大統領制が望ましいという意見が強くなり、2017年3月の国民投票でこの憲法改正が実現され、首相職は廃止された。

（松里公孝）

VI

石油・経済

30

前近代におけるバクー油田

★7色の石油★

アゼルバイジャン語で、石油は「ネフト（neft）」と言う。これは、ナフサやナフタリンとも語源を同じくする語で、直接的にはペルシア語の「ナフト（石油）」に由来する。

石油は、アゼルバイジャンの歴史と深く結びついている。19世紀後半にバクー油田の本格的な開発が始まると、この地は世界でも有数の石油産業地域へと成長した。油田開発は現地出身のブルジョア階級も涵養し、タギエフのような石油王が登場する。彼は現地語による出版や教育にも支援を行ったが、それによって育成された知識人層が後にアゼルバイジャン民族意識の形成と普及を担っていくわけである。そういった意味で、石油は、アゼルバイジャン人の生みの親とも言える存在なのだ。

このように、切っても切り離せないアゼルバイジャンと石油であるが、両者の関係は、何も近現代になって始まったものではない。そこで、本章では、前近代におけるバクーの石油について、知られているところをいくつか述べることとしよう。

さて、そもそも前近代の人々は、石油にどのような用途を見いだしていたのだろうか。そして、それについて、どのように語っているのだろうか。石油が登場する作品としては、例えば

『王書』を挙げることができる。それは、スィヤーウシュの火くぐりの場面だ。ことの発端は、イランの王子スィヤーウシュが、父王カイ＝カーウースから、女性がらみのある疑惑をかけられたことにあった。恥辱に震えるスィヤーウシュは「たとえ火の山でも渡りましょう」と宣言、王はその準備を命じる。そして、１００頭ものラクダによって運ばれてきた薪が山のように積み上げられる。「武装した騎士がやっとその間を通れるほど」に集まった人々が固唾を飲んで見守る中、ついにその時がやって来る。以下、引用しよう。

その後、気高い王は薪に
黒い油《ナフト》を注ぐように命じた
二百人の男が来て火をつけ、煽ぎ
まるで夜が昼になったようだった
まず煽ぐと黒煙があがり
煙について急速に焔がのぼった
大地は大空より明るくなり
世人は叫び、火焔があがった
荒野にいた人びとはみな焦がされ
王子の笑顔を見て嘆き悲しんだ（黒柳恒夫訳）

その後、スィヤーウシュは見事に火くぐりを成功させ父王と和解するわけだが、その凄まじい炎をたてるために用いられたのが石油《ナフト》であったのだ。当時、石油は強い火力をもたらす燃料として用いら

スィヤーウシュの火くぐりの場面（出典：https://islamicartreference.wordpress.com/）

れていたことが窺える。もちろん、日常の灯火用の燃料としても使用されていたことだろう。

燃料として以外にも、石油は、そこから得られる瀝青《れきせい》が防水剤や防腐剤として利用されたり、あるいはアスファルトとして道路の舗装に、あるいはモルタルとして城壁などの目地材に用いられたりもした。また、石油は武器としても使われた。特によく知られるのは、ビザンツ帝国の海戦用焼夷兵器「ギリシアの火」である。製法が失われてしまったために詳細は不明ではあるものの、この謎の兵器には、おそらく石油も配合されていたことだろう。

石油やそこから得られる製品は、薬としても用いられていた。例えば、プリニウスは『博物誌』において、瀝青の様々な薬効を挙げている。それによると、瀝青は癩病や疥癬に効能があり、痛風を抑える塗り薬となり、ソーダと混ぜると歯痛を癒やし、ワインに入れて服用すると咳・息切れをおさめ、赤痢患者の下痢を止める。他にも、腰痛や関節痛の薬、止血剤の原料にもなったらしい。一言でいえば、万能薬であったわけだ。

ユニークな石油の利用法も語られる。『被造物の驚異と万物の珍奇』（第53章参照）には、ゾロアスター教の神官たちが行うペテンに関する記述がある。彼らは油井の上に拝火壇を作って、どんなに水をかけても消えずに燃え続ける炎を人々に見せ、信仰心を煽る演出をしたのだという。

では、バクーの石油に関しては、どのような記録が残っているのだろうか。早い例では、10世紀半ばに書かれたマスウーディーやイスタフリーのアラビア語地理書が、その存在に言及している。ほかにも、10世紀後半の旅行者アブー・ドゥラフが、以下のように伝えている。「そしてバークーヤ（＝バクー）と呼ばれるシルワーンの領域に属する場所に至った。私はそこで石油の泉を見いだした。その請負額は毎日1000ディルハムになる。またそのそばでジャスミン油のような白い石油を流出している別の泉があり、昼も夜も絶えることがない。その請負も同額に達している」（イスラーム地理書・旅行記研究会訳）。

ここで言う「請負額」とは、当時一般的であった徴税請負の権利の価格を示しているものと思われる。1日1000ディルハムで徴税権を買うのだから、バクー油田から得られる収入は、当然それ以上だったと言うことだろう。ちなみに、ディルハムというのは、銀貨の単位である。1日1000ディルハムというのがどの程度のものかは想像がつきにくいが、とにかく莫大な額であっただろうことは推測できる。

かのマルコ・ポーロも、バクーの石油に言及した一人である。『東方見聞録』の大アルメニアに関するくだりには、以下のような記述が見られる。「ジョルジァニア（＝ジョージア）との国境地帯には油田があって、一時に100隻の船に積み込めるだけの豊富な湧出量を持っている。この油は食用にはならないが、燃料として重宝であり、あるいはラクダに塗布して疥癬やふけ止めに効能があるものだから、非常な遠方からでもこの油を取りにやってくる。この地方一帯ではこれのみを燃料に使い、ほかの油を用いる要はない」（愛宕松男訳）。

ラクダに関する説明は、第60章でも紹介しているナフタランの石油に関するものかも知れない。と言うのも、その発見の経緯に関して、以下のような伝説が知られているからだ。昔、この地を通りかかった隊商のラクダの1頭が病気になった。隊商は、やむを得ずそのラクダを見捨てて目的地に向かった。そこでの商売を終えて帰路についた隊商は、病気がすっかり治ったラクダと再会する。そして、ラクダの体からは石油がしたたっていた。不思議に思った隊商がラクダの後をついて行くと、そこにナフタランの油井を見つけたというのである。

さて、バクー油田で採掘される石油が1種類ではないことは、アブー・ドゥラフが先に述べている通りで、マスウーディーも同様の記述をしている。後代の作品では、例えば17世紀のペルシア語地理書『七気候帯』が、バクーには「500近くの油井があり、そこから黒と白の石油が産出している」と記す。この件に関してより詳しい記述を行っているのは、17世紀のオスマン帝国に生まれ、周辺の各地を旅したエヴリヤ・チェレビーである。彼によると、バクーの「近郊には7つの油田が有り、それぞれからは（それぞれに固有の）一色の石油が出る。黄色や赤や黒の石油がある」とのことである。

かつて人々は、バクーの石油に様々な色を見た。現代のバクー油田から湧く石油は、さて、どのような「色」をしているのだろうか。

（塩野﨑信也）

31

石油・天然ガス開発の歴史と現在

★世界初の原油商業生産開始★

アゼルバイジャン領海カスピ海開発の歴史

カスピ海周辺地域における原油生産の歴史は古く、旧帝政ロシア時代に（現アゼルバイジャン共和国の首都）バクーのカスピ海沿岸陸上鉱区にて1848年、世界初の原油の商業生産が始まった。バクー陸上油田は世界最古の油田であり、世界の原油商業生産はバクー陸上油田をもって嚆矢とする。一方、米国における原油生産開始は1850年代である。

アゼルバイジャン国営石油会社（State Oil Company of Azerbaijan Republic／以後〝SOCAR〟と略す）によれば、1848年に原油の商業生産開始後、1900年には世界の原油生産の約半分がバクー陸上油田になる。同国の国家統計委員会資料は1871年からの原油生産量推移を記載しているが、これは1871年から本格的な生産が始まり原油生産量が記録されたことを意味している。同資料によれば、1871年の原油生産量は2万トン、1900年984万トン、1941年2354万トン、2005年2221万トン、2006年3226万トン、2007年4260万トンであり、1941年の原油生産量が長年、アゼルバイジャンの最大生産量を維持してきた。これは

表1　カスピ海ACG鉱区の生産開始時期と生産量（単位：日量／千バレル）

生産プラットフォーム	生産開始時期	2016年生産量	2015年生産量
チラグ	1997年11月7日	54	48
中央アゼリ	2005年2月13日	144	154
西アゼリ	2005年12月30日	114	110.3
東アゼリ	2006年10月21日	72	71
グナシリ	2008年4月2日	126	141.4
西チラグ	2014年11月7日	54	109.4
計		630	634

（出所）2017年2月22日付けTuran誌より筆者編集

1941年に独ソ戦が始まり、バクー陸上油田が旧ソ連邦の原油生産量の7割以上を生産したことに起因する。

ドイツ軍はバクー油田を目指し進撃した。ドイツ軍の将軍はA・ヒトラー総統の誕生日にバクーと書かれたケーキをプレゼントして、ヒトラーが上機嫌でそのケーキを切っている記録映画が残っている。しかし、ドイツ軍は峻険なる大コーカサス山脈に往くてを阻まれた。

歴史にもしもは禁句であるが、もしもバクー油田なかりせば、赤軍はドイツ軍に勝てなかったかもしれない。一方、英チャーチル首相は、もしバクー油田がドイツ軍に占領された場合、同油田を空襲して、油田を破壊することを計画していたと言われている。

戦後2006年になり初めて1941年の原油最大生産量を更新できたのは、1997年にアゼルバイジャン領海カスピ海ACG海洋鉱区（Aアゼリ・Cチラグ・Gグナシリ鉱区）のチラグ鉱区で原油生産が始まり、2005年には中央アゼリと西アゼリ鉱区でも生産開始。以後、他の鉱区でも順次原油生産が始まったからである（註：旧ソ連邦諸国の原油にはガス・コンデンセートも含まれる）。参考までに、カスピ海ACG海洋鉱区における原油生産開始時期は表1の通り。

石油・天然ガス開発の歴史

旧ソ連邦（ソビエト社会主義共和国連邦）は1991年末に解体され、ソ連邦を構成していた15共和国は独立国家となり、ここに新生「アゼルバイジャン共和国」が誕生した。

独立直後のアゼルバイジャン共和国は混乱していたが、旧ソ連邦時代に第一副首相まで務めた故ヘイダル・アリエフ氏が1993年6月に同国第三代目の大統領に就任後、国内情勢は安定し始めた。国内情勢が安定すると、H・アリエフ大統領はカスピ海の海洋開発に積極的に乗り出す政策を採用し、H・アリエフ大統領、英BP、アゼルバイジャン国営石油会社（SOCAR）の協力関係が始まった。現在のイルハム・アリエフ大統領は故H・アリエフ氏の長男である。大統領選挙を経ての大統領就任ではあるが、旧ソ連邦諸国において権力が親から子供に継承された初めての事例となった。

アゼルバイジャンのエネルギー基本政策はアゼル領海カスピ海における原油・天然ガスの探鉱・開発の促進であり、原油・天然ガスの欧州向け輸出により外貨を獲得する戦略を継続している。カスピ海ACG海洋鉱区の生産物分与契約（PSA）は1994年9月20日に調印され、同国議会は同年12月12日に批准して、アゼルバイジャン初のPSAが発効。アゼルバイジャンでは現在、9月20日を「石油産業人の日」として祝っている。

このPSAは30年間有効であったが、2017年9月14日に2050年まで延長され、同年10月末に国会で批准された。ちなみに、アゼルバイジャン国家石油基金（SOFAZ）が同PSAに基づき受領したプロフィットオイル（利益原油）は、ACG鉱区で原油生産開始以来2018年3月末までに累計256百万トン（約1300億ドル）に達した。同鉱区の累計生産量は453百万トンなので、56・

表２　アゼルバイジャン原油生産量・輸出量推移（単位：百万トン）

	2011年	2012年	2013年	2014年	2015年	2016年	2017年
原油生産量	45.6	43.4	43.5	42.1	41.6	41.0	38.7
原油輸出量	39.0	36.8	36.7	35.2	35.1	35.0	33.8

（出所）表２、３ともアゼルバイジャン国家統計委員会資料より筆者作成

表３　アゼルバイジャン天然ガス生産量・輸出量推移（単位：10億㎥）

	2011年	2012年	2013年	2014年	2015年	2016年	2017年
グロス生産量	25.7	26.8	29.2	29.6	29.2	29.4	28.6
ネット生産量	16.4	17.2	17.9	18.8	19.2	18.7	18.2
輸出量	6.8	6.6	7.3	8.0	8.1	8.0	8.9
(内) SCP	4.5	4.0	4.7	6.5	6.7	7.1	7.3

（註：グロスは総生産量。ネットはグロスから燃焼分と地下圧入分を引いた市場流通量）

６％が利益原油として国家石油基金に納入されたことになる。

アゼルバイジャン国家統計委員会発表によれば、同国では２０１０年に史上最高の原油生産量５０８０万トンを記録したが、翌２０１１年以降、原油生産量は毎年減少している。２０１７年の原油生産量は３８６８万トンになり、今後も原油生産量の回復は見込み薄となっている。

一方、カスピ海におけるシャハ・デニーズ（Shah Deniz）海洋鉱区第一段階のＰＳＡ（生産物分与契約）は１９９６年６月４日に調印され、アゼルバイジャン議会は同年10月17日に批准して同契約は発効。同鉱区における天然ガス生産は２００６年末に始まった。

天然ガス分野では２０１８年６月現在、シャハ・デニーズ海洋鉱区第二段階（ピーク時生産年間１６０億㎥）の増産工事が進行中である。

カスピ海では新しい動きも出てきた。油価が低迷していた２０００年前後には経済性なしとしてＰＳＡが破棄された海洋鉱区においても、その後の油価上昇傾向に伴い再度

探鉱・開発が検討され、新たにＰＳＡを調印して探鉱を再開するプロジェクトも出現した。

例えば、アプシェロン天然ガス海洋鉱区は経済性なしとして一旦ＰＳＡは破棄されたが、２００９年２月27日に再度調印された。同鉱区の埋蔵量は天然ガス３５００億㎥、ガスコンデンセート４５００万トン、２０１７年９月に生産井を掘削開始、２０１９年末に天然ガス生産開始予定。初年度の天然ガス生産量は15億㎥、ピーク時生産量は年間50～60億㎥を目指している。

参考までに、帝政ロシアの時代から２０１７年末までのアゼルバイジャンにおける原油と天然ガス累計総生産量は20・２億トン、天然ガス８０７０億㎥に達した。

石油・天然ガス生産の問題点

筆者は、石油・天然ガス資源に依存する経済構造を『油上の楼閣経済』と呼んでいる。

旧ソ連邦諸国の資源大国は皆『油上の楼閣経済構造』を呈しており、アゼルバイジャンも例外ではない。原油生産量と油価下落により同国経済は疲弊しており、各種経済指標は悪化している。数字の悪化が経済実態を如実にも物語っていると言えるだろう。同国の国家財政は国家石油基金（ＳＯＦＡＺ）からの繰入金に大きく依存している。

２０１６年のＧＤＰ実質成長率は政府期首予測▲２・８％に対し、実績は▲３・８％（２０１５年＋１・１％）になり、人口１人当たりのＧＤＰは３４００ドル、インフレ12・４％（同４％）。２０１７年は油価回復によりＧＤＰ実質成長率＋０・１％、２０１８年の政府予測は＋１・５％になった。

同国の外貨準備高と貿易額推移は表４の通り。アゼルバイジャン中央銀行発表の２０１７年末現在

表４　アゼルバイジャン外国貿易額・外貨準備高推移（単位：10億ドル）

貿易高	2011年	2012年	2013年	2014年	2015年	2016年	2017年
輸出額	26.6	23.9	24.0	21.8	11.4	9.1	13.8
輸入額	9.8	9.7	10.7	9.2	9.2	8.5	8.8
黒字額	16.8	14.3	13.3	12.6	2.2	0.6	5.0
中銀外貨準備高（年末）	10.5	11.7	14.1	13.8	5.0	4.0	5.3

(出所) アゼルバイジャン国家統計委員会資料より筆者作成

の外貨準備高は53・3億ドル（前年比＋34％）。ピーク時外貨準備高は２０１４年９月の１５１億ドルであり、２０１４年末は１３７・６億ドル、２０１５年末は油価下落の影響を受け50・2億ドル、２０１６年末は39・7億ドルと大幅に減少した。

繰り返す。アゼルバイジャンの経済構造は『油上の楼閣経済』である。２０１４年後半から始まる油価下落に伴い、同国の外貨準備高や石油基金残高は減少した。

同国では輸出額の９割以上が石油（原油・石油製品）および天然ガス輸出となる。I・アリエフ大統領は非石油・ガス産業部門の発展を標榜しているが、今後も天然資源依存型経済構造は変わらないだろう。

（杉浦敏廣）

32

初期石油産業を彩ったオイルバロン

★激動の時代の光と影★

首都バクーが位置するカスピ海のアプシェロン半島から石油や天然ガスが出るということは古くから知られていた。半島のあちこちから、油層中に溶け込んでいた可燃性のガスが漏れ出て、そこでは常に炎が燃えていた。これは「永遠の火の柱」と呼ばれ、拝火教徒の信仰を集めた。また、13世紀にマルコ・ポーロはバクー周辺に石油が湧く泉があり、「食料にはならないが、燃やすのに良い」「ラクダの皮膚病を良く治す」と書き残している。

実際に石油産業が出現したのは、19世紀初めにロシア帝国の支配下になってからで、1829年の時点で82の手掘りの立坑があったとされるが、当時の生産量はわずかで、事業規模も必然的に小さかった。

しかし、1870年はじめにロシア政府は独占を放棄し、個人の参入を認めた。すると、独立企業が乱立するようになり、手掘りの立坑の時代は終焉を迎えた。1971年から72年にかけて最初の油井が採掘され、73年までに20余の小規模な製油所も稼動を始めた。そして、多くのオイルバロン（石油王）が誕生するが、その中にはノーベル家とロスチャイルド家も含まれ、両者はバクーで熾烈な競争を繰り広げることになった。石油を欧州に運ぶために、ノーベル家はカスピ海を水路で北上し、ロシアを鉄道で縦断するという「北ルート」を取ったが、ロスチャイルド家はバクーからジョージアの黒海の港町バトゥミに鉄道で石油を運んで西側に出す鉄道を完成させ、西欧に破格の安値で石油を提供するようになった。

ところで、スウェーデンの発明家イマヌエル・ノーベルには、長男ロベルト、次男リュドヴィク、三男アルフレッドという三人の息子がいたが、リュドヴィクは経営に長け、ロシアで軍需産業を興し、アルフレッドはダイナマイトの発明で名を成した。ロベルトには才能がなく、興したビジネスもすべて失敗したため、リュドヴィクの下で働くことになった。ロシア政府からライフル銃製造のライセンスをとったリュドヴィクは、銃床のための丈夫な材木（胡桃の木）を求め、1873年にロベルトをコーカサスに送った。バクーにやってきたロベルトは石油に魅せられ、託された材木代を流用して製油所を入手し、その近代化と効率化を図った。弟からの追加資金もあり、ロベルト家はバクーで最も強力な精製業者となった。

そして、1876年、ついにリュドヴィク自身がバクーにやってきた。彼はツァーリの弟でコーカサス総督の庇護を受けることに成功した。さらに、彼は米国の石油産業の状況を学ぶなど、石油産業のあらゆる可能性を検討し、科学者と技術革新を導入してビジネスの効率化と高収益化を最大限に進めた。そして、ロベルトから事業を乗っ取り、事業全体を自ら統括し、本格的な生産に入った。バクーの石油は、「良質で、精製をしなくともそのまま戦車に入れられる」とまで称され、世界の産出量の半分以上を占めるまでになった。

だが、事業拡大の壁となったのは石油の遠距離輸送だった。石油は木製の樽に入れて、バクーからカスピ海を北上してロシアのアストラハンに運び、そこからヴォルガ川を経由して鉄道で各地に運んでいたが、コストがかさんだ。そこで、リュドヴィクは船底に大きなタンクを装備した安定感のあるタンカーを建造した。それが、1878年にカスピ海に就航したゾロアスター号である。こうしてリュドヴィクは石油輸送に革命を起こし、製油所の技術革新を進めたほか、世界初の石油専門の地質担当者を雇い、油井を見つけるとアルフレッドが発明したダイナマイトで地層に穴を開け、大規模な開発を行った。油井発見・開発、パイプライン、製油所、タンカー、小型輸送船、石油貯蔵タンク、専用鉄道、卸売り組織などすべての面で、ノーベル・ブラザーズの石油生産会社は秀でることとなり、その事業は「19世紀を通じて、ビジネスが勝ち取った最も大きな偉大の勝利の一つ」とまで言われるようになった。

しかし、会社はノーベル兄弟の確執で揺れた。ロベルトは自分の事業を侵害されたとして激怒し、帰国してしまった。リュドヴィクとアルフレッドも資金繰りで意見が対立した。また、前述のロスチャイルド家の鉄道輸送に勝るべく、パイプライン建設に着手した。

ちなみに、1888年、石油王リュドヴィクが、休暇中にフランスのリビエラ海岸で心臓麻痺を起こし、57歳で急死した。世界の新聞の多くに彼の死亡記事が出たが、そのいくつかは誤ってダイナマイト王アルフレッドが死去したと伝えた。アルフレッドは、生きながらにして自分の死亡記事を読んだわけだが、それらは「弾丸メーカー」「死の商人」などと彼を称し、人間を大量に殺傷する新しい方法を発明して莫大な富を得た人間だと書きたてていた。彼はそれらの批判に直面し、自分がどのように評価されているのかを認識した。そして、遺書を書きかえ、自分の死後、遺産で人類に尽くした功績をたたえるためのノーベル賞を設立し、平和に貢献する人間としての自らの名前を永久に残そうとしたのであった。

バクーの石油開発で運命が開けたのはノーベルだけではない。イスタンブル出身のアルメニア人ギュルベンキアン（エレヴァンの発音ではキュルペンキアン）は、ロンドンのキングスカレッジで鉱山経営を学んだ。当時バクーの石油をオスマン帝国に輸送して一財産設けたギュルベンキアンの父親は、19歳でカレッジを卒業したばかりの息子を1887年バクーに送り込んでビジネスを実地で学ばせた。西欧の生活に慣れきっていた青年にとって異国での日々は辛かったようだが、1891年にはバクーの石油事業に関する本を書いてたちまちその方面で頭角を現した。そして、バクー時代の経験を元にオスマン政府からメソポタミアでの石油採掘権を得て、後年の石油王への第一歩を踏みだした。

オイルバロンは西欧の名家やロシア人、アルメニア人であることが多かったが、アゼルバイジャン人の中にも石油で成功し、名を成した人物が数名いる。なお、わずかでも、アゼルバイジャンの慈善事業に協力したオイルバロンとしては、ムルトゥズ・ムフタロフ、シャムシ・アサドゥラエフ、ハジ・ババ・アレクペロフ、アガシベク・アシュルベヨフ、アリ・ババ・ザリバィエフ、ケルボロイ・ザルバリエフ、フセイン・メリコフらの名が挙げられるが、特筆すべきなのは、アガ・ムサ・ナギエフとハジ・ゼイナラブディン・タギエフの二人であろう。オイルバロンたちは、人々の嫉妬の対象となることも多かったが、この二人は石油で得た富をアゼルバイジャンの市民に献身的に還元したため、むしろ慈善事業者として尊敬を集めてきた。

ナギエフは、特に富裕であったため、批判的な目で見られることもあったが、バクーの発展には大いに貢献した。まず、町の中心にムスリム慈善協会「イスマイリィエ」の荘厳な建物を建築し、三階建ての素晴らしい大学を建て、郊外には大きな病院を建築したほか、バクーの水供給システムの向上にも大きな貢献をした。バクーの大学のスポンサーとして教育の支援を続けたほか、25人のムスリム学生に教育費の全額を出した。

タギエフは靴製造を営む貧しい家に生まれ、子供の頃から学校にも行かず、レンガ製造の仕事に就いていた。しかし、バクーが石油で注目され始めると、最初に石油が発見された場所の一つであるビビ・ヘイバットに土地を借り、石油の発掘を始めたところ、みるみる成功し、さらには他業種にも手を伸ばして、アゼルバイジャンで最も富裕なオイルバロンの一人になった。タギエフは、バクーのみならず、イラン各地やモスクワにも多くの壮麗な建物を建築し、その多くは、公共事業のために使われた。彼は、バクーの道路や水道管の整備に尽力し、消防署も作った。そして、巨大な製粉工場や大規模な魚工場をつくり、サーモンやキャビアの商品化を行って、特にキャビアについてはロシアや欧州に輸出するなど（現在も、アリエフ大統領の姉が所有する、バクーのキャビア工場には、タギエフの名が冠されている）、雇用の拡大やアゼルバイジャン経済の多角化に貢献した。バクーの水不足を危惧し、イギリスから専門家リンドレイをバクーに招き、彼がグバ地域に近い「ショッラル」水源を発見したことで、そこから１９０キロメーターのパイプラインをバクーに通し、バクーの水問題の解決に貢献した。さらに、１８９６年には初のムスリムの女学校を建設し、多くの女子学生に無料で教育と寮を提供するなど、慈善事業に全力を尽くした。

しかし、ボリシェヴィキが1920年にバクーを制圧すると、オイルバロンの建物や財産はすべて接収され、それに抵抗した多くのオイルバロンが殺されたり自殺したりした。タギエフは、自分の建物が壊されることを嫌い、自ら建物や財産を差し出し、その代わり許しを得て、バクー郊外のマルダカンにある夏用の別荘で余生を過ごし、1924年に101歳で亡くなった。

なお、タギエフの残した建物の多くは、現在、政府によって公的に使われている。例えば町の中心の本人の名をとったタギエフ通りにある邸宅は、アゼルバイジャンの歴史博物館になっており、現在でも豪華壮麗な建築物として一見の価値がある。その他、多くの建築物が現在も博物館や美術館として政府に使用されているが、まったく野晒しになっているものもある。それらについては、タギエフの子孫が「人様のお役に立っているものはそのまま使ってもらいたいが、使われていないものについては、整備して後世に残したいので、遺族に返還して欲しい」と、訴訟を起こしているが、裁判は停滞し、返還は不可能ではないかと見られている。

それでも、現在も使われている多くのオイルバロンたちの建築物は、19世紀の石油で活況を呈したバクーの趣を今も伝えているのである。

（廣瀬陽子、吉村貴之）

※『コーカサスを知るための60章』「バクー石油開発物語～オイルバロンたちの群像」に基づいて加筆・修正。

33

パイプライン

★大動脈構築中★

カスピ海周辺地域のパイプライン

今、カスピ海周辺地域におけるエネルギー事情が大きく変貌を遂げようとしている。

本章では、当該地域のパイプライン事情を概観することにより原油・ガス開発状況とカスピ海周辺地域の近未来を予測したい。当該地域は従来、米・露の覇権抗争の対象地域であった。しかし最近のトルコ情勢の不安定化により、カスピ海の天然資源がトルコ経由で安定的に欧州に供給可能かどうか不安視され始めた。トランジット輸送の観点より筆者は、トルコは第二のウクライナになる可能性もあると考えている。

最初に、カスピ海周辺地域の原油と天然ガスパイプラインを概観する。既存パイプラインと新規パイプラインのルートは地図1の通りである。

カスピ海周辺地域では、既存パイプライン以外に多くの新規パイプライン建設構想が存在するので、先ずここで主要パイプラインと輸送システムの名称を整理しておきたい。

カスピ海周辺地域における既存・新規パイプライン構想の一覧表は以下の通りである。

地図１　カスピ海周辺地域の原油・天然ガスパイプライン

（出所）米 EIA エネルギー局

表１　カスピ海周辺地域における既存・新規パイプライン構想

原油関連	（既存）	CPC（Caspian Pipeline Consortium）パイプライン（年間輸送能力 67 百万トン）
		BTC（Baku ~ Tbilisi ~ Ceyan）パイプライン→カスピ海沿岸バクーからトルコの地中海沿岸ジェイハン出荷基地向け
		NREX（Northern Route Export Pipeline）→バクーから露黒海沿岸ノボロシースク港向け
		WREX（Western Route Export Pipeline）→バクーからジョージア（グルジア）黒海沿岸スプサ基地向け
	（構想）	KCTS（Kazakhstan Caspian Transportation System）
天然ガス関連	（既存）	SCP（South Caucasus Pipeline/ 別名 BTE パイプライン）→輸送能力拡張工事完工
		CAC（Cetral Asia - Centre パイプライン）
	（新規）	TANAP（Trans Anatolian Natural Gas Pipeline / トルコ国内東西接続パイプライン）→　建設中
		TAP（Trans Adriatic Pipeline/ アドリア海パイプライン）→建設中
	（構想）	カスピ海横断海底パイプライン→トルクメン側からカスピ海対岸のバクーまで

第33章

パイプライン

原油パイプライン

アゼルバイジャンから原油を輸出するルートは、北方パイプライン（NREX）、西方パイプライン（WREX）、BTCパイプラインの3方向あり、一部鉄道でもジョージアの黒海沿岸まで輸送されている。

BTC原油パイプラインの全長は1768キロメートル、鋼管口径42インチ、年間輸送能力は5000万トン（100万BD）であるが、パイプラインに添加物を混入することにより原油の粘結度が下がり、6000万トン（120万BD）まで輸送可能になる。同パイプラインは2005年5月に完工し、2006年5月に全面稼働。2017年末までに累計3・5億トンのアゼル原油を輸送した。

同パイプラインは現在、アゼル産原油を年間約3000万トン輸送しているが、アゼル産原油以外にカザフ産とトルクメン産原油も年間計5〜600万トン輸送している。

NREXは年間輸送能力500万トンだが、実際の輸送量は約150万トン前後に留まっている。WREXは年間輸送能力750万トン、実際の輸送量は250万トン前後になっている。

天然ガスパイプライン

アゼルバイジャンのI・アリエフ大統領は2014年2月25日付け大統領令により、新国営会社設立を決定。新会社は左記の4プロジェクトを管理するアゼルバイジャン側の事業会社になる。

①シャハ・デニズ（Shah Deniz）第二段階プロジェクト（総工費約230億ドル）
②南コーカサスパイプライン（SCP）拡張工事（約45億ドル）
③トルコ国内東西接続パイプライン（TANAP）建設工事（約100億ドル）

④アドリア海横断パイプライン（TAP）建設工事（約プロジェクト45億ユーロ）

新国営会社の出資比率は、アゼルバイジャン国営石油会社（SOCAR）49％、アゼルバイジャン国家石油基金（SOFAZ）が51％になる。

【南エネルギー（ガス）回廊構築構想】

EU（欧州連合）はカスピ海周辺地域からロシアを迂回する天然ガス輸出構想を「南エネルギー回廊」と命名した。EUは対露天然ガス依存度を軽減すべく同構想の実現を支援しており、この構想実現の重責を担うのがアゼルバイジャンになる。

この構想は、バクー近郊のカスピ海沿岸サンチャガル基地を起点として、シャハ・デニズ海洋鉱区第二段階の天然ガスをジョージア～トルコ～ギリシャ経由で南欧に輸出する計画である。サンガチャル基地においては2014年9月20日、「南エネルギー回廊」建設開始記念式典が挙行された。この「南エネルギー回廊」は現在では「南ガス回廊」と呼ばれており、カスピ海の天然ガスを消費地まで輸送する上記4プロジェクトで構成され、ギリシャからブルガリア向けには支線パイプラインが建設されることになっている。

一方、トルクメニスタンもカスピ海横断海底パイプライン建設を希望しており、自国産天然ガスをこの回廊に接続して、欧州向けガス輸出を望んでいる。しかし、ロシアにとり欧州市場は重要な外貨獲得源であり、トルクメン産天然ガスが自国を迂回して欧州に供給される構想はロシアにとり不利となるので、同構想を阻止したい意向を持っている。

地図２　**TAP ← TANAP ← SCP ← Shah Deniz** 海洋鉱区の概略図

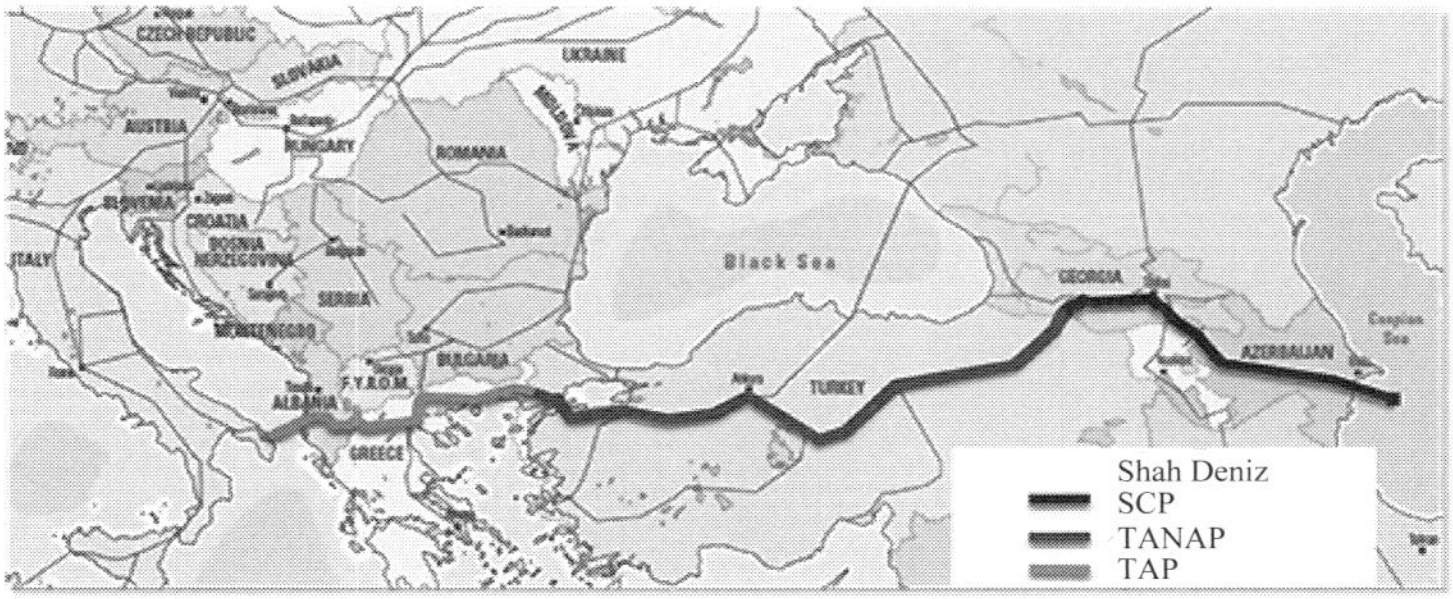

（出所）SOCAR

　カスピ海横断海底パイプライン建設構想は20年以上前にも存在した。アゼルバイジャンとトルクメニスタンはトルクメン産天然ガスをアゼルバイジャン経由欧州に輸出することで一旦合意したが、シャハ・デニズ海洋鉱区が当初想定の油田からガス田であることが判明。アゼルバイジャンは自国産天然ガスの対欧輸出を優先すべくこの合意を破棄。これが、両国間の外交関係が悪化した所以である。最近この構想が再度脚光を浴びている理由は、欧州が対露天然ガス依存度軽減を目指しこの構想を支援していることである。

　しかし、アゼルバイジャンには十分な輸出用天然ガスは存在しない。同海洋鉱区第二段階に関してコンソーシアムは２０１３年12月17日、最終投資決定（ＦＩＤ）を発表。Ｉ・アリエフ大統領は同日、同海洋鉱区ガス開発第二段階の総工費は約４５０億ドルになったと発表。また、同鉱区のＰＳＡ（生産物分与契約）は２０４８年まで延長され、ＦＩＤ発表と共に同海洋鉱区の権益比率も変更された。

【ＴＡＮＡＰ（Trans Anatolian Natural Gas Pipeline）】

　ＴＡＮＡＰはトルコ国内東西接続天然ガスパイプラインであ

り、総延長1850キロメートル、鋼管口径56”、年間輸送能力は第一段階160億立方メートルを想定している（第二段階では倍増予定）。建設総工費は約100億ドル、権益参加比率はトルコBOTAS 30%、SOCAR 58%、英BP 12%。2015年3月17日にトルコのカルスでパイプライン建設開始記念式典を開催。2018年6月12日にはトルコのエスキシェヒルにて、同パイプラインの部分開通記念式典が開催され、2018年末に全線完工を目指している。

【TAP（Trans Adriatic Pipeline）】

ギリシャ北部のテッサロニキで2016年5月17日、TAP建設開始記念式典が開催された。同構想の天然ガス供給源はシャハ・デニズ海洋鉱区第二段階の天然ガスを想定。TAPは総延長878キロメートルで、トルコ・ギリシャ国境にてTANAPと接続される（鋼管口径48”）。2019年末に完工予定で、建設総工費は約55億ユーロ。2020年からカスピ海の天然ガスがイタリアに供給される予定。期首年間輸送能力は100億立方メートルだが、最終的には年間200億㎥を目指している。

上記のパイプライン建設工程より、シャハ・デニズ海洋鉱区第二段階の天然ガスはトルコには2019年に、ギリシャ・イタリア・ブルガリアには2020年に供給されることになる。

本章の最後に、「この南ガス回廊」は経済合理性を有するプロジェクトかどうか分析したい。上記4プロジェクトはすでに進行中であるが、総工費約450億ドル、年間生産量（販売量）160億立方メートルでは、どう計算しても経済合理性はでてこない。

現状では問題はまだ表面化していないが、早晩この経済合理性の問題が脚光を浴びること必至であり、上記4プロジェクト事業主体間での軋轢も今後表面化するものと筆者は予測している。

さらに、アゼルバイジャン一国で欧州向けに十分な天然ガス供給量を確保することは極めて困難である。これが欧米をして、アゼルバイジャンとトルクメニスタン間の和解を求め、カスピ海横断海底パイプライン構想を促進する所以と筆者は考える。

このカスピ海横断海底パイプライン建設構想が進展すれば、トルクメニスタン産天然ガスの探鉱・開発構想は新規市場向けに大きな展望が開けるであろう。アゼルバイジャン側は当初総論賛成・各論反対であったが、最近は両国間で前向きに検討されている。2018年後半にカスピ海問題が解決されれば、このカスピ海横断海底パイプライン建設構想は再度脚光を浴び、建設実現に向けて大きく前進するだろう。

（杉浦敏廣）

34

アゼルバイジャン経済概観

★飛躍的経済発展と、直面する課題★

最近、日本でもその発展ぶりが紹介されることが増えてきたアゼルバイジャン。20世紀初頭には首都バクーでの石油生産量が世界の石油生産量の約半分を占めていたが、現在でもその経済は同国の石油・ガス資源と切っても切れない密接な関係にある。

１９９１年のソ連崩壊による独立直後は、ナゴルノ・カラバフ紛争の影響もあり、１９９０年代前半のアゼルバイジャン経済は大幅なマイナス成長を記録するなど混乱期にあった。しかし、ヘイダル・アリエフ前大統領による積極的な外資導入によるカスピ海ＡＣＧ（アゼリ・チラグ・グナシリ）油田開発などにより、１９９６年には同国経済はプラス成長に転じた。そして、２０００年代中頃には、ＡＣＧ油田から生産された石油をジョージア経由でトルコの地中海沿岸に運搬するＢＴＣ（バクー・トビリシ・ジェイハン）パイプラインを用いた石油輸出が始まり、また、同じくカスピ海沖のシャハ・デニズ・ガス田でのガス生産の開始によりガス輸入国から輸出国に転じた。その結果、２００６年にＧＤＰ成長率34・5％を記録するなど、驚異的な経済成長を達成した。経済成長に伴い、アゼルバイジャン

アゼルバイジャンの経済成長

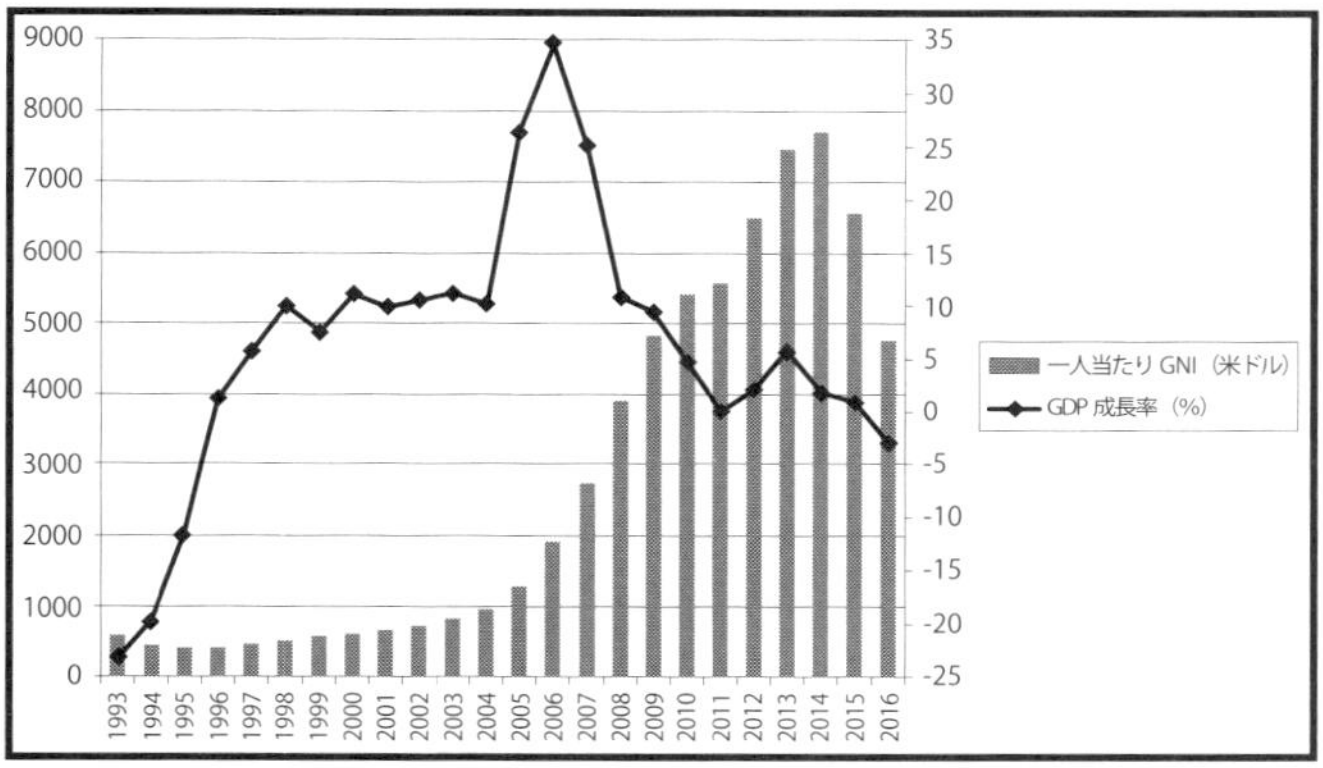

（出所）世界銀行 World Development Indicators database をもとに筆者作成

の人々の所得も着実に増加し、1人あたり国民総所得（GNI）は、2000年には610ドルであったが、2014年には7700ドルとなり、わずか14年間で所得が10倍以上に増加した。

このように飛躍的な経済発展を遂げているアゼルバイジャンであるが、同国経済に課題がないわけではなく、石油依存型経済からの脱却、都市と地方の格差の是正、ビジネス環境の改善などの課題を抱えている。特に、石油依存型経済からの脱却は、多くの資源国が同様に抱えている課題であり、アゼルバイジャンも例外ではない。国家歳入の約半分、またアゼルバイジャンから外国への輸出額の8割以上を石油・天然ガス関連の品目が占めており、このような石油依存型経済の場合、石油・ガス輸出により外貨収入が増加し、それにより自国通貨が高騰するため、輸入される製品の価格が相対的に安くなり、自国製品の競争力が失われ、自国の製造業など非石油部門の産業が育たない。また、国内経済情勢が、国内の石油生産量や国際市場における石油価格の変動から大きく影響を受けることになる。

実際、アゼルバイジャンにおける石油生産量の約4分の3を占める主力のACG油田の石油生産がピークアウトし、前年に比べて生産量が減少した２０１１年には、ＧＤＰ成長率が０・１％にまで落ち込み、危機感を覚えた政府は、アリエフ大統領自ら同油田開発コンソーシアムのオペレーターを務める英ＢＰ社に対して真剣に石油開発に取り組むよう叱責した。これを受けて、ＢＰは開発計画を見直すとともに精鋭の技術者をＡＣＧ油田開発チームに配置するなどの対策を行い、生産量の安定化に成功した。

また、２０１４年後半からの国際市場における石油価格の下落はアゼルバイジャン経済にも大きな打撃を与え、中央銀行の外貨準備高が急減、２０１５年には二度にわたる通貨マナトの切り下げが行われて米ドルに対してマナトの価値は半減し、市中の外貨両替所が一時閉鎖になるなどの混乱が生じた。そして、経済の先行き不透明感から、これまで好調だった自動車の販売台数が激減するなど、企業の収益にもマイナスの影響が見られた。また、国家歳入が落ち込み、政府は予定されていたプロジェクトを全ては実施することができず、規模を縮小したり優先順位の低いものは延期になるなどの影響が出た。当時アゼルバイジャンに駐在していた筆者としては、アゼルバイジャン側が外国企業に対し、従来の先端技術の移転のみならず、この時期はファイナンス（融資）も強く求めていたことが興味深かった。

２０１２年末に策定された「アゼルバイジャン２０２０：将来展望」国家コンセプトで、非石油部門の育成、情報通信技術（ＩＣＴ）分野の発展，農業の振興などを謳っていることからも分かるとおり、アゼルバイジャン政府は経済の多角化が必要であると認識し、これまでに非石油部門の育成のために様々な施策を行っている。その例として、２０１３年を「ＩＣＴ年」、２０１４年を「産業年」、２０１５年を「農業年」として、特定分野の振興を重点的に行ったほか、スムガイト化学産業パークなど特区を設けて税制等を優遇し、非石油部門への外国企業の誘致に積極的に取り組む姿勢を見せている。このほか、石油・ガス精製・石油化学コンプレックスや製鉄所の建設なども計画されており、バクー東部のカスピ海沿岸地区の再開発を行う「ホワイトシティ」計画をはじめとする大規模な都市整備事業も実施中である。さらに、2012年の欧州歌謡祭（ユーロビジョン）、2015年の欧州競技大会、2016年からのF1グランプリ、2017年のイスラム諸国競技大会など国際イベントを積極的に誘致しており、これはインフラ整備や観光客の増加に伴う経済効果とともに、アゼルバイジャンという国家とその経済発展ぶりを世界にアピールすることを狙ったものであると言える（ただし、このような事業は油価下落時には政府にとって大きな財政負担となる）。このような施策により2010年以降は非石油部門の成長率がGDP成長率を上回るなど一定の成果が見られるが、石油依存型経済からの脱却は一朝一夕には達成できず、同国経済は油価下落に対して依然として脆弱である。

また、都市部と地方との格差も大きく、政府は地方の道路整備や住宅改善などに積極的に資金を投入しているものの、地方の僻地の村々では、給水システムが整備されていなかったり、診療所や学校など公共施設がソ連時代のままで劣悪な状態にあることも多い。経済発展の好影響は、未だ地方の隅々には行き届いていない。換言すれば、地方の発展には大きな潜在性があり、そのためには、地方の主要産業であるもののGDPの5〜6％に過ぎない農業の生産性向上が重要であろう。

さらに、アゼルバイジャンは、2018年世界銀行Doing Businessランキングで57位（隣国ジョージアは9位）、2017年国際NGOトランスペアレンシー・インターナショナルの腐敗認識指数で122位（隣国ジョージアは46位）となっており、ビジネス環境の改善も課題として認識されている。

ゴブスタン地区ヒルミリ村（杉山史恵氏提供）

カスピ海から首都バクー市を臨む（ナタヴァン・ヴァキロヴァ氏提供）

最近では、２０１７年３月に、採取産業透明性イニシアティブ（ＥＩＴＩ）というエネルギー分野の国際的な協力枠組より、アゼルバイジャンでは市民社会の活動環境が制限されているとして資格停止処分を受け、これを不服としたアゼルバイジャンは同枠組から脱退した。

閣僚や銀行トップなどの汚職スキャンダルもしばしば報じられており、汚職問題は依然として残っている。また、法制度が突然変更になることによる予測不確実性があったり、通関や行政機関からの許認可取得で困難に直面するとの声も聞かれた。一方、政府はＡＳＡＮサービスセンター（いくつかの行政窓口を一本化した施設）を各地に設置するなどの対策を進めており、このような取組は評価されている。

今後、アゼルバイジャンは、基幹産業であり続ける石油・ガス部門のさらなる発展に取り組みつつ、経済の多角化や経済構造改革にも取り組むことになるであろう。アゼルバイジャンはソ連から独立して未だ25年が経過したばかりの若い国であり、筆者が話をしたアゼルバイジャンの若い政府関係者や企業関係者からは「自分たちが新しい国造りをしている」という意気込みを感じることが多々ある。したがって、今後も紆余曲折はあろうが、アゼルバイジャンは様々な可能性を秘めていると思われる。

（今西貴夫）

※本章の内容は全て筆者の個人的見解をまとめたものです。

35

対外経済関係

——★欧州とロシアの狭間で、実利と地位向上を目指して★——

グローバル化が進んだ現代社会において、経済活動は国境を越えて広がっており、国家間に経済的つながりを生んでいる。そして、そのつながりが、例えば、双方向で強固であれば双方にとって良好な国家間関係を維持・発展させようという誘因になり得る。また、一方の他方への経済的依存度が高ければ、依存している側の立場が相対的に弱くなると考えられる。したがって、アゼルバイジャンが他国とどのような経済関係を有しているかは、アゼルバイジャンの外交政策の背景を知る上でも重要である。そこで、本章ではアゼルバイジャンの対外経済関係を明らかにしていきたい。

アゼルバイジャンにとって欧州連合（ＥＵ）は最大の経済パートナーであり、アゼルバイジャンの貿易の48・6％を占めるほか、直接投資でも最大のシェアを占めるとされているが、実際にアゼルバイジャンはＥＵとの経済関係が最も深いのであろうか。ＥＵは、欧州近隣国政策（ＥＮＰ）の一環として、アゼルバイジャン、ジョージア、アルメニア、ウクライナ、ベラルーシ、モルドヴァという東の隣国６カ国との間で、政治改革の支援や、経済分野での統合の深化、人の往来の活発化などを通じ

表１　アゼルバイジャンの貿易相手国・地域（2016年）

	貿易相手国・地域	総額	輸出相手国・地域	輸出額	輸入相手国・地域	輸入額
1	トルコ	23.1 億ドル	イタリア	15.6 億ドル	ロシア	16.4 億ドル
2	ロシア	20.5 億ドル	トルコ	11.3 億ドル	トルコ	11.8 億ドル
3	イタリア	18.9 億ドル	台湾	8.0 億ドル	中国	7.0 億ドル
4	ドイツ	10.1 億ドル	イスラエル	6.6 億ドル	英国	5.0 億ドル
5	中国	9.8 億ドル	ドイツ	6.1 億ドル	米国	4.7 億ドル

（出所）アゼルバイジャン国家統計庁の情報をもとに筆者作成

表２　原油輸出先・輸出額
（2016年）

1	イタリア	15.0 億ドル
2	台湾	8.0 億ドル
3	イスラエル	6.6 億ドル
4	ドイツ	5.8 億ドル
5	フランス	4.9 億ドル

（出所）アゼルバイジャン国家統計庁の情報をもとに筆者作成

表３　天然ガス輸出先・輸出額
（2016年）

1	トルコ	7.9 億ドル
2	ジョージア	1.8 億ドル

（出所）アゼルバイジャン国家統計庁の情報をもとに筆者作成

て関係強化を目指す東方パートナーシップ（ＥａＰ）を２００９年５月に開始した。この取り組みの背景にはソ連崩壊により独立国となった国々を巡るロシアとの「綱引き」があり、ＥＵとしては、これらの国々と価値の共有を進めつつ、地域の安定化を図りたいという思惑がある。そして、各国との交渉の結果、ＥＵは２０１４年６月にウクライナ、モルドヴァ、ジョージアとの間で深化した包括的自由貿易協定（ＤＣＦＴＡ）を含む連合協定に調印した。

　しかし、ＥＵとアゼルバイジャンの間では連合協定の調印には至っていない。その理由として、アゼルバイジャンとしては、ＥＵとの協力の進展によって、ＤＣＦＴＡなど経済的なメリットはあるものの、人権や法の支配など政治分野でＥＵの考え方を押しつけられるのを嫌っているという側面がある。したがって、アゼルバイジャンは、ＥＵとの関係の強化よりも、むしろ欧州各国との間でそれぞれ経済に焦点を当てて個別に関係を強化しようと試みている。

表1〜3を見ると、アゼルバイジャンの輸出の大部分は原油・天然ガスであり、原油の輸出先に欧州の国々が多いことが分かる。また、アゼルバイジャンで現在開発中のシャハ・デニズ・ガス田第2フェーズから産出されるガスはいわゆる「南回廊」ガス・パイプラインにより、トルコを経由して南欧に輸送・販売される予定である。さらに、アゼルバイジャン国営石油会社（SOCAR）は、ギリシアのガス輸送網を管理する会社の買収に関心を示すなど、下流への進出にも意欲を見せている。

このようにアゼルバイジャンと欧州の経済関係は、エネルギー分野が中心であり、アゼルバイジャンは欧州市場を重視している。エネルギー供給源の多様化を目指す欧州もまた、アゼルバイジャンから欧州への石油・ガス供給量はロシアの競争相手にならないほど少ないものの、アゼルバイジャンとのエネルギー分野における協力を重視している。

一方、非エネルギー分野においては、ロシアやトルコ、イランなど近隣諸国との関係が深く、食料品、穀物、肥料、家具、建築資材、金属、機械類などがこれら近隣諸国からアゼルバイジャンに入ってきている。また、アゼルバイジャン政府が振興に力を入れている農業分野では、アゼルバイジャン産の農産品の主な輸出先はロシアである。政府レベルでも、1985年にイラン、パキスタン、トルコによって設立された経済協力機構（ECO）に1992年からアゼルバイジャンや中央アジア諸国も参加して、定期的に域内の経済分野における協力について協議を行っている。

二国間関係では、トルコについては「一つの民族、二つの国家」と言われるほど親密な関係が経済分野にも好影響を及ぼしており、トルコ企業はアゼルバイジャンに建築をはじめ様々な分野で進出している。これら企業は、アゼルバイジャンの有力企業とも良好な関係を築いており、良好な両国関係

2013年８月13日、首脳会談後の記者会見に臨むアリエフ・アゼルバイジャン大統領とプーチン露大統領（出典：露大統領府ホームページ　http://en.kremlin.ru/events/president/news/19028 ）

を背景に、アゼルバイジャン側もトルコ企業の参入を歓迎している。

ロシアについても、経済関係は深い。ロシアの様々な地方政府の代表団がバクーを訪問してビジネスフォーラムを開催することも頻繁に行われている。２０１３年8月にアゼルバイジャンを訪問したプーチン露大統領は、首脳会談後の記者会見で、70以上のロシアの地方がアゼルバイジャンと緊密なビジネス関係を有し、５００以上のロシア企業がアゼルバイジャンの社会経済発展にとって最重要分野で活動していると指摘した。また、出稼ぎなどで１００万人以上いると見られるロシア在住のアゼルバイジャン人からの送金も各世帯やアゼルバイジャン経済にとって重要であり、プーチン大統領はロシア市民権を有する人を含めるとその人数は２００万人を超えると述べている。

しかし、ロシアとの経済関係には距離感も存在する。ロシアは関税同盟やユーラシア経済共同体、ユーラシア経済同盟などを組織して、徐々に旧ソ連諸国の経済統合を進めようとしているが、アゼルバイジャンはこれらには参加していない。この理由として、アゼルバイジャン側は、ロシアとの経済関係が過度に深まることにより、ロシアの自国に対する影響力が増えることを避けようとしていると考えられる。他方で、すでにある程度深い経済関係を有するロシアから離反することも現実的ではない。したがって、政府は公式の場で対露警戒感を口にすることはないが、アゼルバイジャンにとって、

トルコ・ジョージア国境付近（ジョージア側）に建設中のBTK鉄道駅

旧ソ連地域で最大のパワーを持つロシアとの関係は慎重にならざるを得ず、経済関係も注意深く運営しているように見受けられる。

このように、アゼルバイジャンは経済統合という観点からは欧州ともロシアとも一定の距離を置きつつ、それぞれと実利的な関係を構築している。

また、アゼルバイジャンは前章で述べた石油依存型経済からの脱却という自国経済の課題克服策の一つとして、国際的にも非石油部門におけるイニシアティブを発揮しようとしている。例えば、アゼルバイジャンは、域内各国の協力により情報通信網の拡大を目指す「ユーラシア横断情報スーパーハイウェイ」（TASIM）構想を立ち上げた。なお、同構想に対しては国連総会もこれを歓迎する決議を採択している。さらに、アゼルバイジャンは運輸のハブとなることを目指し、欧州への鉄道輸送の拡大のためバクーとカルス（トルコ）をジョージア経由で結ぶBTK（バクー・トビリシ・カルス）鉄道を建設し、中国からカザフスタンを経由してアゼルバイジャンに至るカスピ海横断国際輸送ルートの整備（港湾施設の整備を含む）や、ロシアとイランをつなぐ南北国際輸送回廊の構想などを進めている。

アゼルバイジャンは、欧州やロシアとの間でうまく経済関係をコントロールしつつ、これらのイニシアティブを通して地域における地位の向上を目指していると見られる。

（今西貴夫）

※本章の内容は全て筆者の個人的見解をまとめたものです。

36

産業分野の現状と今後の課題

★浮かび上がる人材育成の重要性★

一口に「産業」と言っても、サービス業、運輸業、それに農業（第38章を参照）を含む幅広い経済分野がこれに該当する。この章では、アゼルバイジャン政府が悲願としている非石油分野の工業化に話題を絞り、産業を「製造業等の非石油分野の工業」と定義する。

アゼルバイジャン国家統計委員会によると、2016年9月1日時点の被雇用者総数は152万200人であり、うち88万7800人が公共セクター、残りの63万2400人が民間セクターで働いていた。経済分野別に見た被雇用者の分布は、教育（22・0％）、商業・車両修理（18・8％）、産業（industry：12・9％）、健康・社会サービス（8・8％）、行政・国防・保安（7・0％）、建設（6・8％）、運輸・倉庫（4・6％）、専門職・科学技術（3・6％）、農林水産（3・1％：但し、自営でない者）、金融・保険（1・7％）、その他（10・7％）であった。

ＯＧＰＣ建設計画の頓挫と計画の修正

ＡＣＧ油田開発への外資導入が決まった1996年から2000年代初頭にかけて、産業分野の投資は主に石油分野に注がれてきた。非石油分野の発展が危機意識をもって話題となり始めたのは、経済発展の主柱の役割を担ってきたACG油田で産油量が急落を始めた2011年頃のことである。最初に有力分野として注目を集めたのは、資源国アゼルバイジャンの強みを活かした石油化学産業の創設であった。2012年4月10〜12日にはアゼルバイジャン国営石油会社（SOCAR）がバクー市内で「第1回石油・ガス精製・石油化学コンプレックス（OGPC）フォーラム」を開催し、多数の外国企業関係者が集まった。このフォーラムの直後に行われた閣議（16日）では、アリエフ大統領がOGPCに巨額投資を行う方針を宣言している。また、翌2013年4月には大統領令によりOGPC建設のための政府委員会も設置された。

計画当初、アリエフ大統領やSOCAR関係者は、バクー市の郊外で住宅、学校、公園を備えた巨大な産業都市の建設を進めることを主張していた。曰く、「総面積1500ヘクタールに171億ドルを投じ、1000万トン／年の石油精製工場、100億〜150億立米／年のガス処理プラント、年産86万トンの高密度及び低密度ポリエチレン・ポリプロピレン生産用の石油化学プラントを建設する」「化学製品の国内需要を満たすのみならず、全世界に輸出する」等々。

後に投資額を半額以下に抑える修正案も出されたが、結局、OGPC建設計画は2016年に事実上中止されてしまった。小規模な国内市場、石油製品の輸出に不利な周辺地理等により、かねてから計画の収益性には疑問符がつけられてきたが、油価下落による資金難が計画中止の直接的な引き金を引いた。これ以降、SOCARは「ヘイダル・アリエフ」石油精製工場の改修（計画）、ガス処理プラント（GPC）建設（計画）、SOCARポリマー社の石油化学プラント建設（2018年完成予定）という適切なサイズの事業計画へと再編成された。今後の事業の成否は、世界的な生産能力の過剰という国際市況を見据えた適切な生産・販売計画が立案・実行できるかどうかにかかっている。

統計から浮かび上がる「産業」の実態と課題

他の産油国の例に漏れず、アゼルバイジャンにおいても非石油分野の産業（加工業等）の脆弱さは長期的な経済発展を考える上での課題となり続けている。２０１４年【表】は、統計資料の「産業」の項目に従事する労働者の総数と内訳を示したものである。２０１４年（総人口９４８万人）を例にとると、「産業」従事者の合計は19万７２００人であり、同年の経済活動従事者総数４６０万２９００人の4・３％を占めるに過ぎないことが分かる。石油・ガス分野を含めた「採掘産業」の従事者が国営石油会社（ＳＯＣＡＲ）の社員総数（約5万人）より少ない３万６７００人とされているのは意外であるが、事務職や輸送業務に携わる職員を別分野の統計に組み込んでいるためであろう。

２０００～２０１５年を通じて、「採掘産業」「電気・ガス・上下水道」を差し引いた残り、即ち「加工業」が産業従事者の半数を吸収していることが分かる。国家統計委員会の公表値によると、２０１５年の「加工業」従事者18万７１００人のうち、上位5位は食品製造（1万８８００人）、建材製造（1万３１００人）、機械修理・設置（７９００人）、化学産業（６２００人）、飲料製造（６０００人）であった。珍しいところでは「自動車・トレーラー製造」に６００人が従事している。統計によると、アゼルバイジャン国内には官営及び民営の自動車製造会社が5社程度（年によって変動あり）存在するが、年間の出荷台数が国内全体で１０００台に満たない年が多いことを考え合わせると、各工場では1労

表　産業従事者数（単位：1000人）

年	産業分野別				官・民の別		産業従事者合計	経済活動従事者数
	採掘産業	加工業	電力・ガス配送	上下水道	公共雇用	民間雇用		
2000	33.7	131.4	26.6	8.5	153.2	47	200.2	3855.5
2001	35.6	116.5	25.9	7.9	138.9	47	185.9	3891.4
2002	34.9	106.1	26.5	9.4	138.9	38	176.9	3931.1
2003	38.6	94.8	26.3	11.2	137.1	33.8	170.9	3972.6
2004	39.6	99.7	26.6	9.4	123.5	51.8	175.3	4016.9
2005	40.8	101.6	27.0	23.8	129.2	64.0	193.2	4062.3
2006	41.5	102.4	29.7	23.4	122.6	74.4	197.0	4110.8
2007	41.1	109.5	32.8	25.0	127.6	80.7	208.4	4162.2
2008	40.3	109.0	34.0	27.0	129.0	81.3	210.3	4215.5
2009	37.0	98.5	31.8	25.0	114.0	78.3	192.3	4271.7
2010	36.6	94.7	28.5	22.0	106.9	74.9	181.8	4329.1
2011	35.6	89.3	29.3	22.5	102.8	73.9	176.7	4375.2
2012	36.8	90.8	29.6	23.8	99.0	82.0	181.0	4445.3
2013	39.7	101.5	30.5	25.5	97.9	99.3	197.2	4521.2
2014	36.7	105.2	29.5	25.8	88.9	108.3	197.2	4602.9
2015	34.9	99.7	27.0	25.5	84.1	103.0	187.1	-

（出典）本文中を含め、アゼルバイジャン国家統計委員会の公表値を採用（筆者作表）。「経済活動従事者総数」は、自営業、自作農、被雇用者等の総数。この表における「産業従事者数」は、冒頭で紹介した「被雇用者総数」のうち、「産業（industry）」の内訳に相当する。

働日当たり1台程度の出荷しか行われていないことが分かる。「自動車製造」というよりは、「ほぼ完成した部材を輸入して行われるノックダウン（組立）作業」と言った方が実態に近い。

ロシアおよびベラルーシ製のトラクター部材の組み立てを行う「ギャンジャ自動車工場」、中国の力帆（Liftan）製の部材をタクシー車両や乗用車に組み立てる「ナヒチェヴァン自動車工場」、いすゞ製トラック部材の組立と販売を行うアゼルバイジャン企業「アズテフニカ」社の工場が国内自動車産業の主な拠点である。軍需産業省の工場でも軍用車両を組み立てており、日本メーカー製の自動車車体を基盤とした改造車が「アゼルバイジャン開発の軍用偵察車両」としてトルコの兵器展示会（2013年）に出品されたこともある。軍需産業省はイスラエル企業から部材を購入して「国産無人機」の組立も行っている。

将来的な産業振興の起爆剤として期待されているのが「産業パーク」の造成である。「産業パーク」造成事業では外国企業の進出が主眼に据えられており、入居企業には7年間の各種免税特典が与えられる。2013年10月には大統領出席を伴ってスムガイト化学産業パーク（SCIP）の起工式が行われた。ピララヒ島（カスピ海に突き出たアプシェロン半島の先端部分付近）、ミンゲチェヴィル地区、バラハニ地区、バクー市ガラダフ区でも産業パークの建設が進められている。

2014年夏以降の石油価格低迷を受けて、イルハム・アリエフ大統領は機会を捉えて「石油依存から脱却し、非石油分野の産業（工業）振興を図るべきこと」を強調するようになった。しかし、その成果は余り芳しいものとは言えず、国際収支統計からは輸出額の約9割が「石油・ガス・石油製品」で占められる実情から抜け出せない現実が浮かび上がってくる。国内の産業基盤の脆弱さを補うために、当面は外国の技術・設備、それに人材を導入しなければならない局面が続く見通しである。「技術・設備がないから人材が育たない」のか、「人材がいないから技術・設備の面が発達しない」のか。いずれにせよ、産業を担う人材を国内で如何に育成できるかが長期的にみて一層重要な課題となってくるであろう。

（片桐俊浩）

コラム6

海上の楼閣ハザル・アイランド

片桐俊浩

「石油ブームに沸くアゼルバイジャン」「第二のドバイ」「アゼルバイジャンは金余りの状態にあり、日本の高級品の有望な売り込み先」。アゼルバイジャンのイメージとして取り上げられるこれらの話題は、残念ながら必ずしも事実ではない（少なくとも２０１８年現在は）。アゼルバイジャンをバブルの地として過剰に売り込むようなテレビ番組が何度か全国放映された後、日本国内にはこうした誤解が広まり、強固に根付いてしまった観がある。そこで、このコラムではこうした情報の真偽について考察することにしたい。

アゼルバイジャンが石油ブームに沸いていたのは本書が刊行（２０１８年）される10年近く昔の話である。確かに、石油パイプラインが稼動を開始して多額の外貨が入り始めた２００６年には年率で34・5％という驚異的なＧＤＰ成長率を記録したこともある。ところが、２０１０年以降の現実は、ＧＤＰ成長率が６％を超えたためしがないというのが客観的なデータが示すところである。特に、２０１４年以降の石油価格低迷は経済に大きな打撃を与え続けており、２０１６年にはマイナス３・８％の景気後退を経験している。外貨収入の不足とそれに続く国家予算の歳入減、その結果としての資金難により、２０１４年以降は政府肝煎りのプロジェクトで縮小・中止・延期を余儀なくされるケースが相次いでいる。

次に、アゼルバイジャンの話題で欠かせないネタとして取り上げられる「カスピ海を埋め立てた人工島に全高１㎞のビルを建てる」ハザル・アイランド計画について見てみよう。高層ビルや人工島へのバブリーな投資で有名なドバイを髣髴とさせるこの計画は、実はアゼルバイジャン政府とは何の関係もない一企業「AVESTA Concern」が進めてきた民間プロジェクトに過ぎない。政府の石油収入がハザル・アイランドに投入されないという点には注意しなければならない。

筆者は2014年夏にこの人工島の造成現場を視察したが、投資家受けするような見栄えの部分、例えば大理石の敷石や緑化に集中的な投資が行われている印象を受けた。イブラヒモフ社長による、「投資家から得た資金で土砂をカスピ海に投入し、その土地に建設されたアパートを販売し、それによって得た資金を同様に回転させながら、最終的に人口150万人の一大海上都市と全高1㎞のビルを建設する」との説明は素人目に聞いても納得しづらいものがあった。2015年にイブラヒモフ社長は「アゼルバイジャン国際銀行（IBA）」元頭取による乱脈融資事件の関連で一時的に身柄を拘束され、釈放後は会社の本業である不動産ディベロッパー業でも破産状態に陥る等、経済的に苦しい状況にある。当然のことながら、人工島の建設はストップしており、住民はゼロ人である。

最後に、「アゼルバイジャンは金余り状態」「高級品の有望な売り込み先」という誤解を解いておこう。アゼルバイジャンの総人口は1000万人に満たない。石油産業の従事者（単純作業者含む）はそのうちの5万人程度に過ぎず、高給取りはさらにほんの一握りの人々である。このところ、石油収入激減の直撃を受けて石油会社も政府も金策に苦しんでいる。ちなみに、2016年のアゼルバイジャンの平均月給は498・6マナト（2017～18年現在のレートで3万円程度）であった（国家統計委員会公表値）。低所得に喘ぐ国民の救済は今後とも国家的課題であり続けることだろう。

アゼルバイジャンは確かに潜在力のある国であり、可能性を秘めた市場であると筆者も考える。しかし、存在しない「海上の楼閣」を実在しているかのように誤認させることがあるとすれば、それは両国の相互理解に資するものではない。本書の刊行を契機にして、日本側としても実物大のアゼルバイジャン、実態に基づいたアゼルバイジャン経済の可能性に注目したいところである。

37

金融と通貨

★油価下落の直撃を受けた銀行業界★

石油価格の下落前（２０１４年夏以前）、アゼルバイジャン国家石油基金（ＳＯＦＡＺ）と中央銀行は米ドル建ての石油収入の積立額の記録を毎年のように塗り替えてきた。アゼルバイジャンの銀行では米ドル建ての銀行預金に10％を超える金利を付けることも珍しくなかった。それを上回る金利で借り入れる債務者がいたということであり、石油価格下落後の通貨切り下げで外貨建ての債務負担の増加に苦しむ多くの企業や人々がいるということでもある。ここに、石油価格に翻弄されるアゼルバイジャンの通貨と銀行の姿がある。この章では、アゼルバイジャンの銀行業界と通貨制度の概要、最近の通貨下落が銀行制度に与えた影響について紹介する。

銀行業界の概要

２０１７年６月現在、アゼルバイジャン国内には32行の銀行が存在する。もっとも、２０１５年末時点では43行の銀行が営業していたが、２０１６年の１年間だけで全体の約４分の１に当たる11行の銀行が多額の不良債権を抱えて倒産してしまった。現在生き残っている銀行のうち、総資産、貸出総額、預金総額

表1　アゼルバイジャンの大手5銀行（2016年末現在）

銀行名	総資産		総資産		預金額	
		%		%		%
IBA	12,223.7	38.88	5,503.9	34.53	6,012.2	36.64
Pasha Bank	3,138.8	9.98	870.2	5.46	2,382.1	14.52
Kapital Bank	3,096.7	9.85	1,267.0	7.95	1,916.5	11.68
Xalq Bank	1,668.6	5.31	1,274.5	8.00	1,098.9	6.70
BankRespublika	912.1	2.90	283.2	1.78	551.8	3.36
銀行全体（合計）	31,439	100	15,938.30	100	16,410	100

（出典）アゼルバイジャン銀行協会（ABA）公表資料「銀行分野の傾向（2016年12月）」

の面で圧倒的な比重を占めているのがアゼルバイジャン国際銀行（ＩＢＡ：２０１６年末時点で財務省が76・73％強の株式を保有）である。総資産ベースでの上位5行を表1に示した。

この表からは、上位3行だけで国内銀行業務の約6割を占めていることが見て取れる。特に、首位のＩＢＡが第5位の銀行（Bank Respublika）の13倍以上の資産を保有していることが目を引く。ＩＢＡは貸出総額、預金総額においても国内銀行業界で圧倒的地位にあるが、その経営は盤石と言うにはほど遠く、むしろ危機的な経営不振に揺れている。２０１５年にはＩＢＡ元頭取が知人・友人への大規模な不正融資に関わっていたとして逮捕された。政府がＩＢＡからの大規模な不良債権買い上げ・同行への資本注入を続けたにもかかわらず、経営不振は続き、ついに２０１７年5月に1億ドルの劣後債の償還に関して債務不履行を宣言して複数の債権者との間で債務再編のための協議に入った（大口債権者との協議は同年7月に妥結した。ＩＢＡは一連の不良債権の整理後に民営化される予定である）。

国内第2位 Pasha Bank と第3位 Kapital Bank は、メフリヴァン・アリエヴァ第一副大統領（大統領夫人）の実家（パシャエフ一族）が経営している。このうち、Kapital Bank は政府系の農業投資銀行、産業投資銀行、貯蓄銀行（ズベルバンク）の3行を統合して成立（２０００年）しており、帝政ロシア時代以来の歴史を誇ったズベルバンクから引き継いだ全国的な支店網を強みとしている。イルハム・アリエフが大統領に就任したのが２００３年、パシャエフ一族が最初の会社（パシャ・トラベル）を創立したのも同年。その後どのような経緯を辿ってか、Kapital Bankの株式の99・75％はパシャエフ一族の持ち株会社（パシャ・ホールディング）の所有となっている。

アゼルバイジャンでは政治的有力者の庇護を受けながら建設業、ホテル経営、銀行等のグループ企業を擁する財閥が数十社あり、パシャ・ホールディングの他にはギラン・ホールディング（ヘイダロフ非常事態大臣の系統、AFB Bank等）が有名である。銀行の中には顧客向けの実際の銀行業務を行っていない銀行も少なくない（財閥内のグループ企業での資金融通を目的とした金融会社と言われている）。比較的経営が安定しているのが外資を導入した銀行であり、欧州復興開発銀行（ＥＢＲＤ）が筆頭株主のUnibank（持ち株比率：ＥＢＲＤ15・15％、独ＤＥＧ６・68％）、Bank Respublika（独ＤＥＧ16・７％、独ＳＩＤＴ８・３％）、Access Bank（ＥＢＲＤ、国際金融公社（ＩＦＣ）、独ＫｆＷ他、外資の持株比率が１００％）等が銀行業界の中堅を担っている。

通貨制度の概要

１９９２年8月、アゼルバイジャンは独立国としての通貨マナトの流通を開始し、１９９４年3月23日に1米ドル＝１１８マナトの公定相場が定められた。その後の経済的な混乱の中でマナトは暴落したが、２００６年1月1日付で通貨単位を旧５０００マナトから新1マナトに切り替えた後、米ドルにペッグさせる為替政策が続けられた。政府は石油価格が高値を付けていた2014年夏頃まで通貨価値の維持に成功してきたが、その後は減少する石油収入でマナトを買い支えることができなくなり、2015年には2度の通貨切り下げを余儀なくされた。2015年12月に「管理された変動相場制」、2017年1月に「変動相場制」がそれぞれ宣言されたが、政府以外に多額の外貨を販売する主体が存在しないため、事実上、米ドルにペッグされた相場が形成され続けている（2017年現在、1米ドル＝1.7マナト程度）。

アゼルバイジャンでは、米ドル建てによる預金・貸出・決済が国内通貨マナト建てと並んで幅広く行われてきた。国内製造業が育っておらず、取引される商品のほとんどが輸入品であるアゼルバイジャン国内には外貨の高い実需があり、外国製品の輸入・卸売・小売における取引、自動車の購入の決済、さらには不動産まで米ドル建てで取引されることも珍しくなかった。〈表2〉は石油収入を管理するアゼルバイジャン国家石油基金（SOFAZ）の積立金、中央銀行の外貨準備高、家計（非法人）の銀行預金額等の推移を示している。

通貨切り下げによる外貨の比重増加という側面はあるにせよ、2016年以降の家計の銀行預金総額に占める外貨の割合は約8割に達している。銀行預金そのものも減少しており、国民の中で銀行不信、マナト不信が進んでいると言える。

建前上は外貨とマナトの間の相場は「変動相場制」で決まることになっているが、実際には政府の匙加減で決まる。単純化すれば、石油収入（米ドル）を得た政府だけが国内における外貨の供給者である。2016年初頭までは中央銀行が各銀行に対して米ドルを販売していたが、〈表2〉に見られる外貨

表2

	SOFAZ 資産総額（年初）(*)			中央銀行外貨準備高	家計の銀行預金額 (**)		1米ドルに対するマナト相場 (***)
	総額（100万米ドル）	資産増加率	国庫納入額（100万マナト）	(年末現在：100万米ドル)	総額（100万マナト）	(うち外貨建て：マナト換算)	
2001	271	-	-	-	79.3	67.5	4565
2002	491	81.20%	-	-	117.0	105.0	4775
2003	692	40.90%	500,000	-	153.4	139.9	4893
2004	815	17.80%	650,000	-	251.9	233.0	4923
2005	970.5	19.10%	150	-	403.1	373.0	4903
2006	1,394.00	43.60%	585	1,967.30	494.5	438.7	0.92
2007	1,454.50	4.30%	585	4,015.30	819.5	569.2	0.87
2008	2,475,4	70.20%	3,800	6,137.00	1 468.4	792.0	0.85
2009	11,219.20	353.20%	4,915	5,161.70	1,905.3	868.6	0.80
2010	14,900.40	32.80%	5,915	6,407.60	2,334.9	1,369.3	0.80
2011	22,766.80	52.80%	9,000	10,481.50	3,029.8	1,619.8	0.80
2012	29,800.00	30.90%	9,905	11,694.80	4,119.8	1,838.1	0.79
2013	34,129.40	14.50%	11,350	14,152.00	5,113.4	2,149.6	0.78
2014	35,877.50	5.10%	9,337	13,758.30	6,395.8	2,507.5	0.78
2015	37,104.10	3.42%	8,130	5,016.70	7,188.4	2,766.0	1.03
2016	33,574.10	-9.50%	7,615	3,974.40	9,473.9	8,053.7	1.59
2017	33,147.00	-1.27%	6,100	4,369.30	7,448.7	5,931.4	1.70

（出典）アゼルバイジャン中央銀行、アゼルバイジャン国家統計委員会
* アゼルバイジャン国家石油基金（SOFAZ）：石油収入を積み立てる目的で 2001 年 1 月 4 日に創設。2007 年の「総額」の項目は 1 月 30 日現在の数値。2017 年の「国庫納入額」は予定額。
** 家計（household）の銀行預金額：年初現在（厳密には前年末の数値）。但し、2017 年は 2 月末現在。
ドル相場：1995 － 2014 年は中央銀行年初付相場、2015 － 2016 年は年平均レート。
***2006 年 1 月 1 日付でデノミを実施（通貨単位を旧 5000 マナトから新 1 マナトに切り替え）。2015 年 2 月 21 日及び 12 月 21 日に 2 度の切り下げ実施。

準備高の急減を受けてSOFAZが外貨販売者の役割を引き受けるようになった。毎週2回、各銀行が専用回線を通じてSOFAZに米ドルの購入希望額を伝える「外貨オークション」が実施されている（2017年6月現在。月当たりの取引額は2～4億米ドル。なお、SOFAZは毎年多額の国庫納入を義務づけられており、調達したマナトの大部分は政府の歳入となる）。

外国で多額の外貨を稼ぐ企業や、外国から低利で外貨を調達できる銀行が現れない限り、アゼルバイジャンに双方向的な「外国為替市場」は出現せず、「政府→銀行→事業者及び個人」という一方的な外貨販売の流れが続くことであろう。石油価格が跳ね上がって再び多額の外貨を手にできるようになれば別問題であるが、アゼルバイジャン政府としては「少ない石油収入で遣り繰りするために通貨を一段と切り下げたい」という経済的な要求と、「通貨切り下げで生じる国民の負担増・国内の混乱の責任を避けるために相場を維持したい」という政治的な要求との間で板挟みとなる局面が続きそうである。

（片桐俊浩）

38

アゼルバイジャンの農業

★もう一つの戦略的産業部門★

アゼルバイジャンの国土は、その半分以上が北部・西部・南部に位置する山岳によって占められている。残りの部分は、山岳から東部のカスピ海に向かって緩やかに下る中央平原となっている。アゼルバイジャンの気候は、このような地勢を反映し、亜熱帯・温帯・乾燥ステップをも含む多彩なものである。国土の大部分で降水量は少ないため、作物栽培には灌漑が必須のものとなっている。比較的狭い国土および増加する人口を反映して、国民一人当たりの耕地面積は0・5ヘクタール以下、耕地面積は0・2ヘクタール以下でしかない。

農業は、ソヴィエト期を通じて、アゼルバイジャンの主要産業であった。しかし、独立後には、経済体制移行の影響および石油・天然ガス採掘業の急速な発展もあり、農業のGDPに占める比率は、近年では約5～6％程度となっている（石油・天然ガス採掘業は20～30％）。しかし、農業は、最大の就業者を有する産業であり、林業・水産業を加えると、その全体に占める比率は3分の1を優に超える（石油・天然ガス採掘業は1％以下）。また、アゼルバイジャンの農村には、依然として全人口の47％が居住している（表参照）。農業は、農村における主要産業とし

表　アゼルバイジャン経済における農業・農村

	2000年	2005年	2010年	2014年	2015年	2016年
GDPに占める比率（%）						
農業	16.1	9.1	5.5	5.3	6.2	5.6
工業	36.0	49.5	51.7	41.0	32.9	37.2
石油・天然ガス採掘業			39.5	28.5	19.8	23.1
就業者に占める比率（%）						
農林水産業	39.2	38.7	38.2	36.7	36.4	36.3
石油・天然ガス採掘業			0.6	0.5	0.5	0.5
農村人口（%）	48.9	47.6	46.8	46.9	46.9	47.0

（資料）Statistical Committee of the Republic of Azerbaijan, http://www.stat.gov.az/

て、さらには貧困解決といった社会問題の解決を左右する産業として、国家戦略的上、極めて重要な意義をもち続けている。近年では、政府は、石油偏重の経済構造を是正するため、経済の多角化を推進している。その中で、農業は重要部門の一つとされ、様々な政策が展開されている。

ソヴィエト期におけるアゼルバイジャン農業は、土地の国有制の下、コルホーズ・ソフホーズといった大規模農業企業を主体とした構造であった。この構造は、独立後もしばらくは大きな変化がなかった。転機となったのは1995～96年であった。1995年には農業改革の原則を定めた法律が採択され、1996年には土地改革法が採択された。これらの法律の下で、アゼルバイジャンのコルホーズ・ソフホーズは廃止され、住民に対して、その土地および資産が無償かつ現物で分配されることになった。とりわけ特筆されるのが、土地は実際の地所が与えられ、かつ直ちに売買可能とされた点である。一般に、旧ソ連諸国における土地改革では、土地は地所が特定されない抽象的な権利としてのみ与えられ、かつ売買には様々な制約がかけられていることが多い。アゼルバイジャンの土地改革は、開始されるのは遅かったが、そのような制限・制約はまったくなかった。それは、旧ソ連諸国

図　主要農産物生産の推移（千トン）

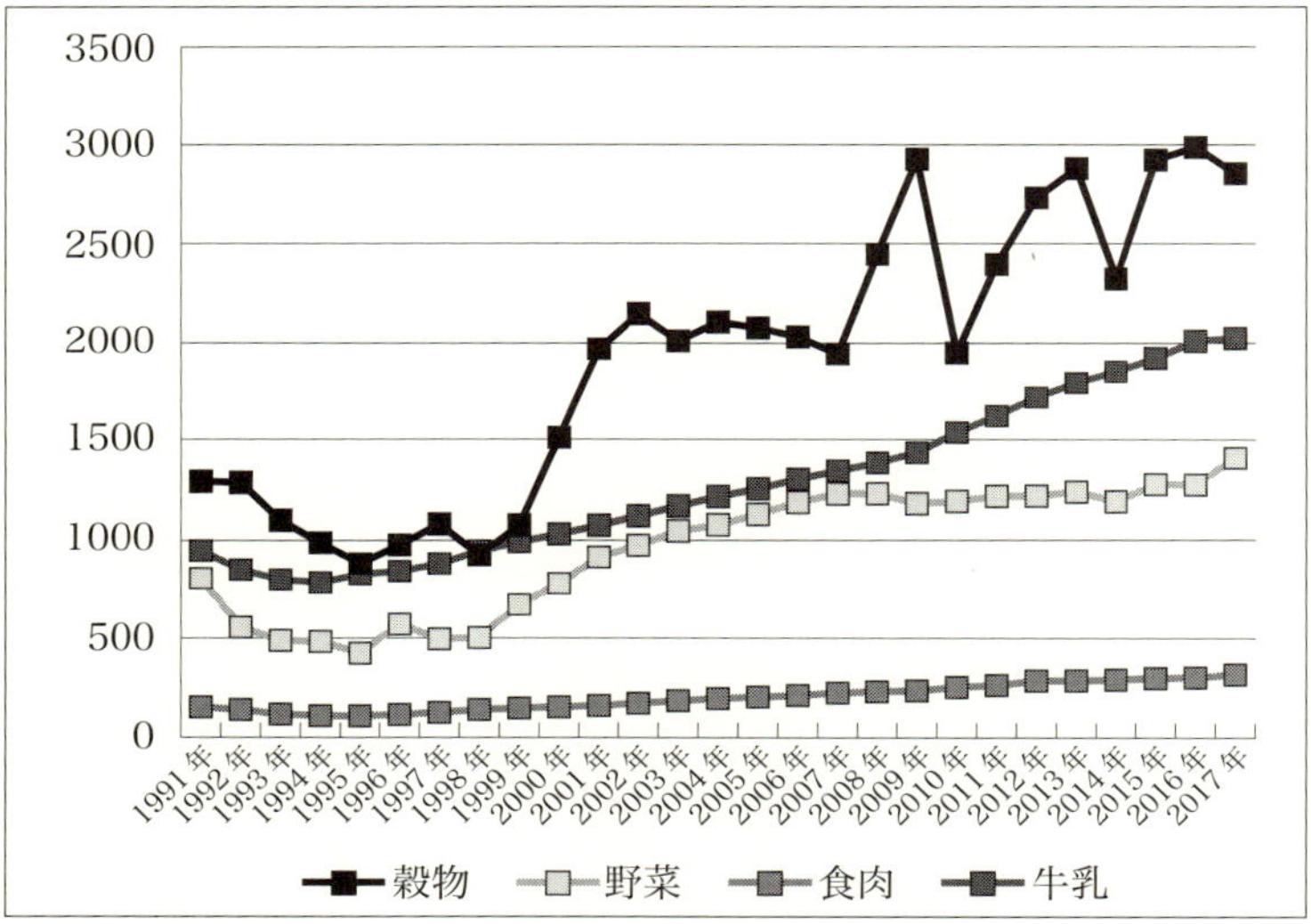

（資料）Statistical Committee of the Republic of Azerbaijan,http://www.stat.gov.az/

の中でも、もっとも徹底した土地改革の一つであった。この結果、現在のアゼルバイジャン農業の主体となっているのは、平均して２ヘクタール程度の農地を持つ家族経営である。確固とした私有制度に基づいているため、生産増のためのインセンチヴも強い。

　農業生産は、独立直後には、体制転換にともなう混乱、ナゴルノ・カラバフ紛争の影響もあり、ソヴィエト期と比べて大きな落ち込みを記録した。農業生産高は、１９９１年を１００とする指数で見ると、１９９７年に51まで低下したのである。その後、農業生産高は、増加基調に転じ、２００８年に１０１とソヴィエト期の水準を回復し、２０１５年には１２５に達している。個々の農産物では、より高い成果が達成されている（図参照）。農業生産の増減を判断基準とするならば、アゼルバイジャンにおける農業改革は「大成功」を納めたと言ってよい。

ただし、その一方で、未解決の問題も多い。ソヴィエト期のコルホーズ・ソフホーズ体制は、本来ならば創意工夫に富み、変化する状況への適切な反応を行う農業生産者を、上から指示に従ってのみ労働する雑役夫に変えてしまった。彼らは、例えば、農業機械の運転、家畜への給餌などの個別の農作業はできても、農業に関する知識は乏しく、経営知識はほとんど皆無である。農業改革は、このような「素人集団」を生産主体にしてしまったのである。彼らへの技術サポート・教育システムは不十分なままであり、生産性に悪影響を及ぼしている。家族経営向けの市場インフラはいまだに整備されていないし、灌漑システムの維持にも問題が発生している。

政府は、前述のように農業を重視し、農業生産者に対する肥料・燃料への補助金支給、税金の減免処置、種子生産への支援等を展開している。ただし、このような支援の対象となっている部門は、国家の食料安全保障の観点から、小麦生産に集中している。このため、アゼルバイジャンが国際的な比較優位を持っている野菜や果実生産の発展が抑制される結果になっている。なお、世界銀行が定期的に公表している「ビジネスのしやすさインデックス」では、アゼルバイジャンは２０１０年版の１８３カ国中第38位から、２０１８年版では１９０カ国中57位と後退してしまっている。こうしたビジネス環境の改善は、農業だけでなく、全経済部門共通の課題となっている。

（野部公一）

VII

外交と近隣諸国との関係

39

アゼルバイジャン外交概観

★バランス外交の妙技★

アゼルバイジャンは、地理的にも文化的にも欧亜の十字路に位置し、さらに石油・天然ガスを産出することから、歴史的に戦略的重要性が高く、多くの大国の侵略や支配を受けてきた。他方、アゼルバイジャンは小国であり、外洋にも面していないことから、諸外国との関係は極めて重要であり、外交の成否が国の安定の鍵を握ってきた。

アゼルバイジャンの現在の外交を端的に描写するならば「バランス外交」の一言に尽きる。旧ソ連諸国の国々が、欧米とロシアの狭間でジレンマに陥る中、アゼルバイジャンは絶妙なバランスをとることに成功している。旧ソ連諸国が独立を維持しながら国際関係の安定を維持することは容易ではない。アルメニア、ベラルーシ、そしてトルクメニスタンを除く中央アジア諸国のように、ロシアとの関係を重視すれば、軍事やエネルギー面での安全保障が担保され、経済的にも優遇を受けられる一方、欧米諸国との連携は制限され、政治的な自由度も下がる。他方、ロシアから距離をとり、民主化・自由化を推進しつつ、北大西洋条約機構（NATO）や欧州連合（EU）への加盟を目指して欧米諸国との関係を深めることは、「勢力圏」を維持したいロシアの怒りを買い、懲罰的な仕打ちを受けることになる。それは、禁輸措置に始まる様々な制裁措置だけでなく、２００８年のロシア・ジョージア戦争、２０１３年末から続くウクライナ危機に見られるように、国家の存亡に関わるレベルにまで至る。

しかし、アゼルバイジャンはナゴルノ・カラバフ紛争のプロセスにおいて、バランス外交の重要さを学び、以後、時期によって若干の違いはあるが、基本的に欧米・ロシアの間で突出した外交の方向性を出さないように注意深く歩んできたと言える。アゼルバイジャンは何を学んだのか？ それは、「人民戦線」の指導者で、１９９２年６月から93年９月までアゼルバイジャン第二代大統領に就いていたアブルファズ・エルチベイ（本名・アリエフ。第三代・第四代大統領のアリエフ父子とは無関係）の政策によるものだった。エルチベイは、民主主義を追求し、汚職廃絶運動に尽力する一方、極端な親トルコ路線を取り、他方でロシアとイランからは距離をおこうとした。これがロシアを怒らせ、ロシアはナゴルノ・カラバフ紛争でアルメニアへの支援を強化した。さらに、アゼルバイジャンとは元々微妙な関係にあったイラン（イラン北部には、アゼルバイジャン共和国の二倍以上とも言われるアゼルバイジャン系民族が住んでおり、イランが統合運動を恐れていることも背景にある）もアルメニアへの支援を強め、紛争においてアゼルバ

2004年から外交を担ってきたエルマル・メメディヤロフ外務大臣

イジャンの劣勢は決定的なものとなった。さらに、その頃には紛争地からは遠いバクーですら生活がかなり困窮し、朝4時、5時から並んでもパンが買えず、人生において最も厳しい時代だったと回想する人が多いほど、社会状況も混迷していた。そのため、一般的にアゼルバイジャンにおけるエルチベイ政権に対する評価は厳しいものとなっており、当時を知る人々は、民主主義など欧米的な価値を追求し、またロシアとイランとの関係を悪化させたことによってアゼルバイジャンが不幸になったと考えている。その経験から、「民主主義および欧米的価値は人々を幸せにしない」という考えを持つ人が増え、何より「安定」が尊ばれるようになったのである。それが、現在、堅固に権威主義が維持されている背景の一つである。

このような経緯から、アゼルバイジャンは欧米・ロシアの間のバランスをとりつつ、ナゴルノ・カラバフ紛争（第25章参照）で対立を続ける隣国アルメニアとは厳しい関係でありながらも、隣国イランとも善隣関係を維持してきた。ナゴルノ・カラバフ問題は、アゼルバイジャンの最も深刻な外交課題であり続けてきた。

また、隣国のトルコ、ジョージアとの関係は極めて密接である。トルコは、兄弟国として伝統的に関係が深く、また、ジョージアとは共に国内に未（非）承認国家問題を抱え、ＧＵＡＭ（第46章参照）のメンバーであるだけでなく、トルコ・ジョージア両国はアゼルバ

バクー・トビリシ・カルス鉄道のオープニングセレモニー

イジャンの資源輸出の重要な通過国であり、鉄道、道路なども3カ国を通過する形で建設されるなど、この3カ国の絆は政治的、経済的に特に深いと言って良い。

アゼルバイジャンのGUAMにおける姿勢は同国のバランス外交の好例だ。GUAMは親欧米の組織だと言われながらも、アゼルバイジャンは決してEUやNATO加盟を目指さず一定の距離を保つ一方、ロシアにも配慮をし、GUAM内でも加盟国とロシアの仲介役のような立場を目指しているように見えるからだ。

欧米諸国との関係は、石油・天然ガス産業の発展と輸出においても重要であり、アゼルバイジャンは日本を含む多くの欧米諸国との関係深化を目指してきたが、アゼルバイジャンの権威主義体制や人権問題（第16章参照）については欧米諸国からも度々懸念が表明されている。ただ、欧米からのアゼルバイジャンの政治状況への批判は、他国の事例と比較すると随分弱い。それに鑑み、欧米、特に米国が、アゼルバイジャンに資源があるがゆえに、その安定を維持することを優先し、非民主的な状況には目を瞑る「ダブルスタンダード」を取っているという批判もアゼルバイジャンの反体制派などからは常に出されている。

アゼルバイジャンは中東諸国との関係も重視している。第三代、第四代アゼルバイジャン大統領のヘイダル・アリエフ、そしてイルハム・アリエフ夫妻がメッカ詣をするなど、イスラームの絆が深いだけでなく、エジプトのホスニー・ムバーラク元大統領との緊密な関係など、権威主義的な指導者とも深い関係を維持してきた。その一方で、イスラエルとの関係も緊密である。ナゴルノ・カラバフ紛争関係の国際NGO活動で最も多額の資金を出し、大きな活動をしてきたのはイスラエルのNGOである。また、イスラエルはアゼルバイジャンに武器・兵器を多数供与してきたほか、ナゴルノ・カラバフ紛争に絡む米国の対アゼルバイジャン経済制裁の撤廃を熱心に働きかけてきたのもユダヤ・ロビーだ。ソ連時代に、ソ連の他地域では弾圧もあった中、アゼルバイジャンではユダヤ人が幸せな生活を送ることができたことに、イスラエルが深い感謝をしていると言われている（バクーのイスラエルNGOスタッフ談）。また、北部のみならずバクーにもユダヤ人地域があり、バクーに大きなシナゴーグがオープンした際にはイルハム・アリエフ大統領も駆け付けたほどである。

アフガニスタン、パキスタン、インドなど、中近東諸国とも良好な関係を保ち、中央アジア諸国とも旧ソ連諸国としての絆を維持しており、アジア諸国との関係強化も進めているが、旧ソ連・東欧地域への進出が顕著な中国との関係は今の所あまり深くない。

このように、現在のアゼルバイジャンは、ナゴルノ・カラバフ問題の解決を目指しながらも、バランス外交を維持しつつ、多くの国と善隣友好関係を築きながら、世界の安全保障に貢献し、欧亜の十字路において、欧亜を結ぶ回廊の役目も果たそうとしているのである。アゼルバイジャンの世界におけるポジションは今後も高まっていくことだろう。

（廣瀬陽子）

40

イランとの関係

★歴史的アポリアをいかに克服するか★

1991年にアゼルバイジャンが主権国家として生まれ変わって以来、アゼルバイジャンとイランとの関係は、2012年にイランと敵対するイスラエルとアゼルバイジャンが急接近したことで、一時的に緊張関係が生まれたものの、周辺国との等距離外交を基本とするアゼルバイジャンと、同じく、アゼルバイジャンやアルメニアとの等距離外交（アゼルバイジャン側からはアルメニア寄りと非難されているが）を主張するイランとの関係は、総じて、平穏裏に推移してきたと言えよう。特に、2014年以降は、アゼルバイジャンのアリエフ大統領とイランのロウハーニー大統領は幾度も会談を重ね、両国関係を可能な限り拡大することを共通の目標としていることを明らかにしている。

こうした外交上の表向きの関係とは裏腹に、イラン（旧パフラヴィー体制下、イスラーム共和国の別なく）とアゼルバイジャン（旧ソヴィエト体制下、独立共和国の別なく）との間には、時代を超えた厄介な問題が横たわっている。

現在のアゼルバイジャン共和国は、1991年8月30日に、その独立が正式に承認されるが、この時、イラン・イスラーム共和国政府は、この新生国家の政府に対して、国号として「アゼルバイジャン」の名称を使用しないよう申し入れている。

実は、1918年5月、ミュサヴァト党を中心とする「アゼルバイジャン民主共和国」が独立を宣言し、イスラーム教徒が樹立した最初の共和国となり、この地域に主権を擁する国家の名称として初めて「アゼルバイジャン」の呼称を用いた時も、当時のイラン政府は在イスタンブルの大使館を通じて、「アゼルバイジャン民主共和国なる名称の独立政府の存在を承認しないこと」を公にしていた（1918年9月2日）。

イラン側がこの問題にそれほどまでに神経質になるのは、「アゼルバイジャン」という呼称を巡る問題が、単なる国号問題に終わらないからである。呼称問題の背後に隠れたより重大な主張は、ソヴィエト時代からすでに散見されたが、独立後にはアゼルバイジャン政府の主張としてよりあからさまな形をとって現れた。共和国第二代大統領エルチベイは、より過激かつ直接的に、第三代大統領ヘイダル・アリエフはより穏やかに、この主張を繰り返した。つまり、アゼルバイジャンは19世紀の初めに当時のイランとロシアの両国によって二つに「分断」されたのであり、従って、アゼルバイジャン共和国とイラン領アゼルバイジャンは「統一」された状態に戻ることが必要であるというのが其の骨子である。こうした基本認識は、アゼルバイジャン社会の様々な分野においても盛んに喧伝されてきている。例えば、アゼルバイジャン共和国の義務教育10年生（高校生）の歴史の教科書の巻末には18世紀のアゼルバイジャンとされる「統一アゼルバイジャン」の地図が掲載されていたし、ソヴィエト時代に生まれ、独立後に死去したアゼルバイジャン共和国の詩人バフティヤル・ヴァハブザダ（1925

～2005年）は、アラス川がアゼルバイジャンとイランとの現在の国境線となる切っ掛けとなったゴレスターン条約（1813年締結）に因んだ詩、その名も「ギュリュスタン」（1959年発表）の中で、

一本の筆が世紀の離別を創った
一つの民を、刀の一閃で半々に割いた
まさに羽飾りのついた筆の尖った先端が
アゼルバイジャンの胸を穿ったのだ
……

と詠い、また、アゼルバイジャンが主権国家となった、その40年後の1999年には長編詩「独立」で、このように詠いかけた。

……
こうして時は来た、渡ることを望んでいた
空想の橋から石の橋へ
石の橋―私の絆、石、フダファリン
虚しい石積みに成り果て
うえを誰も渡ることなく
引き裂かれた民は、焦燥に目を奪われる
……（以上、石井敬一郎訳）

フダファリン（ペルシア語ではホダーアーファリーン）とは、アラス川にかかる石橋がある場所の名で、

19世紀中葉から20世紀初頭にかけて、バクーの油田地帯や鉄道建設の労働者として、イランのアゼルバイジャン地方からザカフカス地域に出稼ぎにでた多くの人々が渡った（つまり、国境を越えた）場所である。正にこのフダファリン辺りを中心に、１９８９年の末から翌年の初めにかけて、アゼルバイジャン共和国の住民数万人がイランとの国境地帯を占拠し、イラン・アゼルバイジャンの住民と交歓する風景が見られたのである。こうした住民感情の背景には、両アゼルバイジャン地域の住民のほとんどは、基本的に同じ言語（アゼルバイジャン・トルコ語）を話し、同じ宗教を奉じ（シーア派十二イマーム派イスラーム）、同じ文化を共有するという実態がある。因みに、両アゼルバイジャン地域のトルコ化は、トルコ系諸民族がこの地域に流入した11世紀頃に始まり、イルハーン朝が成立する13世紀以降に加速され、16世紀にサファヴィー朝の支配下に組み込まれたことでシーア派化が進行したと言われている。

　このように、住民感情からすれば、現在の両アゼルバイジャンは「分断」されている状態と映っても不思議ではない。ところが、イ

イブン・ハウカルの古地図

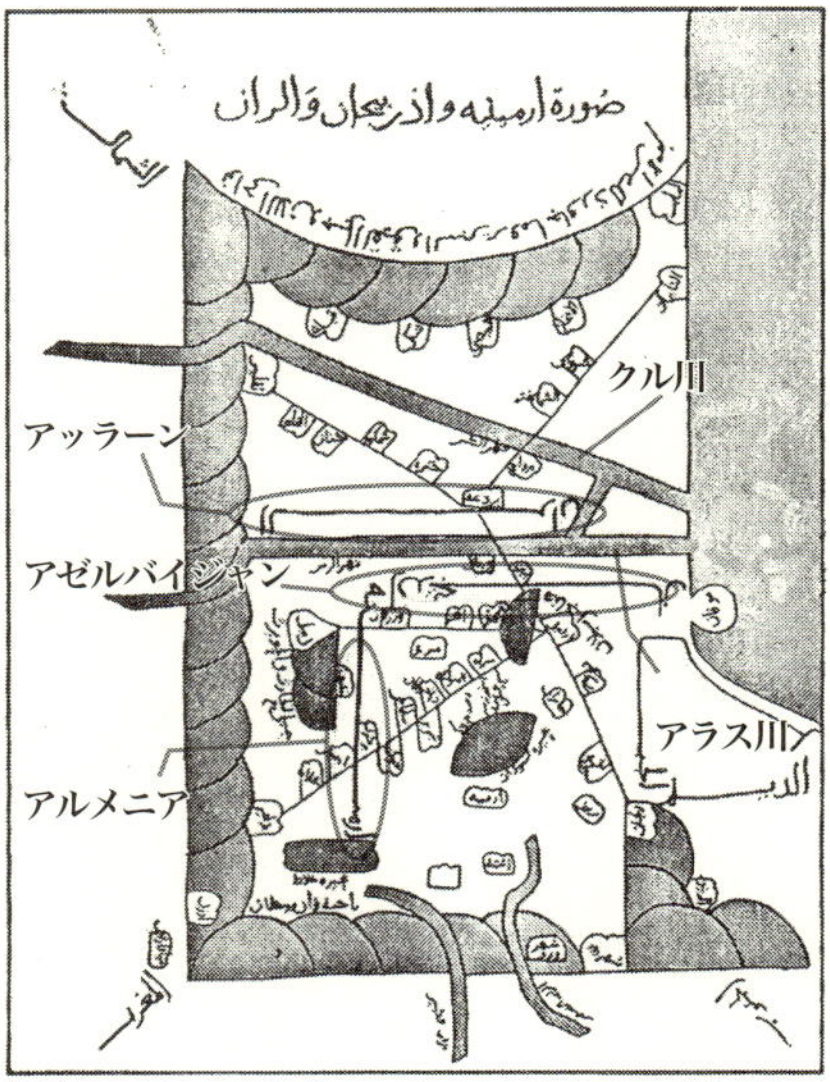

（注）アゼルバイジャンとアッラーンの間にはアラス川が描かれている
（出所）イブン・ハウカル『イブン・ハウカルの旅行記』

ラン側の主張の要点はまた別の所に在る。その基本的主張は、現在の国境となっているアラス川の北側と南側は歴史的には全く違う、それぞれが独立した地域として認識されてきたということにある。例えば、9世紀初頭に地理書を著したイブン・ファキーフはアゼルバイジャンの北辺をアラス川とし、10世紀末のイブン・ハウカルは、アラス川がアッラーン地方の南限をなすとしており、ほぼ同時代のムカッダスィーも、アッラーン地方はカスピ海とアラス川の間に位置する島にも似た土地であるとしている。また13世紀のヤァクート・ハマウィーもアゼルバイジャンとアッラーンの間にはアラス川が流れていることを指摘し、14世紀中葉にペルシア語で著された最初の体系的地理書と言われる『心魂の歓喜』の著者ハムドッラー・モストゥフィーはアラス川からクル川までの両河地帯がアッラーンであるとしている。結局、1918年にミュサヴァト党主導のアゼルバイジャン民主共和国が自らの政権の名称として、「アゼルバイジャン」を採用するまでは、歴史上、アラス川以北をアゼルバイジャンと称して事例はな

カフカズにおけるイラン領土の喪失（イランの呼称に基づく）

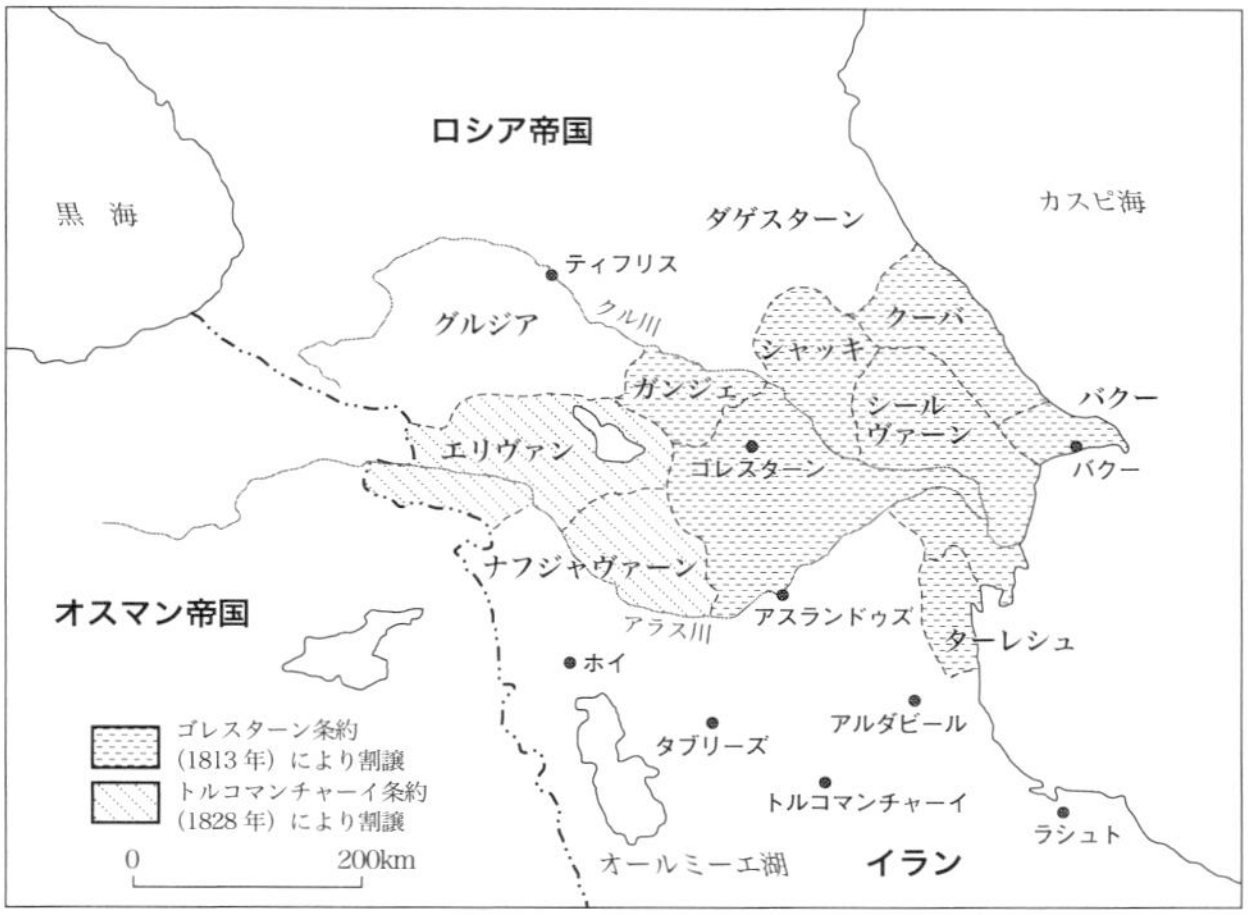

いということである。要は、ゴレスターン条約とトルコマンチャーイ条約（１８２８年）によって画定された現在のイラン・アゼルバイジャン国境としてのアラス川は、決して、一時の思い付きや、都合によって、両国の「境界」とされたのではなく、受け継がれてきた「境界」意識を時の国際関係の中で、現実としての政治的境界線としたということになろう。このような歴史的に積み重ねられてきた一種の心象地理的認識が住民の意識を大きく規定することもまた否定しがたい現実としてであろう。何れにせよ、イラン政府は、アゼルバイジャンが歴史的に「分断」されたという認識を否定しているし、南・北アゼルバイジャンという表現さえも、かつて「分断」されたことを前提としているという意味で、受け入れない。

両国の間に横たわるこうした基本的認識の差を埋めることは、ナショナリズムがある以上、至難の業と言わざるを得ないが、まさにそうであるからこそ、それを解決する道を政治に委ねざるを得ないのかも知れないのである。

（八尾師　誠）

41

トルコとの関係

★ハブが強める絆★

トルコではスンナ派が、アゼルバイジャンではシーア派が、それぞれ多数派であるにもかかわらず「二つの国家一つの国民」と言われるほど緊密な関係にある。世論調査によるとトルコ人は一般的に外国に対する意識は否定的だが、アゼルバイジャンについては例外的に強い親近感を持っている。米国のドイツ・マーシャル基金が２０１５年にトルコで実施した世論調査によると、特定の外国について好感度を尋ねた問いに対し、好感するとの答えが最も高いのがアゼルバイジャンだった（図１）。しかも、好感するとの答えが好感しないとの答えを上回った国はアゼルバイジャンだけだった。またトルコの戦略的パートナーはどの国かとの問いに対しても、米国に次いでアゼルバイジャンとの答えが最も多かった。

このような強い親近感の理由は、地理的にも言語的にも非常に近いこと、１９１８年にアゼルバイジャン民主共和国が樹立された際にトルコが同国をロシア軍から守ったこと、その直後に第一次世界大戦敗戦国となったトルコの祖国解放戦争をアゼルバイジャンが支援したこと、ソ連崩壊後のアゼルバイジャンがアルメニアというトルコと共通の敵を持つことになったこと

図１　トルコ国民の諸外国についての好感の有無（%）

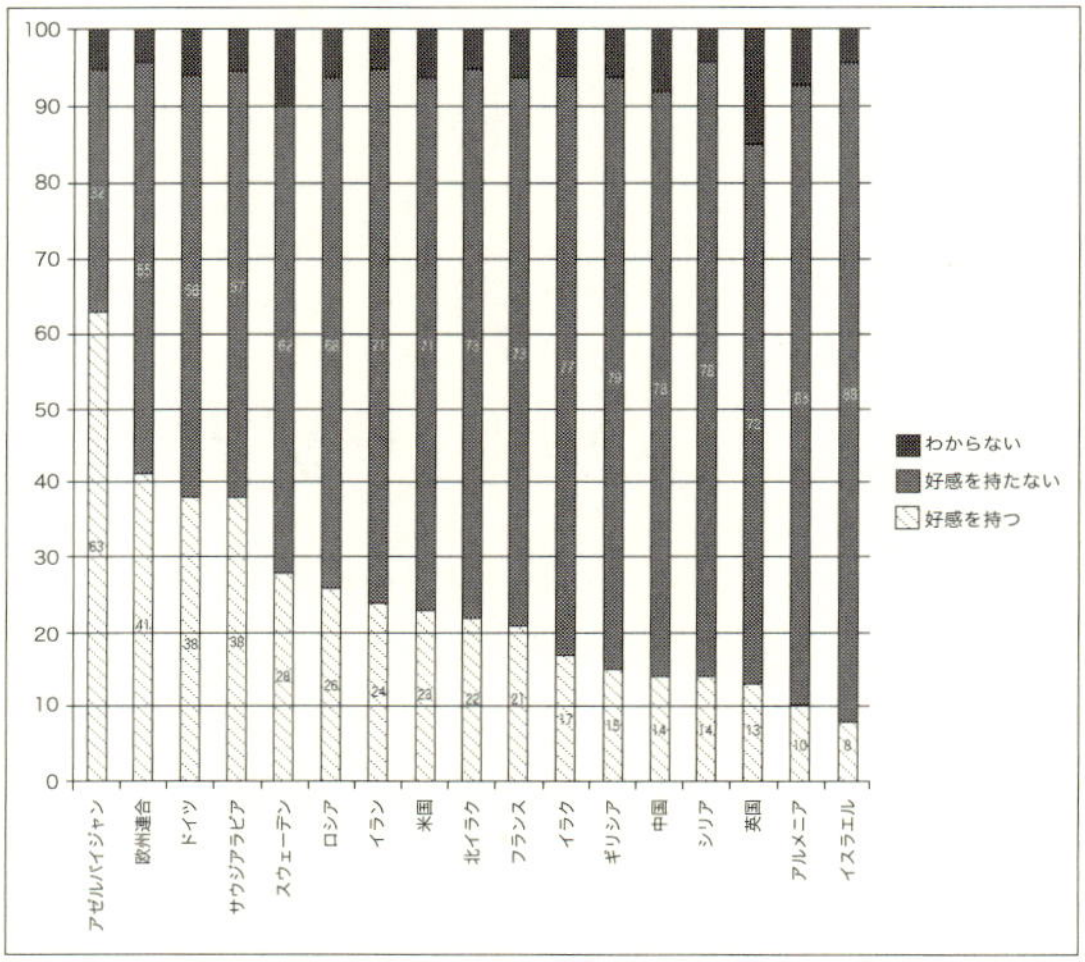

（出所）The German Marshall Fund of the United States, “Turkish Perceptions Survey 2015.”
http://www.gmfus.org/sites/default/files/TurkeySurvey_2015_web1.pdf

（注）米国のドイツ・マーシャル基金が2015年にトルコ16県で層化抽出法標本1018名を対象に実施した世論調査。「好感を持つ」は「とても好感を持つ」と「やや好感を持つ」の合計、「好感を持たない」は「まったく好感を持たない」と「あまり好意を持たない」の合計。

に求められる。アゼルバイジャンとトルコの関係は基本的には良好であるものの、それぞれのロシアやアルメニアとの関係も両国関係に影響を与えた。

ソ連崩壊直後、トルコはアゼルバイジャン独立を他国に先駆けて1991年11月に承認し、汎トルコ主義的なアブルファズ・エルチベイ第二代大統領と親密な関係を築いた。ナゴルノカラバフ紛争でもトルコではアゼルバイジャンを支持する世論が強かった。トルコのオザル大統領がその国内世論を背景にアルメニアへの軍事作戦の準備を発表するとロシアがこれに反発、トルコとロシアの軍事衝突が危ぶまれたが、トルコのデミレル首相とロシアのエリツィン大統領との緊急会談で衝突が回避された。

トルコとロシアのこのような対立経験は、トルコがアゼルバイジャンを巡って民族主義的外交を展開することの危険性を露呈した。またその後エルチベイ政権がクーデタで1993年に転覆され、ソ連共産党幹部だったヘイダル・アリエフが政権に就いたことで、トルコの対アゼルバイジャン外交は民族主義を脱した。さらにアリエフがロシアに対して一定の距離を保つ外交を行ったこともトルコ・アゼルバイジャン関係を安定化させた。トルコは2007年にアゼルバイジャンに対するビザを廃止した。2008年にアルメニアとの関係改善を試みたトルコに対し、アゼルバイジャンは2009年、天然ガスの供給を止めると威嚇した。しかし、その後トルコがナゴルノ・カラバフ問題が解決しなければトルコはアルメニアとの関係を改善しないと宣言したことで事態は沈静化した。2010年に両国は戦略的パートナーシップ・相互支援協定を結び、軍事攻撃や侵攻が起きた場合の相互支援を決めた。

トルコのアゼルバイジャンとの経済関係は、第一にトルコの天然ガス輸入、第二にトルコのエネルギー・ハブとしての存在意義に依拠している。いずれの点でもアゼルバイジャンの存在は、トルコのみならずEUが天然ガス調達でロシアへの過度な依存を軽減する上で不可欠である。まず、トルコは国内消費天然ガスのほぼすべてを輸入に頼る。その2015年の供給国別輸入量比率で見ると、アゼルバイジャンがロシア（55・3％）とイラン（16・2％）に次いで3位（12・7％）に入っている（アゼルバイジャンからの原油輸入はほとんど無い）。アゼルバイジャン国営石油会社（SOCAR）は、トルコの国営石油精製会社（PETKIM）が2007年に民営化されるとその過半数株式を取得した。

次に、トルコが持つエネルギー・ハブのうちアゼルバイジャン・ルートは、トルコのみならずEUが天然ガス調達でロシアへの過度な依存を軽減する上で重要である。バクー・トビリシ・エルズルム（BTE）天然ガス・パイプラインは2007年に稼働開始し、トルコ国内に年間66億立方メートルの天然ガスを15年間供給する契約になっている。トルコ・ギリシア・ガス相互連結（ITG）が2007年に稼働したことでBTEはギリシアを起点とするアドリア海パイプライン（TAP）に連結したものの、欧州への供給は今のところ少量に過ぎない。しかしアナトリア天然ガス・パイプライン（TANAP、2015年建設開始）がトルコで2018年、欧州で2020年に稼働すると、BTEの供給量は対トルコの年間60億立方メートルに対欧州の年間100億立方メートルが加わり合計160億立方メートルに増加する。

トルコがアゼルバイジャンとの関係でハブを築いているのは天然ガス・パイプラインに留まらない。2006年に開通したバクー・トビリシ・ジェイハン（BTC）石油パイプラインは、アゼルバイジャンの原油をトルコ地中海岸のジェイハン港から第三国に輸出している。さらに2017年にバクー・トビリシ・カルス（BTK）鉄道が開業、中国から欧州までの鉄道直結が実現した（陸路が断絶されるボスポラス海峡では海底地下鉄を利用）。これにより、それまで海路のため45日だった貨物輸送所要日数は、15日に短縮され、費用も3分の1に減るとされる。トルコはアゼルバイジャンの最大の貿易相手国でもある（両国間の2016年の貿易は21億ドルで、トルコの17億ドル黒字）。陸上輸送力増強は両国の貿易促進をもたらすであろう。

（間　寧）

42

ジョージアとの関係

★1999年体制と戦略的パートナーシップの虚実★

ジョージアとアゼルバイジャン。多数派を占める民族の宗教や言語は大きく異なるが、コーカサス山脈とアラス川に囲まれた両国は、長い間歴史を共有してきた。ジョージアとかつてアルバニアと呼ばれていたアゼルバイジャンはキリスト教化の歴史をともにした。さらに、中近世にはジョージア（グルジア）王国とシルヴァーンシャー王国は良き好敵手であった。シルヴァーンシャーはサファヴィー朝に滅ぼされるが、1610年代には両地域で提携した反乱が発生するなど、エリアとしての一体性は歴史的に濃厚に認められる。さらに19世紀以降、帝政期からソ連期にかけて近代化の経験もまた共有した。原油資源を有して勃興した商都バクーに対して、ロシア帝国コーカサス総督府の置かれたトビリシは政治の中心地であった。そして、両都市においても、帝国エリートのロシア人と、圧倒的な経済的影響力を持つアルメニア人に対して、ジョージア人とアゼルバイジャン人は農民・労働者・中小貴族それぞれの立場で劣位に置かれ、ともに民族意識を高めていった。

このように、様々な歴史的経験を共有する両国は、1991年暮れのソ連解体以降、戦略的パートナーシップを結んでいる。

その理由として、共通の内政的課題（ポストソ連社会構築、分離主義紛争）、両国の国際社会における立ち位置・期待される役割（ロシアおよびイランに対する防波堤、トルコ・中央アジアと結んだヨーロッパ安全保障のイスラーム圏・正教圏における橋頭堡）、相補的なエネルギー安全保障関係（産油国と経路提供）、規模が異なるがそれぞれディアスポラ共同体を相互に抱えている点、独立当初のリーダーの命運など、課題もまた共通していたことが挙げられる。

まず、内政的課題であるが、ともに旧ソヴィエト連邦の構成国として、社会主義体制からの体制移行の問題を抱えてきた。年金・医療問題といった社会保障への対応自体も優れた比較考察の対象となり得るが、何よりも「国家」立ち上げそのものに両国とも躓いた点で共通する。カラバフ（旧自治州）紛争とアブハジア（旧自治共和国）および南オセチア（旧自治州）紛争は、ともに旧ソ連における名称民族「自治」の綻びが原因であった。さらに、共和国「基幹」民族の激しい反ソ連・ロシア感情が高まり、結果としてバクー事件とトビリシ事件という、ソ連軍による流血の弾圧事件を両国とも経験した。他方、こうした民族感情の高まりを受けて指導者に選ばれたエリチベイとガムサフルディア初代大統領が知識人の政治力のなさを露呈して軍事クーデターで追放され、旧ソ連時代の指導者であったアリエフとシェワルナゼ（シェヴァルドナゼ）が復帰して、ロシアとの融和により、国家崩壊は防いだものの、民族紛争は実質的に敗北の形で終結した。少数民族および民族内部での内戦を重ねた両国は、CISに加入してロシアとの関係修復をはかる一方、アメリカやヨーロッパの援助による自立に努めた。

次に国際的立ち位置についてであるが、地政学的考察を必要とする。地図を見れば一目瞭然であるが、ジョージアとアゼルバイジャン両国でカスピ海から黒海にいたる大コーカサス山脈の南側のロシアとの境界を占めている。さらにジョージア東部とアゼルバイジャンは歴史的にイラン世界の一部を形成していた時期が長く、しかもアゼルバイジャンはイスラーム教徒、ジョージアは正教会の信徒が多数派を占めている。したがって、ジョージアとアゼルバイジャンがＮＡＴＯ加盟国であるトルコと、さらに大資源地域である中央アジアを結ぶ回廊を形成すれば、ロシアとイランをブロックすることができる。ソ連解体以降の西側諸国・安全保障戦略の重要な施策はまさにこの戦略同盟の形成と維持にある。

加えて、両国は資源国と非資源国としてエネルギー供給においても相補的な関係にある。軍事にエネルギーも加えた総合的な国家安全保障においても、カスピ海資源の非ロシア・非イランルートを通して西欧に原油と天然ガス資源を運ぶ戦略回廊の要となる。この戦略はまさに20世紀末の１９９９年11月にイスタンブルに開催された全欧安全保障協力会議で確立されたもので、「ユーラシアにおける１９９９年体制」と呼んでもよいものだろう。当時のリーダーはすべて代替わりしたが、まもなく20年目をむかえるこの体制は継続している。イスタンブル会議のまさに翌月にロシアで権力を握ったプーチン大統領は様々な形で旧ソ連圏におけるロシアの影響力復活を目指すも、未だこの安全保障関係を揺るがすに至っていない。

このように、内政・外交ともに共通の方向性を持つ両国であるが、この地政学的な戦略パートナーシップに変化が訪れるときが、両国の転機となるであろう。ジョージアは経済戦略から天然ガスなどロシアからの供給が議論されることもあるし、アゼルバイジャンとカラバフをめぐって準戦争状態のアルメニアはロシアからジョージア経由での物資輸送が命綱である。また、中国の進出が本格化するにつれ、様々な変数がユーラシア地政学のパワーポリティックスにかけ合わさっていくだろう。

また、国内にも懸念事項も存在する。ジョージアには人口の約6％を占めるマイノリティとしては最大のアゼルバイジャン人住民を抱えている。多くは農村に居住し、選挙では常に現政権への投票という特徴的な投票行動を示してきたが、それは裏返せばマイノリティの統合の遅れとも言える。潜在的な領土問題も存在する。アゼルバイジャンのベラカン地方カヒ周辺には少数ながらジョージア人の村落が存在し、ジョージア正教の教会も存在する（写真）。そもそも、ベラカン地方（ジョージアではサインギロないしヘレティと呼ぶ）は、帝政ロシア時代から特別な行政区域であったが、ジョージア、アゼルバイジャン、ダゲスタン（レズギ）人の混住地域であり、戦略的にも重要な地域であった。ロシア帝国崩壊後は、ジョージア民主共和国が実効支配した歴史を持つ。さらに、国境線上のアゼルバイジャン側地点にはジョージア有数のキリスト教史蹟であるダヴィド・ガレジャ修道院コンプレックスの中でも美しいフレスコを擁する洞窟修道院跡などが点在している。こうした史蹟などはいわば「回収されるべきジョージア」であって、両国の関係次第でいつでも表面化する問題である（ただし、前述のベラカン地方の

アゼルバイジャンのジョージア教会

教会はイスラーム教徒も敬意を払うと言われており、共生の歴史を無視してはならない)。

また、2017年5月にはアゼルバイジャン人ジャーナリストのアフガン・ムフタリ氏がトビリシで行方不明となり、その後、バクーで当局に拘束されていることが判明するという事件が起きた。これは両国の戦略パートナーシップのいわば暗部とも言うべき部分であり、その動向は、ユーラシア政治の観点からも、また両国の民主主義育成の視点からも常に注目されるべきである。

（前田弘毅）

43

アルメニアとの関係

★近くて遠い隣人★

アゼルバイジャンの西隣にアルメニアという国がある。アルメニア人は古くからコーカサスからアナトリアにかけての地域に居住している先住民族で、印欧語系の言語を話し、紀元4世紀以降、キリスト教を信仰している。アゼルバイジャン人の祖先となるトルコ系の民族がこの地にやって来たのが、紀元11世紀頃というから、両民族は千年近く共存してきたことになる。

もっとも、アルメニア人は定住農業や商工業に従事した者が多かったのに対し、異教徒のトルコ系民族は軍人支配層だけでなく、庶民も遊牧生活を営んでいたため、両者が完全に融和していたわけでもないようだが、それでも文化的な接触は確実に進行した。アルメニア料理にも、トルマ（ロールキャベツの原型の料理だが、肉ダネに米が入っており、包む食材がブドウの葉、ピーマン、トマト、ナスなど多彩だ）、ハシュラマ（茹で羊）、など、トルコ語に由来する名前が目立つ。

歴史の章にもある通り、近代に入り、国民主義に基づいた諸民族の自立が始まると、アルメニア人とアゼルバイジャン人との利害が衝突するようになる。その典型例が、アゼルバイジャンソヴィエト社会主義共和国内にあったアルメニア系住民のための自治領域ナゴルノ・カラバフ自治州（以下では「カラバフ」と略記）の問題だった。１９８８年２月にカラバフ自治州ソヴィエトが、アルメニアへの帰属変更をソ連政府に請願する議案を大差で可決したことでこれが一挙に表面化した。詳細は第25章に譲るが、１９９２年１月にカラバフの地方アルメニア人政府がアゼルバイジャンからの独立を宣言したことでアルメニアとアゼルバイジャンとの全面戦争へと移行した。最終的にはカラバフの大半とその周辺地域がアルメニア軍に占領され、１９９４年５月に休戦を迎え

ナゴルノ・カラバフ地図

た。

もっとも、この戦争でアゼルバイジャンと「兄弟国」トルコのアルメニアに対する経済制裁を招いたため、アルメニア経済は悪化し、国民の国外流出を引き起こした。同様に、パイプライン敷設問題もアルメニアには不利に働いた。バクーからの石油輸送のためのトルコ・ルートが構想されたが、その際グルジアとアルメニアのいずれかを経由する必要があった。石油をイランからのトラック輸送に頼っているアルメニアにとって、ルート決定は石油確保ならびに通過料徴収が可能な事案だった。しかし、パイプライン敷設に関して発言力のあるアメリカが、それまで在米アルメニア人への配慮からとっていた親アルメニア政策を見直し、1994年秋のアゼルバイジャンとのいわゆる「世紀の契約」を結んだ結果、1995年10月にはグルジア経由のルートを支持したため、アルメニアの孤立は避けられない状況となった。経済が上向かないアルメニアにとって、アルメニア人の統合の象徴であったカラバフは負担になり始めた。そのため、1997年8月にはロシアと友好条約を調印するなど、対露追従政策を強めた。

1998年になると、レヴォン・テル＝ペトロスィアン大統領は、前年12月のOSCE（欧州安全保障協力機構）ミンスク・グループの和平案（カラバフを除く全アゼルバイジャン地域からのアルメニア軍の撤退後、アゼルバイジャンにおけるカラバフの最終的な地位についての交渉を行う）を受け入れ、援助確約のためにはカラバフのアゼルバイジャン領承認もやむなしとの見解を表明した。ところが、これが閣僚たちから強い批判を浴び、1998年1月後半から大統領の側近たちが相次いで役職を辞任したため、大統領は翌月に職を辞し、当時首相だったロベルト・コチャリアンが、3月に行われた大統領選挙で当選した。

アゼルバイジャンとの戦争時に、政府は国民のトルコ系民族に対する憎悪を煽ったことで、かえって外交的妥協が図れなくなり、ひとたびカラバフ問題を現実的に解決しようとすると大統領の支持率低下や政府内の不協和に直結した。そのため、コチャリアン大統領は、国内向けにはアゼルバイジャンへの強硬姿勢を見せつつ、あまり積極的に和平工作は行わない現状維持戦略をとった。2008年2月には、コチャリアン政権下で首相を務めていたセルジュ・サルキシアンが大統領に選出され、コチャリアンの親露路線を引き継ぎ、水面下でアゼルバイジャンと接触を図るも、和平に関する進展は見られなかった。

ところで、このカラバフ問題と並んでアルメニアの外交問題として大きな懸案事項となっているのが、第一次世界大戦中にオスマン帝国（現在のトルコ）下で発生したアルメニア人虐殺問題である。この問題は、長らく事件の有無を巡ってトルコ政府とアルメニア人との間に見解の隔たりがあるばかりでなく、カラバフ紛争でアルメニア側に「トルコ人に奪われた土地を取り返すための闘い」との大義として利用された。

公式には虐殺を承認していないトルコ政府も、EU加入ならびに東部地方の経済開発のためのパートナーとしてアルメニアに接近したいだけなく、アルメニア側も、2008年8月に勃発したロシア・グルジア戦争では、自国の地政学上の脆弱さを今更ながら自覚することになった。トルコとアゼルバイジャンの国境が閉ざされているアルメニアには多くの輸入品がグルジア経由で入ってくるため、グルジアで紛争が長期化すると国内の日常生活が麻痺することは明らかであった。

そうした背景もあり、2009年4月22日には、アルメニアとトルコの政府が、スイスの仲介で両国の関係正常化に関する「ロードマップ合意」に達したと発表した。それによれば、委員会の設置、国境開放、代表部の開設の手順で外交関係が樹立される予定であった。

ところが、これに横やりが入る。アゼルバイジャン政府は「アルメニアによるアゼルバイジャン領カラバフの占領問題が解決されるまで、関係は正常化されるべきではない」との声明を出した。これを契機に、トルコ政府の方針に国内の親アゼルバイジャン派の議員も不快感を示した。さらに4月25日にはアゼルバイジャン共和国国営石油会社（SOCAR）のロヴナグ・アブドゥラエフ総裁が、アゼルバイジャンからトルコに供給する天然ガスの価格を改定するとトルコ側に要求したのを皮切りに、トルコの首相、外相らがバクーに訪問する度に「兄弟国」から圧力が加えられ、トルコ政府もアルメニアとの外交関係樹立に及び腰になっていった。

カラバフ紛争の停戦後も軍事境界ラインでは、アルメニア軍とアゼルバイジャン軍による散発的な軍事衝突が起き、特に2008年と2016年には大規模な戦闘が見られた。なお、2018年春、アルメニア政府の強引な議院内閣制への移行に端を発し、野党が主導する反政府デモが発生した。その結果、5月に野党指導者パシニアンを首班とする政権が発足したが、パシニアンも首相に就任するとすぐカラバフを訪問し、「カラバフ共和国」のサハキアン大統領に同国の自立を促すと同時にアゼルバイジャン政府が同国の民族自決権を承認する必要性を強調した。カラバフの和平実現までには今しばらくの時間が必要となる。

（吉村貴之）

44

ロシアとの関係

★「バランス」の難しい舵取り★

アゼルバイジャンを含む旧ソ連構成国家とロシアの関係は、様々な形で問題になることが多い。ロシアは、旧ソ連地域は自らの勢力圏であるとの認識を示すことが多いが、旧ソ連諸国の方は、必ずしもこのような認識を共有しているわけではない。従って、時にロシアに反発したり、欧米との協力を推進したりするということが見られる。旧ソ連諸国とロシアの距離感をいかに測るのかという問題に対しては、安易な親露・反露（親欧米）という分類は意味をなさないという指摘も見られるが、それでも「欧米露間でのバランス」という分類を追加することで、ロシアとの距離感を測ろうとする傾向が強い。それだけ旧ソ連諸国にとってロシアとの関係は重要なのである。

距離感を測るパロメータとしては、ロシアが主導する地域機構（独立国家共同体（CIS）、集団安全保障条約機構（CSTO）、上海協力機構（SCO）、ユーラシア経済同盟（EEU）など）への加盟の有無が提示される。また、ロシアとの関係を政治・経済・人的・軍事と属性に分け、測定することもある。この場合、政治的な結びつきは上述の各種機関への加盟の有無で、経済的な結びつきは対露貿易やロシアからの投資・送金額などで、人的な結び

表1　アゼルバイジャンとロシアの関係

経済関係	貿易総額に占める対露貿易の割合*1	10.8%（2位）［1位：EU 35.5%］
	輸出入に占める対露貿易の割合*2	輸出5.4%（4位）［1位EU 46.2%］・輸入17.7%（2位）［1位EU 21.7%］
	ロシアからの送金額対GDP比*3	1.3%（3億5000万ドル）
人的関係	在住ロシア人人口（全人口比）*4	119,307人（1.3%、3番目の民族集団）
	在露アゼリ人人口（全人口比）*5	603,070人（0.42%）
	在露アゼルバイジャン国民数*6	522,757人

政治関係	露主導	CIS	加盟（1993年）
		CSTO	脱退（1999年、加盟は94年）
		SCO	未加盟、対話パートナー（2015年）
		EEU	未加盟
	GUAM		加盟（1997年設立時の創設国）
	EU他		未加盟、「東方パートナーシップ協定」他を締結、OSCE及び欧州評議会加盟
	NATO		加盟希望表明なし、「平和のためのパートナーシップ」等を締結
軍事関係	基地の有無		ガバラレーダー基地（ロシアが借貸も2012年に閉鎖）
	軍事協力		軍事技術協力政府間協定（2003年）他

筆者作成。
［データ出典］＊1と＊2はEU及びアゼルバイジャン国家統計委員会（2017年の貿易データ）、＊3は送金額がロシア中央銀行（2016年）、GDP（ドル換算）がIMF（2016年）、＊4はアゼルバイジャン人口センサス（2009年）、＊5は全露人口センサス（2010年）、＊6は露連邦移民局（2016年1月時点データ）

つきは在留ロシア人の数と自民族の在露居住者数などで、そして軍事的な結びつきは軍の協力関係や駐留露軍の有無などで測られる。また欧米との関係（NATOやEUとの関係、欧米諸国との経済・貿易関係）に着目することで、当該国がどれほどロシアから距離を取ろうとしているのかを測る方法も用いられる。

　このような尺度でロシアとの関係を測る時、アゼルバイジャンはトルクメニスタンやウズベキスタンと共に「欧米とロシアの間でバランスをとっている国」と分類されることが多い。また南コーカサス諸国に限定しても「親露のアルメニア、親欧米のジョージア、バランスをとるアゼルバイジャン」という分類がよくなされる。冒頭に挙げた各種パロメータから見る限り（表1を参照）、このような理解は、ある程度妥当だと思われる。アゼルバイジャンは、現在、政治・経済的にEU諸国との繋がりも強く、ロシアから一定の自立性を担保している。だが、一国単位で見た場合、現状でもロシアとの関係は極めて重要だと言えよう。

問題は、どのような経緯でアゼルバイジャンがロシアから一定の距離を担保しつつ、現在の関係を構築するに至ったのかという点にあろう。ウズベキスタンなどとアゼルバイジャンが決定的に異なるのは、この点、すなわち独立当初からナゴルノ・カラバフ紛争を通してロシアに強い警戒感を抱いてきたという点が指摘できる。

この警戒感は、カラバフ戦争発生時にロシアがアルメニアに対して武器や燃料を供与し、ロジスティクス面での支援も行ったこと、そしてこれによってアゼルバイジャン側が紛争で劣勢に立たされたこと、にもかかわらず、アゼルバイジャン政府はカラバフ和平においてロシアの仲介に頼らざるを得なかったことに因る。また1993年のエルチベイ大統領（第二代大統領）の失脚に見られたようにアゼルバイジャンの内政にロシアが干渉したこと（クーデタを実施したヒュセイノフ大佐に対してロシア軍は武器を供与したと言われている）もロシアへの警戒心に結びついている。

アゼルバイジャンがCISやCSTOに加盟した背景にも、あるいはGUAMを結成しCSTOから脱退した背景にもカラバフ紛争を起点としたロシアとの複雑な関係（警戒感を持ちつつも頼らざるを得ないというアンビバレントな関係）がある。アゼルバイジャンもこのような状況を良しとせず、1990年代にはジョージアのシェワルナゼ政権のようにチェチェン独立派と一定の関係性を保持することでロシアとの交渉材料を見つけようと試みた（第45章参照）。しかし、このことは第二次チェチェン紛争

（１９９９〜２００２年）が発生する過程で裏目に出ることとなった。

第二次チェチェン紛争が発生すると、ロシアのメディアは武器やテロリストがジョージアやアゼルバイジャンからチェチェンに流入していると報じ、アゼルバイジャンではロシア軍による空爆の可能性が噂されるなど警戒感が強まった（１９９９年9月28日付『ゼルカロ』紙）。その後も同様の報道が続くと、H・アリエフ大統領は「ロシアのメディアはこの半年間、アゼルバイジャンとチェチェンの関係についてデマばかり報じている」と批判した（２０００年3月28日付『独立新聞』）。だが、以後もロシアのメディアが「チェチェン独立派大統領はすでにバクーに潜伏中」などと報じたため、都度、アゼルバイジャンのメディアは過敏に反応する状態が続いた（２０００年8月22日付『ゼルカロ』紙）。

結局、アゼルバイジャン政府は、２００１年1月のプーチン大統領のバクー訪問と前後してチェチェン独立派代表部を閉鎖し、独立派兵士をロシア側に引き渡すなど対露協力に舵を切った。このような対応は、ジョージアが以後もチェチェン問題を対露交渉材料として利用しようと試みたことと対照をなす。ジョージアはその後、２００２年8月に自国領内（チェチェン難民が多数逃れて来たパンキシ渓谷）をロシアに空爆されることになる。

このようにアゼルバイジャンは、90年代にはロシアに反発しつつも自立できない状態にあったが、２０００年代には対露関係は大きく変化を遂げ、現在は欧米露の間でバランス外交を展開することに成功している。これが可能になった背景には、エネルギー部門を中心とした西側諸国との経済協力、そして石油価格の高騰による安定的外貨収入の確保などが挙げられる。２０１２年のガバラレーダー基地の借賃更新交渉におけるロシアへの強気の姿勢（それまでの年間７００万ドルから3億ドルに賃借料を引き上げるように要求）もアゼルバイジャンがロシアから政治・経済的に自立した結果と見ることができるかもしれない。

ただ、アゼルバイジャンは政治面では西側と決して良好な関係があるわけではなく、人権や民主主義、法の支配という文脈で批判されることも多い。また政治体制の面では、欧米諸国よりもロシアとの間に類似点が多いことも忘れてはならない。2015年にI・アリエフ大統領は、「外国機関はバクーにおける新たなマイダン（ウクライナ政変を指す）を実行するためにNGOを通して何百万ドルという資金を使っている」と述べたが、これはプーチン政権が西側諸国による体制への批判に対して反論する際のロジックと見事に一致している。

ウズベキスタンなどバランス外交を展開する旧ソ連諸国は、欧米の批判が体制へと向かうと、ロシアとの協力に回帰するという「振り子の現象」が見られる。またロシアと欧米で協力する分野を棲み分けるということも見られる。アゼルバイジャンにおいてもロシアとの協力に回帰しつつ、欧米とのバランスをとるという選択肢は、状況次第ではあり得るわけだが、欧州諸国との経済的結びつきがウズベキスタンなどと比して強く、またロシアに対してもカラバフ問題で一定の警戒感を抱えているという意味において、「バランス」の舵取りはより困難なものだと言えよう。

（富樫耕介）

45

北コーカサスとの関係

★連帯と警戒★

アゼルバイジャンは、ロシア連邦のダゲスタン共和国と国境を接しており、北部地域に北コーカサス諸民族を抱えている。2009年の人口センサスによれば、その数はレズギン人が約18万人（人口の2％）、アヴァール人が4万9000人（同0・6％）、ツァフル人が1万2000人（同0・1％）などとなっている。これらに加え、一時期は1万人前後のチェチェン難民が滞在していた（第27章参照）。

アゼルバイジャンと北コーカサスの関係は、二つの側面を持っている。一つは、北コーカサス諸民族がアゼルバイジャンにとって連帯や協力の対象になるというものであり、これはカラバフ紛争において観察することができる。もう一つは、北コーカサス諸民族がアゼルバイジャンにとって不安材料になるというものであり、これはチェチェン人やレズギン人の分離主義運動の影響から観察することができる。以下では、1990年代を中心にアゼルバイジャンと北コーカサス諸民族の関係を理解する。

まず、アゼルバイジャンにとって北コーカサス諸民族が連携や協力の対象となったカラバフ紛争の事例を見てみよう。カラ

第45章

北コーカサスとの関係

バフ紛争で劣勢に追い込まれたアゼルバイジャン政府（エルチベイ政権）は、北コーカサスの諸民族やムスリムに支援を求めた。これにより、チェチェンや中央アジア、そしてアフガニスタンからの義勇兵が、テュルク系の急進民族組織「灰色の狼」と共にアゼルバイジャン側で戦闘に加わった。その中には、後にチェチェンの著名な急進的指導者となるシャミーリ・バサーエフの姿もあった。

カラバフにおける北コーカサス諸民族の協力は、アゼルバイジャンの勝利には結びつかなかったが、ロシアがアルメニアを後押し、苦戦を強いられていた中でアゼルバイジャンにとって貴重な支援となった。カラバフで共に闘った北コーカサス諸民族とムスリム義勇兵は、その後、アブハジア紛争にアブハズ人側で参戦し、その一部は、アミール・ハッターブに見られるように第一次チェチェン紛争に加わることとなる。このようにムスリムの解放やコーカサス諸民族の連帯を訴え、紛争地を転々とする勢力は、カラバフ紛争が停戦に至り、国内の安定を目指すアゼルバイジャン政権にとって不安材料になった。

アゼルバイジャンはエルチベイ政権下で、チェチェンのドゥダーエフ政権と連携していたため、カラバフ紛争においてチェチェンから支援を受けることができたが、第一次チェチェン紛争が発生すると、H・アリエフ大統領はチェチェンにいかなる支援も表明しなかった。ただ、急進的民族主義者が義勇兵としてチェチェンに向かうことは黙認し、またチェチェン難民も受け入れた。急進的な組織がチェチェンに向かうことを黙認したのは、単にカラバフでの旧恩に報いるためだけではなく、カラバフ問題で政権を批判しかねない過激主義的な勢力を国外に追い出そうとした側面もあっただろう。しかし、アゼルバイジャンにはチェチェンに同情的な世論があったのも事実である。

例えば、第一次チェチェン紛争開戦前にチェチェンで開催された民族大会に参加したバクーからの使者は100万人のムスリム兵による救援を主張した（1994年8月11日付『独立新聞』）が、100万人とはカラバフ避難民の数であり、発言は「カラバフの恩を忘れない」という意思表明と理解できる。

3 июля 1997 года Цена 500 манатов

УЧРЕДИТЕЛИ — УПРАВЛЕНИЕ ДЕЛАМИ ПРЕЗИДЕНТА АЗЕРБАЙДЖАНСКОЙ РЕСПУБЛИКИ И РЕДКОЛЛЕГИЯ ГАЗЕТЫ

ОБЩЕСТВЕННО-ПОЛИТИЧЕСКАЯ ГАЗЕТА

ПРЕЗИДЕНТ АЗЕРБАЙДЖАНА ГЕЙДАР АЛИЕВ ОТБЫЛ С ОФИЦИАЛЬНЫМ ВИЗИТОМ В МОСКВУ

ПРЕЗИДЕНТ АЗЕРБАЙДЖАНА ГЕЙДАР АЛИЕВ ПРИНЯЛ ПРЕЗИДЕНТА ЧЕЧЕНСКОЙ РЕСПУБЛИКИ ИЧКЕРИЯ АСЛАНА МАСХАДОВА

ЗАКОН
АЗЕРБАЙДЖАНСКОЙ РЕСПУБЛИКИ
О ВНЕСЕНИИ ДОПОЛНЕНИЙ В НЕКОТОРЫЕ ЗАКОНОДАТЕЛЬНЫЕ АКТЫ АЗЕРБАЙДЖАНСКОЙ РЕСПУБЛИКИ В СВЯЗИ С ОБЪЯВЛЕНИЕМ ДНЯ НАЦИОНАЛЬНОГО СПАСЕНИЯ АЗЕРБАЙДЖАНСКОГО НАРОДА

В БАКУ ПРОЙДЕТ МЕЖДУНАРОДНАЯ ЭКОЛОГИЧЕСКАЯ КОНФЕРЕНЦИЯ

В АМЕРИКЕ ЖДУТ ГЕЙДАРА АЛИЕВА

УКАЗ
ПРЕЗИДЕНТА АЗЕРБАЙДЖАНСКОЙ РЕСПУБЛИКИ

ОЧЕРЕДНЫЕ ОТРЫЖКИ АРМЯНСКОГО ЛОББИ

マスハドフ・チェチェン独立派大統領の訪問を報じる新聞『バクーの労働者』

また96年1月にはアゼルバイジャンの新聞が「コーカサス民族解放運動」と名乗る組織の過激な投書（チェチェンで10万人以上が殺害されたと主張し、西側諸国の介入とロシア軍の撤退を要求、叶わない場合は石油パイプラインを爆破する）を掲載する（1996年1月13日付『ゼルカロ』紙）などした。

第一次チェチェン紛争が終了するとアゼルバイジャンとチェチェンの関係は大きく前進した。チェチェンのマスハドフ政権が積極的な「外交」政策を展開し、コーカサス諸国との協力を優先課題として掲げたためである。もともとアゼルバイジャンとチェチェンは石油パイプラインで繋がっており、チェチェンに和平が訪れることでソ連解体後ストップしていたパイプラインを復旧させることが重要な課題となった。マスハドフ大統領は、石油パイプラインを軸としたコーカサス域内の経済協力を主張し、H・アリエフ大統領にも協力を求めた。こうして1997～99年には南北コーカサスの対話が活性化した。バクーにチェチェン代表部が設置され、積極的に活動を展開したのもこの時期である。しかし、協力構想は実現に至らず、第二次チェチェン紛争の発生を見ることとなる。

その後のアゼルバイジャンと北コーカサスの関係には、あまり大きな展開がない。一つにアゼルバイジャンがジョージアと異なり、北コーカサスに不干渉の姿勢をとっていることが原因と思われる。例えばジョージアではサーカシヴィリ政権下でも北コーカサスとの繋がりを強化することで、ロシアに圧力を行使しようと試みた時期があった。だが、アゼルバイジャンでは、90年代末にこのような政策が対露関係の足かせとなった経験（第44章参照）があり、現状、北コーカサスの民族共和国との交流はあるものの、積極的に北コーカサスの諸民族に関与しようとしていない。

もう一つは、急進的なレズギン人の民族運動に見られるように北コーカサスとの繋がりが不安材料になり得ると政権に認識されていることが原因である。レズギン人の民族組織「サドヴァル」は、ダゲスタンとアゼルバイジャンに分かれたレズギン人地域の統一（レズギン共和国設立）を主張し、分離主義的運動を展開して来た。1994年にはバクー地下鉄爆破事件を実行したとされ、このような北コーカサス系の民族主義・分離主義組織の動向をアゼルバイジャン当局は強く警戒しているのである。

1990年代のアゼルバイジャンと北コーカサスの関係は、ウクライナ危機や「イスラーム国」問題を考える際にも重要な意味を持つ。例えばチェチェン系ディアスポラ組織の一つである「自由コーカサス」連合は、2014年3月にウクライナ支援の名目で「ドゥダーエフ国際平和維持義勇兵大隊」の創設を宣言したが、実はその副司令官にはカラバフ紛争時（1992年）にアゼルバイジャン国防次官を務めていたイサ・サイドィフも加わっている。またカラバフ紛争やチェチェン紛争に参加した「灰色の狼」がウクライナ側で内戦に加わっていることも確認されている。

「イスラーム国」については、諸説あるが、アゼルバイジャンからは最大で900人前後がシリアやイラクに義勇兵として向かったと言われる。アゼリ人部隊は、北コーカサスなど旧ソ連地域出身の部隊と連携しているとされ、実際に2014年に死亡が報じられたロフシャン・バタロフという司令官は、第二次チェチェン紛争に従軍した人物である。ジョージアから「イスラーム国」に参加したキスト人司令官の多くがチェチェン紛争に参加した者であるようにアゼルバイジャン出身の部隊もチェチェン紛争が結節点になっている可能性は否定できない。このように考えると、1990年代のアゼルバイジャンと北コーカサス諸民族の関係が持つ意味は決して過小評価されるべきではないように思う。

（富樫耕介）

46

GUAMとアゼルバイジャン

★反露とされるGUAM内でも中立を目指す★

ＧＵＡＭとは、ジョージア、ウクライナ、アゼルバイジャン、モルドヴァというメンバー国の頭文字をとった地域協力体である。各加盟国のその時々の状況や時の指導者によって、濃淡があるとはいえ、基本的に、加盟国は凍結された紛争ないし未承認国家問題、エネルギーや経済問題、政治的志向性のゆえに、「反露的」な国と見なされ、それが故にＧＵＡＭの性格は反露的だと認識されてきた。だが、ＧＵＡＭの活動は極めて不安定であり、その活発さは国や時期によって大きな差異があったし、近年は極めて停滞している。それでも、ＧＵＡＭはヘイダル・アリエフ外交の一つの遺産であり、またアゼルバイジャンのバランス外交を考える上で決して見落とせないものでもある。

ＧＵＡＭは１９９７年10月10日に、前述の４カ国により、ストラスブルグにおける欧州評議会にて正式に発足した。その発足の背景には、ロシアの国内事情も影響していたと考えられる。ロシアは１９９６年８月31日にチェチェン紛争で事実上の敗北を喫し、チェチェンと「ハサブユルト和約」を締結したが、その翌年にＧＵＡＭが結成されたことから、ロシアが弱っている時期をＧＵＡＭ構成国が好機と捉えたと考えられている。

ＧＵＡＭは、欧州とアジアを結ぶ輸送回廊の役割を果たしつつ、ＥＵとの統合を目指し、民主化、地域の安定、国際的・地域的安全保障に尽力することを目指して発足した。創設時の最も重要な課題は、「近い外国」への影響力を維持しようとするロシアに対抗するために、石油・天然ガスの輸送プロジェクトの推進とそれを補完するユーラシア輸送計画や通商を促進する計画との連携を進めることであり、地域協力体として発足したが、ゆくゆくは国際組織に発展させることが企図されていた。発足時の共同宣言には、既述の課題の他、欧州の機構との協力に加え、過激なナショナリズム、分離主義、国際テロリズムに反対しながら、主権尊重、領土保全、国境不可侵という立場を尊重して地域紛争の解決を目指すことも掲げられた。

ＧＵＡＭは政治経済を中心とした地域協力体で、何に対しても敵対しないというスタンスを強調しながらも、ロシアと多くの問題を抱え、ロシアが主導するＣＩＳ（独立国家共同体）安全保障条約から脱退した、もしくは未加盟である諸国によって構成されているため、諸外国からは反露的かつ軍事的性格を帯びたものと見なされてきた。それ故、ロシアと微妙な関係にあった米国はＧＵＡＭを強く支持し、ＧＵＡＭの解散の危機も何度も救った経緯がある。

ＧＵＡＭの重要局面には米国が関わったケースが多い。それが特に見られたのが、ウズベキスタンに関わる動きである。ウズベキスタンは１９９９年4月24日の米国・ワシントンＤＣにおけるＮＡＴＯ50周年記念祝典の際の会合でＧＵＡＭに加盟した（それ以後、ウズベキスタンの加盟中はＧＵＵＡＭと称された）。だが、その後のウズベキスタンの参加状況は極めて消極的であり、約３年間の活動休止期間を経て結局２００５年に脱退するも、それまで何度も脱退を表明し、米国に引きとめられていた経緯があった。なお、その会合の際には、共同宣言（ワシントン宣言）も署名されたが、それは、GUAMの方向性を確立する上で重要なものとなった。その内容は次の通りである。

①諸々の国際組織やフォーラムとの相互関係と多面的な協力の強化
②欧州・大西洋パートナーシップ委員会（Euro-Atlantic Partnership Council）やNATOの平和のためのパートナーシップ（PfP：Partnership for Peace）との相互関係の発展
③主権尊重、領土保全、国境不可侵、諸国の独立にかかわる紛争や危機の平和的解決のための相互協力の強化
④関係する法的基盤のもとで実質的な協力を強化することにより平和維持力を高める
⑤民族問題、分離主義、宗教的過激主義、テロリズムとの戦いでの共闘
⑥紛争地帯への武器輸送の防止ならびに、核やその他の大量破壊兵器の不拡散を強化するレジームを維持していくための効果的な協力
⑦TRACECA（Transport Corridor Europe-Caucasus-Asia）発展のために協力し、相互利益の拡大を目指す。
⑧相互利益となる問題に関する適当なレベルの定例会議の開催。

このように、GUAMは欧米と深く関わり、特に米国からの強い支援を受けていたのである。

創設当時のGUAMの活動については、メンバー国大統領の年次会談が活動の主軸とされ、その行政機能は各国外相委員会に委ねられているほか、各国から一人ずつ出されたコーディネータによって

構成される国家調整人委員会（Committee of National Coordinators：CNC）が実働的役割を担っていた。加えて、①電力工学、②輸送、③通商と経済、④情報科学とテレコミュニケーションズ、⑤文化、⑥科学と教育、⑦テロ・組織犯罪、麻薬撲滅との戦い、⑧観光という八つのワーキンググループが活動していた。

だが、各国の内政問題、対露関係などからGUUAMは度々危機に陥り、2000年ごろには、GUA（グルジア、ウクライナ、アゼルバイジャン）となったとまで囁かれた。

ただ、アゼルバイジャンのGUUAMへのコミットメントがこの時期、一番深かったのもまた事実である。特に、当時、アゼルバイジャンとジョージアの大統領だったのは、ヘイダル・アリエフとエドゥアルド・シェワルナゼであり、共にソ連時代にクレムリンで活躍した経緯があり、それはコーカサス出身者としては極めて珍しいことだった。そのような二人の結束は強く、GUAMにおいても強い協力関係を維持していた。だが、アゼルバイジャンは、2003年にヘイダル・アリエフが死去し、息子のイルハム・アリエフが大統領になって以降、GUAMとの関わりを極力抑えていくようになる。

他方、2003年のジョージアの「バラ革命」、翌年のウクライナの「オレンジ革命」を経て、グルジア、ウクライナの反露・親欧米の傾向が特に強まりGUAMはまた盛り返しを見せていくことになる。05年4月のキシナウ・サミットにはルーマニア、リトアニア両大統領、米国務省やOSCEなどからのオブザーバー参加があり、この会議では、GUAMの黒海地域への拡大が高らかに謳われた。さらに、翌06年5月23日にはGUAM首脳会談がキエフで開催され、GUAMは拡大・改組された。「民主主義と経済発展のための機構GUAM（ODED・GUAM）」の創設宣言が調印され、地域機構として生まれかわり、事務局もキエフに設置されることが決まったのである。そして、更なるロシアの影響力排除と親欧米化・トルコ、東欧との接近路線を追求することで合意し、民主主義の拡大、自由貿易圏の創設、EU、NATOと安全保障面などで協力することなどを謳い、欧州への統合を改めて強調したのである。ウクライナ国防相はGUAM平和維持軍創設をも提案したほどだった。

ただ、GUAMが再び盛り上がる中、アゼルバイジャンのみが他の三国と異なる姿勢をとるようになっていった。ロシアを刺激することを避けるべく、他のGUAM諸国に（ロシアを介さない形で）エネルギー供給を行っていくことを約束しつつも、「ロシアとの関係改善に（アゼルバイジャンは）協力する」とも公言し、双方の「仲介役」という立場を確立しようとしていったのである。ロシアは、GUAMへの反発を強めていたので、アゼルバイジャンのバランス外交が花咲くこととなった。

また、ジョージアとウクライナが主導し、GUAMに源流を持ちながらも新たな方向性を見出すために民主的選択共同体（CDC）が2005年12月に創設された。CDCには多くの欧米諸国が参加を表明した一方、アゼルバイジャンはオブザーバーとしての関わりを持つにとどめた。ただし、CDCは早期に停滞し、すでに事実上消滅したと言ってよい。

現在のGUAMの活動は主に経済部門に限定されてはいるものの、定期会合は開催され続けており、新シルクロード計画などでの協力や包括的自由貿易協定締結プロセスも進められている。

このようにGUAMは旧ソ連の反ロシア的な動きの一つである一方、アゼルバイジャンの外交から見ると、バランス外交の象徴でもあるのである。

（廣瀬陽子）

VIII

文　化

Ⅷ

文化

47

宗教

★２宗派の共存★

アゼルバイジャンには固有の宗教・宗派はなく、90％以上がイスラーム教スンナ派と十二イマーム派シーア派、数％がキリスト教の各派、残余はユダヤ教やゾロアスター教と極めて少数の非伝統宗派信者である。憲法上アゼルバイジャン共和国は完全な世俗国家であり、憲法第48条で、宗教実践、選択、無信仰、宗教批判の自由が保障されている。これを受けた１９９２年法では、宗教活動の自由は万人に認められている。但し、国家行事に宗教者は動員され、イスラーム教の二大祭典は国民の休日である。また、兵士はコーランによって国家に忠誠を誓う。

聖職者養成は国内の数大学および分校で行われており、モスク数は、２００５年段階で１３００堂宇に達し、イスラーム教徒の義務であるメッカ巡礼者数は年々増加している。イスラーム諸国連盟にも加盟している。２０１４年の調査では92・９％が実際に信者であると答えている。

イスラーム教スンナ派

イスラーム教徒の最大推測値約35％がスンナ派である。宗派と民族はほぼ一致し、スンナ派の大部分はレズギ人、アヴァル人、ツァフル人などのダゲスタン人（アゼルバイジャン先住のダゲスタン人）で、彼らは国の北部ロシアとの国境沿いに集中的に住んでいる。バクーに住む大勢のダゲスタン系住民は、以前絨毯博物館であったレズギ・メチェトを使用していたが、近年このモスクは閉鎖を命じられた。これはいわゆるワッハーブ派の活動を危惧してのことであった。

19世紀にはシールヴァーン地方にナクシヴァンディー派スーフィズムの重要な拠点があり、ナクシヴァンディー・ハーリディー派を起こしたハーリド・アル・バグダーディー（１７７６～１８２７年）の高弟イスマーイール・シラージッディーン・アル・クルドアミーリーとその二人の高弟ハンマド・サーレフ・シールヴァーニー、ハースムハンマド・シールヴァーニーを出している。ハースムハンマドの学統から、ダゲスタンの戦闘的ミュリディズムが生まれた。

20世紀の初めには、ヌーハにある地元の人々が大ジヤーラト・メフメト（ムハンマド）・エフェンディの墓所（マザール）と呼ぶ聖地を初めとして、カザフ、ギャンジャ、ザカタルイ、グバ、シャマヒなどにスンナ派の信者が巡礼する聖地があった。しかし、１９９６年にナスフ・ムハッマド・エフェンディが死亡するとアゼルバイジャン共和国にはナクシュバンディー派のシャイフが絶えた。１９９０年代にトルコの外交官ファルマン・ダミルオウルが教宣活動を行ったが追放され、信者はカザフ郡とナヒチェヴァンに逃れた。21世紀初めナヒチェヴァンではトルコから来たシェイフ・メフマン・ザーヒド・ゴトクンが秘密の活動を行っていた。熱心なシーア派信者が多い南東部ターリシュ地方では、イラン国境のターレシュ人の12村落だけがスンナ派である。クルド人はナヒチェヴァン西部に住む人々がスンナ派である。

コーカサス・イスラーム宗務局長シェイヒュルイスラーム、アッラーシュクール・パシャザーデ

イスラーム教シーア派（十二イマーム派）

アゼルバイジャン共和国の大多数、ムスリム人口の３分の２程がシーア派信者である。南コーカサスの全イスラーム教徒の指導者であるコーカサス宗務局の長シェイヒュルイスラーム、アッラーシュクール・パシャザーデ師（ターレシュ人）もシーア派である。ソ連崩壊後、隠されていた宗教的行事が表面に現れたが、ムハンマド・イブン・アブドッラーの孫フセインの殉教を悼むアーシューラー、ラマザン・バイラム（イードアルフィトル）、コルバン・バイラム（イードアルアドハー）、およびムハンマドの誕生日であるマウリド・アンナビーなどである。

集会の後には聖廟（イマームザーデ）に参拝するものもいる。非常に多数の聖廟が知られているが、某研究者は次の５カ所が重要であるとした。その第一はバクーの近くのショヴェレンのミール・モヴシム・アト・アガ（国内だけでなく国外からも参拝者がある）で、被葬者はミール・ブユクアガ・ミール・アブーターレブ・オグル・ミール・モヴセムザーデで、シーア派第七代イマームであったムーサー・アル・カーゼムの子孫であった。祖父ミール・モヴセムはイラクのキャルバラの生まれであるが、父ミール・アブーターレブは19世紀末バクーに移住した。ミール・モヴセムは１８８３年バクー旧市街のイチェリシェヒルで生まれ。１９５０年に死亡し、別荘があったショヴェレンに埋葬された。１９９２年にハージー・ニザームという人物が信者から多額の寄進を集めて、現在の聖廟を建てた。イマームザーデ信仰はイランにおいても正統的ではないが禁止もできないものであったが、アゼルバイジャンでも宗務局はこれに反対であった。しかし、ニザームは政権内に支持者（ヘイダル・アリエフ自身であろう）がいたので強行することができた。ミール・モヴスムは恐らくクル病のため自由に体を動かすことができなかったが、かえってそのために生前も死後も病気治癒の秘跡を行うことができると信じられている。第二のビビ・ヘイバットは、ムーサー・カーゼムの娘ハズラテ・ハキーマの墓廟である。ここもヘイダル・アリエフの保護があったと言われている。第三は、ナルダランの第八代イマーム、アリー・レザーの娘ラヒーム・ハーヌムの墓廟である。第四はギャンジャのイマームザーデ、別称キョイ（青い）イマームザーデであるが、第五代イマーム、ムハンマド・バーゲルの息子イブラーヒームの墓廟である。

アゼルバイジャン共和国においては、修道者はロウザハーンのデルヴィーシュ（マルシアハン、マッダヒとも呼ばれている）と呼ばれている。ロウザハーンは本来はフセインの悲劇の語り部のことである。19世紀と20世紀にアゼルバイジャン共和国には80人以上のデルヴィーシュがいたと言われる。最近の者は、ハージー・マシャディー・ヤシャル・ハサンオグル・ジャーヒディー・ナルダラーニー（１９５６年生）、ハージー・マシャディー・アギル・マルダキャニー（１９５２年生）、ハージー・ナズィル・トゥルキャニーがいて、アフレバイト教団を作っている。また、ブゾブナ村には多数のデルヴィーシュがいるが、ミュルシド（導師）と呼ばれているのはフセイン・イバードオッラーフ、アリー・スフバト・キュルダハーナイー、デルヴィーシュ・ハージー・アルズッラーフ、ハージー・サファ・マシュタギイー等である。

（北川誠一）

48

アゼルバイジャンにおける教育

——★ソ連型でも、欧州型でもない、第三の教育の可能性★——

アゼルバイジャンは、1991年の独立に伴い、教育の制度と政策を独自に打ち立てることになった。重要な教育課題は国民形成であり、民族アイデンティティの構築であった。近代の制度的な教育は、国民をつくることを目的としてきたから、独立国家は、当然、自前の国民づくりに取り組む。

1990年代にバクーを訪問し、教育省のリーダーたちにインタビューを行った。彼・彼女たちは、おおむね旧ソ連で教育を受けており、ソ連的なものをすべて壊すことには消極的で、良いものは活かし、悪い点は改めるという、言うなれば、効率的な改革路線をとっていた。学校を訪問すれば、独立の意気に燃える教師たちの姿が印象的であった。

独立前のソ連時代における教育改革によってアゼルバイジャンには世俗主義の学校教育制度が確立し、識字率が急速に向上した。1928年から初等義務教育が導入され、アゼルバイジャン語の綴りがアラビア文字からラテン文字に変わった。母語による普通教育はあったが、他方では、教育の厳しい中央集権化が行われ、その後表記もキリル文字に切り替えられた。アゼルバイジャン語を教授言語にする学校とロシア語による学校があり、保護者がどちらかを選択できたが、いずれの場合も、アゼルバイジャン語とアゼルバイジャン文化を除けば、事実上ロシア連邦のカリキュラムにしたがった学習が行われた。

アゼルバイジャン人のカドリーヤ・サリーモヴァ教授によるソ連教育の総括は、次のようである。ソ連時代、学校教育システムが確立され、就学前から高等教育に及ぶ教育施設数は増大した。子供のみならず成人の学習も促進された。だが、公的な学校教育における中央集権化が強まり、民族の特徴に基づく教育コンセプトは存在せず、人々は、民族の歴史や文化遺産から不自然に遠ざけられてしまったのである。

独立後の教育改革の主軸は、アゼルバイジャン国民をつくることであった。当然、アゼルバイジャンの歴史、地理、文学を以前よりも深く学ぶようになった。加えて、カリキュラム改革を行う理由は、次の課題に応えるためである。計画経済から市場経済への移行、世界教育システムへの統合、情報化時代の要請、新しい社会関係への対応など。これらの課題を遂行するために政策が打ち出されている。

学校教育の目標を憲法に探れば、憲法第42条で「すべての市民は、教育を受ける権利がある」と定められ、無料の普通中等義務教育を国家が保証する、とされている。同18条では、教育システムの世俗性が宣言されている。

アゼルバイジャンの学校体系は、初等教育が4年間、前期中等教育（基礎教育）が5年間、後期中等教育が2年間である。後期中等教育後には大学への進学の道が開かれる。就学前教育は、3～5歳の子どもたちを対象とし、幼稚園などで実施される。

独立後の教育改革における根底的な課題は、どのようにソヴィエト型教育から離れ、どのようなアゼルバイジャン化を達成するかであった。この観点から、教育改革の特徴を荒削りながら整理しよう。

第一に、教授言語と文字にかかわる政策である。教授言語は、アゼルバイジャン語あるいはロシア語であったが、最近は、ロシア語で教える学校が減少し、アゼルバイジャン語で教育する学校が増える傾向にある。アゼルバイジャン語による教育の増加傾向には、２００９年の新教育法によって教育機関の教授言語をアゼルバイジャン語にするという方針が打ち出されたことも大いにかかわっている。ロシア語からの離脱は、文字改革によっても促された。２００1年「国家語使用の改善に関する法」によって、表記がキリル文字からラテン文字に切り替えられたのである。ロシア産の教科書に頼らずにすむように、教科書の自前化も進展した。

なお、アゼルバイジャンは多民族国家なので、非アゼルバイジャン民族の言語の学習やその母語による教育にも配慮がなされている。

第二に、国際的に通用する人材の養成である。２００7年にアゼルバイジャン大統領による留学プログラムが立ち上げられた。優秀な人材を養成しようとする策である。ロシアを含む世界各地に学生を留学させ、教育費や奨学金を国家が負担する。留学した学生は、原則的には卒業後アゼルバイジャンにもどり、そこで職に就く。

第三に、教育のヨーロッパ・シフトの強まりを挙げることができる。２００5年にはボローニャ・プロセスに参加し、欧州高等教育圏構想に加わった。欧州的な知の様式を摂取し、人材交流を促進しながら、国際的に通用する人材を育てようとしている。ヨーロッパへの想いの強さは否めない。西欧への留学熱という点では、アゼルバイジャン人学生はロシア人学生をしのぐ、と教師たちから聞いた。

アゼルバイジャンで興味深いのは、ソヴェト型でも、ヨーロッパ型でもない、第三のアゼルバイジャン型教育が可能かもしれない点だ。歴史的に、地政学的に磨かれざるをえなかったバランス感覚が活かされているとも言えよう。ボローニャ・プロセスに参加したジョージアが、ソ連時代の初等・中等教育11年制を、ボローニャ・プロセスの求める12年制にすみやかに改めたのに対して、アゼルバイジャンは現在も11年制で、12年制への段階的移行を目指している。教育システムや教育行政はソヴィエト・ロシア的な要素を含み、留学や文化交流においてロシアとの関係はいまでも緊密である。他方、ヨーロッパ型教育へのシフトを強めつつある。効率的な多文化融合とも言える教育改革路線である。

アゼルバイジャンは、東と西の世界を結ぶ結節点である。この地政学的メリットを活かし、柔軟な国際感覚を持った人材が育つことを、サリーモヴァ教授は期待していた。ソヴィエト時代には、アゼルバイジャンではそうした人材養成が不十分であったからである。しかも、柔軟な、言い換えれば、他民族や他文化に寛容な国際感覚は、幸か不幸か歴史的に鍛えられた。トルコとイランとロシアに囲まれ、それぞれの文化が柔軟に摂取されてきた。

南コーカサスのジョージアおよびアルメニアと較べると、民族アイデンティティの資源は明瞭ではない。ジョージアとアルメニアには、文字、言語、宗教という明瞭なアイデンティティ構築の資源がある。これら資源は、それぞれの民族国家に固有のものだ。アゼルバイジャンはと言えば、言語は固有だが、文字や宗教は固有ではない。民族アイデンティティ形成にとってのこうした特徴を逆手にとれば、民族アイデンティティとグローバル・アイデンティティとの発展的融合の可能性がなくもない。

他民族・文化に寛容と述べたが、例外はある。ナゴルノ・カラバフ問題が示すように、隣国アルメニアとの亀裂は深い。領土問題から派生した教育問題が、国内避難民の教育である。人づくりは、国づくりや国際関係と深く結びついている。

（関　啓子）

49

トルコ語とは似て非なり

★アゼルバイジャン語のすすめ★

２０１４年に初めてバクーを訪問する機会を得た当時、筆者には多少のトルコ語の知識だけしかなかった。しかし、空港からバクー市内の中心地に向かうまで、至るところに見える文字はもちろんのこと、耳に入ってくるアゼルバイジャン語の音ですら、相当程度に理解でき（るような気がし）たのをよく覚えている。また、ある日アゼルバイジャンのテレビ放送を視聴していると、トルコから来訪したゲストがトルコ語を話し、それに対してホストのアゼルバイジャン人がアゼルバイジャン語で返答し、また質問をするという光景に驚いたこともある。

俗に「トルコ語の方言である」とすら言われるほど、基礎的な語彙体系、言語構造、文字表記なども含めて、様々な点でアゼルバイジャン語とトルコ語は多くの共通点を有している。例えば、以下のような比較的単純な文をアゼルバイジャン語、トルコ語で比べてみても、語彙・文法の両面で様々な共通点があることが分かる。

Ben kütüphanede kitap okuyorum.　（トルコ語）

Mən kitabxanada kitab oxuyuram.　（アゼルバイジャン語）

市街地の看板による宣伝広告（バクー、2017年３月撮影）

上記の例は「私は図書館で本を読んでいます」という意味の文を両言語で表したもので、両言語ともに①接辞の母音部分が前の母音に合わせて変化する「母音調和」という現象を示すこと、②語幹の後ろに接辞が一つ（以上）付加されていく、いわゆる膠着型の語構造をしていること、そして③いわゆるSOV型基本語順である、といった共通の特徴がある。ただ、アゼルバイジャン語では動詞によっては目的語などに先行する語順が好まれる場合も多く、このあたりに周辺言語の影響も見てとれる。その他、先ほどの例の対比では見られないが、アゼルバイジャン語では特に口語では諾否疑問文を表す助詞が現れにくいこと、述語に付加される人称（誰がその動作を行うか）を表す語尾の形もわずかに異なるなどの違いがある。また、詳細な説明は紙幅の都合上割愛するが、トルコ語では tuz「塩」、kız「娘」といった語が、アゼルバイジャン語ではそれぞれ duz, qız となるなど、両者には多くの語彙において無声音・有声音の対応関係が見られる。

アゼルバイジャン語はテュルク諸語、なかでもトルコ語、ガガウズ語、トルクメン語などが属する南西語群（オグズ語群）の一つである。アゼルバイジャンで公用語として使用されている北部アゼルバイジャン語と、イラン西北部を中心に使用されている南部アゼルバイジャン語の話者とを同一の言語であると見なすと、言語話者は少なく見積もっても２０００万人以上と推定される。この話者数は、テュルク諸語内での話者数の多さという点においても、中央アジアを中心に話されているウズベク語に匹敵する言語勢力と言えるであろう。南部・北部それぞれのアゼルバイジャン語は、社会的には同一言語の下位区分として認識されることが多いが、文法の細部では互いに異なりつつあることも指摘されている。また文字による表記も、北部アゼルバイジャン語はラテン文字、南部アゼルバイジャン語ではアラビア文字を使用するという違いがある。本章では、特に北部アゼルバイジャン語に話を限定したい。なお、北部アゼルバイジャン語は伝統的にさらにいくつかの方言に分類されており、一般にアゼルバイジャン語というとき、東部方言に属するバクー方言を指していることが多い。

現代アゼルバイジャン語の文字表記には、ラテン文字（ローマ字）を基礎としていくつかアゼルバイジャン語固有の音韻を表すための改良された字母などをあわせて、計32（子音23文字、母音9文字）の字母を用いる。このラテン文字表記は、１９９１年にソ連の崩壊に伴うアゼルバイジャン共和国の成立と時期を同じくして制定されたものである。制定以降もしばらくはラテン文字表記とキリル文字表記が事実上併用的に使用されていたが、２００１年には、１９９１年に制定されたものをわずかに改良したラテン文字表記の使用が法令で定められた。

現在もキリル文字表記がわずかに残っている（バクー、2016年１月撮影）

さてアゼルバイジャン語は、20世紀の間に度重なる文字表記の変更を経験していることがよく知られている。１９２０年代までは、この言語の表記にはアラビア文字が使われていたが、アーフンドザーデ（M. F. Axundov）などの知識人によってアラビア文字に代わる別の文字体系の必要性が主張されていた。１９２０年代に入ってから文字体系の変更が本格的に議論の

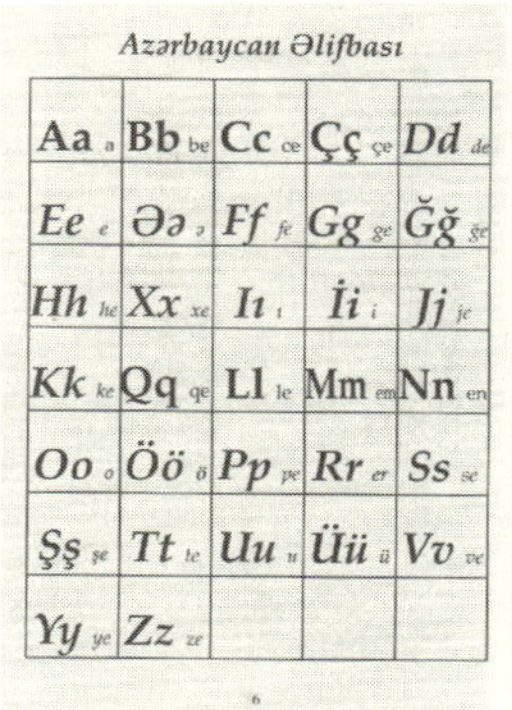

現行のラテン文字アルファベット（Rəhimov & Cəfərova, 2012. Azerbaijani-English Dictionary より）

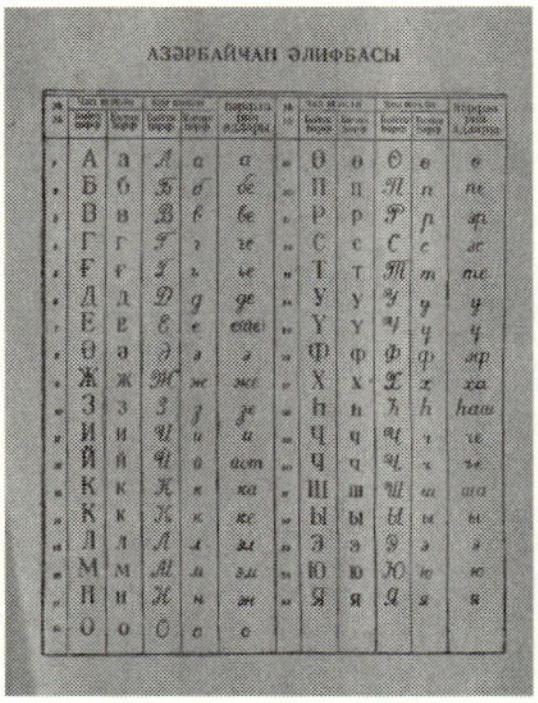

1955年時点のキリル文字アルファベット表（アゼルバイジャン科学アカデミー、1955年）

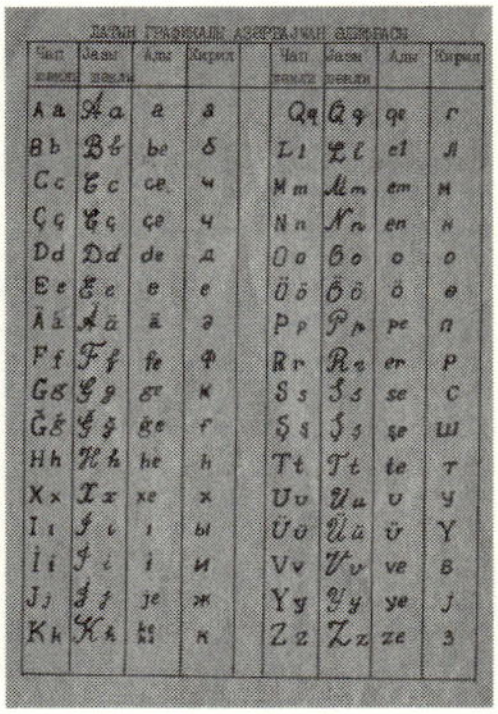

1992年に発行されたブックレット記載のラテン文字アルファベット表 (Məmmədov & Rəhmanov, Latin qrafikalı yeni Azərbaycan əlifbası, 1992年)

組上にあげられ、1929年1月1日からアラビア文字使用を完全に廃し、ラテン文字の使用が正式に承認された。この文字体系は現在使用されているラテン文字とは異なる部分があり、たとえば現行のラテン文字でG (g) に相当する文字としてƢ (ƣ)、J (j) に対してƵ (ƶ)、Ö (ö) に相当する文字としてƟ (ɵ) が使用されているなどの違いがある。

しかしラテン文字表記の時代も長くは続かず、多くのその他のソヴィエト各共和国と運命を同じくして、1939年にはキリル文字を基礎とする表記体系に移行することが定められ、1940年から1991年まで、約半世紀にわたってキリル文字表記が使用された。ただし、その間も1947年には旧来ロシア語表記キリル文字にあったЦ (ц)（ツェー）の使用を廃止、1958年の改定ではЯ (я)（ヤー）、Ю (ю)（「ユー」）、Э (э)（エー）の使用を廃止、またЙ (й)（イー・クラートカエ）をJ (j) に置き換えるなどの変更が行われている。

1991年にソ連崩壊に伴いアゼルバイジャン共和国が成立すると、再びラテン文字化への移行が決まった。その後もラテン文字体系のうち、当初存在したÄ (ä)（現行ではƏ (ə）の大文字の見栄えや印字技術上の問題（または、同じく補助記号のあるÖ (ö), Ü (ü) の見栄えについてはどうか）などの論争がおこるなど、有識者の間でも様々な論争があったようである。しかし、ともかくアゼルバイジャン語の表記をラテン文字の使用に統一するべしというアリエフ大統領の政治指導により、2001年8月1日に文字表記に関する大統領令が公布され、アゼルバイジャン語はラテン文字表記に完全に統一された（なお、この8月1日は「アゼルバイジャン語とアルファベットの日」と制定されている）。わずか100年足らずの間に三度の変更を経たこれらの文字体系も、新たな文字体系が制定されたあと常に一定だったわけでなく、度々微調整が行われていることに、当時の人々が自分たちの言語、特にその表象である文字について常に強く意識を払い続けてきたことが伺える。

最後に、アゼルバイジャン語そのものに関心を向ける意義について述べておきたい。冒頭で述べたように、トルコ語とアゼルバイジャン語の類似性は度々指摘される。しかし、このことは決して「トルコ語ができれば、アゼルバイジャン語もできる」ことを意味しない（逆もまた然りである）。両者の類似点・相違点を精査するのはもちろんのこと、周辺言語との接触・相互影響がどのような現状であり、今後どのように変化していくかを見極めるなどの学術的課題がある。その他にもアゼルバイジャン地域研究の足がかりとして、アゼルバイジャン語に親しむことの意義を疑うものはいないであろう。しかし、日本ではまだアゼルバイジャン語を学習する環境はソフト・ハードの両面で十分とは言えない。よりよい学習環境を構築していくことこそ、私たちの今後の緊急の課題であると言える。（吉村大樹）

50

アゼルバイジャン文学

――――★ペルシア文化圏から離れて国民文学の確立★――――

アゼルバイジャン文学は、長い間ペルシア語文化圏内にあった。ニザーミー・ゲンジェヴィー（1141〜1209年）のようにペルシア語で著作した作家は、ペルシア語文学の古典作家と見なされている。彼の生誕地がアゼルバイジャンのギャンジャで一生涯ギャンジャから離れなかったことから、アゼルバイジャン人は彼を民族詩人として讃えている。アゼルバイジャン文学はペルシア文学の影響を長く受けてきた。15世紀からローカル言語で詩作や著作するようになる。16世紀以降、アゼルバイジャン文学が独立して発展するようになる。恋愛、家族愛、宗教心を題材に韻文が長い間文学の主流であった。19世紀後半以降、小説など散文が登場した。

トルコマンチャイ条約（1828年）により帝政ロシアとイランの間でアラス川が国境と定められた。これ以後アゼルバイジャンは帝政ロシアとイランに南北二分化されていくが、これは文化面にも大きな影響を与えている。北アゼルバイジャンが帝政ロシア支配下に入ると、トビリシにコーカサス総督府が置かれ、ロシア語に通じた現地人の行政官や通訳官を登用するようになった。彼らを通じてロシア文化やロシア文学がアゼルバ

近代文学の創始者アーフンドザーデ

イジャンに影響を及ぼすようになった。アーフンドザーデ（1812～1878年）は、通訳官としてロシア語に堪能で西欧文学やロシア文学に造詣が深かった。彼はモリエールを見習った喜劇や戯曲作品を著して演劇の創始し、アゼルバイジャン語のラテン文字表記を提案するなど文化の近代化に大きな役割を果たした。アーフンドザーデが始めた演劇は、ヴァジロフ（1854～1926年）、ハグヴェルディエフ（1870～1933年）がさらに発展させた。ザルダビ（1832～1907年）は1875年に新聞『エキンジ（農民）』を創刊した。この頃の文学の特徴はヨーロッパ的な啓蒙主義や合理主義を志向した。作風として、社会統合を阻害させていた、シーア派とスンナ派の対立を弱めるため、世俗主義的な傾向があった。サービル（1862～1911年）は諷刺詩人として知られ、詩集『ホプホプナーメ』は今でも版を重ねて人々に愛読されている。19世紀末から20世紀初めにサッハト、ガニザーデなどの作家たちとの交流を通じて創作に磨きをかけた。彼の諷刺詩は検閲をかわして掲載され、民衆に新鮮な刺激を与えた。サービルは諷刺詩をアゼルバイジャン文学の一つのジャンルに引き上げた功績は大きい。

　ロシア革命（1905～1907年）、イラン立憲革命（1906～1911年）、青年トルコ人革命（1908年）という三つの革命が文芸思潮や社会情勢に大きな影響を及ぼしている。ロシア革命期に出版規制が緩和され、アゼルバイジャンでも『イルシャド』、『ハヤト』など現地語による新聞発行が許可された。

ジャーナリズムが都市住民を中心に影響を与えた。グルザーデ（1866～1932年）は、有名な風刺週刊紙『モッラー・ナスレッディン』を創刊し、諷刺文学と風刺画を通じて、ムスリム社会に影響を及ぼした。この週刊紙はアゼルバイジャンのみならず、イラン、オスマン帝国、中央アジアの人々にも影響を及ぼした。1905年以後、アゼルバイジャン語の言語純化が大きなテーマであり、これにオスマン・トルコ語が影響を与えた。汎トルコ主義も文芸思潮のテーマの一つであった。ヒュセインザーデ（1864～1940年）は汎トルコ主義の代弁者として文芸誌『フユザト』を創刊し、汎トルコ主義的な文芸思潮を知識人に鼓吹した。

1917年のロシア革命によりコーカサスでも独立運動が起き、1918年にアゼルバイジャン民主共和国が独立した。独立により検閲のない自由な文学活動が盛んになると思われたが、独立は23カ月間しか続かなかった。1920年にソヴィエト政権が樹立されると、検閲が行われ文学にも制限が加えられるようになった。ソヴィエト政権は、ラテン文字導入や義務教育の普及を図り、識字率が向上して文学書の読書層が拡大している。30年代のスターリンの粛清により、ジャーヴィド、ムサイェフ、シャフバジなど作家同盟の著名な作家が犠牲となった。大きな損失で文学活動を停滞させることとなった。それ以後、社会主義リアリズム文学が主流となって、社会主義規範の強制や共産党への絶対的な服従を強いることで、作家たちの芸術的な才能を萎縮させてしまい、文学を教条主義的な文学にしてしまった。ヴルグン、ジャバルリ、エッフェンディエフらは制約された環境下にありながらも民族文学の作家として活躍したが、作家同盟所属の多くの作家は共産党に奉仕させられる教条的・迎合的な文学作品を書いた。新聞や文学作品は検閲により、当局の意に反するような作品が出版されなかった。ソ連時代、イムラン・ガスモフ、マグスド・イブラヒムベヨフ、チンギス・ヒュセイノフはアゼルバイジャン語ではなくロシア語で発表しロシア人読者層を対象にした。

1986年代以降のゴルバチョフが推進したペレストロイカを支えたグラスノスチ（情報公開）により、連邦政府の各共和国に対する統制力が低下し、封印されていた民族問題が先鋭化した。アゼルバイジャンで発禁され封印されていた作家の作品が公開された出版された。ヴァハーブザーデ（1925~2009年）、ハズリ（1924~2007年）、ハサンザーデ（1931年~）は、アゼルバイジャンの主権回復と独立国家樹立をテーマとする作品を書いて、アゼルバイジャンの民族主義意識を覚醒させた。

1991年のソ連崩壊によりアゼルバイジャンは独立を回復した。その後経済的な低迷や社会的な混乱が続いたが、若い作家たちはソ連体制から解放された自由の雰囲気で新しい文学を創作しよう意気込みに満ちていた。若い作家たちは前衛文学同盟や自由作家クラブに集まって新たな文学の創作活動を始めた。90年代から活躍する作家として、グル・アグセス、カラジャ、ナジャフザーデ、ヘリスチなどがいる。2000年代からの作家として、エイプ、イェニセイ、トゥラル、ナルギス、ジャヴァンシールらがいる。同じ頃、石油収入の増加もあって社会が安定し始めると、サービル、ハジベヨフなど古典や名著が再版されている。作家たちは詩集や文学書を出版するなど文芸活動が盛んになっている。

（松長　昭）

51

織り込まれた歴史と暮らし

★アゼルバイジャンの絨毯と織物★

アゼルバイジャンでは古くから優れた絨毯（毛羽のあるもの）や織物（キリムなど毛羽のないもの）が生み出され、２０１０年にはユネスコの無形文化遺産に登録された。商業的に織られたものもあるが、遊牧民や定住民が生活の中で織ったものも多い。本章では、アゼルバイジャンにおける絨毯や織物の歴史と、その特徴について概観したい。

アゼルバイジャンやトルコ、エジプトなどで生産された絨毯は、14～15世紀には貿易を通じてイタリアをはじめ、ヨーロッパにもたらされた。羊毛で絨毯を織る伝統がなかったヨーロッパでは、それらは高く評価され、一部の特権的な人々に愛用されるとともに、宗教画や肖像画にも描きこまれた。アゼルバイジャンの絨毯のデザインには、地理的に近接し、文化的にも関係の深いトルコの絨毯と似ているものがある。そのため、絵画だけでは産地を特定できないが、カルロ・クリヴェッリによる「受胎告知」（１４８６年、ロンドン・ナショナル・ギャラリー所蔵）に描かれた絨毯は、アゼルバイジャンもしくはトルコのものと考えられている。

他方、アゼルバイジャンの絨毯には、ペルシア絨毯のデザインを範としたものもある。というのも、サファヴィー朝の支配下に置かれるなど、ペルシアの影響も受けているからである。その一例が、抽象化した龍と植物を全体に配置した「龍文絨毯」（図1）と呼ばれるもので、17～18世紀に織られたが、全体のパターンは17世紀サファヴィー朝ペルシアの「ヴァース絨毯」をもとにしている。

図1　絨毯（部分）、アゼルバイジャン、17世紀、メトロポリタン美術館所蔵（**22.100.122**）
©The Metropolitan Museum of Art, The James F. Ballard Collection, Gift of James F. Ballard, 1922

早くからオリエント絨毯が流入していたヨーロッパでは、１８７０年代から学術的な研究対象として絨毯が扱われ、博物館や美術館にコレクションが形成されていった。欧米で発展した絨毯研究において、アゼルバイジャンで織られた絨毯は、アルメニア、ジョージア、ダゲスタンで織られた絨毯とともに「コーカサス絨毯」に分類される。コーカサスの絨毯には、それを織った地域や部族の特徴が色濃く反映されており、その点が大きな特色となっている。

19世紀初めにコーカサスがロシア帝国に編入されると、そこで織られた絨毯や織物がヨーロッパをはじめ国際的に流通するようになり、生産量も増加した。アゼルバイジャンの織物は20世紀前半にヨーロッパ、特にドイツでテーブル掛などとして人気を得たが、その評判は20世紀後半にさらに高まり、コレクターや研究者による出版も増えた。そのため、アゼルバイジャンの絨毯や織物について深く知りたい場合には、ロシアや欧米で出版されたコーカサス絨毯についての書籍が手がかりとなる。なかでも、アゼルバイジャンの村々を回って古い絨毯や織物、袋物を長年集めたロバート・ヌーターの『コーカサスの絨毯と織物』（２００４年）は、貴重な情報を提供してくれる一冊である。

その地理的な位置からコーカサスの地には、テュルク系やイラン系などのほか、アルメニア人やロシア人など多様な人々が居住した。多くの遊牧民が生活していたが、ロシアによる支配が強まると定住化が進行したため、特定の絨毯や織物が遊牧民によるものか、定住民によるものかを見分けるのは難しい。

遊牧民、定住民のいずれにおいても、日々の生活の中で絨毯や織物を生み出すのは女性であった。女児は7～8歳になると母親が織るのを手伝いながら、その技術を身に付け、結婚前には自らの婚資となる数枚の絨毯や織物を織る。こうして特定の地域に伝わる伝統的なデザインや技法が母から娘、そしてその娘へと伝わったのである。

彼女たちが生み出した絨毯や織物は、壁掛や敷物としてのみならず、駱駝や驢馬の背にかけて運搬用とする袋（ホルジン）や、穀物などを入れる大型の袋（チュヴァル）、移動の際に寝具などの荷物を入れて駱駝に積む直方体の袋（マフラシュ）、小物や家畜に与える塩を入れる凸型の塩袋（ドゥズトルバ）

図２　馬飾り、アゼルバイジャン、19世紀後半～20世紀初め、メトロポリタン美術館所蔵（61.151.5）

などの袋物に仕立てられた。さらに、テント・バンドをはじめとする各種の紐類、馬や驢馬の飾りなどとしても使用された（図2）。袋物は、毛羽のないものが多いが、その技法にはキリムやスーマク、ジジム、ジリのほか、様々なものがあり、アゼルバイジャンにおける織物技術の高度な発展を示している。これらは現在、コレクター・アイテムとして欧米を中心に人気が高い。

アゼルバイジャンの絨毯や織物の人気の高さの理由に、そのデザインの多様性が挙げられる。その多くは各地域に伝統的なものだが、なかには、先述のようにトルコやペルシアの絨毯と関連するものや、ヨーロッパの染織品のデザインに影響を受けたものもある。デザインには、幾何学的で大胆なものもあれば、曲線的で繊細なものもあり、変化に富んでいる。

アゼルバイジャンで優れた絨毯や織物が生み出された要因としては、その材料となる羊毛と植物染料が現地で豊富に入手できることが挙げられる。1880年代ごろまでには化学染料が導入されたが、伝統的に黄色には福寿草や無花果の葉、赤や桃色には茜やコチニール、青色にはインディゴ、茶色には堅果の殻といった天然染料を用いており、明礬や塩などを媒染剤とした。天然染料による色糸は化学染料によるものよりも退色しにくいため、天然染料を用いたものであれば、かなり古いものであっても、その色合いは、澄んだ明るさとグラデーション、深みを併せ持っている。

絨毯や織物の生産は、現在でもアゼルバイジャンの重要な産業であり、政府はその保護・育成に努めてきた。そのため、20世紀半ばごろから、絨毯生産者を育成する教育機関や、古い絨毯を保管・展示する美術館が設置された。1967年に創立されたアゼルバイジャン絨毯美術館は、絨毯美術館としては世界最古のもので、2014年にリニューアル・オープンした。そのほか、歴史的な価値のあるアゼルバイジャンの絨毯や織物は、ヴィクトリア・アンド・アルバート美術館や、フィラデルフィア美術館、メトロポリタン美術館、ワシントンのテキスタイル美術館など、欧米の美術館にも所蔵・展示されている。それらの魅力を味わうことで、そこに織り込まれたアゼルバイジャンの歴史と人々の暮らしの一端を垣間見ることができる。

（鎌田由美子）

52

アゼルバイジャンの音楽と舞踊

★東洋と西洋が溶け合う多彩な表演芸術★

どの国でもそうであるように、アゼルバイジャンの音楽と舞踊は多様なジャンルが様々に混淆し複雑な様相を見せる。そうした中で同国の代表的な音楽を敢えて挙げるならばトルコ系民族の口頭伝承音楽アシュクと、イスラーム世界に広がる旋法理論に基づくムガームであろう。前者は２００９年、後者は２００３年ユネスコの無形文化遺産に登録された。アシュクは長棹の撥弦楽器サズを胸の前に構え『キョログル』などの叙事詩や日々の出来事・恋愛・政治風刺など時勢を弾き語る口承伝統の担い手を指し、イランやトルコにも見られる。高い声を震わせる独特の唱法が特徴の一つでもある。各種伝統打楽器やリード楽器バラバンなどが共に演奏することもある。民衆の中で息づいてきた音楽であり、セルゲイ・パラジャーノフ（１９２４～１９９０）監督の映画『アシク・ケリブ』（１９８８）では、アシュクの姿が伝説とともに描かれている。

一方、ムガームは宮廷や都市の教養ある階級に支持された。ムガームとは旋法体系、音楽様式を指し、イスラーム世界全体で共通基盤を共有する旋法理論に基づいた音楽である。ムガームの代表的な使用楽器はタール（撥弦楽器）、キャマン（擦弦楽器）、ガヴァル（一面円型枠太鼓）であり、これらを従えて歌い手が美声を披露する。アリム・カシモフ（１９５７～）は、１９９９年にユネスコより音楽賞を受賞している世界的にも高名なムガーム歌手であり、多くのＣＤで彼の美声を聴くことができる。

これらのジャンルに、ロシア併合以降吸収され始めた西洋音楽が加わる。西洋音楽は伝統音楽と様々な形で融合し、アゼルバイジャン独自の音楽スタイルが発展した。その立役者でもあり、アゼルバイジャン最大の作曲家として知られる人物がウゼイル・ハジベヨフ（１８８５～１９４８）である。彼は１９０８年、アゼルバイジャンにおける最初の作曲作品であるオペラ『レイラとマジュヌーン』を手掛けた。これは西洋音楽の作曲技法とムガーム音楽のエッセンスとを融合させた作品で「ムガーム・オペラ」と呼ばれ、その後も継続して様々な作曲家によって両者の融合方法が試みられる同国独特の作風の起点ともなった。ハジベヨフはその後もオペラを発表し、１９３７年に彼の代表作の一つ『キョログル』を作曲するなど、その後のアゼルバイジャンの国民的音楽スタイルを確立する。オペレッタ『反物はいらんかね』（１９１３）はムガーム的要素を含まず民謡に基づく旋律を応用している。同国における当時の社会的背景とりわけ女性が自発的に行動し始める様子が、作品全体を彩る甘美で明るい色調の音楽と軽妙なプロットで巧みに描写されている。後に８０カ国の言語に訳され、映画版も作成されているほど評価の高い作品でもある。

同作品では踊りのシーンをはじめ随所に「ウチュ・バダム・ビル・ゴス」と呼ばれ、独特の躍動感を持つアゼルバイジャンの代表的なリズム・パターン――ムガームにおいても民俗音楽においても頻出し、同国も含め南コーカサス三国でよく使われるリズムである――が用いられ、旋律のみならずリズムの面でもアゼルバイジャンらしさを印象づける。この作品中での踊りのように、アゼルバイジャンの代表的な舞踊には男女あるいは同性同士が身体を触れ合わせることなく両手を柔らかに用いながら踊る対面舞踊と、男性の勇壮な踊り——両者の呼称は多様だが、「レズギンカ」の名が最も有名なコーカサス全域で踊られる舞踊に属する——、そして「ヤッル」と呼ばれる連手の舞踊で、地方などにより様々な振りが存在する。「テレケメ」など女性が優雅に舞う舞踊も多数あり、女性が一面枠太鼓を用いながら踊る舞踊は代表的な踊りの一つである。国立舞踊団のレパートリーでは、ハジベヨフなど大作曲家の作品に振付を施すことでナショナリズムを高める機能を担っている作品も多い。

アゼルバイジャン国立オペラ・バレエ劇場

オイルブームで潤うバクーは急激な西洋化・近代化を遂げる。1900年代には閉じられたサロンの中で享受されていたムガーム音楽が公共の舞台で奏されるようになり、1909年の同国における初録音とともに、国内外の不特定多数の人々にも親しまれるようになる。演奏の場はさらに発展を遂げ、西洋音楽の分野でも1910年に国立フィルハーモニック・ホール、1911年に中東で初めて国立オペラ・バレエ劇場が設立され、国外からも多くの著名演奏者が訪れた。こうした環境の中でバレエも発展した。同国最初のバレリーナであるガマル・アルマスザーデ（１９１５～２００６）が主役を踊ったアフラシヤブ・バダルベイリ（１９０７～１９７６）の『乙女の塔』（１９４０）は同国最初のバレエである。他にガラ・ガラエフ（１９１８～１９８２）の『７人の美女』（１９５２）、フィクレット・アミロフ（１９２２～１９８４）の『千一夜』（１９７９）など様々な作品が今でも上演されている。トルコの詩人ナーズム・ヒクメト（１９０２～１９６３）の作品をバレエ化したアリフ・メリコフ（１９３３～）の『愛の伝説』（１９６１）はロシアを代表する振付家ユーリ・グリゴローヴィチ（１９２７～）が振付を手掛けた。同作品は国外でも成功を納め、現在でもボリショイ劇場のレパートリーである。

ハジベヨフは作風において後進に影響を与えただけでなく研究者でもあり、教育にも熱心で、自ら才能ある多くの若者を発掘し育てあげた。彼の著書『アゼルバイジャン民俗音楽の諸原理』（１９４５）は現在でも必ず参照される重要な研究書である。１９２１年の国立音楽院設立とそれ以降の音楽教育にも重要な役割を果たした。ハジベヨフは西洋式の音楽教育を導入し、ロシアから優秀な音楽家や教育者を招聘してスタッフを充実させ、西洋音楽のみでなく東洋音楽も学べるカリキュラムを導入するなど様々な工夫により、アゼルバイジャンの音楽教育水準をゼロから国際レヴェルへと驚くほどの短期間で引き上げ、１９４０年代に没するまで同音楽院の副学長・学長として教育と演奏水準の基盤を築いた。この発展にはロシア・ソヴィエト体制下による様々な影響も大きく、旧ソヴィエト圏に属さない唯一のテュルク系言語を国語とする隣国トルコの音楽シーンとは異なる発展を見せ、文化政策が芸術に与える影響とその結果を考えるうえでも興味深い。同音楽院には彼の名が冠されている。

１９４０年代以後は、ロシアの大作曲家ドミトリ・ショスタコーヴィチ（１９０６～１９７５）が、アゼルバイジャンにおける交響曲をはじめとした西洋古典音楽の発展に大きな貢献をした。彼に師事したガラエフは、伝統音楽と西洋音楽の融合路線から離れ、十二音技法他、20世紀の音楽技法を積極的にとりいれ、20世紀後半の同国における西洋音楽の発展に大きく寄与した。一方、アミロフはシンフォニック・ムガームなどで伝統音楽と西洋音楽の融合路線をさらに発展、ガラエフとは異なる形で同国の西洋音楽作風に大きな影響を与えた。他にも多くの著名な作曲家がおり、大作から小品まで様々な作品を残しており、こうした作品を収録したCDはNAXOSなどの国際レーベルでも入手できる。同国出身の著名な音楽家にはチェロ奏者のムスティスラフ・ロストロポーヴィチ（1927～2007）などが挙げられる。

同国の音楽で見逃せない別の大きな要素がジャズである。20世紀初頭のオイルブーム時代、バクーには国外からやってきたジャズ演奏者たちがカフェやレストランで演奏しており、その後もジャズの人気は衰えることがなかった。他の音楽分野における「西洋と東洋（伝統音楽）の統合」路線はこのジャンルにも及び、ムガーム要素を含んだ独特のジャズ・スタイルが発展した。1960年代以降この分野を発展させた重要な人物の一人に作曲家ヴァギフ・ムスタファザーデ（1940～1979）がいる。ヴァギフの娘であるアズィザ・ムスタファザーデ（1970～）も、ジャズ・ピアニストとして国際的に活躍をしている。彼女の作品の中には民謡やムガーム理論を織り込んだものも多く、独特の色彩を放っている。

（松本奈穂子）

53

アゼルバイジャン奇譚

★伝説と驚異に満ちた国★

大コーカサス山脈をその国土に擁するアゼルバイジャン。山深いこの地は、太古の昔から近代に至るまで、神秘に満ちた場所であり続けてきた。そのためもあって、アゼルバイジャンとその周辺部は、しばしば神話や奇譚の舞台となってきた。

例えば、アララト山。『旧約聖書』においてノアの箱舟が流れ着いた先とされるこの山は、現在はトルコ共和国の東端、アゼルバイジャン共和国の飛び地ナヒチェヴァン自治共和国との国境沿いに位置している。このナヒチェヴァンという地名も、「ノアのくに」を意味するペルシア語が語源とされる。箱舟から降りたノアが定住したのがこの地であると信じられているわけだ。ナヒチェヴァン市には、ノアの墓まで存在する。

ギリシアの伝承に登場する女性だけの部族、アマゾン（アマゾネス）の本拠地がこのあたりにあったという話も、広く信じられていたようだ。古くはストラボンの地理書などでそのように記されており、また、江戸時代の日本にも伝来した「坤輿萬《こんよばん》國全圖《こくぜんず》」でも、アゼルバイジャンの辺りには「女人国」と書かれている。その影響を受けて制作された江戸時代最大の世界地図「圓球《えんきゅう》萬國《ばんこく》地《ち》海《かい》全圖《ぜんず》」（１８０２年）にも同様の記載があるほ

ノアの墓

「洞窟の仲間たち」の洞窟

か、西川如見《にしかわじょけん》が『増補華夷通商考《ぞうほかいつうしょうこう》』（1708年）にて以下のように伝えている。「此國の人民總て女人《にょにん》なり。勇強にして善合戦《よくかっせん》すると云。國法にて春月《しゅんげつ》の間に男子を他國より入るとぞ。子を産する事あるに、男子なれば則《すなわち》之を殺《ころす》と云。」

『クルアーン』に関連する場所も、いくつか存在する。例えば、ナヒチェヴァン地方南部の山中には、いわゆる「洞窟の仲間たち」が眠りについたとされる洞窟がある。これは『クルアーン』の「洞窟章」第9～26節で語られる奇跡譚である。キリスト教の「エフェソスの7人の眠り人」に相当する物語で、信仰ゆえに迫害にさらされた数人の若者が洞窟に逃げ込んでそのまま眠りに落ち、弾圧の時代が終わった後に目覚める、という筋書きだ。

『クルアーン』に関連する場所としては、カスピ海沿岸、バクー市とグバ市の中間あたりに位置するベシュバルマグを挙げることもできよう。アゼルバイジャン語で「5本指」を意味する山で、その名の通り、あたかも手のひらのような奇観を呈する。イスラーム教の護符である「ファーティマの手」も連想さ

ベシュバルマク

せる荘厳な姿は、人々の心に訴えかけるものがあるようで、現地住民にとっての「聖地」となっていた。現在でも山頂に簡素な礼拝所が設けられているほか、麓には「フドゥル・ズィンデの聖廟《ピール》」と呼ばれる建物が立っている。

フドゥル・ズィンデとは、アラビア語でヒドルと呼ばれる人物のことである。『クルアーン』に彼が登場するのは、再び「洞窟章」、第60～82節においてである。

物語は、ムーサー（『旧約聖書』のモーセ）が「二つの海が出会う場所」を目指して、従者とともに旅立つところから始まる。彼らは途中、ある岩のところで休憩し、また少し歩いた後、持っていた魚を食べようとした。しかし、従者は、「あの魚は、先ほど岩のところで休んでいた時、海へと逃げてしまったようです」と言う。ムーサーは、その岩こそが「二つの海が出会う場所」であったことに気付き、来た道を引き返した。すると、岩のところで謎の人物と出会う。『クルアーン』はその名を記していないが、伝承は彼こそが聖者ヒドルであると語る。

さて、13世紀に編纂されたアラビア語の地名辞典『諸都市辞典』によると、シルヴァーン地方（アゼルバイジャンの北東部）に、「ムーサーの岩」あるいは「シルヴァーンの岩」と呼ばれる場所がある。記述の内容から見て、これはベシュバルマグのことを指していると考えられる。そして、これこそがムーサーがヒドルと出会った岩であり、魚が逃げた海というのは「ギーラーンの海（＝カスピ海）」であると、この辞典は記している。

第53章

アゼルバイジャン奇譚

さて、イスラーム世界では11世紀頃から博物学の作品、百科全書的な書物が編まれるようになり、そのなかで世界中の不可思議な現象や事物を集成した「奇譚文学」とも言うべき作品群が登場する。ここでは、そのうちの1冊、12世紀にペルシア語で書かれた『被造物の驚異と万物の珍奇』を取り上げ、そこで語られるアゼルバイジャンに関連する奇譚を紹介しよう。

例えば、アッラーン地方（アゼルバイジャンの南西部）は、マンドラゴラ（マンドレイク）の産地であるという。「人間のように巻き髪があり、その匂いは人を眠らせ、液汁は致死性の毒である。それを地面から引き抜く者は誰であれ死んでしまう」と記されている。また、マンドラゴラとは別の不思議な草も生えており、人がそれを身に帯びると体がよじれるほどに笑い出すが、捨てると今度は泣き出してしまうのだという。

また、シルヴァーン地方出身の人物が語った話として、同地方で飢饉が発生した際の出来事が伝えられている。それによると、飢饉が3年続いて動物も死に絶え、人々が為す術もなくした頃に、雨のように鳥が降り注いだのだという。鳥は「荒野や山を覆いつくすほど」に多く、それぞれの家の屋根に1億羽がひしめいていた。また、その鳥は黒スズメ（不詳）よりも大きく、飛ぶことができなかった。人々はそれらを殺して食し、また塩漬けにして保存することで、苦境から脱したのだという。もちろん、書物の中では、これは神の恩恵として語られている。

これは現代風に言えば「ファフロツキーズ現象」であろうか。魚やカエルといった動物が雨のように降り注ぐという、世界各地で語られる超常現象である。竜巻によるものとも、鳥が運んだものとも、単に誰かのいたずらとも言われる。また、飢えにあえぐ人々を救うために神が天から食物が下すという筋立ては、『旧約聖書』で語られる「マナ」を連想させる。いずれにせよ、降ってくるのが鳥というのは、非常に珍しい。

アーテシュギャーフ

奇譚のように語られた「事実」もある。15世紀にこの地を通りかかったロシア商人アファナーシイ・ニキーチンは、バクーには「燃え尽きない火炎が立っていた」（中沢敦夫訳）と短く語る。おそらくアーテシュギャーフのような、天然ガスが自然に点火した場所を指しているものと思われるが、記述が簡素に過ぎて、あたかも法螺話のようになってしまっているのが面白い。

また、17世紀のフランス商人シャルダンは、アゼルバイジャン付近を通った際にアーテシュギャーフの噂を耳にしたようだ。「巡礼に訪れる人びとには炎となって燃え上がる火が見えるということだ」と述べているほか、「全くの冗談だろう」と断った上で、「地面に穴を掘って、その上に鍋をおくと鍋が熱くなって中に入っているものが全部煮えてしまうともいっている」（佐々木康之・佐々木澄子訳）と伝えている。しかし、このあたりの地面を少し掘ればどこでも火が点き、調理用や灯火用として利用できたことは、現地を実際に訪れた様々な人々の記録から確認することができる。アゼルバイジャンには、シャルダンの想像を超える、冗談のような事実が存在したのだ。

（塩野﨑信也）

54

アゼルバイジャンの食文化

★食の十字路★

アゼルバイジャンの食文化は、トルコ料理、ペルシャ料理の要素を持ちつつ、またロシア料理の影響も強く受けており、文明の十字路にふさわしいものである。アゼルバイジャンにはレリクなど長寿村もあることから、アゼルバイジャン料理は長寿食だとも言われている。特に、長寿の秘訣とされているのが、たっぷりのハーブ、野菜とヨーグルト（なお、日本で市販されているカスピ海ヨーグルトはアゼルバイジャンのものと勘違いされやすいが、それはジョージアのアブハジア由来のものであり、アゼルバイジャンのものとは菌が異なる）である。アゼルバイジャンの食卓には、まずたっぷりの野菜（トマト、きゅうりなど）、季節のハーブ（ディル、タラゴン、バジル、コリアンダー、ネギ、パセリ、クレソン、ラディッシュなど）、ピクルス、ヨーグルトが並ぶのが基本である。朝食にはそれにチーズ、パン（ラバシュと呼ばれる厚めのナンのようなタイプのものが主流）、そして紅茶などを添えて済ませることが多い。ご馳走の時には、それらに様々なサラダも加えられた形で前菜となり、その後に様々な料理が続いていく。多くのアゼルバイジャンの料理には、多くのスパイス、ドライフルーツ、ナッツが用いられ、複雑で濃厚な味が醸し出される。アゼルバイジャンの料理を紹介すれば、枚挙に暇がないが主流なものを紹介しておきたい。

メインディッシュに使われる肉は羊、牛、鶏肉で、チョウザメや川魚なども用いられることがあるが、魚はあまり食べられない。

まずケバブ（串焼き）は欠かせない。羊、牛、鶏肉、チョウザメなどで作られ、ひき肉やひき肉に辛味をつけたものなどもある。肉類には様々なスパイスが用いられており、羊肉でも臭みがない。それに、スマックというスパイスやスライス玉ネギ、ザクロソースなどを添えて一緒に食べる。

次にドルマも日常的にもご馳走でも食べられるものであり、ひき肉と米を混ぜ、ハーブで味付けし、ぶどうの葉やキャベツの葉で包んで煮込む。その具材をトマト、ナス、パプリカ、ジャガイモなどに詰めて煮る野菜ドルマもよく食べられる。

ドゥシビャリャというハーブたっぷりの小型の水餃子も食されるが、水餃子のような料理はロシアのペリメニ、ジョージアのヒンカリなど大きさや形は違えど旧ソ連で広く愛されている。

また、鶏肉や魚に玉ネギ、くるみ、レーズン、その他様々な調味料を詰めたラヴァンギという料理は、南部で食べられる。

煮込み料理では、羊を玉ネギ、トマト、サフランなどで煮込んだゴヴルマ、羊の頭部・脚部などを煮込んだ濃厚なハシュなどが有名だ。

スープ（ショルバ）も多様である。陶器の壺で羊、野菜、ひよこ豆などを煮込んだピティ、ミートボール（キュフュテ）と野菜、豆などを煮込んだキュフュテ・ボズバシ、ラム肉でとったスープにヌードルを入れハーブを添えるスル・ヒンガル、鶏肉のスープであるトゥユク・ショルバ、ヨーグルトベースのスープにほうれん草、豆、米、肉などが入ったドーガ（季節によって暖かくしたり、冷たくしたりする）などが主なものだが、地方によってもさらに違いがあり、バラエティに富んでいる。

ピラフもアゼルバイジャン料理には欠かせず、40種類以上のレシピがあると言われているが、バターで炒めた後にスープで炊いたご飯に、肉と何種類ものドライフルーツをバターで煮込んだ甘いソースをたっぷりかけて食べるのが、最も主流である。ピラフへのアゼルバイジャン人の思い入れは深く、おもてなし料理に欠かせない。

また、普段の軽食として、揚げピロシキ、ドネルケバブ、グタブ（ハーブやひき肉などを入れて薄く焼き上げたクレープのようなもの）などもよく食べられる。

アゼルバイジャンの食文化においては紅茶も極めて重要である。トルコ式の小さなガラスの茶器が用いられることが多く、砂糖や飴、ジャムなどで甘くして飲むのがアゼルバイジャン流だ。茶の入れ方は、ロシア式のサモワールを使うなどして、濃く煮出したものをお湯で薄めるのが主流である。紅茶は万能薬ともされていて、例えば、喉の痛みには濃い紅茶でのうがいが、目の痛みには紅茶で目を洗うことが最善だと人々は言う。紅茶はアゼルバイジャンの名産物でもあり、「アゼルチャイ」は特に有名である。また、お茶は街中の露店の喫茶店である「チャイハナ」文化とも密接だ。チャイハナは主に男性が集う場所で、昼間から多くの男性が暇つぶしにチャイハナに集い、しゃべったりゲームをしたりしている。

菓子はトルコ文化の影響を強く受けており、ハルヴァ（小麦粉、ナッツ類、胡麻、果物などに油脂と砂糖を加えて固めた菓子）やノヴルーズに欠かせないパフラヴァやシェケルブラなど甘いものが多い。パフラヴァはトルコ菓子として有名だが、アゼルバイジャン人はバクーのパフラヴァは特別で、トルコのものとは別格だという。天板に生地をのせる職人が数人、刻んだくるみ、ヘーゼルナッツ、アーモンド、ピスタチオ、粉砂糖を混ぜたものを生地にふりかける職人も数人いて、それを繰り返して13～15層くらいにし、ひし形に切ってオーブンで焼くという、大勢の職人の連携作業によるアゼルバイジャン人の自慢の菓子だ。シェケルブラも月形のさっぱりしたクッキー生地にくるみのフィリングが入った菓子だが、周りにはクッキー生地がロープ状に飾りつけられ、面の部分は特製のピンセットで可愛らしく模様がつけられており、美しい。

また、アゼルバイジャンはイスラーム教徒が多数を占める国ながら、飲酒は盛んであり、ワインの名産地でもある。そもそも、コーカサスは葡萄とワインの発祥の地とされており、ジョージアで８千年前からワインが造られ始めたと言われているが、アゼルバイジャンでも紀元前7千年頃からワインが造られていたようだ。現在のワイン製造の技術は、ソ連時代、特に１９７０年代に発展したと言われる。82年には約２１０万トンの葡萄を生産し、そのほとんどをワイン製造に回していたが、ミハイル・ゴルバチョフの共産党書記長就任直後のアルコール禁止運動で一時ワイン産業は衰退した。しかし、ソ連解体後はワイン産業がまた復興し、２０１８年現在、17のワイナリーでワインが製造されている。アゼルバイジャンではギャンジャ、イスマイリ、シルヴァン、シャマヒ、トヴズの五大産地を中心に17種の葡萄が生産され、２０１２年時点で年間５００万リットルのワインを製造していた。独立後、アゼルバイジャンのワインは国際大会で27の賞を受賞しており、旧ソ連諸国のみならず、欧州や中国への輸出も確実に伸びていて、国際的な評価も上がってきている。

（廣瀬陽子）

コラム7

ノヴルーズ・バイラム

廣瀬陽子

ノヴルーズを祝う文化圏では、ノヴルーズが新しい年の始まりだとされる（他方、正月には祝辞的ムードはほとんどない）。そして、毎年、ノヴルーズの日に昼の時間と夜の時間が等しくなるように、厳密に暦が検討される。そのため、ノヴルーズ、および、クルバン・バイラム（犠牲祭）、ラマダンが何月何日になるかは、毎年元日に発表されるが、ノヴルーズについて言えば、日本の春分の日周辺（3月20～22日）となる。

ノヴルーズはアゼルバイジャンのみならず、イラン、トルコ、中央アジア（ナヴルーズという）などで、現在も祝われている。イスラーム教とは無関係である。ペルシア語の「新しい日」に起源するノヴルーズは、イスラーム化以前から祝われてきたもので、少なくとも紀元前三千年の古代メソポタミアにその歴史を遡ることができる。イスラーム教が１４００年前に伝来する前にペルシャ周辺で栄えたゾロアスター教信仰の伝統に深く根ざす多くの祝祭の一つである。

ノヴルーズは時代の変遷に伴って変化を遂げてきたが、現在のスタイルのノヴルーズはササン朝ペルシア時代に端を発する。春の「新年」の5日前から祝賀行事が始まり、この5日間に守護天使が人間に会いに地上に降りてくると言われ、夜には守護天使を導くために、家は掃除され、屋根に火が灯された。

ノヴルーズはソヴィエト時代には迫害され、公式には姿を消したが、ソ連解体後に公の祭日として再生した。

ノヴルーズの本質は、生命の覚醒、つまり再生を祝うことにあり、暗闇を支配する悪に対して善が勝利することを、寒い冬が活気と希望に満ち溢れた春によって取って代わられることになぞらえている。春の訪れを祝うノヴルーズは、暖かい日々の到来、自然の再生、農業活動の開始を意味するとされ、同時に様々な伝統的な儀式がなされる。

現在では、ノヴルーズ当日の四週間前から祝賀行事が始められる。厳密には四回の水曜日がそれぞれ、①水の水曜日（水が再生し、死んだ水が流される）、②火の水曜日（火が再生）、③大地の水曜日（大地が再生）、④最後の水曜日（風が木の芽を吹かせ、春が到来）とされ、祝われる。また、ノヴルーズ前の最後の水曜日には、火が焚かれ、人々がその上を跳び越す行事が行われ、子供たちは通りを走り回り、フライパンやポットなどをスプーンでたたきながら、家々のドアをノックし、もてなしてくれるよう頼む。このしきたりには「1年の最後の不幸な水曜日をたたき出す」という意味がある。そして、当日までに服を一式、新調するのである。

ノヴルーズの祝い方は地域ごとの特色があるとはいえ、日本の正月と似ている点が沢山ある。まず、この日を一番楽しみにしているのは子供達で、大人から多くのプレゼントや時にお金を受け取るのだが、それはお年玉に似ている。また、大掃除をして、食べ物がふんだんに用意され、儀式的に7品目が飾られることも似ている。そして、自然と人類の豊かな営みを象徴する「セメニ」と呼ばれる青々とした麦の若い苗草を赤いリボンで彩った飾りが日本の門松にあたる役割を果たしていると言える。ただ、アゼルバイジャンでは、セメニを飾るだけでなく、民族衣装を纏った女子が、セメニを手に持ったり頭に載せたりして踊る。また、紅茶で模様付けしたゆで卵、月、火、太陽をイメージした3種のお菓子（月：シャカルブラ［くるみのフィリングを薄い皮で三日月型に包み、模様がついている］、

ノヴルーズを彩るセメニやシャカルブラ、パフラヴァ、ショール・ゴカルなど

火：パフラヴァ［シロップたっぷりの甘いお菓子。前章参照］、太陽：ショール・ゴガル［ターメリックとフェンネルの種で味つけられたペストリーで甘くない］の３種）、多くの種類の干した果物やナッツ類が用意され、その他大量の民族料理を各家庭で大量に手作りして食べるのである。特に、バターで炒めた後にスープで炊いたご飯に、様々な干した果物、ナッツ類、肉類を煮込んだソースをかけるアゼルバイジャンの祝辞用ピラフは不可欠だ。

こうして、ノヴルーズ当日には、家族・親族が一同に会して食卓を囲み、外では爆竹が鳴り響く中、歌と踊りのとてもにぎやかな祭典が執り行われる。前述の食べ物には魔術的かつ儀式的な意味が持たされており、特に月、火、太陽をイメージした３種のお菓子は幸福のために全て食べなければならない。３種のお菓子はそれぞれ、とても大きく、かなり甘いものもあり、それだけでお腹が一杯になってしまうが、その他のご馳走もたくさん食べなければ幸せな一年を過ごせないと言われている。ノヴルーズでは飲酒は禁じられているが（本来であれば、イスラーム圏なので禁酒であるはずだが、日常的には飲酒は普通になされている）、みんな酔っ払っているかのように、このお祭り騒ぎは数日間続く。このように、アゼルバイジャン人にとって、ノヴルーズはとても大切な祝祭なのである。

55

石・煉瓦に刻まれた技術と文化

★アゼルバイジャンの遺跡めぐり★

イスラーム建築も、古代キリスト教会も、さらにはそれ以前の拝火教寺院も。

アゼルバイジャンではそれらは組積造《そせきぞう》、つまり石や煉瓦で作られている。固くて冷たい無機物ながらそれらは、過去の人びとの思想と技術と文化を、静かに語っている。

アゼルバイジャン各地には、墓廟と呼ばれる遺跡が残っている。10世紀以降、西アジア・中央アジアでさかんに造られるようになった墓廟には、土地を支配した権力者やその妻を祀るもの、またはイスラーム聖職者のためのもの、がある。形状としては、「方形墓廟（四角のボディにドームが乗る）」「八角形墓廟」そして「墓塔（多角形や円形の塔身に錐状屋根を乗せる）」に分類される（深見奈緒子氏による）。アゼルバイジャンではそのいずれもが残っており、その規模や技法の違い、デザインの変遷を楽しむことが出来る。

モミネ・ハトゥン廟（1187年）は、ハーン（主に遊牧民の君主を指す）としてナヒチェヴァンを支配したアタベク・エルテグスが妻モミネ・ハトゥンのために建設した多角形の墓塔である。ターコイズブルーの施釉タイルとクーフィ書体のアラビ

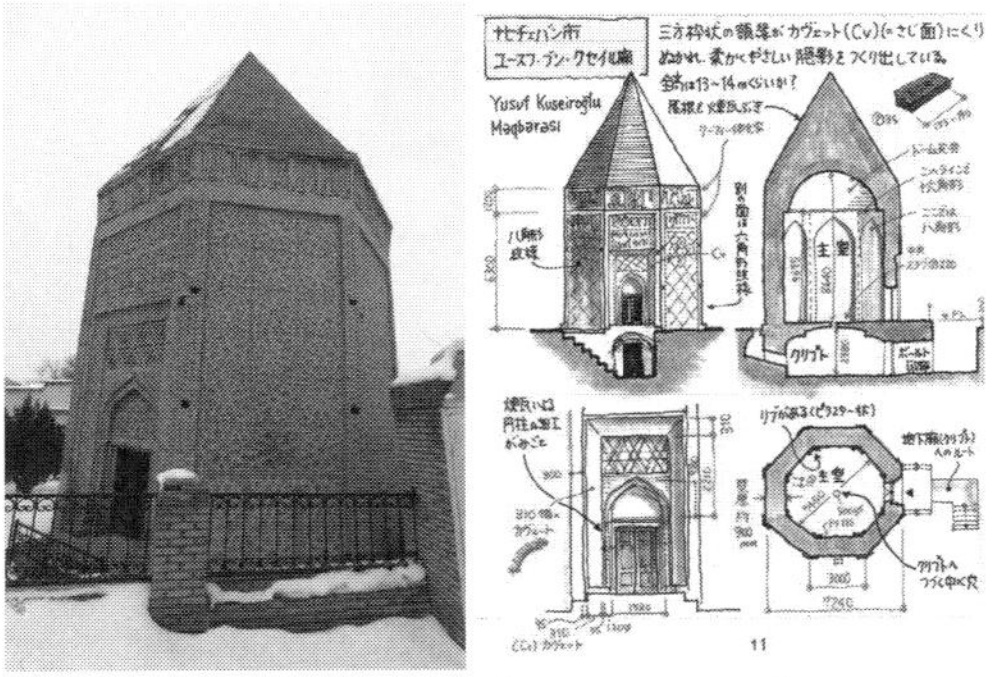

図２　ユースフ・ブン・クセイル廟

図１　モミネ・ハトゥン廟

ア語が映える。半地下になったアプローチはクリプト（納骨所）への階段だ。設計した建築家アジェミの作品としては、ここから６００メートルほど東にある**ユースフ・ブン・クセイル廟**（１１６２年）も。こちらはずっと小振りだが、基本構造は同じ。図２のように、やはりクリプトが地下にあり、主室は八角形で屋根も八角錐。青いタイルはないが、くすんだ色の煉瓦だけで星印やクーフィ体などをダイナミックに表現している。

似た造りとしては、例えば、中部のアグス市に残る**シェイフ・ドゥルスン廟**（１４５７年）も八角形と八角錐の基本形はそのまま。クリプトが無い単層構造だが、するどいクサビのようなシルエットは、余計なものをそぎ落とした美しさを宿している。

ところで、これらの壁は、内部も本当に石・煉瓦だけで出来ているのだろうか？　その手がかりは、シャマヒ郊外の**イエディ・グンバス廟**（18〜19世紀）にある。「七つのドーム」の名前の通り、丘の中腹にハーンの墓が残るが、原形を留めるのは３個のみ。残りは壊れているのだが、それゆえに壁の構造がよく分かる。きれいな切石は表面だけで、内部にはモルタルが充填されているのだ。「ラブル・コア」と呼ばれる構造で、ローマ的な「煉瓦＋モルタル技術」と、シリア的な「切石積み技術」が融合していると言える。「コーカサスは文明の十字路」という言葉を、建築からも実感できる。

図３　シェイフ・ドゥルスン廟

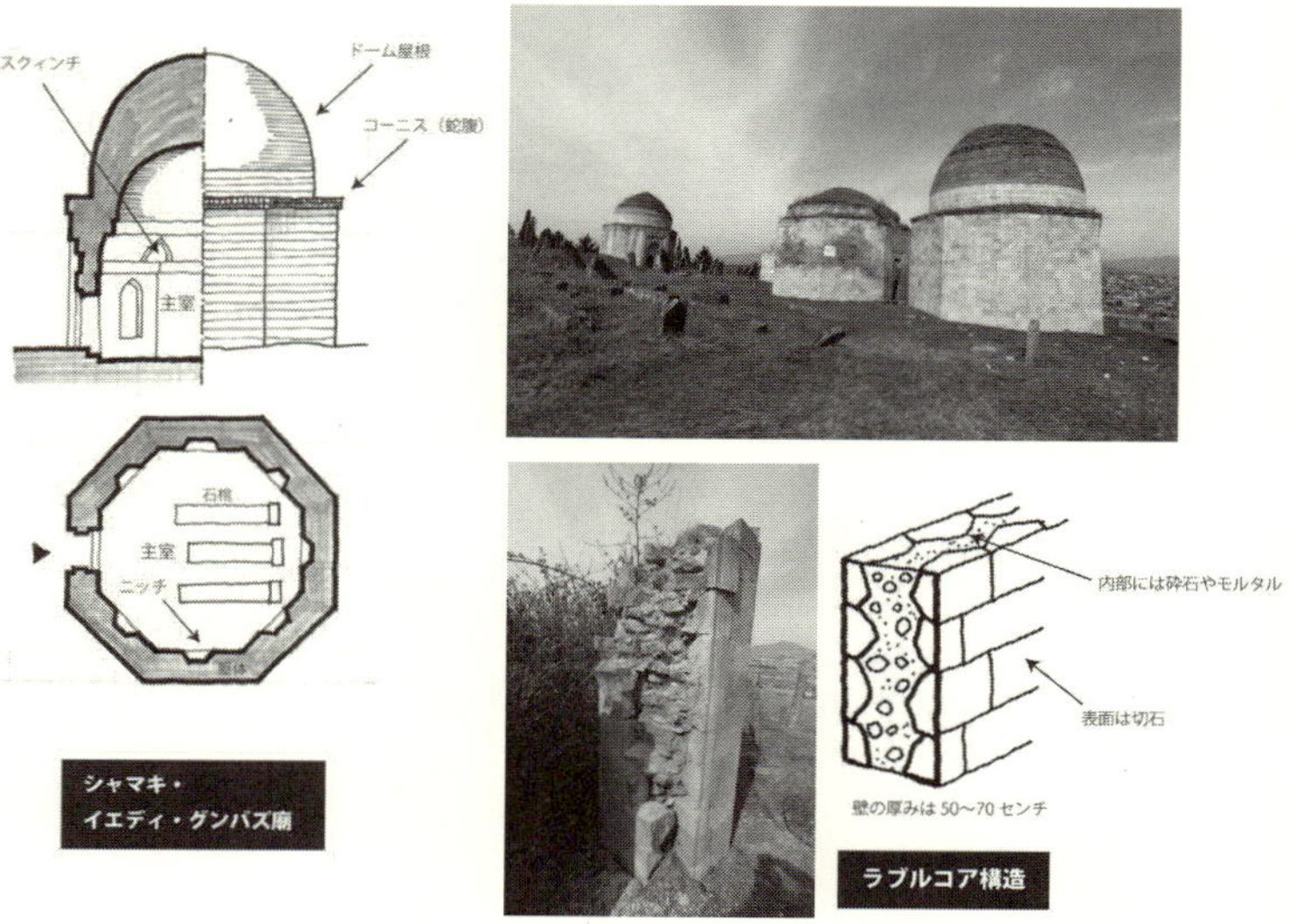

図４　イエディ・グンバス廟

さて、改めて建築の技術をふりかえりたい。

建築史とは「屋根の架け方の歴史」と言ってもいいのではないか。

重力に抗して少しでも大きく、高く、壮大な屋根を作りたい。それも身近な材料で。

特に宗教空間に求められた、宇宙を連想させる「半球ドーム」を「四角形の上に」乗せるための苦闘が、オリエントからヨーロッパの建築史の出発点でもあった。

　ここで忘れてはならないのがレンガや石積みなどの組積造での話だということ。日本のように太くて長い材木が少ないのだ。そこでローマ時代以前から使われていたのがアーチという手法。斜めにカットした石などを半円形の型枠に乗せていき、そーっと型枠をはずす【図5】。それぞれに荷重がかかるほどに密着し合う性質を活かした仕組みで、人類の偉大な発明の一つである。

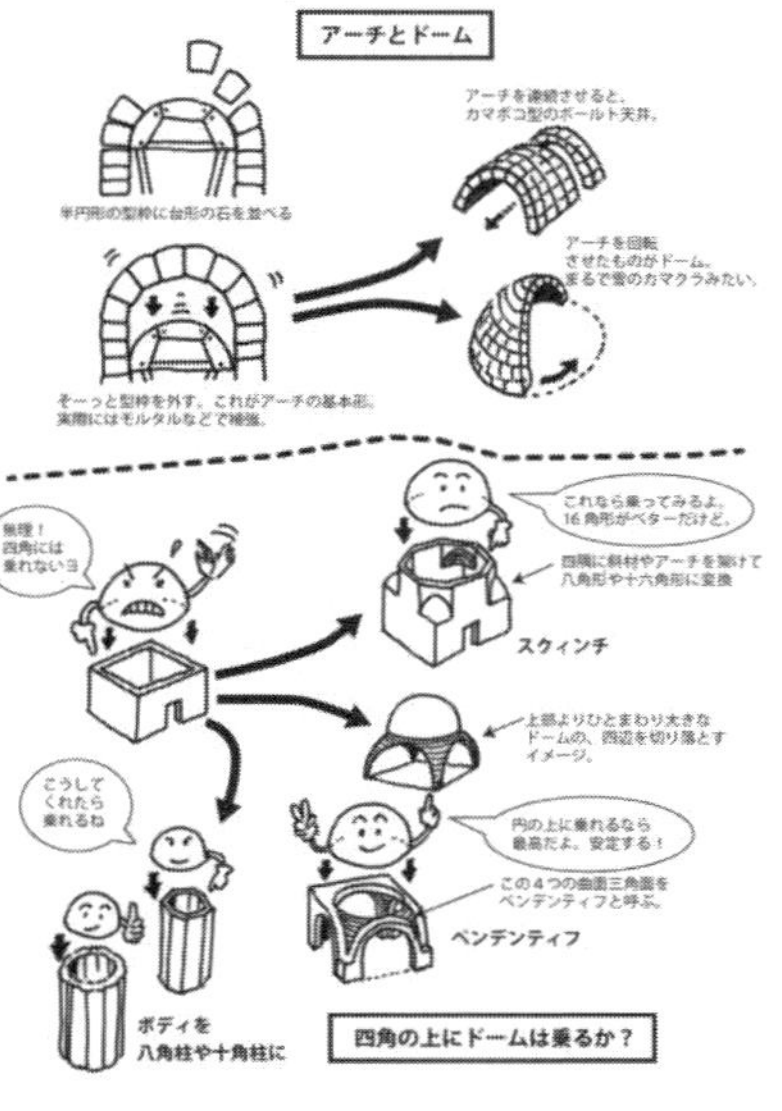

図5

　これを直線的に連続させたものがヴォールト天井、点対称で回転させたものが**ドーム**である。

　問題は、そのドームを、四角形の部屋に乗せられるかということだ。そのままでは無理だ【図5】。

　壁のコーナーに部材を架け渡すか、小さな扇型のドームを乗せて、八角形に近づける。それを二回繰り返せば、さらに断面は十六角形になり、より円に近づく。こうすればドームを乗せることも無理ではない。そのコーナーの構造をスクィンチと呼ぶ。

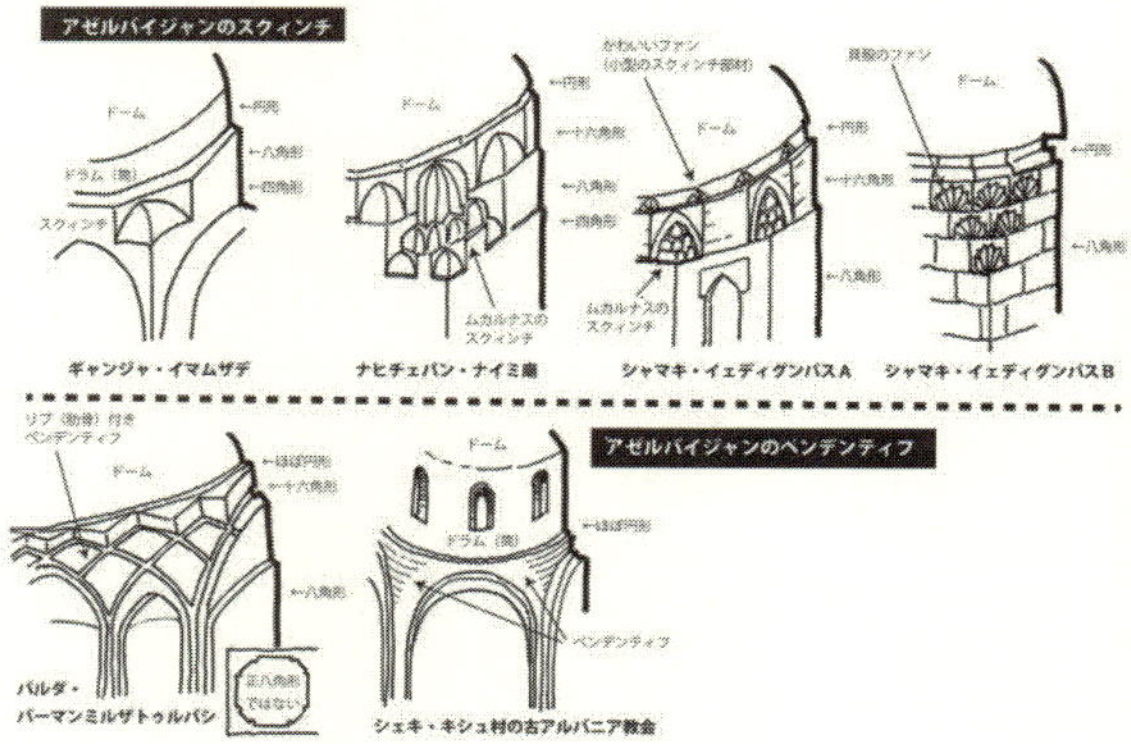

図６　スクィンチとペンデンティフ

アゼルバイジャンの遺跡を見る時に、ぜひ頭上の四隅、スクィンチに注目してほしい。

四角形の四隅にアーチを渡して八角形にしたらすぐにドームを乗せたタイプ（**ギャンジャのイマムザデ**）、八角形にしただけで飽き足らず２段目で十六角形にして、しかも鍾乳石のようなムカルナス模様で派手に飾り立てたタイプ（**ナヒチェヴァン・ナイミ廟**）、スクィンチはシンプルなアーチなのに、わざわざその内部に子亀のようなムカルナスを連続させたタイプ（**シャマヒ・イエディ・グンバス**）、その隣の墓廟は海岸に落ちているホタテ貝のような石（ファン）を６個重ねて「なんとなく円に」仕上げている（同）。

一方、四角形を「巨大な半球ドームの四辺を切り落としたもの」と考えるのがペンデンティフ。スイカの縁の近くを四回カットしたら出来る形だ。これなら頂部は完全な円だから最も安定的にドームを乗せられる。最も有名なものはイスタンブルのハギア・ソフィア（アヤソフィア博物館）。アゼルバイジャンでは、バルダのイマムザデモスクに並ぶ**バーマンミルザトュルバシ**はメロンの筋のような流麗な骨を持つペンデンティフを持つ。**キシュ村の教会**のそれはなめらかな曲面に仕上がっている。

歴史という意味で興味深い遺構の一つが、ギャンジャの**イマムザデコンプレクス**【図７】。双塔のミナレットを持つ巨大な褐色のドームは２０１６年に出来た「覆屋」で、その中に14世紀の墓廟が眠っ

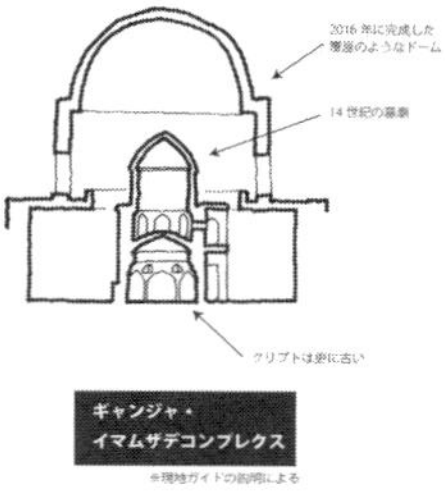

図7　イマムザデコンプレクス

図8　八角の石の祠

ている。上下二層のドーム構造で、1階には聖棺が置かれ、訪れる人が祈りながら触れてゆく。案内をしてくれた青年は、「このクリプトの下に、7世紀の墓が埋まっている。三つの時代を刻んだここは、ギャンジャのムスリムにとってその歴史の集積そのものなのです」と語った。

私はアゼルバイジャンの墓廟建築を探して、西の外れ、ジョージア国境まで走った。そこで予期せぬ出逢いがあった。アグスタファ県ギラクカサマンの街道脇に、人の背丈ほどの小さな**八角形の石の祠**があったのだ。

私は急いでクルマを降りて、草の中に歩み入った。それは19世紀のもので、一つは煉瓦と凝灰岩で、もう一つは切石積みラブルコアで出来ていた。荒野の中に凛として建つ姿は、原初的な祈りの造形そのものであるようで、私は深く心打たれた。アゼルバイジャンの建築には、まだまだ世に知られていないものがある。この国を歩き続けることで、「この建物に会えたのだからこの国に来た甲斐がある」と思える瞬間が待っているのだ、と私はその時つよく思った。

（渡邉義孝）

56

祈りの家と、人が住む家

★モスク・教会・民家のすがた★

小さな街にもモスクがある。

西欧の教会のような華麗さのかわりに、メッカの方角に穿たれたミフラーブ（龕＝凹み）と、説教台が基本構造。参拝者は床の絨毯の上に靴を脱いで座る。男性と女性は場所を分けているケースが多い。外部に水場が設けられ、口や手、足を清めてから入場する。

ソ連時代に世俗化が進んだことも影響して、中東の他の国と違い、1日5回の礼拝を呼びかけるアザーンを耳にすることは少ない。それでも昨今、「プラクティカルなムスリム」を自認する若者は増えているようで、私は各地のモスクでそんな親切なアゼルバイジャン人に出会えた。

沙漠の隊商の道しるべとなったであろうミナレット（光塔）は、街の中でひときわ目立つ。煉瓦の凹凸で作る幾何学的なパターンは見ごたえがある。**バラカンのミナレット・モスク**（18～19世紀）などが代表的だ。**バルダのイマムザデモスク**（17世紀）のミナレットは合計4本で、手前が低く奥が高い。遠近法を逆手にとったパラドキシカルな立面構成で、塔身はまるでアラン織りのセーターのような、複雑なパターンを煉瓦で見せる。**ギャ**

ンジャのジュマ・モスク（1606年）は双塔、シェキのジュマ・モスク（19世紀）は高さ28・5メートルの単塔でマドラサ（神学校）を併設する。

国民の多くはシーア派イスラーム教徒であるが、わずかながらキリスト教会も存在する。

ギャンジャには煉瓦造の**ロシア正教教会**（1887年）が建つ。カトリックやプロテスタントと違い、ビザンチンの影響が強い正教会では、身廊の頭上にドームが乗る「ドーム式バシリカ」のタイプが多いが、ここではそのドーム底面がなんと長方形。ナルテクスに聳える鐘楼はさらに高く天を突く。ミ

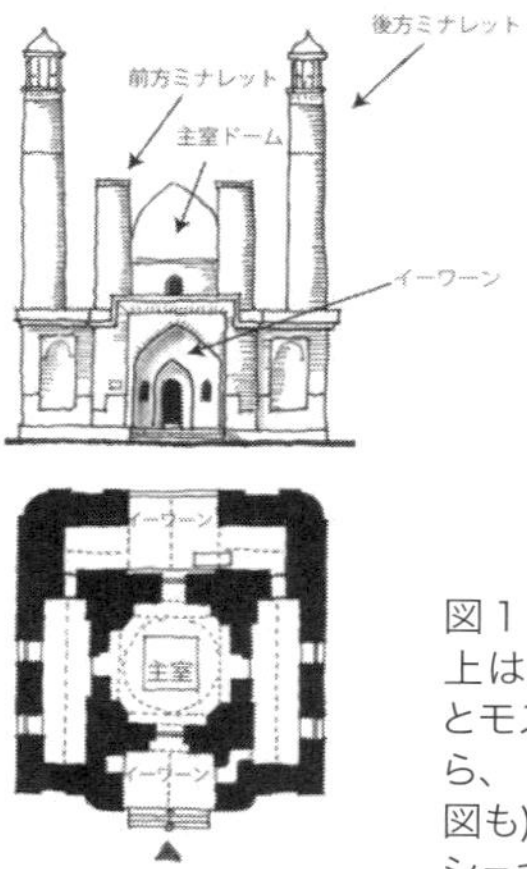

図1　アゼルバイジャンのモスク。上はバラカンのミナレット・モスクとモスクの構造。下の三枚は上から、バルダのイマムザデモスク（左図も）、ギャンジャのジュマ・モスク、シェキのジュマ・モスク

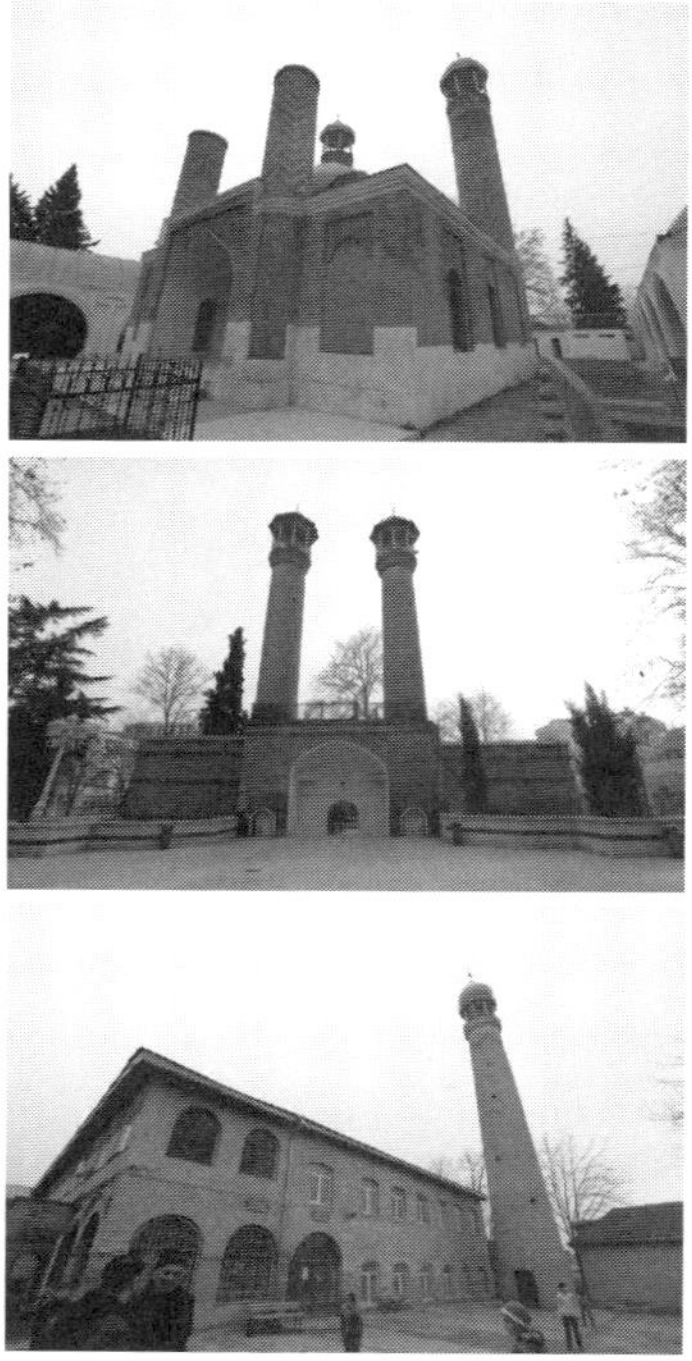

ントグリーンの明るい室内は、イコンとキリル文字にあふれ、異国感漂う。

かつてアゼルバイジャンの多くのエリアがカフカス・アルバニア王国（アドリア海に現存するアルバニアとは別の国）だったころ、各地にキリスト教会が建てられた。その多くが廃虚となっている。その最美のものの一つが、シェキ北郊の**キシュ村の教会**。原形は1世紀に建てられた……というが、もちろん当時は異教の神殿で、7世紀ころに教会として整備されたらしい。切妻屋根の小屋に祭壇のアプス（凹み）が付けられ、ドラム（首にあたる円柱の筒）と八角錐の屋根を持つ、いかにもコーカサス的な「ドーム式バシリカ」の形に落ち着いた。ここでは、なめらかに曲面を描くペンデンティフ（319ページ参照）を見ることが出来る。

図2　アゼルバイジャンの正教会遺構。左はギャンジャの教会で、右はキシュ村のもの

図3　イェッディ・キルスの廃墟（上）とシェキの応用美術博物館（下）

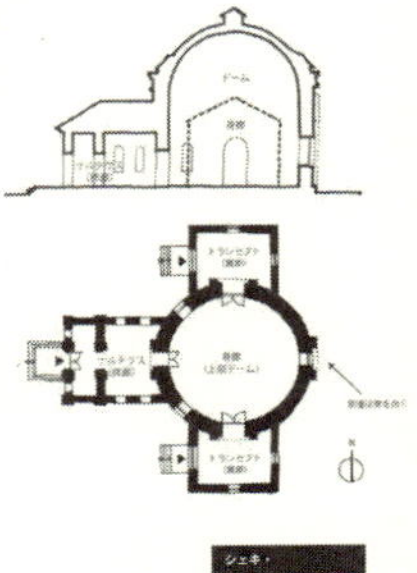

強烈な廃墟を見たければ、西部ガフ郊外ラーキッドの**イエッディ・キルス**（6〜7世紀の修道院跡）がお勧め。大型の聖堂が二つ、ほかに小規模な礼拝堂や僧坊の石組みが無人の森の中に建っている。アプスはいずれも東を向く。これは日が昇るエルサレムの方角に祭壇を向ける、つまりオリエントに向くという意味の「オリエンテーション」を体現している。そのアプスは、半ドーム、つまり1／4球の形で作られる。キシュ村の教会と同じ形だ。なお、ここへはラーキッドから5キロほどの悪路で、ジープか徒歩でなければたどり着けない。

キリスト教会の形には、集中式とバシリカ式の二つの系統がある。日本人や西欧人がイメージする、長方形で細長いのがバシリカ。一方、地中海東岸・ビザンチン帝国の版図に多かったのが、円や八角形天蓋を載せた集中式。「一堂に会して説教を聞く」とか「授業をする」のには向かないが、真ん中で天（ドーム）を仰ぐ時の高揚感がすばらしい。

そんな稀少な集中式教会の原形と言えるのがシェキの**応用美術博物館**（5〜6世紀）。内接直径10mの巨大なカマクラのような身廊に、左右の腕（翼廊／トランセプト）と入口の部屋（拝廊／ナルテクス）が付いただけのシンプルな空間。正面の祭壇はやはり東を向いている。

ふつうの人びとの住まいを見てみたい——。

旅の途上、私はときどき、道端で個人宅をノックする。

「家の中を見たいって？　日本人か？　いいよ、さあ入りな！」

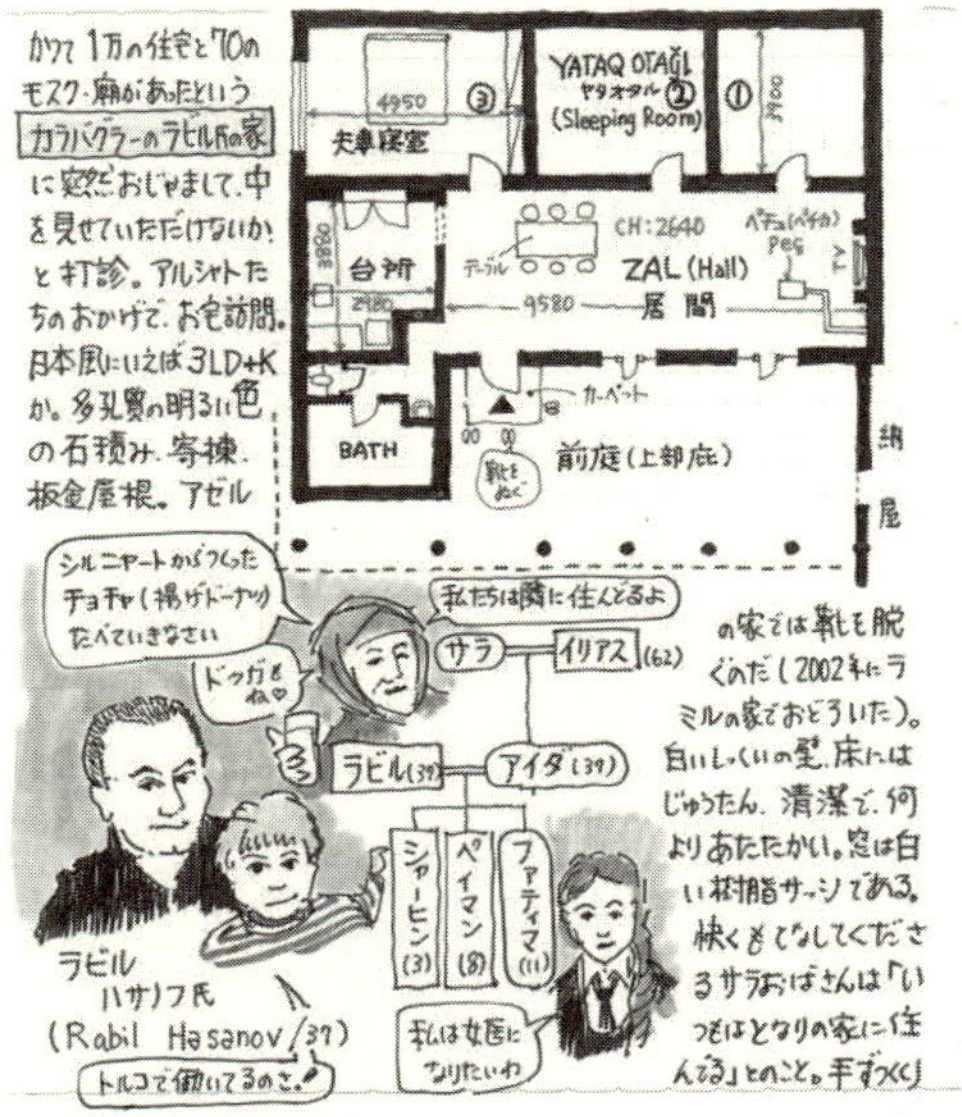

図４　ラビル氏の自宅

ナヒチェヴァンのガラバグラル村で、私はエンジニアの**ラビル氏**（37歳）**の自宅**にお邪魔した。石造平屋・寄棟造りのスレート屋根、L型の平面形で雨をふせぐ深い庇が玄関前を覆う。

ドアを開けるとすぐにザールと呼ばれる居間があり、ペチカが静かに燃えている。北側にヤタオタルと呼ぶ寝室が三つ並び、六畳ほどの広いキッチンがある。アゼルバイジャンの民家では靴を脱ぐ。「日本と同じですね」と私。床には絨毯が敷かれ、漆喰の壁は清潔。なにより暖かい。

ラビル氏はトルコで働き、ちょうど帰国したところだという。隣に住む妻の母親が、孫の面倒を見がてら家事の手伝いに来ていた。

「揚げドーナツは好きかい？　ドーガ（ヨーグルト）は？」

と私に勧めてくる。そのうちに長女ファティマ（11歳）も帰宅。「私は女医になるのが夢」と語った。

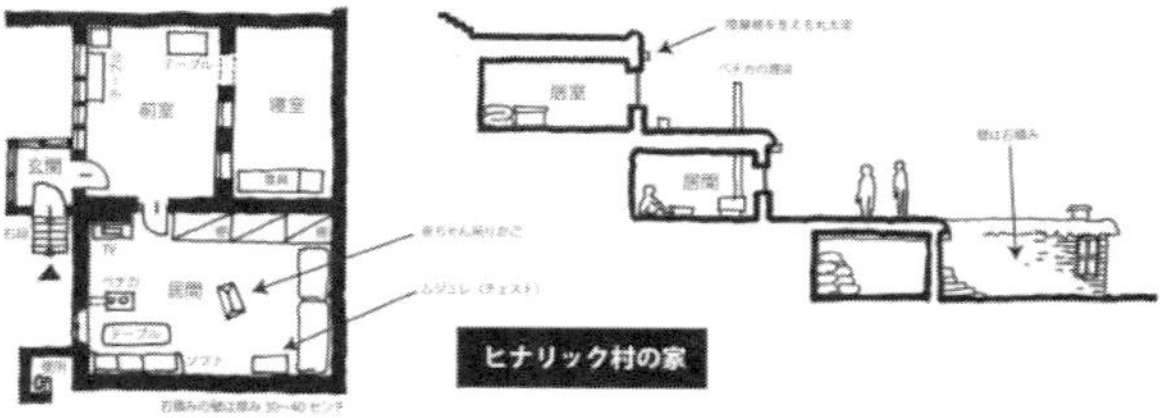

図５　ヒナリック村とその住居

アゼルバイジャンの中でもマイノリティというべき**ヒナリック村**の人々。彼らの住居はユニークである【図５】。

森林限界を超える標高２３００メートルの荒涼たる山地の斜面に、石を積んで寄り添うように暮らしている。私は２００２年に続き、２０１７年にもこの地を訪ねた。当時の似顔絵を手渡すと、人々は私のことを思い出してくれた。何人かの古老は鬼籍に入り、そして愛くるしかった赤ちゃんは凛とした娘さんになっていた。いまでは道路も開通し、もよりのグバの街からタクシーで1時間半でアクセスできるようになったが、雪や寒さの厳しさは変わらない。丸太を運んで梁とし、土を乗せて陸屋根《ろくやね》（＝勾配の無い平らな屋根）を張る。それが段々畑のように連続し、山の斜面に溶け込んでしまう。大地に半ば埋もれるように、独自の言語と文化を守りながら暮らしているのである。もしヒナリック村を訪ねることがあれば、そのユニークな家の造りにも目を向けてほしい。

（渡邉義孝）

57

現代デザインの見本市 〜ねじれ、ゆがみ、天をつく〜

★バクーの新建築を楽しむ★

「こんなのありか！」

建築設計に関わる私ですら言葉を失う。そんな自由さにあふれた造形。

オイルと天然ガスなどの潤沢な地下資源に支えられて、アゼルバイジャンは建築・土木などのインフラへの投資が目覚ましい。特に首都バクーは、まるで建築見本市のような実験的・冒険的な現代建築が次々と建てられている。

玄関口である**ヘイダルアリエフ国際空港**（２０１３年）は、三本脚のヒトデのような形状で、ガラスの外皮が地面からオーバーハングして立ち上がる。エントランスは3層吹き抜けで、出国フロアとなる最上階は特に天井が高く、球根状の巨大なポッドが並び、搭乗を待つための椅子なども充実している。インテリアに木を多用しており、近未来的ながら緊張感を和らげている。

空港から市街に向けてハイウェイを走ると、かならず目に入る「ねじれた高層ビル」それが**ソカールタワー**（２０１５年）。アゼルバイジャンの産業の屋台骨というべき国営石油会社の本社で、韓国を拠点にいま最も先進的な活躍をしている Heerim

Architectsが設計を担当。高さ２０９メートル、38階建てで大きく波打つ外壁には、夜はＬＥＤパネルで燃える炎が投影される。なお、その東隣に弟のように建つ水道公社の**Azersu**（アゼルス）**Office Tower**（２０１５年）も同じ設計会社のデザインで20階建て。「兄貴」と同様ガラス張りだが、こちらは優しいカーブの水滴のかたち。

Heerim Architectsが設計した作品はほかにも、**バクーオリンピックスタジアム**（２０１５年）がある。楕円でなく真円の平面で、６万８０００人収容。五輪ではなくヨーロッパ大会のための開場。丸みを

図１　ヘイダルアリエフ国際空港（上）、ソカールタワー（中左）、アゼルス・オフィス・タワー（中右）、バクーオリンピックスタジアム（下）

図２　絨毯博物館（左）と、旧市街の町並みから遠望するフレームタワー

帯びた平行四辺形のカーテンウォールがぐるりと取り囲むかわいらしい外観は、やはり空港ハイウェイからよく見える。

世界遺産に登録されている絨毯文化を伝えるために、博物館も「絨毯にしてしまいました」というのが、カスピ海沿岸の海洋公園に建つ**絨毯博物館**（２０１４年）。両端のガラス壁から縦横に交差する鉄骨フレームが見えていて、構造計画が想像できるとはいえ、やはり「くるくる」と巻いたカーペットにしか見えない逸品。

旧市街の町並みから遠望する**フレームタワー**（２０１２年）は、その対比とダイナミズムにおいて、現代のアゼルバイジャンをもっとも象徴する光景と言えよう。イギリスのHOK Architectsの設計。オフィス・ホテル・住宅からなる高さ１９０メートルのガラス張りで、夜になるとＬＥＤパネルが燃え上がる炎などのイメージを映しだす。

古い建物を現代的に再生する——。いまやそれこそが最もエコでおしゃれな建築行為だ、と言われるようになった。

そんな建物を観たい人もぜひバクーへ。

ソ連時代の１９２６年にN.G. Bayevのデザインで建てられた**バクー中央駅舎**が、ＫＦＣ（ケンタッキーフライドチキン）の店舗に生まれ変わっており、その規模は世界最大である。モダンな駅舎は東隣に新設され、ターミナル（終着駅）として国内そしてモスクワやトビリシゆきの国際列車が発着している。私が２００２年に訪ねた時の写真と比べてみても、赤い看板以外は外観は変わらず。コーナーのミナレット風のタワー、中央のイーワーン（三方額縁で囲まれた開放空間でイスラム建築に多用される）を思わせる出入口もそのまま。西アジアの雰囲気が漂っていて、嬉しくなった。

壮大な……という意味では、西部の都市ギャンジャに作られた**ヘイダル・アリエフ公園**も、とてつもない。総面積４５０ヘクタールと言えば、東京ドーム96個分。コリント式列柱とアーチが迎える凱旋門のような大理石のゲートは高さ38ｍ。時間が許すなら夕景もお勧め。

図３　2002年当時の旧バクー中央駅舎（上）と2017年現在のKFC店舗（下）

図４　ヘイダル・アリエフ公園

図５　ヘイダルアリエフセンター

バクーの現代建築、さて真打ちは……と言えばやはりこれ。

東京の新国立競技場デザインをコンペで射止め、その後キャンセルされたことで一躍有名になったイラク出身の女性建築家・ザハ・ハディド氏設計の**ヘイダルアリエフセンター**（２０１２年）は、前の大統領を記念して建てられた、大ホールや展示室、博物館そして外部の公園と有機的に繋がった複合施設。構造は鉄骨造で白いパネルを三次元的に貼り合わせる。床・壁・天井が境目なく連続し、北に向かって緩やかに登る地盤の勾配が、ガラスを通して室内にもそのまま貫入している。建築に必須の柱がほとんどなく、ペンダントライトもソファのファブリックも、テーブルさえも、まるで重力が無視されるような浮遊感が漂う。興味深いのは、そんな空間に自然素材が組み込まれていることだ。敷地の隅の設備機械室を包むような高木の植栽の緑は、白亜のボディを最も映えさせている。外構の擁壁には、コンクリート型枠の板目がそのまま刻印され、機能主義的な手すりが心地よい。あるいは1階ロビーのカフェの床。19センチメートル幅の広葉樹の無垢板のフローリングが張られ、その不均一な褐色と木目、ところどころの反りなどが、人間にとっての快適さと安心感を静かに担保しているようだ。もし可能ならば、夜にもその姿を眺めてほしい。間接照明が醸し出す視覚効果は、外界が闇に沈んだ時にこそその本領を発揮するものだから。

アゼルバイジャンでは、バクー南西のカスピ海上に人工島**ハザル・アイランド**を建設し、高さ1000メートルを超える超高層ビルなど一大都市を建設するプロジェクトも進行中。すでにグーグルアースなどで、その壮大な計画の一端を私たちも目にすることが出来る。世界中から「現代建築ファン」がバクーを目指す、そんな日も遠くない。

（渡邉義孝）

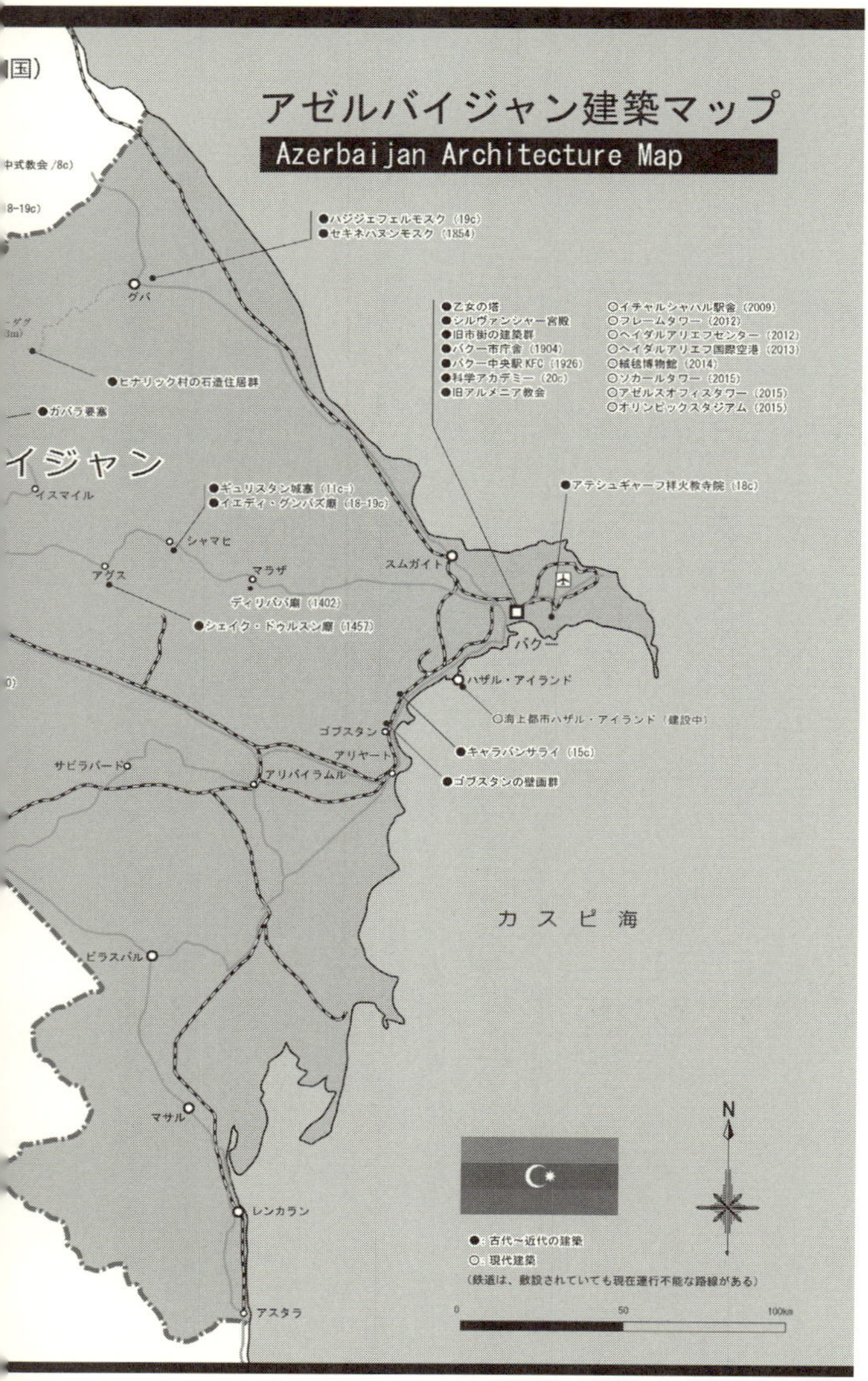

アゼルバイジャン建築マップ
Azerbaijan Architecture Map
国）
中式教会 /8c）
8–19c）
●ハジジェフェルモスク（19c）
●セキネハヌンモスク（1854）
グバ
●乙女の塔
●シルヴァンシャー宮殿
●旧市街の建築群
●バクー市庁舎（1904）
●バクー中央駅 KFC（1926）
●科学アカデミー（20c）
●旧アルメニア教会
○イチャルシャハル駅舎（2009）
○フレームタワー（2012）
○ヘイダルアリエフセンター（2012）
○ヘイダルアリエフ国際空港（2013）
○絨毯博物館（2014）
○ソカールタワー（2015）
○アゼルスオフィスタワー（2015）
○オリンピックスタジアム（2015）
●ヒナリック村の石造住居群
●ガバラ要塞
イジャン
イスマイル
●ギュリスタン城塞（11c–）
●イエディ・グンバズ廟（18–19c）
●アテシュギャーフ拝火教寺院（18c）
シャマヒ
スムガイト
アグス
マラザ
ディリババ廟（1402）
●シェイク・ドゥルスン廟（1457）
バクー
ハザル・アイランド
○海上都市ハザル・アイランド（建設中）
ゴブスタン
●キャラバンサライ（15c）
アリヤート
サビラバード
アリバイラムル
●ゴブスタンの壁画群
カスピ海
ビラスバル
マサル
レンカラン
アスタラ
N
●：古代〜近代の建築
○：現代建築
（鉄道は、敷設されていても現在運行不能な路線がある）
0
50
100km

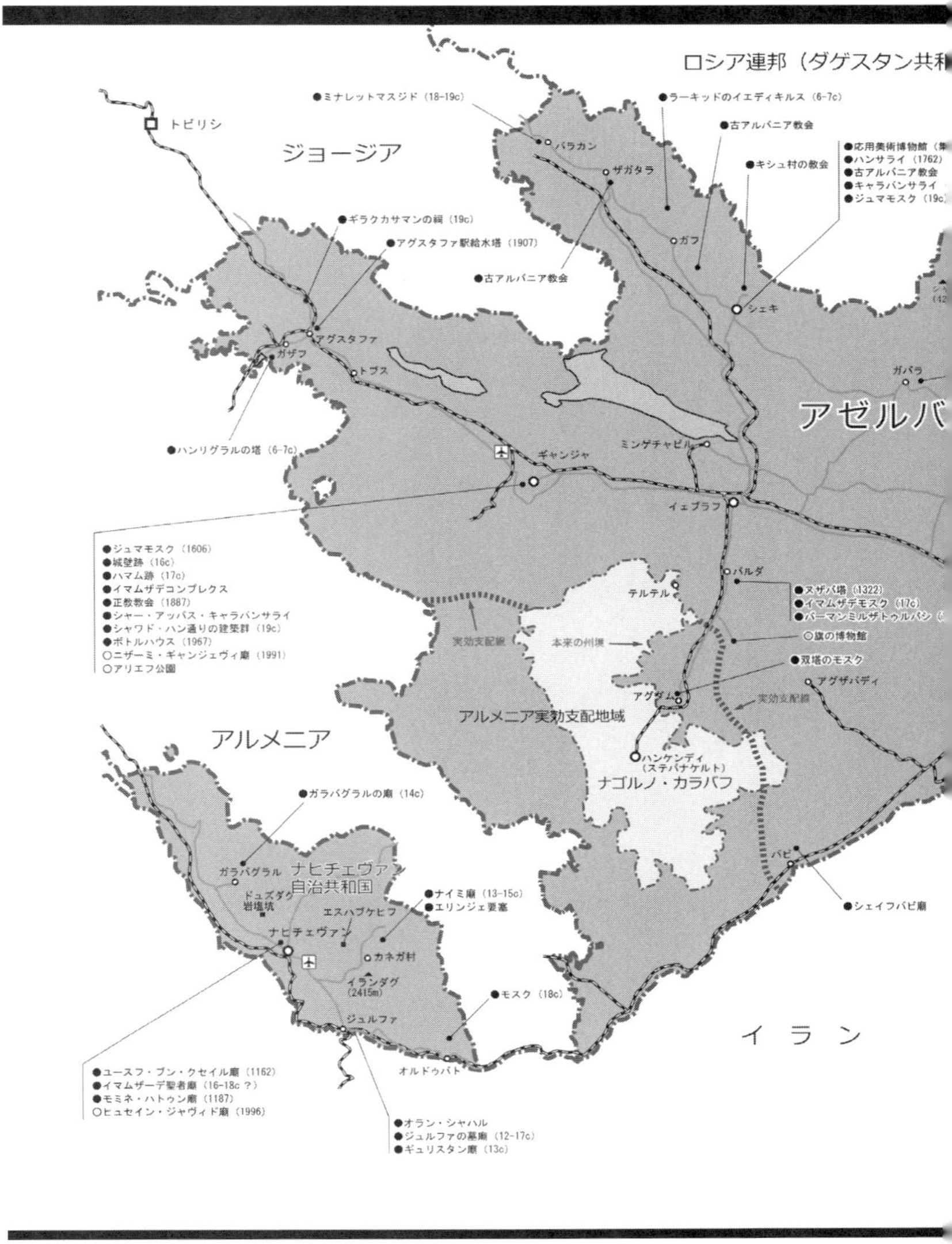
ロシア連邦（ダゲスタン共和
ジョージア
トビリシ
●ミナレットマスジド（18-19c）
バラカン
●ラーキッドのイエディキルス（6-7c）
●古アルバニア教会
●キシュ村の教会
●応用美術博物館
●ハンサライ（1762）
●古アルバニア教会
●キャラバンサライ
●ジュマモスク（19c）
ザガタラ
ガフ
●古アルバニア教会
シェキ
●ギラクカサマンの祠（19c）
●アグスタファ駅給水塔（1907）
アグスタファ
ガザフ
トブス
●ハンリグラルの塔（6-7c）
ギャンジャ
ミンゲチャビル
ガバラ
アゼルバ
イェブラフ
●ジュマモスク（1606）
●城壁跡（16c）
●ハマム跡（17c）
●イマムザデコンプレクス
●正教教会（1887）
●シャー・アッバス・キャラバンサライ
●シャワド・ハン通りの建築群（19c）
●ボトルハウス（1967）
○ニザーミ・ギャンジェヴィ廟（1991）
○アリエフ公園
バルダ
●ヌザバ塔（1322）
●イマムザデモスク（17c）
テルテル
実効支配線
本来の州境
○旗の博物館
●双塔のモスク
アグザバディ
アグダム
実効支配線
アルメニア実効支配地域
アルメニア
ハンケンディ
（ステパナケルト）
ナゴルノ・カラバフ
●ガラバグラルの廟（14c）
ガラバグラル
ナヒチェヴァン
自治共和国
ドュズダグ
岩塩坑
エスハブケヒフ
●ナイミ廟（13-15c）
●エリンジェ要塞
ナヒチェヴァン
カネガ村
イランダグ
（2415m）
●モスク（18c）
ジュルファ
オルドゥバト
バビ
●シェイフバビ廟
イ　ラ　ン
●ユースフ・ブン・クセイル廟（1162）
●イマムザーデ聖者廟（16-18c？）
●モミネ・ハトゥン廟（1187）
○ヒュセイン・ジャヴィド廟（1996）
●オラン・シャハル
●ジュルファの墓廟（12-17c）
●ギュリスタン廟（13c）

【作成：渡邉義孝】

コラム8

羅針盤なき旅の果てに
——アゼルバイジャン建築巡りの軌跡

渡邉義孝

すくなくとも日本国内では、「アゼルバイジャンのたてもの案内」と呼べるような書籍は見つからなかった。インターネットの関連サイトはいくつかあるが、現地語での検索が困難な私には、網羅的な情報を得ることはかなわない。バクー以外の都市については特に少ない。

ザハを初めとした現代建築の数々は様々な形で紹介されているものの、古代から近世・近代までの宗教建築や遺跡、民家があの「巨大な鷲」の形の国土にいかに点在しているのか、全体像が摑めないままに飛行機に乗り込んだ。「なんとかなるだろう」という思いを胸に。

なんとかなったのか？　その答えはイエスだった。

ナヒチェヴァンに飛ぶための、バクー空港の国内線ターミナルの待合室に、それはあった。横1メートルほどのカラーの地図が壁に貼られていて、そこには熊や兎のイラスト（動植物の分布だろう）と

バクー国際空港の待合室で見つけた全国地図。「遺跡らしきマーク」が印刷されていた。それをスマートフォンで撮影し、そのすべてを見て回ろう、と決めた

ともに、遺跡やモスクなどの歴史的建造物が描かれていたのだ。私はその写真を何枚もスマートフォンで撮影した。

特に多いのが墓廟だった。墓廟とは、文字通り権力者や宗教的指導者の墓であるが、アゼルバイジャンのそれは、多角形の胴体に錐形の帽子をかぶった独特の形をしている。時間の許す限り、ひとつひとつ巡っていこう、と私は決めた。

それは力強いガイドとなった。

手持ちの大阪の紙の地図に、そのおおまかに

「目指す建築」の多くは、タクシー運転手も知らなかった。彼は車を停め、羊飼いに私の携帯電話の画像を見せて道案内を請う

位置を書き込んだ。そして「明日はこの街へ」と方針を決めた。

マルシュリュートカ（小型乗合バス）でのんびりと行きたいがそうもいかず、連日タクシーを走らせた。スマートフォンの地図画像が手がかりだったが、運転手も知らないことが多かった。地図の画像には、建物の名前すら書かれていないものも多かった。

彼らはたびたび地元の住民に問い、「たぶんここだろう」とアクセルを踏んだ。「イラストと違う」とがっかりすることもあったが、逆にそこにすら載っていないものと出会えることも少なくなかった。そうして、私は少しずつ、かの国の建築文化の一端を学んでいった。コーカサス・アルバニアという国がかつて存在し、広い範囲でキリスト教会を建てたこと。その多くは廃墟となったが、初期キリスト教会建築の原形と言える集中式プランを備えた、建築史的に

も貴重な遺構ばかりであること。西アジアからコーカサスに分布する墓廟建築が特に発達し、上下二層・錐形屋根を持つ独特の造形を生みだしたこと。表面のみ切石面を揃え、内部をコンクリートで補強するラブルコアという構造は、対立する隣国アルメニアと共有していること。ウズベキスタンなど中央アジア諸国に見られるような、「煉瓦の凹凸だけで文字や幾何学文様を表現する」意匠を完成させたこと。総じて、イスラーム建築とキリスト教建築の文字通りの交差点が、ここアゼルバイジャンであったことを、私は旅の中で理解していったのだ。

　２００２年のフィールドワークで家屋の調査をさせてもらった人々との再会も、今次の旅のテーマの一つだった。職が無いと苦悩していたシェキの青年は世界を股にかけるビジネスマンになり、ベンツで私を案内してくれた。

　ザガタラで言葉を交わした９歳の娘は、韓国

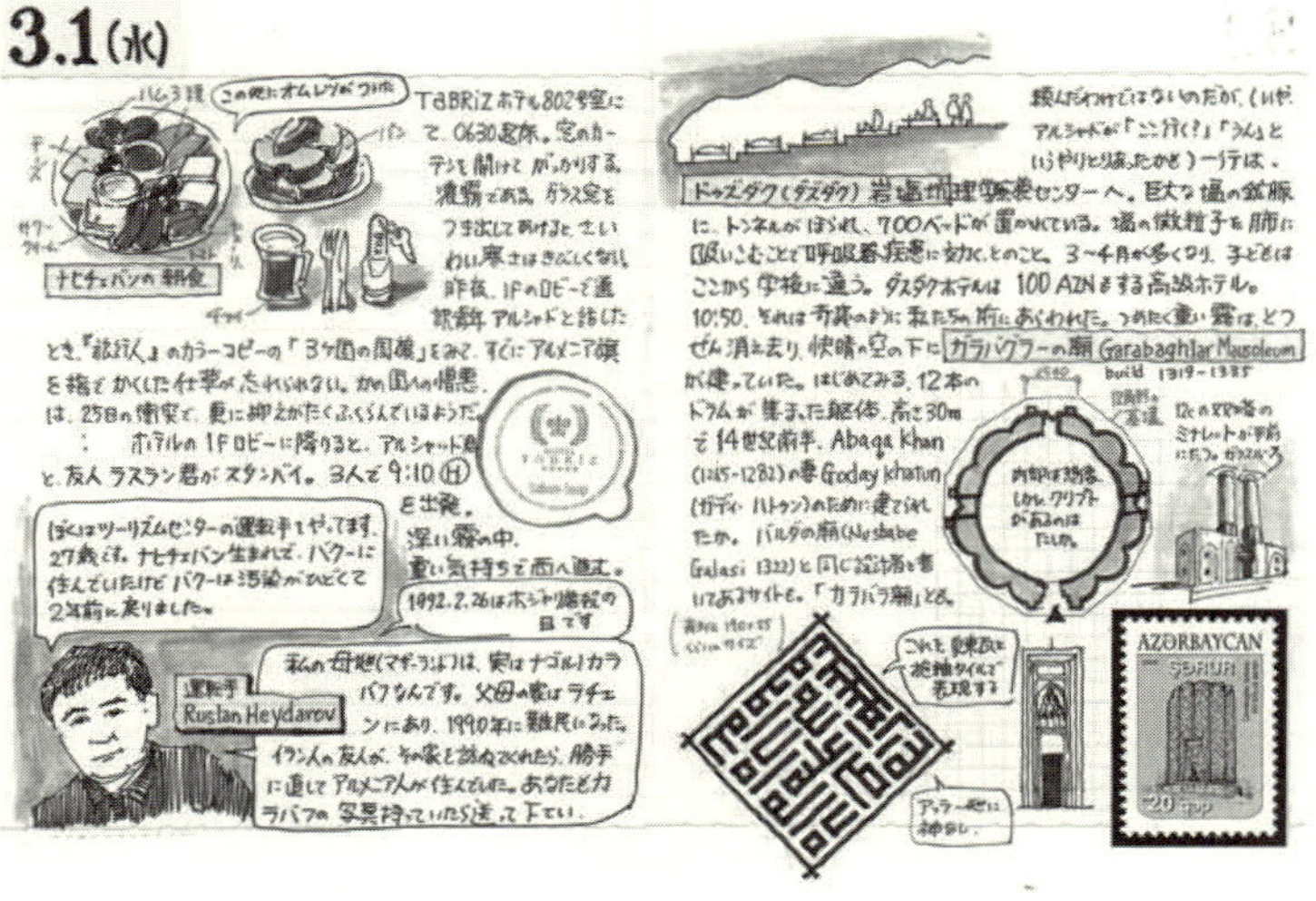

語の通訳になっていた。「15年前のあの日、大きな荷物を背にバスに乗ってきたあなたの姿をいまでもよく覚えている。そのことがきっかけで、私はアジアの言葉を学ぼうと決めたのよ。大学で日本語のクラスがなくて、ハングルになったけど」と笑った。

彼らはみな「アゼルバイジャンの建築と文化を日本人にもっと知ってほしい」と献身的な協力を惜しまなかった。食事をふるまい、「家に泊まれ」と繰り返した。

1週間の建築巡礼での移動距離は、飛び地を含めて1500キロメートルを超えた。だが、「すべてに出会えた」わけではない。

美しい八角形の墓廟のイラストを手がかりに南西部アグダムを目指していたが、その手前で運転手は「ここからは進めない」とブレーキを踏んだ。そこには小高い丘があり、アゼルバイジャンの国旗と地図のモニュメントがある。2キロ先がアルメニアの実効支配線であった。車を降りて話しかけた男性は、「私の両親は1992年に逃げてきた避難民だ。母なる地を私たちの手に取り戻したい」と南の地平を指さした。ナゴルノ・カラバフとその周辺には、こうした「たどりつけない遺跡」が少なくない。それらもまた、現代のアゼルバイジャンの実像である。

路上の発見

コラム9

塩野﨑信也

アゼルバイジャンの道を歩く際には、色々と気を付けなければならない。わけの分からないゴミがそこかしこに転がっているし、道そのものも凹凸や裂け目だらけである上に、それらはいつまで経っても補修されない。街灯やら電柱やらの基部のみが残っており、危険な突起物となっていることも多い。時には、道の真ん中に大穴が口を開けていることもある。そう、アゼルバイジャンにおいては、マンホールの蓋がいつでも閉まっているとは限らないのだ。……いや、そもそも、マンホールの蓋がいつでも存在しているとも限らないのだが。

さて、そのマンホールの蓋であるが、仔細に観察してみると、これが実に多種多様であることに気が付く。例えば、上下水道のマンホールの蓋は、水道会社である **Azərsu** のロゴが中心に入っているのはだいたい共通しているが、その周囲の模様が様々である。大別すれば、格子、蜘蛛の巣、放射線、放射波線などとなろう。さらに、例えば同じ蜘蛛の巣模様でも、横糸にあたる線が二重であるか三重であるか、といった違いもある。

アゼルバイジャンのマンホールは、上下水道だけではない。送電線や電話線、インターネット回線などのマンホールもある。それらのマンホールの蓋には、**ŞTŞ**（**Şəhər Telefon Şəbəkəsi** ＝都市電話網の略と思われる）の文字が刻まれているのが基本である。最も多いタイプは、中心に **ŞTŞ** と書かれ、その周りを同心円が囲むものである（図1）。この同心円は、二重から八重まで多数のバリエーションが存在する。また、中心部分の文字がラテン文字ではなくキリル文字

図1

のものもある。
　ソ連時代のマンホールの蓋も、数多く残っている。特に田舎に行くほど、その割合は高くなる。

ГТС（Городская Трансляционная Сеть＝都市中継網）の系列はその代表で、バリエーションが非常に多い。最も多いのは同心円であり、これには円が二重のものから十一重のものまである。文字の配置も様々で、中心部に3文字が横に並ぶものの他に、同心円のいずれかの円周に沿って文字が配置されるものもある。ほかにレティクル、蜘蛛の巣、蜂の巣などの模様が確認できる。

　その他、バクー市内やナヒチェヴァン自治共和国など、特定の地域でのみ使われているマンホールの蓋もある。また、バクー旧市街では、「歴史的建造物保護区」と書かれた特殊なマンホールを見ることができる。アゼルバイジャンのマンホールの蓋には、筆者が知る限りでも200以上の種類が存在する。

　マンホールの蓋以外にも、町では色々なものが発見できる。例えば2011年の秋から冬頃にかけてのバクー市には、「横断不能歩道」が存在した（図2、3）。バクー市中心部の非常に交通量が多い交差点に存在したそれは、横断歩道の両端に柵が設置されてお

図2

図3

り、人々の進入を拒むのである。この横断歩道を渡るためには、その柵をまたいで乗り越えるか、柵の切れ目のある場所まで50メートルほど歩いて迂回しなければならなかった。

2016年9月現在、この場所には地下通路ができている。このことから考えると、「横断不能歩道」誕生の経緯は、以下のようなものであったと推測される。すなわち、最初に地下通路の建設が計画された。それに伴って、横断歩道は廃止されることとなった。その後、実際の工事が始まるが、ここでおかしなことが起こる。彼らが最初に取りかかったのは、いずれ不要になる横断歩道を柵で囲んでしまうことであった。一方で、肝心の地下通路の方は、いつまで経っても着工されなかったのである。……なぜ先に柵を作ってしまったのか、およそ理解に苦しむ流れであるが、実際にそこに存在した事象を解釈しようとするとこうなってしまうのだから仕方がない。

「横断不能歩道」は、赤瀬川原平らの言う「トマソン」的な構造物であるが、アゼルバイジャンには、この手の構造物が数多く存在する。建築ラッシュに伴う場当たり的な増改築の結果であろうか、それとも何らかの国民性の反映であろうか。

図4の「純粋階段」は、その典型的な例である。もともとの扉の部分を埋めてしまった結果、階段は無用の長物と化してしまった。図5も同様の構造物であるが、こちらは地下に続いていた階段が行き先を失ったものである。アゼルバ

図4

イジャンには通りから直接階段が降りている地下店舗が多いが、それ故にこのようなことも起こり得るのである。図6に見るような「空中へとつながる扉」も数多い。おそらく、もともと存在したバルコニーが撤去された結果、このようなことになったのだろう。

　また、図7、8は「自己にしか言及できない広告板」である。何とも素晴らしい匠のわざで、広告板が壁にピッタリとはめ込まれたようになっている。しかし、こうなってしまっては、肝心の広告を設置することができないではないか。実際、筆者は、「広告募集中」の小さな張り紙以外のものがこの広告板に貼られているのを見たことがない。

　アゼルバイジャンの路上は、発見と驚きに満ちているのである。

図5（提供：片桐俊浩）

図6

図7

図8

58

前近代の城塞

★来たりて、見よ★

アゼルバイジャンを含めたコーカサス地方には、古来、様々な事情を持つ人々が逃げ込み、隠れ住んできた。天然の要害たるコーカサス山脈が、彼らを敵の攻撃から守ったわけである。19世紀の歴史家バキュハノフが「様々な民族の逃亡者や被虐者が、この地の通行困難な場所で、敵の追跡から心を安めてきた」と述べている通りだ。そういった意味で、コーカサス地方そのものが一つの巨大な城塞である、という見方もできる。

険峻なコーカサス山脈

そのような喩えはおくとしても、アゼルバイジャンには昔から多くの城や砦が築かれてきたし、現在もそのいくつかが残っている。それらのうち、最も有名なのは、「乙女の塔」であろう。バクー市のシンボルであり、2000年には世界遺産にも指定された。バクー旧市街の南端、カスピ海沿岸部にそびえる、高さ28メートル、全8層構造の石造りの塔である。「乙女の塔」には、名前の由来に関する伝説が存在する。物語の筋立てにはいくつかのバリエーションがあるが、だいたい共通するのは、高貴な身分の娘がこの塔から身投げをするという悲劇的な結末を迎える点である。しかしながら、これらの伝説の内容はどれも歴史的事実とは考えにくく、「乙女の塔」の名前の由来も、本当のところはよく分かっていない。確実なのは、西アジアや中央アジアの様々な国に、同名の「乙女の塔」が数多く分布していることである。アゼルバイジャン国内だけでも、イスマイリ地方、ジェブラユル地方、ゲデベイ地方などに、それぞれ別の「乙女の塔」が存在する。

さて、バクーの「乙女の塔」は12世紀の建築であるが、似たような構造の塔や砦が、同時期のアプシェロン半島で数多く造られている。その背景には、当時このあたりがキプチャク・ハーン国とイルハーン朝の角逐の場であったこと、そして何よりカスピ海の海賊による掠奪が活発化したことがあるという。バクー近郊のメルデキャーン村に残る二つの塔は、その時代の防衛施設の代表例である。片方は四角柱、もう一方は円柱の形状をした塔で、それぞれその周囲を壁が囲っている。前者は12世紀

乙女の塔

メルデキャーンの塔（四角柱）

メルデキャーンの塔（円柱）

末、後者は13世紀初頭の建造物という。ナルダラーンにも同様の塔が存在し、これは14世紀のものらしい。比較的大規模な防衛施設としては、ラマナ村の小高い丘の上にそびえる砦がある。これが建てられたのも、14世紀とのことだ。

アゼルバイジャンの北東部、カスピ海岸の街道沿いには、サーサーン朝ペルシア帝国時代の防壁がいくつか残る。帝国の北の国境を守った防衛線の名残だ。ベシュバルマグ山の麓からカスピ海へと敷かれていた防壁は、その一つである。それよりも北側、ギルギルチャイ川の河口から伸びる防壁は、10世紀のアラブ史家マスウーディーも「スール・アッ＝ティーン（粘土の壁）」の名で言及している。この防壁は、西の山上にそびえるチラグ城に接続していたらしい。5〜6世紀の建築とされるこの城は、現在は荒廃してしまっているが、18世紀にも利用されていたという記録がある。なお、「チラグ」は、ペルシア語で「ランプ」を意味する「チェラーグ」の転訛である。

これらの防壁のうち、最も外側の守りを担っていたのが、現在はロシア連邦ダゲスタン共和国領と

ナルダラーンの塔

ラマナの砦

チラグ城

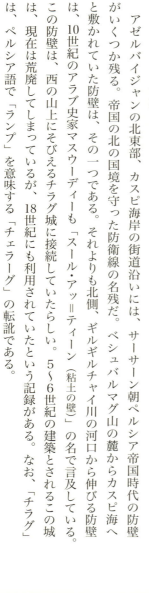

なっているデルベント（ダルバンド）である。これは、コーカサス山脈とカスピ海とに囲まれた、狭い回廊状の土地に建設された城郭都市である。南北約500メートル、東西約3キロメートルという細長い形状をしており、いわば、町そのものが一つの巨大な防壁となっているのだ。町の名称自体も、ペルシア語で「門を閉ざす」を意味する。前近代には、アラビア語で「バーブ・アル＝アブワーブ（諸門の門）」、テュルク語で「デミル・カプ（鉄の門）」などとも呼ばれた。この都市が、どの時代も変わらず北辺の守りの要であったことが窺える。また、いわゆる「アレクサンドロス・ロマンス」において、大王が北方の蛮族からの守りとして築いた防壁とは、デルベントのことであると考えられてきた。実際、様々な時代・言語の作品において、デルベントは「アレクサンドロスの防壁」あるいは「アレクサンドロスの門」としても言及される。

ジャヴァーンシール城

次は北西部に目を向けてみよう。バクーからシャマヒを経てシェキ、さらにそこから隣国ジョージアへと抜ける街道沿いの山中にも、古来、多くの要塞が建設されてきた。まずは、シャマヒの町を北から見下ろす山の頂に位置するギュリュスターン城である。9世紀の建造とされるこの砦の名は、ペルシア語で「薔薇園」を意味する。また、この砦は「乙女の塔」という別称で呼ばれることも多い。この砦もまた、アゼルバイジャン国内に多数存在する「乙女の塔」の一つなのだ。

そこから西に数十キロ進んだ場所にあるタルスターンという小村から北の山に入って行くと、ジャヴァーンシール城の遺構を目にするこ

ゲレセン＝ギョレセン城

シルヴァーンシャー宮殿

シェキ・ハーン宮殿（絵はがきより）

とができる。しかし、あまりに急峻な山中に存在しているため、城のもとに辿り着くのは困難を極める。かつては、六つの塔を備えた城壁を有する、かなり大規模な構造物であったらしい。

さらに西へ進んだシェキ近郊の山中に残るのが、8～9世紀の建築とされる「ゲレセン＝ギョレセン城」の遺構である。「ゲレルセン＝ギョレルセン城」とも呼ばれるこの要塞の名は、アゼルバイジャン語で「来たりて、見よ」を意味する。この名の由来に関しては複数の逸話が存在し、いずれが正しいかは確定しがたい。ただ、いずれにせよ、多分に皮肉を込めた命名であったのだろう。非常に険しい山中に位置するこの要塞には、到達することすら極めて困難であったと考えられるからだ。つまり、「（来られるものなら）来てみよ。そして（最期の光景として城の姿を）見てみよ」ということなのだろう。

ジョージアとの国境付近に位置するザガタラ地方にも、いくつかの山砦が残る。そのうちの一つ、「妖精の城」を意味するペリー城は、３～４世紀に建造されたものだと言われる。２００７年には、この城を題材とした短編映画も作られた。

さて、城の一種としてはずせないのは、宮殿であろう。アゼルバイジャンで最もよく知られる宮殿は、バクー旧市街の中心部に位置する世界遺産、「シルヴァーンシャー宮殿」である。宮殿本体、附属モスク、王家の墓所など複数の建物から構成され、それぞれ建設年代が異なるが、多くは15世紀の築造である。

山の斜面に沿って広がるシェキ市の最上部に位置する「シェキ・ハーン宮殿」は、アゼルバイジャンで最も壮麗な建築物の一つである。18世紀、アゼルバイジャンにはいくつもの地方政権が分立していたが、そのうち、シェキを拠点としたシェキ・ハーン国の地方君主は、贅を尽くした宮殿を造営した。１７９０年に着工し１７９７年に完成したこの宮殿の内部は、ステンドグラスや壁一面に描かれた絵画に彩られ、非常に美しい。しかし、この宮殿が出来上がる頃には、シェキ・ハーン国はかつての勢力を失い、半ば死に体となっていたのである。そのことを知ると、ステンドグラスの輝きが、どこか皮肉な色合いを帯びているようにも見えてくる。

（塩野﨑信也）

59

政治の中のスポーツ行事

★国際イベントを通じた国の知名度の向上★

近年、アゼルバイジャン国内では国際的な大規模スポーツ行事が例年のように開催されてきた。2015年には第一回欧州競技大会、2016年にはモータースポーツの最高峰F−1グランプリ・バクー大会（同年より5年間、毎年開催予定）、2017年にはイスラム連帯競技会がバクーで開催され、アゼルバイジャンの知名度向上に寄与してきた。バクーが2020年の東京五輪のライバル都市として立候補していたことも記憶に新しい。

ところで、2014年のソチ冬季五輪、2016年のリオ夏季五輪で活躍したアゼルバイジャン代表選手の少なからぬ部分が国籍を変えて参加した元外国人選手であった事実にも現れているが、アゼルバイジャンのスポーツ界には実績のある元外国人選手を代表選手に起用することでメダルを獲得しにいく（国威発揚を果たす）という側面が強く見られる。本章では、国内での大規模行事開催、及び国際的な大会における成果を通じた国威発揚という側面からスポーツ行事の政治的な意義について論じることにしたい。

まずは最近の競技成績について述べておこう。表1は独立以

表1　独立以降の夏季オリンピック大会でのメダル獲得数

	金	銀	銅	獲得メダル合計	参加選手総数	世界順位
アトランタ（1996年）	0	1	0	1	23	61
シドニー（2000年）	2	0	1	3	31	34
アテネ（2004年）	1	0	4	5	36	50
北京（2008年）	1	1	4	6	44	40
ロンドン（2012年）	2	2	6	10	53	30
リオ（2016年）	1	7	10	18	56	39

（出典）https://www.olympic.org/azerbaijan

降の夏季オリンピック大会におけるメダル獲得数を示したものである。

優秀選手の圧倒的多数は国内で生まれ育った生粋のアゼルバイジャン人であるが、成果を上げた選手の中には代表の座獲得のために国籍を変えた元外国代表もいる。アゼルバイジャンの代表として世界大会に参加するようになった選手達の事情とはどのようなものであったのだろうか。

特殊なケースとしては、スポーツ界から処分を受けた後、出身国で代表選手に選考されにくくなった場合が挙げられる。２００７年までレスリング女子48キロ級のウクライナ代表として活躍したマリア・スタドニク（北京五輪で銅、ロンドン及びリオ五輪で銀メダル獲得）はドーピングによって一時的な資格停止処分を受けていたが、その後、「代表選手の座を約束されていたため」アゼルバイジャン国籍を取得して代表となることに同意したとインタビューに述べている（２００７年10月29日付「Glavred」紙）。ブルガリア出身の重量挙げ選手ヴァレンティン・フリストフ（男子62キロ級）も同じくドーピング問題を機に代表としての出場をアゼルバイジャンに変えている（余談であるが、これらの選手の受け入れ国となったアゼルバイジャンもドーピングとは無縁ではなく、２０１５年の重量挙げ世界選手権で５人の失格者を出したことが原因となって日本がリオ五輪で追加的に2枠を得ている）。

勿論、ドーピングでの処分経験のみが国籍選択を行う理由にはなり得ない。「選手生命のあるうちに代表として活躍したい」、という各選手の個人的欲求こそが国籍変更を行う動機なのであり、それを受け入れるアゼルバイジャン側と利害が一致するのである。比較的名が知られているアゼルバイジャン代表選手に外国出身者が多いことを確認しておこう。ウクライナのカヌー女子競技の選手として北京五輪で金メダルを獲得し、後にアゼルバイジャンに移ったインナ・オシペンコ＝ラドムスカを筆頭に、同じくウクライナ出身のカヌー選手ヴァレンティン・デミヤネンコ（リオ五輪で銀メダル）、他に、ユリヤ・ラトケヴィチ（ベラルーシ出身の女子レスリング55〜60キロ級選手。ロンドン五輪で銅メダル）、ロレンツォ・ソロマヨール（キューバ出身のボクシング選手、リオ五輪で銀メダル）等がいる。

既に述べたとおり、オリンピック競技で金メダルをもたらすような上位選手はやはり「地元の選手」であるが、外国出身の代表選手は銀・銅メダルをアゼルバイジャンにもたらして国際成績の押し上げに一定程度貢献している。

国際大会におけるメダル獲得は格闘技や重量挙げに集中している。独立以来獲得した43個の夏季オリンピックのメダルのうち、38個が「柔道」「レスリング」「ボクシング」「テコンドー」「重量挙げ」といった言わば「力技」の分野での獲得となっている。興味深いのは、もともとアゼルバイジャンが「力技」分野に強い上に、さらに元外国人の「力技」有力選手を加えていることである。これは、陸上や水泳等の手薄な分野に資金や人材を分散させるより、「集中投資」した方がメダル獲得につながるとの判断が働いているためであろう。極めて合理的な考え方であるとは言える。こうした事情が顕在化するのが冬季オリンピックの成績である。アゼルバイジャンは２０１４年のソチ冬季五輪に４名の、いず

表２　年初時点でのスポーツ施設数

	2009	2010	2011	2012	2013	2014	2015	2016
スポーツ施設数（国内合計）	9582	9623	9491	9954	10259	10574	10798	11027
内　訳								
「スポーツ宮殿」	3	3	3	3	3	3	3	3
「オリンピック」名を冠した施設	19	24	28	32	34	38	39	39
1500名以上の観客席を有するスタジアム	63	56	53	61	66	72	74	75
1500名未満の観客席を有するスタジアム	125	83	77	83	98	108	122	123
体育館	231	233	224	172	180	191	180	189
水泳場	56	53	58	62	73	80	84	105
射撃場	246	240	193	182	182	179	176	174
スポーツ従事者数（※）	542.6	1617.4	1649.8	1660.4	1678.4	1685.1	1723.8	1724.7

（出典）国家統計委員会（※1000人単位）

れも外国出身者を代表団として派遣した。彼らは、アルペンスキーのパトリック・ブラフナー（オーストリア出身）及びガイヤ・バッサニ＝アンティヴァリ（イタリア出身）、フィギュア・スケートのペアであるユリヤ・ズロビナ及びアレクセイ・スィトニコフ（いずれもロシア出身）であった。メダル獲得が果たせなかったこれらの冬季競技、そして成果が出ていない夏季競技には、国内の競技人口が極めて乏しいという共通の事情を抱えている。

近年のアゼルバイジャンでは「シャフダグ」スキー場（北部グサール地区）等に代表されるスポーツ観光施設の整備が徐々に進められているが、市民が日常的にトレーニングを行い得るようなスポーツ・インフラは比較的少ないといえる（例えば、通常、アゼルバイジャンの学校にはプールがない。水泳は学校では習わない特殊な技能である。なお、バクー市内に限って言えばスポーツジムに類する有料のトレーニング施設は比較的発達している）。端的に言えば、アゼルバイジャンのスポーツ施設とは特別な行事の日に開場される場所であり、普段から出入りする場所ではない（表２参照）。

国の知名度を上げるため、国際大会を招致する政策が続けられている。写真は「ツール・ド・アゼルバイジャン 2017」最終日のレース模様（2017年5月7日、バクー市内）

約20年にわたりアゼルバイジャン・オリンピック協会会長を務めているイルハム・アリエフ大統領は、2016年のスポーツ分野の成果について次のように述べている。「アゼルバイジャンの国旗は主要な国際大会の全てにおいて翻った」「発展した、強力な国ではスポーツでも成果を出している」「リオ五輪では歴史的な勝利が達成された」「バクーで開催された欧州競技大会は、オリンピックのレベルに匹敵し、我が国が強国であることを再度示した」「世界中で5億人が観戦するF－1グランプリはアゼルバイジャンの知名度向上の上で非常に重要な意義を有する」（同年12月23日付発言）。

スポーツの成果に国家の威信を投影する考え方は万国共通に見られるものであり、アゼルバイジャンだけが例外なのではない。しかし、アゼルバイジャンの場合、その側面は特別に強調されていると言えるだろう。また、大統領が述べたように、スポーツが強い国では経済と社会も発展しているが、スポーツで華々しい成果を上げることによって強国になれるわけではない。将来的に、経済発展の成果があらゆる種目の競技基盤の拡大に結実し、競技人口が広がった結果として多種多様な種目でアゼルバイジャン人選手が活躍することが期待されている。

（片桐俊浩）

コラム 10

国民的スポーツ・チェス

廣瀬陽子

チェスがスポーツだという認識は日本ではあまり持たれていないかもしれないが、旧ソ連諸国ではれっきとしたスポーツの一つである。対戦はスポーツ・ウエアで行われるのが普通であるし、試合はスポーツチャンネルで放映される。

実際、国際チェス連盟（FIDE）の憲章には「チェスはスポーツと科学的思考と芸術の諸要素による最も古い歴史を持つ知的文化的競技」だと記されており、また1999年の国際オリンピック委員会（IOC）理事会で、世界のメジャースポーツ30種の中に加えられ、FIDEはIOC加盟団体となった(日本オリンピック委員会HP)。

チェスはソ連で極めて盛んに行われ、ソ連、そして旧ソ連諸国は多くの世界チャンピオンを排出してきた。チェス(アゼルバイジャン語でシャフマット（**şahmat**）はアゼルバイジャンでも盛んで、子供の教育や精神力の向上のためにチェスをやらせる親も多く、街中でもチェスクラブをよく見かける。放課後のクラブ活動としても、チェスは盛んである。

アゼルバイジャンのチェスで特筆すべきは、バクー出身のガルリ・カスパロフであろう。彼は1963年にユダヤ人の父とアルメニア人の母との間に生まれ、血筋的にはアゼルバイジャン人ではないが、22歳（当時）のときに史上最年少でチェスの世界チャンピオンになり、天才と称されてきた。その後、15年という長きにわたり、世界チャンピオンのタイトルを保持し、これはFIDEによる選手権制度開始以降のタイトル保持期間の最長記録にあたる。カスパロフは、コンピュータとの対戦でも有名で、

1996年と97年の2度、「ディープ・ブルー」と呼ばれるIBM製のスーパーコンピュータとチェスの六番勝負を行った。96年にはカスパロフが4—2で勝利したものの、翌年の対戦では2・1／2—3・1／2でカスパロフが敗れた。これはトーナメント条件下で現役のチェス世界チャンピオンがコンピュータに敗れた初の事例となったが、チェスの世界におけるコンピュータの新たな可能性を開いたとして注目を集めた。

とはいえ、そもそもカスパロフ本人がコンピュータとは深い縁があった。カスパロフのチェスの師匠だった工学者でチェス世界チャンピオンでもあったミハイル・ボトヴィニクがコンピュータ・チェスを推進していたのである。その影響もあり、カスパロフ自身も早い時期から分析にデータベースを用いてチェスの技の研究を行っていたという。人間とコンピュータがペアを組み、ペア同士が対局する「アドバンスド・チェス」という変則チェスを考案したのもカスパロフである。カスパロフは2005年にチェスのプロとしての活動を引退してからは政治家に転じ、ロシアで民主化運動・反プーチン（ロシア大統領）活動を行い、ロシア当局からしばしば弾圧を受けている。

現在でもアゼルバイジャンのチェス人口は多く、優秀な選手を多数輩出している。FIDEの2018年6月現在のレイティングによれば、チェスのトッププレイヤーの100位までに男性部門で6人、女性部門で1人、ジュニア部門（20歳以下男子）で2人、女子部門（20歳以下女子）で5人のアゼルバイジャン人プレイヤーがランキングされている。特に男性部門3位のシャフリヤル・マメディヤロフと17位のテイムール・ラジャボフはかなり確立した地位を維持しており、女子部門3位のギュナイ・ママドザデは将来有望とされている。なお、2009年11

月にFIDEのレイティングで6位を記録したヴガール・ハシモフは、将来を期待されていたが、14年1月に残念ながら27歳という若さで亡くなっている。

競技人口が7億人とも言われるチェスの世界において、これだけの実績を残しているアゼルバイジャンのチェスの実力はかなりのものだと言えるだろう。

2016年9月には、隔年で開催されているFIDE主催の第42回チェス・オリンピアード（BAKI・2016 **Şahmat Olimpiadası [http://www.bakuchessolympiad.com/]**）が、バクー・クリスタル・ホール（2011年の欧州の国別対抗歌謡祭「ユーロヴィジョン」においてアゼルバイジャン代表が優勝したのを受け、翌12年に同大会を前年優勝国として開催するために建設された）で開催された。アゼルバイジャンは男女各々3チームが出場し、男子は12位、26位、49位（日本は68位）、女子は8位、30位、32位（日本は96位）の記録を残した。

バクーでのオリンピヤード開催は2012年に決定されたが、決定過程においては、選手が安全に参加できないとして、アルメニアが激しく反発した経緯がある。バクー開催決定後も、FIDEなどがアルメニアに参加を強く促し、チェスによる両国による関係改善も期待されたが、結局アルメニアは開催2カ月前に不参加を決定した。このようなことは他のスポーツ大会でも多々見られてきたが、ナゴルノ・カラバフ問題がチェスの世界にも暗い影を投げかけていることを印象付けた。

※本コラムの執筆にあたっては、小澤太郎氏（慶應義塾大学総合政策学部教授）にご教示を受けた。記して謝意を表する。

60

アゼルバイジャンの民間療法

★石油に浸かって健康になろう★

アゼルバイジャンを含むコーカサス地方は、長寿伝説で知られる。コーカサスの人々が本当に長生きであるのかどうかは別として、彼らの食生活、とりわけこの地でよく食される乳製品が長寿の秘密の一つと信じられていることは確かである。我が国でも、90年代に流行した「ヨーグルトきのこ」が2000年代の後半頃から「ケフィア」として再流行したことは記憶に新しい。また、それとは別種の発酵乳食品である「カスピ海ヨーグルト」は、スーパーマーケットでも目にすることができる。アゼルバイジャンの国内においても、ケフィアをはじめとする多様な発酵乳食品が売られている。

これらの乳製品を常食するアゼルバイジャンにおいては、その「効能」がとりたてて語られることは少ないように思われる。しかし、食品を用いた民間療法は、アゼルバイジャンにも多数存在する。特に多いのが、植物を煮詰めたり、

ケフィア

第60章
アゼルバイジャンの民間療法

煎じたりして作る民間薬である。例えば、カシやナラなどの樹皮やドングリを煮詰めた液でうがいをすると、口内炎や歯肉炎といった口腔や喉の炎症に効くという。おそらく、タンニンの成分の殺菌作用によるものであろう。

カエデの葉や樹液は、腎臓や膀胱の病気、あるいは胃潰瘍や十二指腸潰瘍に効果があるらしい。また、抜け毛にはカエデの葉を入れて煮立てた湯で頭を洗うと良いという。タマネギもまた、毛根を強くしてくれるらしい。その場合、まず、おろし金にかけたタマネギを毛根にすり込んだ後に頭に布を巻く。1~2時間ほどそのままの状態で置いた後、布をといて、熱いお湯でシャワーをするらしい。

利尿作用を持つとされる食品は多いが、その代表例とされているのがニンジンで、膀胱結石などに効果があるとされる。とりわけニンジンの種、特に野生のニンジンのそれが、強い効き目を持つという。

風邪には、酢が効くらしい。風邪を引いたら、パイ生地や麺に酢を練り込んだり、あるいは単に食事の上に酢を振りかけたりして食べると良いという。風邪に効く食品としてはハチミツもよく知られ、その場合は、水やお茶に溶いて飲まれる。

ニンニクは、抗菌作用や利尿作用を持ち、食欲増進効果を持つとされる。また、特に頭痛に効く食べ物としても知られている。ほかに胸部や腎臓の痛みにも効能があるらしい。一方、我が国で語られがちな強壮作用に関しては、あまり重視されていないようである。なお、ニンニクを食べた後の口臭には、新鮮なパセリを囓ると良いらしい。

アゼルバイジャン料理には香草類がふんだんに用いられるが、これらに薬効が期待されるのは、世界の多くの地域と同様である。例えばドーガに含まれるミントは、腹痛を和らげるという。ちなみに

ドーガ

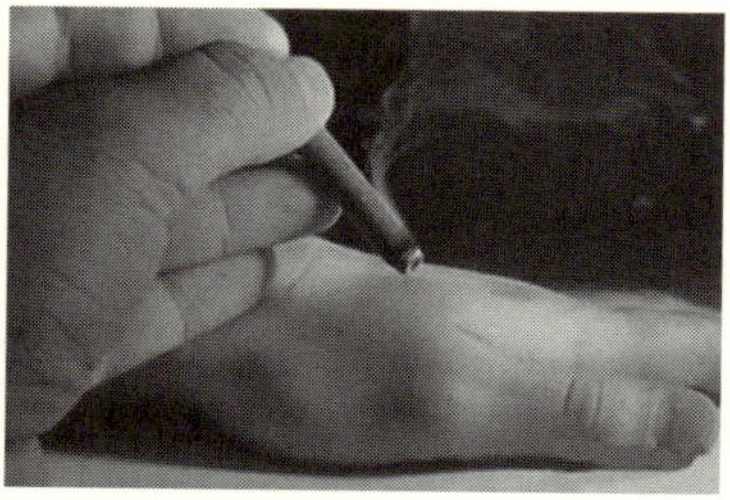
チルダグ（出典：http://news.day.az/society/405398.htm）

ドーガとは米をヨーグルトで煮込んだ、いわば「ヨーグルト粥」であり、各種の香草類のほかにタマネギなどの野菜や羊肉などが入ることもある。温かいままで食すこともあるが、冷やして食べるのが普通で、特に朝食としてこの料理を好む者が多い。

食事に結びついたもの以外の民間療法も、数多い。例えば、バクー近郊の町マシュタガーなどには、チルダグと呼ばれる民間療法を行う専門家が今も残っている。これは紙たばこ状に成形された綿を燃やし、それを患者の体に近づけて特定の部位に輻射熱を加える療法であり、筋肉の凝りや神経痛などに効果があるという。現在の中国などでも行われている棒灸に極めて類似しており、おそらく起源もそこにあるのだろう。

ナヒチェヴァン市の中心部から北西方向の山中には、喘息などの呼吸器疾患を扱う少し変わった療養施設がある。かつての塩山の坑道をそのまま利用した、「ドゥズダグ療養所」である。いわゆるスペレオセラピー（「洞窟療法」あるいは「塩鉱療法」とでも訳せるだろうか）の施設であるが、薄暗い洞窟の中にベッドが並ぶ光景は、異様と言おうか神秘的と言おうか、なかなかに不思議なものであった。

アゼルバイジャンには、温泉施設もいくつかある。その中でも特に奇妙なのが、ナヒチェヴァン地方の南部、イラン国境の町ジュルファーから北東に数キロ行ったところにあるダルダグ温泉である。

自律神経の活動を整えたり、胃や肝臓、腎臓、心筋などの代謝を促進してこれらの機能を改善したりといった効果があると言われるこの温泉であるが、1日の入浴時間は10分程度に制限されている。なぜならば、この温泉の湯は、高濃度のヒ素を成分として含むからである。実際、源泉の周囲には、黄土色の縞模様を持つヒ素化合物の結晶が大量に生成されていた。

この手の不思議な療養施設の極めつけが、「石油風呂」である。中西部に位置する町ナフタランの油井から涌く原油は特殊な成分構成をしており、その中に浸かることで様々な病、特に湿疹や乾癬をはじめとする皮膚病に効能があるとされているのだ。ナフタランには、この「石油療法」を行う施設が複数存在し、アゼルバイジャン国内のみならず、世界各国から療養者が集って来るのである。

石油風呂（療養所のパンフレットより転載）

ナフタランは、意外なところで日本とも関係している。日露戦争の当時、日本軍の歩兵の装備の中に、ナフタランの石油が「万能薬」として含まれていたというのである。また、この戦争中に捕虜となった日本兵の中には、傷病の治療のためにナフタランに送られた者もいたとも聞く。これらは、アゼルバイジャンにおいてはそれなりに知られた話であるらしいが、「征露丸」の話がねじれて伝わったもののようにも思え、真偽のほどは定かではない。

さて、ナフタランの療養所には、一般的な浴槽を備えた浴室にシャワーと脱衣所が併設された個室がいくつか設置されている。各個室には一人の職員が付いており、彼らの案内に従って「治療」を受けることとなる。まずは服を脱ぎ、その後、空の浴槽に入って座る。これで準備万端、いよいよ浴槽に石油が満たされていくこととなる。石油の温度は、ぬるま湯程度で、まさに「風呂」という感じだ。もっとも、浴槽に満ちている液体は、お湯よりもだいぶ重くて、臭くて、真っ黒で、ネットリしていて、やたらと滑るのだが……。

石油風呂に浸かることができるのは、1日10分程度が限度と言われる。時間が来ると、職員が石油を抜き、風呂から上がることとなる。立ち上がる際は足元、というか全身が滑るので、要注意である。浴槽から出ると、まずは職員が靴ベラを渡してくれる。はじめは何のことやら分からず戸惑ったが、要するにこれで体の石油をこそぎ落とせということである。靴ベラを作った人も、まさかこのような目的で使われるとは夢にも思わなかっただろう。

こうしておおざっぱに石油を落とした後、シャワーで念入りに体を洗う。大きなスポンジが備え付けられているが、それは一度の使用で駄目になってしまう。そこまでしても、石油の不愉快な臭いは、10日間ほどは体からとれないのである。

石油風呂で本当に健康になれるかどうか、筆者は知らない。しかし、心は確実に強くなる。

（塩野﨑信也）

IX

日本とのかかわり

61

アゼルバイジャンと日本の関係

――★両国間に根付きつつある相手国への関心と敬意★――

アゼルバイジャンと日本の間の相互理解は、「西高東低」が続いている。西に位置するアゼルバイジャンでは東洋の国・日本について関心を寄せる人々が比較的多いが、残念ながら、日本国内では「アゼルバイジャンについて知っている」ことは特殊な知識に属するようである。国土や人口の大きさ、近代世界史との関わり方による国際的な知名度の差を勘案しても、解消すべき大きな差が存在することは確かである。本章では、アゼルバイジャンと日本の相互理解、両国関係の姿について論じることにしたい。

両国間の往来

まずはデータに現れる「西高東低」を示すことにする。表1は、相手国に居住する両国民の統計を示したものである。2006〜2016年の期間中、日本国民の数はアゼルバイジャン国民の13〜15倍の規模を維持したが、相手国内の居住者数については日本国内に住むアゼルバイジャン人の数の方がアゼルバイジャン在住日本人数を一貫して上回ってきた。2012年以降に関して、中長期在留者（外交官及びその家族に相当する「外交」「公用」

表1

	在日アゼルバイジャン人数						在アゼルバイジャン邦人数
	内訳（一部）					総数	
	留学	永住者	日本人の配偶者等	外交	公用		
2006年	3	-	-	-	-	44	34
2007年	1	-	-	-	-	47	36
2008年	3	-	-	-	-	48	33
2009年	1	-	-	-	-	52	24
2010年	23	-	-	-	-	55	34
2011年	24	-	-	-	-	51	43
2012年	20	6	4	11	10	80	41
2013年	23	6	5	12	10	92	35
2014年	19	7	6	12	10	90	35
2015年	20	10	7	10	12	121	53
2016年	25	10	6	15	13	141	-

（出典）日本国の法務省「在留外国人統計（旧登録外国人統計）統計表」及び外務省「海外在留邦人数調査統計」。在日アゼルバイジャン人数について、2011年までは旧登録外国人統計、それ以降は在留外国人統計の「総在留外国人」の項目を採用。

の滞在資格を有する者や、３カ月以下の短期滞在者を含むカテゴリー）を含めた「総在留外国人」統計における在日アゼルバイジャン人の数は、在アゼルバイジャン邦人数を大きく引き離している。また、２０１５年の在アゼルバイジャン邦人数53名のうち、「外交」「公用」に該当する人数（日本大使館職員とその家族）は21人であったが、この数は〈表〉で示した期間中ほとんど変動していない。外務省公表データからは、「アゼルバイジャンに滞在する日本人の多くが政府関係者である」ことが分かる。〈表〉中で２０１０年以降のアゼルバイジャン人の日本留学者数が20名前後の水準となっているが、日本側が用意した留学プログラムの効果が大きい。

日本をよく知るアゼルバイジャン

アゼルバイジャン国内では、日本文化・日本由来物を比較的容易に見出せる。バクー市内を

写真１　中国原産ながら日本語名を採用した「キンカン（金柑）」を売るスーパーマーケットの棚（2017年５月）。他にアゼルバイジャン語になった日本語として、「ダイコン（大根）」がある

歩けば日本車が行き交っていることに気づかされるが、これを裏付ける統計資料がある。２０１７年1月1日現在の国内自動車登録総数１１１３万７０００台のうち、トヨタ車はベンツ、ヒュンダイに続く3位（4万７２８２台）であった。この他に、日産、三菱自工等の自動車が多い。正規の販売店を介さない並行輸入の自動車が多いため、生活実感としては統計よりも多くの日本車を目にする機会がある。

筆者の6年以上のアゼルバイジャン滞在中（２０１１年12月～２０１８年2月）を振り返れば、データには表れにくい部分で日本文化が日常の各場面で根付いてきているのが感じられた。自動車や家電以外の「アゼルバイジャンにおける日本の受容」の例として、「フレスコ」「ファヴォリット」等の大手スーパーマーケットの棚に日本メーカーの醤油や海苔が多種多様に揃えられていること、日本酒や梅酒の販売でも知られる日本食材の店「ガストロミー」がチェーン展開していること、バクー市内で複数の日本料理店が営業していること、アゼルバイジャン料理店でも巻き寿司を提供するケースがあること、キャラクターグッズ（「ドラえもん」等）、文学作品（三島由紀夫、村上春樹等）、漫画（「ワンピース」「進撃の巨人」等：ただしトルコ語版が多い）が雑貨店や書店で売れ筋の棚に並べられていること、等があげられる。

文字通りアゼルバイジャンに「根付いた日本由来物」として、日本のリンゴの樹がある。北部グバ

写真２　ふじリンゴを売るスーパーマーケット（2017年５月）

地区で果樹園を営むラミズ・ケリモフ氏は、日本への「りんご留学」後に「ふじ」リンゴを栽培・出荷するようになった。このリンゴはアゼルバイジャンでも「ＦＵＪＩ（フジ）」として流通している。

いまや国際的な競技となった柔道、合気道、空手はアゼルバイジャン国内でも人気のスポーツであり、自主的な愛好団体が複数存在する。庶民レベルでは日本に対して高い関心が寄せられていると言えよう。東日本大震災に際してアゼルバイジャン人から物的・精神的な支援が日本側に寄せられたことも併せて特筆しておきたい。

アゼルバイジャンは政治レベルにおいても日本を大切なパートナーとして扱っている。日本の総理大臣がアゼルバイジャンを訪問したことはないが、アゼルバイジャンの大統領は２人（ヘイダル及びイルハム・アリエフ前・現大統領）も訪日している。イルハム・アリエフ大統領は大統領就任前の１９９８年にも国内オリンピック委員長として長野五輪の観戦のため訪日している。同大統領の指示により、複数の地区の地区長（都道府県知事に相当）からなるアゼルバイジャン代表団が日本各地の視察旅行を行ったこともある（２０１４年６月）。

日本側としても、コーカサス３カ国（他にジョージア、アルメニア）の中で最初の日本大使館をアゼルバイジャンに開設し（２０００年）、副大臣・政務官レベルの誰かを毎年必ず派遣する等、アゼルバイジャン重視のシグナルを発し続けている。これまでに、高村外務大臣（1999年）、麻生副総理兼財務大臣（2015年）、甘利経済再生担当大臣・日アゼル友好議連会長（2015年）等の要人がアゼルバイジャンを訪れた。

日本における「アゼルバイジャン」の受容

1990年代のニュースの中で、アゼルバイジャンはソ連崩壊後の混乱やナゴルノ・カラバフ紛争といった側面から報じられていた。2000年代に入り、折からの石油価格高騰の勢いを得てアゼルバイジャンが経済的に躍進すると、その発展振りが日本のメディアに肯定的に取り上げられる機会が増えていった。日本の報道は若干（多くの場合、5〜10年）のタイムラグがあるので、「金満国家アゼルバイジャン」というのは昔の話となってしまったが（詳細は別項のコラム参照）、興味深い国として日本人の注目を集めつつあることは両国関係発展の観点からはプラスになる。

写真3　バクー市内の書店の売れ筋コーナーで見つけた井深大『幼稚園では遅すぎる』アゼルバイジャン語版（2017年4月）

日本国内におけるアゼルバイジャン文化の受容はまだ始まったばかりであるが、アゼルバイジャンで豊富に収穫されるザクロを使ったジュース、菱形の小型ケーキ「パフラヴァ」等の伝統的なアゼルバイジャンの菓子類、北部ギャンジャ地区を中心に醸造されているアゼルバイジャン産ワイン等の食品が紹介され、日本国内で徐々に根付きつつある。日本財務省公表の貿易統計によると、アゼルバイジャンから日本に輸入されているワインは量・金額共に年々増加傾向にある。

最後に、両国の架け橋となった人々に言及してから筆を擱きたい。アビド・シャリフォフ・アゼルバイジャン共和国副首相は、両国関係に関する国家委員会議長を務めており、長年に亘り日本とアゼルバイジャンの多方面の関係強化に尽力し、高齢のため幾度も入院しながらも今日まで政務を執り続けている。２０１６年、日本政府は同副首相の対日功績に感謝の気持ちを表するため、外国人に対する最高級の栄誉としての旭日大綬章の叙勲を決めた。また、日本側には、ナゴルノ・カラバフ紛争による難民・避難民への眼鏡寄贈活動を続ける金井昭雄「富士メガネ」会長の活動（第67章参照）、日本庭園の造営を切欠にしてイスマイリ市と静岡県伊東市の友好交流協定の縁を取り持った小杉造園社長等の人材と功績がある。こうした人々の活動により、日本とアゼルバイジャンの関係は相互に対する好意と敬意を基調にして概ね良い方向に発展していると言えるだろう。

（片桐俊浩）

62

日本のODA ～電力から飲料水まで～

★アゼルバイジャンの発展に寄与する日本の支援★

日本政府は、開発途上国への支援を目的に、資金や技術提供など公的資金を活用した政府開発援助（ODA）を行っている。南コーカサス諸国（アゼルバイジャン、ジョージア、アルメニア）に対しても、その規模は他地域への援助に比べ大きくはないものの、旧ソ連から独立した1990年代初頭から今日まで、協力を続けてきている。なかでも、南コーカサス地域では唯一の資源国で3カ国のうち最も早く（2000年1月）日本大使館が開設されたアゼルバイジャンへの日本のODAは、累計額で3カ国中最大である。日本以外の主要ドナーによる対アゼルバイジャン援助額を見ても、二国間援助において日本は最大援助国の一つとして、その存在感を示している（図参照）。

1991年の独立後、日本はナゴルノ・カラバフを巡るアルメニアとの紛争で発生した難民や国内避難民への支援、貧困削減対策など、人道的な支援を中心にODA事業を展開した。その後、経済開発が進むとともにアゼルバイジャン側のニーズに応えた経済インフラ整備（特にエネルギー、運輸・通信）や保健・医療、教育分野などの社会セクター支援へと移行していった。

2017年時点では、日本の対アゼルバイジャン援助方針

アゼルバイジャンに対する各国ODAの推移（支出総額ベース）

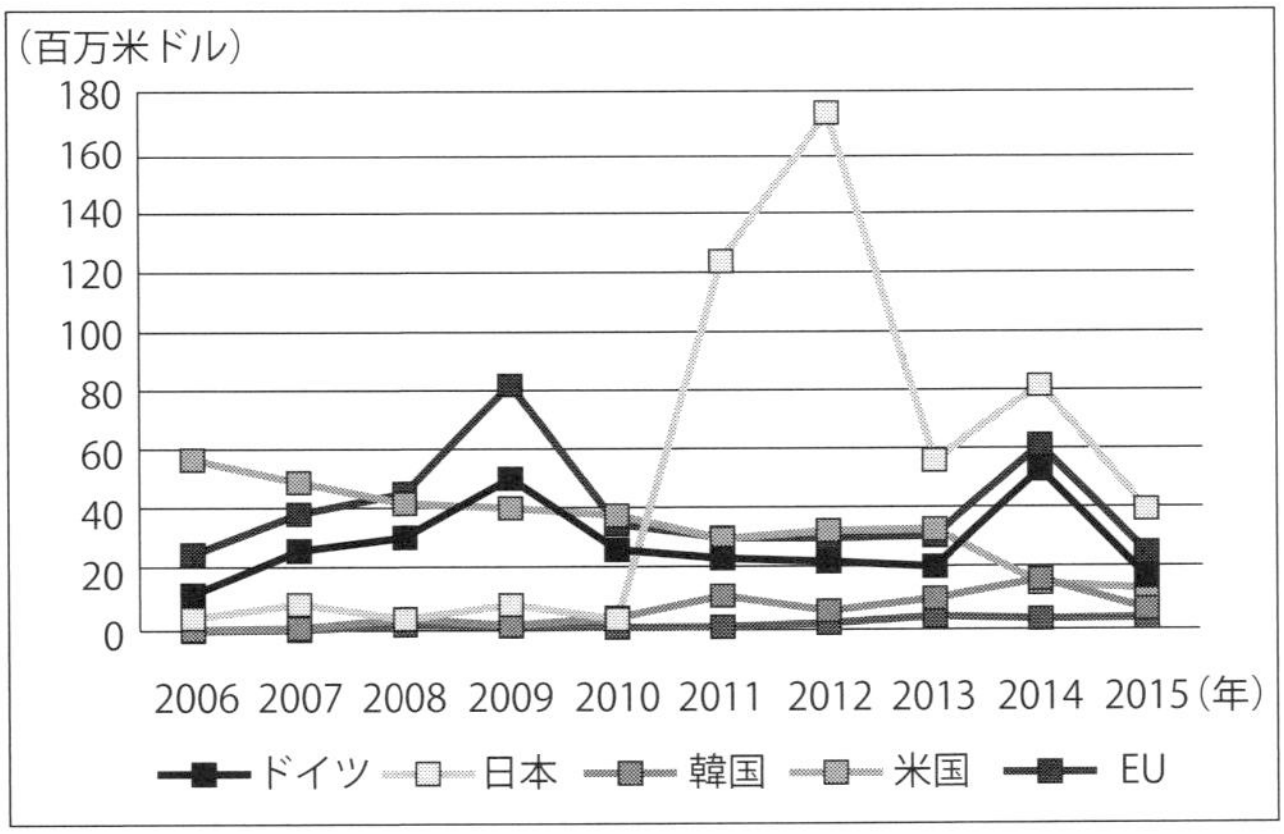

（出所）OECD.Stat

（２０１４年度策定）の下、コーカサス地域全体の安定を念頭に、アゼルバイジャン経済の安定的発展、都市部と地方との経済格差の是正などを目的とした、経済インフラの整備や医療・給水などの社会サービスの改善、経済の多角化のための石油セクター事業以外の産業育成、人づくりに貢献する支援などを実施している。

具体的な事業を見ると、有償資金協力事業「シマル・ガス火力複合発電所第２号機建設計画」（写真。２００５年に円借款（貸付）契約調印）では、アゼルバイジャン東部、首都バクー周辺の高い電力需要に対応するため、カスピ海を臨むアブシェロン半島に設備出力４００メガワット級のガス火力複合発電所が建設された。このシマル発電所は、１９９９年に同施設近くに日本が建設した「セヴェルナヤ・ガス火力複合発電所」（有償資金協力事業）に次ぐ第２号機であり、発電施設の建設は日本の対アゼルバイジャン援助額の多くを占める大型事業となっている。アゼ

シマル・ガス火力複合発電所

ルバイジャンでは、ソ連時代に建てられた旧式技術による発電施設の老朽化が進み、不安定な電力供給は経済開発を推し進める政府の課題となっていた。日本の技術によって建設されたこれらの発電施設は、発電効率も高く、安定的な電力の供給に大きく貢献している。

社会サービスの改善については、首都圏の拠点医療機関への緊急医療機材供与、教育や保健、防災分野における人材育成を目的とした日本での研修などが行われている。また給水の分野では、特に給水施設の需要が多い地方都市を対象にした有償資金協力事業「地方都市上下水道整備計画」が実施されている。アゼルバイジャンは、降水量が少なく、河川の濁度も高いため飲料水の確保が課題であり、日本の水道整備事業は安全な水へのアクセス向上に貢献している。

また、経済の発展とともに都市部と地方の経済格差が深刻化するアゼルバイジャンの現状から、貧しい地方村落や紛争影響地域の住民に直接支援が届く、草の根・人間の安全保障無償資金協力（住民に直接裨益する比較的小規模な事業のために必要な資金を、ＮＧＯ、地方公共団体、教育機関等の非営利団体に供与する事業）を在アゼルバイジャン日本大使館は積極的に行っている。医療機関の少ない地域での診療所建設、村落部での幼稚園・小学校建設、山岳部での給水施設整備（写真）、地方の農業環境整備を目的とした灌漑施設の整備など、その内容は多岐にわたっている。

以上見てきたように日本は、独立以来の友好関係の下、有償資金協力を中心とした経済インフラ整備と無償資金協力による社会サービスの改善の分野で支援を続けてきた。特に草の根無償資金協力を用いた支援としては、水道普及率の低い地方での飲料水供給や診療所の整備などの分野での協力をほぼ全県において実施しており、日本からのＯＤＡは多くのアゼルバイジャン国民が持つ親日感や日本への関心にもつながっていると思われる。

一方で、大統領に権力が集中し、法整備や汚職対策が課題となっているアゼルバイジャンに対し、

草の根無償資金協力による水汲み場

水汲み場を利用する住民

民主化やガバナンス（統治能力や統治プロセス）の強化に欧米諸国は積極的に取り組んでいるが、この分野における日本の関わりは限定的なものとなっている。また、一人当たりGDPが7939米ドルと、ジョージアの4428米ドル、アルメニアの3889米ドル（いずれも2014年。IMFワールドエコノミックアウトルックデータベース）に比べても高いことから、日本のODAも、産業育成などの、中進国に対する協力に徐々に移行していく段階にある。

アゼルバイジャンはロシアと中東にはさまれた地政学的な要衝にあり、同国の安定は地域の安全保障にとっても重要である。ナゴルノ・カラバフを巡るアルメニアとの対立などから、南コーカサス地域として協調することは現状では困難であるが、国境を接し、河川や山脈を共有するジョージアやアルメニアとは、環境問題や防災の分野などで協力すべき部分も多いと考えられる。また観光開発分野でも、南コーカサス諸国間の協調は観光客の増加につながる可能性が高いことから、観光分野における3カ国の協調や、3カ国を含めた複数国対象の本邦研修の提供など、コーカサスの緊張緩和への貢献を念頭においた支援も模索されている。

（藤田伸子、原田郷子）

コラム11

アゼルバイジャン人の誇り

——ソ連時代の東芝・エアコン工場

廣瀬陽子

2000年に筆者がアゼルバイジャンに留学していたとき、日本人は非常に物珍しいので(当時の在留邦人は40人程度だった)、頻繁に声をかけられたが、中年以上の方からは、「東芝の人たちが帰ってからはじめて日本人を見た！」と言われることも多かった。また、多くの人が「東芝の製品は素晴らしかった」、「東芝の工場がバクーにあったことを誇りに思う」などと話し、「エアコンを買うなら、最近売っているものはすぐに壊れるから、中古の東芝製のエアコンを買いなさい。東芝の製品は絶対壊れないし、よく効くよ！」と言われたほどである。それほど、東芝の製品への信頼は厚かった。実際、ソ連時代からある建物やホテルでは、ソ連解体後もバクーの東芝工場で作られたエアコン「**Bakkonditioner**」が働き続けていた。

株式会社・東芝がソ連から受注したルームエアコン製造プラントをアゼルバイジャンの首都バクーに建設し、操業を始めたのは1975年のことだった。当時、延べ350人の日本人据付指導員が派遣されたという。

当時のバクーで何故エアコン工場が必要とされたのか。ソ連では、経済の五カ年計画が設けられ、常に経済発展の指針とされていたが、当時のものでは「国民生活の向上」が目標に掲げられており、イタリアFIAT社の指導による自動車工場の建設と東芝の指導によるエアコン工場の建設がその目玉とされていたためである。当時、世界的な気温上昇を受けて、冬向きに作られているソ連の建物の中では暑さが身にこたえるようになっていた中、東芝がソ連から受けた注文内容は、「その時点で世界一の性能のエアコン工場」を作れということであり、工程の各ポイントでのコンピュータチェックや自動倉庫まで含まれていた。東芝サイドが人海戦術で仕事を進めるソ連ではそのような近代設備は不要ではないかと忠告しても、ソ連側は全く聞く耳を持たず、ソ連のプライドがすべてに優先されたのだという。また、ソ連には周辺産業が皆無だったため、通常は外注するような材料・部品も全て自製しなければならず、金属材料工場、プラスティック工場、機械工場、工具工場等も併設し、家電工場というより、製鉄所に近い広大な規模となったという。

筆者が2003年に宿泊したホテルの部屋についていた東芝製のエアコン

だが、アゼルバイジャンでの操業は苦難を極めた。冷戦中の当時、ソ連は軍事・宇宙産業では世界最高レベルであったにもかかわらず、それらは閉鎖的で、その恩恵が周辺産業に浸透せず、一般産業の分野は後進国レベルだった。例えば、先行赴任した東芝職員が、設備の受入環境を確認すると、機械装置を置く土台のコンクリートが簡単に崩れる状態であった。それでは機械の精度が出なくなるため全部やり直させたが、情況を調べるとセメント公団で砂利とセメントを混ぜ、トラックに積んで、ひどい悪路を走って現場に運び込み、中身が分離しているにもかかわらず、そのまま使っていたことが判明した。

また、アゼルバイジャンの従業員には、基礎の基礎から指導をしなければならなかった。例えば、最初の設備が到着した際、現地職員は梃子の原理を応用するバールの使い方がわからず、梱包を開けることすらできなかったという。また、新品の機械に直接クレーンの鎖を掛けて持ち上げようとするので、古布のパットを挟むことを教えたという。ちなみに、すでに設置されていた東独製の新品機械は傷だらけだったそうだ。

さらに、工具類、巻尺からボールペンに至るまで、現地にはまともな作業用具は何もなかったという。そのため、日本人が持込んだ日本製の精巧な品物は現地人にとっては宝物にも等しく、頻繁に盗難に遭ったという。対策として、退社時には日本人の工具類は鉄製の大きな箱に入れて、フォークリフトで運び、厳重な囲いの中にしまって帰っていたそうだ。

他方、ソ連における外国人の立場は極めて独特であった。まず、国策として、自国民に外国の生の情報が伝わるのを防ぐため、外国人は一般人から可能な限り隔離されていた。外国人と接触できる人は限定され、それ以外の人については接触を制限すると共に、国民の間に相互監視と密告を義務づけていた。日本人が不用意に現地の人々に何かを教えたり、ビデオなどを見せたりすることも禁じられていた。

しかし、ソ連成立後、バクーは多くの外国人を受入れた経験がなく、現地の人達は当局が望むような外国人との接し方を会得していなかった。そのため、日本人と親しくなってしまう人が大勢でてきたが、そのような人の多くは仕事からはずされて、日本人の前から姿を消したという。そのため、東芝の工場は、日本への敬意を深めるものにはなっても、日本人と現地の人を結びつけるものにはならなかったようだ。

63

アゼルバイジャンにおける日本文化の受容

★伝統文化とポップカルチャー★

「日本の伝統文化といえば何を思い浮かべるか」と学生らに聞くと大抵、茶道・書道・生け花・柔道・合気道・折り紙・浴衣・三味線あたりが挙がる。

柔道・合気道に関しては習い事としてバクーやシェキなど都市部では行われている。また、私が滞在している間に数回、日本人アーティストによるコンサートが行われた。このような日本文化普及・発信に関しては日本大使館の広報文化担当班らが尽力されている。大使館は非常に限られた人員にもかかわらず、寸暇を惜しんで熱心に日本文化を発信しており、非常に頭が下がる。

また、留学経験がある学生などが日本で茶道や華道を学んでくることがあり、それを帰国後に披露・伝承するケースもある。ここ数年は日本語専攻大学生主導の日本文化祭なども行われるようになってきており、毎回数百名の来場者が来ている。当地の日本文化に対する興味はかなり高いと言える。しかしながらやはりアゼルバイジャンでオーセンティックといえる日本文化に触れる機会は未だ少ないのが実情である。

伝統文化だけでなくポップカルチャーの方も非常に人気が

ある。映像作品の力が強いのか、漫画よりもアニメの方が影響力が強い。バクーにはアニメファンコミュニティーがあり、よくコスプレパーティーなどを行っている。Facebook上のAzrbaijan Anime Communityというグループは参加者が1900名以上おり、更新も頻繁に行われている。パーティーの様子を見ると『ONE PIECE』や『NARUTO-ナルト-』などのコスプレをした人の姿が多い。メンバーの一人に話を聞いたところ、コミュニティー内でいくつかの小グループに分かれており、グループごとに衣装やパフォーマンスを工夫し競い合う競技形式で、隣国ジョージアのサークルとも遠征し合いながら頻繁に交流を行っているそうである。ジョージアとのつながりまで生まれているとは、アニメ

日本文化祭での書道体験

学校の授業では海外の文化を知るために世界各国の文化を調べ、ブースを作って発表している

児童らによる「日本の踊り」

ファンの情熱には驚かされる。

　しかしアゼルバイジャンのテレビ局で日本のアニメが放送されることはさほど多くなく、スタジオジブリ作品が少し放送されるくらいだろうか。最近では国際交流基金放送コンテンツ紹介事業でアニメの『宇宙兄弟＃0』も放送されていた。前述のアニメファンらはネットでアニメを観るらしい。自分たちでアゼル語に翻訳し、字幕をつけてコミュニティー内のみで楽しんだりもしているそうである。

　また日本文化という枠組みではないが、学生の保護者や教師から「日本語ではなく、日本の教育方法を教えてほしい」という漠然とした要望をよく聞く。どういうことかと詳しく聞いてみると「子供を礼儀正しくしつけるためにはどうしたらいいのか」、「自分たちで考えるような子供にしたい」、「大学生がコピーアンドペーストをしないで論文を書かせるためにはどうしたらいいのか」ということで、いわゆる「しつけ」や「修養」と呼ばれる部分の醸成を図りたいということらしい。それはつまり日本の子供たちが礼儀正しく見えているということであり、日本の教育が成功しているというイメージがあるのだろうか。あるいは他の国の外国人らにも同じように言っているのかもしれない。いずれにしてもそれを言ってくる人は漠然とアゼルバイジャンの人材育成方法に問題意識があるらしい。礼儀の講座なりをしてほしいと何度か言われた。

しかしそう言われても、日本で生活している人間が全てしつけ講座を受けているわけでもなく、日本の学校では「道徳」という授業はあるにはあったが、それで精神修養がされた感覚もない。むしろ、部活動やサークル、文化祭や習い事、アルバイトなどによって、様々な人と交流することによりそのような能力が身についてきたのだろうと思う。つまり彼らが求めている人材育成は、教師が教壇に立って教えられることではない。

アゼルバイジャンの学校児童は日々宿題に追われている場合が多く、学校が終わるとすぐに家に帰り大量の宿題をこなすらしい。大学生は時間を持て余しているように見えるが、サークル活動などはほとんど行われていない。授業が終われば大学にとどまらずに門から出ることになっている。自分からすれば少し不思議な感じがするが、当然上記の彼らが求める能力は身につきにくい環境である。

（須藤展啓）

64

アゼルバイジャンにおける日本語教育

★アゼルバイジャン語で日本語を学べる時代★

アゼルバイジャンにおける日本のイメージはとても良い。在留邦人が少ないためか筆者がバクー市内を歩くと、ほとんど必ず「ニーハオ」と話しかけられてしまうが、そこで「実は私は日本人なのです」と返してみると、たちまち和やかな会話が始まり、ついには「親戚の知り合いが日本に行ったことがある」だとか、「うちの子供の友達が学校で日本語を勉強しているようだ」というような身の上話、世間話を延々と聞くことができる。このような親しみやすい人々に囲まれながらのアゼルバイジャンでの日本語教師（国際交流基金派遣日本語専門家）としての3年間は、気づけばあっという間に過ぎてしまった。

アゼルバイジャンにおける日本語教育は1995年にバクー市内の私立アジア大学に日本語学科が設立されたことに端を発する。その後、2000年9月にバクー国立大学東洋学部に日本語学科が設置され、筆者の勤務する同学科が国内における日本語教育の中心として今日に至るまで大きな役割を担うようになった。さらに、2011年にはアゼルバイジャン言語大学に日本語講座が開設され、最近では日本語教育をカリキュラムやサークル活動に取り入れる中等学校も見られる。いわゆる「総合的な学習の時間」の活動テーマとして日本文化の発表を行う学校もある。

当地の日本語教師達は（筆者を除いて）全員アゼルバイジャン人であり、その多くは日本での留学・研修経験を有し、学生らの良き先輩として今日も日本語や日本事情を教えている。

アゼルバイジャンで日本語教育が始まった背景には日本に対する良いイメージがあったようだ。国際交流基金の「国・地域別学習期間調査」には、「1991年の独立以降、混乱期を経て国内情勢が安定し、1995年以降、日本を含め西側資本が流入した。これに伴い、日本に関する情報も増え、対日関心が高まった」と記されている。日本語専攻の大学生に学習動機を問いかけてみると、「日本に留学したい」「日本で就職したい」という声が多く聞かれる。ただし、その背景には石油価格下落による国内の不景気も影響しているように思われる。当地の就職難は深刻であり、2、3年次になって「このまま大学を卒業しても働き口がないのではないか」と不安を口にする学生も少なくない。アゼルバイジャンの大学生は、日本のような就職活動はせず、それぞれのコネクションを頼りに仕事を探そうとする。日本語専攻に限らず、どの分野においても新卒の学生が就職先を探すのは難しいようである。「学部

バクー国立大学東洋学部入口

卒のままでは良い仕事が見つからない」という理由で筆者に大学院進学を相談してくる学生もいる（勿論、研究自体に興味があって進学を志す学生もいる）。

当国の大学で働いていると「ロシア語ではなくアゼルバイジャン語で学習できる環境づくりを推進しよう」という流れを感じる。少なくとも、日本語や韓国語などの東洋言語専攻に関しては、ここ数年で学生の理解言語が「ロシア語とアゼルバイジャン語」から「アゼルバイジャン語のみ」に変わってきた。アゼルバイジャンの学校は、教育をどの言語で行うかという観点から、ロシア語セクターとアゼルバイジャン語セクターの二つの教育セクションに分かれている。長らくの間、日本語専攻の入学者はロシア語セクターとアゼルバイジャン語セクターを年によって交互に受け入れてきた。ところが、この数年はアゼルバイジャン語セクターの学生ばかりとなり、ロシア語で書かれた従来の日本語教材がほぼ理解されない状況になってしまった。母国語で高等教育が受けられるようになるのは大変好ましいことであり、歓迎すべきことである。しかし、現場の教師の立場からすれば、これまでの教材が使えなくなったことを受けてアゼルバイジャン語版の教材を急ピッチで作成する必要に迫られるということでもある。ネット環境が十分

日本語教育が行われている225番学校

でない大学内で補助教材を作成することは困難であり、当然のように家に持ち帰っての作業になってしまう。教師の中には家事や子育てが一段落した深夜にパソコンに向かって教材作成をする者もいる。当国の大学講師の給料はお世辞にも良いとは言えないが、彼らの努力がこの国の教育レベルの向上と日本・アゼルバイジャン関係の相互理解促進を支えているのである。

日本文化祭で提供されたお寿司

ところで、バクーでは大学の授業とは別に、日本ファンのサークルのような集まりがあり、そこでも日本語の学習が行われている。〝Yapon.az〟というサークルでは週2、3回、バクー市内のカルチャーセンターで授業を行っている。受講者の学習動機は「日本の映画やアニメから日本語に興味を持った」「日本の伝統文化に興味がある」「難しそうで、周りにやっている人がいないから」など、実利目的から離れたものが多く、留学・就職を目指す日本語専攻の大学生の学習動機とは大きく異なっている。自発的にサークルに参加するだけあって意欲的な学習者が多く、日本語能力の面でも大学での日本語専攻学生を凌駕する優秀な人もいる。当地では年に一度、大学生であれば誰でも参加できる「バクー日本語弁論大会」が開催されているが、２０１６年度の優勝者はこのサークルに参加していた日本語非専攻の学生だった（その後ロシアで行われたＣＩＳ日本語弁論大会でも4位に入賞）。インターネット上で充実した学習リソースにアクセスできる今日、意欲さえあれば日本語非専攻の学生でも高いレベルに到達できるようになってきている。この現象は他の国でも見られるようであるが、当地でも顕著になりつつある。さらに、アゼルバイジャンでは、受験資格に制限のない日本語能力試験（JLPT）が2016年から実施されるようになった。初年度は大学生、学校生徒、自学自習の社会人など100名強の受験者がこの検定試験を受けた。「自分の実力が知りたい」「目標が欲しい」と考える学習者にとって、新たな、大きな力試しの機会が開かれたのである。

日本語教育の転換点に居合わせられたこと、この国の日本語教育の発展に微力ながらでも貢献できたことは筆者にとって日本語教師としての喜びであった。いつの日か読者のみなさんがバクーを訪れたとき、「こんにちは」と日本語で話しかけられることがあるかもしれない。その際にはぜひ笑顔で返事をしていただきたい。

（須藤展啓）

65

日本企業の活躍

★脱石油・ガスを目指して★

アゼルバイジャンで活動する日系企業概観

最初に、アゼルバイジャン共和国に進出している日系企業を概観したい。

2018年6月現在、日本の総合商社では伊藤忠商事、三井物産、住友商事の事務所があり、このうち首都バクーに日本人駐在員が常駐しているのは伊藤忠のみである。伊藤忠は伊藤忠商事と伊藤忠石油開発の二つの事務所があり、2人の駐在員が勤務している。日本のINPEX（国際石油開発帝石）はBP（アゼルバイジャン）に日本人出向者を一人派遣している。

他の日系企業では、東京設計事務所（駐在員一人）、トヨタコーカサス、JTインターナショナル、Kuyo MMC等が進出している。トヨタコーカサスはトヨタ自動車のディーラーであり、日本人駐在員はジョージア（グルジア）に常駐して、アゼルバイジャンとアルメニアを兼任管轄している。

JTインターナショナルは、事務所開設当初は日本人駐在員がバクーに常駐していたが、後にジョージアに移駐して、現在ではジョージアからの兼任管轄になっている。

なお、2018年6月現在、バクーの日本人会には約50名が登録されている。

アゼルバイジャンの石油・ガス分野で活躍する日系企業

アゼルバイジャン共和国の主要産業は石油・ガス関連分野である。石油・ガス業界では通常、探鉱・開発・生産分野を上流部門、輸送部門を中流部門、精製部門を下流部門と呼んでいるが、アゼルバイジャンの上流・中流・下流部門に日系企業は参画している。

上流部門では日本から、伊藤忠グループ（伊藤忠商事と伊藤忠石油開発）とＩＮＰＥＸ（国際石油開発帝石）がアゼルバイジャン領海カスピ海の原油鉱区の探鉱・開発・生産事業に参画している。カスピ海のＡＣＧ（Ａアゼル・Ｃチラグ・Ｇグナシリ）鉱区では現在、伊藤忠が３・65％、ＩＮＰＥＸが９・31％で権益参加している。ＡＣＧ鉱区で生産される原油はアゼリ・ライトと呼ばれており、軽質油で硫黄分の少ない高品質原油である。

２０１７年のアゼルバイジャンの原油生産量は３８６８万トンであった。このうち、カスピ海ＡＣＧ鉱区の生産量は２８９０万トンとなっており、毎年、同国原油生産量の約75％をＡＣＧ原油が占めている。

なお、カスピ海には天然ガスとガスコンデンセートを生産しているシャハ・デニーズ海洋鉱区もあるが、このプロジェクトには日本企業は参加していない。

このカスピ海原油をトルコの地中海沿岸ジェイハン出荷基地まで輸送する全長１７６８キロメートルの原油パイプラインは、通過する都市の頭文字をとり、ＢＴＣ（Ｂバクー・Ｔトビリシ・Ｃジェイハン）

パイプラインと呼ばれている。

このBTCパイプラインへの原油注入記念式典が2005年5月25日、4人の現役大統領臨席のもと、バクー郊外のサンガチャル陸上処理施設（起点）において開催された（写真）。

このBTCパイプラインを建設して運営する事業会社には2018年6月現在、伊藤忠商事が3・4％、INPEXが2・5％の権益で参画している。

BTC通油記念式典

2017年のアゼルバイジャンの原油輸出量は3284万トン。このうちBTCパイプラインの輸送量は2730万トンであり、毎年、アゼルバイジャン産原油輸出量の8割以上をこのBTCパイプラインで輸送している（参考：2016年は原油輸出量35百万トン、BTC輸送量2890万トン）。なお、同パイプラインは上記のアゼルバイジャン産原油以外に、対岸のカザフ産原油やトルクメン産原油なども一部トランジット輸送している。

下流部門ではSOCAR（アゼルバイジャン国営石油会社）の石油・ガス精製加工プロジェクト、通称OGPC（Oil & Gas Petrochemical Complex）プロジェクトが進行中であり、日本企業が参画を目指し活動していた。

原油・天然ガスの探鉱・開発・生産・輸送では大量の鋼管が使用される。業界用語では、縦に使う鋼管を油井管（ドリルパイプ、チュービング、ケーシング等）、横に使う鋼管を配管（ラインパイプ）と総称しているが、ここでも日本製鋼管が活躍している。

カスピ海の探鉱・開発・生産のコンソーシアム・リーダーは英BPであり、鋼管供給においてBPと国際的アライアンスを締結している住友金属（現、新日鉄住金）と住友商事が鋼管供給ビジネスで業容を拡大している。

自動車関連ビジネス

アゼルバイジャンには日本の自動車が輸出されているが、最近では油価下落に伴い、自動車輸出ビジネス（乗用車と商用車）は苦戦を強いられている。

乗用車ではトヨタ、スバル、ホンダ、マツダなどのブランドが輸出されていたが、最近では減少している。商用車ではいすゞの小型トラックやバス等が輸出されていたが、やはり最近は減少している。

SOCAR一号店テープカット

ここでは、日本の優良企業タツノに言及したい。タツノと聞いても一般の方々には馴染みが薄いかもしれないが、ドライバーがガソリンを給油する際、ガソリン給油機をご覧戴きたい。そこには「TATSUNO」と表示されている筈。ガソリン給油機では世界的に有名な計量器メーカーであり、世界のガソリン給油機3大メーカーの一つである。日本では約6割のシェアを占め、世界中に製品を輸出している。

SOCAR一号店開店記念式典

アゼルバイジャンではSOCARに供給している。SOCARはアゼルバイジャンでガソリンスタンド網の新規展開を計画したとき、様々なガソリン給油機を検討したが、最終的に、他の給油機よりも価格は高いが高品質で信頼の置ける日本製を選定した。

SOCARのガソリンスタンド第一号点は2010年5月7日、バクー市内からヘイダル・アリエフ国際空港に向かう途中の幹線道路沿いにオープンした。第一号店開設記念式典では同社のアブドゥラエフ総裁がテープカット（写真）。その後アゼルバイジャン全土に順次ガソリンスタンドが建設され、タツノ製が独占的に供給されている。

SOCARは隣国ジョージアでもガソリンスタンド網を展開しており、同じくタツノ製給油機が供給されている。

今後成長が期待される産業

東はカスピ海、西は黒海の間に東西1000キロメートル以上の大コーカサス山脈が走っている。大コーカサス山脈の南側はロシア語で「ザ・カフカース」と呼ばれており、アゼルバイジャンとジョージアとアルメニアの3国が位置する。ロシア語の「ザ」は「向こう側」という意味の前置詞であり、ロシアの中心部（モスクワやサンクトペテルブルク）から見て、「カフカース山脈の向こう側」という意味になる。

アゼルバイジャンでは夏になると、日本から多くの観光客がやってくる。観光客に何故アゼルバイジャンに来られたのかと訊くと、その多くは、否、ほとんどすべての人は「他の国々は訪問した。最後に残ったのがアゼルバイジャンとジョージアです」との答えが返ってくる。

そう、日本の旅行者にとりアゼルバイジャンは最後の秘境になっているのだ。

とすれば、アゼルバイジャン側はインフラを整備して、日本からの旅行客を積極的にアゼルバイジャンに招聘する努力が必要だろう。

筆者はバクーの街並みが大好きである。旧市街の石畳を1人で歩いていると、足音が後ろから追いかけてくる。旧市街はシルクロード要衝の地であり、キャラバン・サライで隊商は憩いをとった。旧市街には世界遺産もあり、この街並みをそぞろ歩きすると、ありとあらゆる建築様式に出会える。ノーベル賞で有名なノーベル一家はアール・ヌーボー様式をバクーに持ち込んだ。

バクーは人間に優しい街である。アゼルバイジャンのI・アリエフ大統領は「脱石油・ガス」を標榜しているが、最大の成長産業は観光産業だろう。

バクーには観光業を主体とした日系ベンチャー企業があり、日本人観光客を誘致していると聞く。筆者はこの会社のことをよく知らないが、アゼルバイジャンの観光産業発展に寄与して欲しいと切に願っている。

（杉浦敏廣）

66

日本との経済関係

★片思いから両思いの関係へ★

2017年に外交関係樹立25周年を迎えたばかりの日本とアゼルバイジャンの経済関係はまだ小さい。例えば両国間の貿易額は、約96億円にとどまる（2017年。その大部分を日本からアゼルバイジャンへの輸出が占める）。その要因として、多くの日本人にとってアゼルバイジャンという国はまだ馴染みがなく、アゼルバイジャンがどこにあるのか正確な位置を知らない人も多い。つまり、未だアゼルバイジャンは日本人の主要なビジネスの対象となっていないのである。一方、アゼルバイジャンの日本に対する期待は高く、日本企業との関係構築を求める声は多い。したがって、日本とアゼルバイジャンの経済関係は、長らく「アゼルバイジャンの片思い」であった。しかし、アゼルバイジャンの経済発展に伴い、最近では、そのような日本・アゼルバイジャン経済関係に変化の兆しが見られる。そこで、本章では、25年間の両国経済関係をたどりつつ、どのような兆しが見られるかを明らかにしたい。

1990年代から2000年代前半にかけては、アゼルバイジャンの1人あたり国民総所得（GNI）も低く、多くの市民は日本製品を買いたくても高価で買うことができず、安価な他国製品を買うしかなかったが、昔も今も日本製品に対する憧れは強く、高性能で壊れにくいというイメージが強い。また、1998年より日本政府のODAで実施された「セヴェルナヤ・ガス火力複合発電所計画」は、首都バクーおよびその周辺地域への電力供給能力の向上を実現したが、同発電所の発電設備は日本製であり、このプロジェクトは日本企業に対する信頼性の向上にも寄与した。

このような中、アゼルバイジャンの基幹産業である石油部門への日本企業の参加には比較的歴史があり、伊藤忠商事が1996年に、国際石油開発帝石（INPEX）が2003年にアゼルバイジャン最大のACG油田の権益を取得し（現在は両社合わせて約13％の権益を保有）、同油田で採掘された石油を地中海沿岸まで運搬するBTCパイプラインの権益も保有している。世界的な石油価格の下落により各国の石油企業が自社のポートフォリオを見直す中でも、伊藤忠商事は2015年にBTCパイプラインの権益を一時買い増し、INPEXは2014年よりACG油田の操業会社に技術者を出向させているほか、2016年よりアゼルバイジャン国営石油会社（SOCAR）の若手エンジニアへの研修プログラムを提供するなど、現在もアゼルバイジャンに対するコミットメントを強める方向にある。そして、2018年には石油天然ガス・金属鉱物資源機構（JOGMEC）とSOCARとの間で、協力覚書が締結された。

一方、非石油部門では、バクー国立大学への電子顕微鏡の納入、アゼルバイジャン非常事態省と協力した地滑り対策の実施など、日本企業の参入事例はあるものの、これまで日本企業の活動はあまり盛んではなかった。しかし、2000年代後半以降の急激な経済発展に伴い、日本企業のアゼルバイジャンに対する関心も着実に増加し、特に、アゼルバイジャン政府や政府系企業が計画するプラン

INPEX技術研究所を訪問するSOCARエンジニア（INPEX提供）

最終報告会におけるSOCARエンジニアの発表（INPEX提供）

ト建設などの大型プロジェクトや、スタジアムなど大型イベントの会場設備の受注に関心を有する日本の大企業の動きが活発になった。その分野は、商社、金融、エンジニアリング、電機、鉄鋼、重工業など、多岐にわたっている。さらに、アゼルバイジャンの市場としての将来性に着目して、日本企業が現地企業と協力してトラックの組立工場をバクー市近郊に建設するという動きも見られた。

また、２０１３年に、経済産業省がアゼルバイジャンで日本の人工衛星に関する技術を売り込む海外貿易会議を開催したり、総務省の職員がアゼルバイジャン通信ハイテク省主催の情報通信技術（ＩＣＴ）に関する会議でＩＣＴを用いた農業に関する日本の取組を紹介するなど、日本の「官」にも日本企業のアゼルバイジャン進出を後押しする動きが見られた。２０１５年の麻生副総理兼財務大臣によるアジア開発銀行（ＡＤＢ）年次総会への出席のためのアゼルバイジャン訪問（その際、アリエフ大統

トラック組立工場を視察する城内外務副大臣（当時）（出典：外務省ホームページ http://www.mofa.go.jp/mofaj/erp/ca_c/az/page22_001780.html）

領表敬やシャリホフ副首相（当時）との会談も行われた）や、甘利経済再生担当大臣（当時）のアゼルバイジャン訪問など経済閣僚の訪問も、両国の経済関係に刺激を与える動きの一つと捉えることができる。

続いて、日本の中小企業の間でも徐々にアゼルバイジャンに対する関心が高まり、筆者がアゼルバイジャンに駐在した２０１２〜２０１６年の期間を見ても、アゼルバイジャンを来訪する日本企業関係者は年々増加した。例を挙げると、日本の食品、化粧品、宝石、雑貨などを取り扱う中小企業約20社がバクー市において日本商品展示会を開催したり（２０１４年）、アゼルバイジャンに居住し、観光業等を行う企業を現地で立ち上げる日本人起業家も現れた。

アゼルバイジャン側の対日ビジネスはどうであろうか。アゼルバイジャンから日本への輸出額は少なく、アゼルバイジャン産ワインなどが輸出されているにとどまっている。しかし、こちらも近年、貿易以外の新たな動きが見られ、アゼルバイジャン国家石油基金（ＳＯＦＡＺ）が東京・銀座の商業施設を５００億円超で購入するという初めての対日投資があった（２０１５年）ほか、アゼルバイジャンの貨物航空会社が石川県の小松空港（２０１６年）に続き関西国際空港に貨物便を就航させた（２０１７年）。また、ＪＡＴＡ旅博（現・ツーリズムＥＸＰＯジャパン）への参加による日本からの誘客、国際食品・

日本商品展示会

飲料展（FOODEX JAPAN）への出展によるアゼルバイジャン産品のPRなどにも取り組んでいる。

このように、近年、両国の経済関係はアクターが多様化し、裾野が広がりつつある。これは、アゼルバイジャンの著しい経済発展により、多くの日本人がアゼルバイジャンをビジネスの対象として「発見」したことが大きい。また、アゼルバイジャン側の日本に対するイメージは従来より良好であったために、このような日本側の関心の高まりに応える素地があったことも見落とすことはできない。

しかし、日本のテレビなどでアゼルバイジャンの発展ぶりが紹介されることが増えたものの、同国経済は全て順風満帆というわけではなく、第34章で述べたような課題やリスクも存在する。また、2014年後半以降の石油価格下落局面にあっては、アゼルバイジャン側に資金の余裕が少なくなったこともあり、日本・アゼルバイジャン経済関係も少し停滞気味のように見受けられた。石油価格は変動するものであるため、このような現状をチャンスと捉え、ある程度のリスクを許容してアゼルバイジャンの潜在性に賭けてみるという考えもあるが、その場合でも、地に足の着いた着実な取り組みが重要であろう。

（今西貴夫）

※本章の内容は全て筆者の個人的見解をまとめたものです。

日本アゼルバイジャン経済合同会議

今西貴夫

コラム12

日本とアゼルバイジャンの間には、両国の経済関係の更なる進展を目的に開催される「経済合同会議」という会議がある。これは日本側の「日本アゼルバイジャン経済委員会」とアゼルバイジャン側の「アゼルバイジャン日本経済協力国家委員会」との間で不定期に開かれる会議であり、1999年に第一回会議が東京で開催されて以降、1~5年間隔で東京やバクーで開催されており、2017年2月には第九回会議がバクーで開催された。

日本側の「日本アゼルバイジャン経済委員会」は、第三代ヘイダル・アリエフ・アゼルバイジャン大統領が訪日した年と同じ1998年に設立され、現在、総合商社など8社が会員となっており、同委員会の会長を伊藤忠商事副会長が務めている。また、事務局を一般社団法人ロシアNIS貿易会（ROTOBO）が担っている（なお、ROTOBOは、アゼルバイジャンのみならず、カザフスタン、トルクメニスタンなど中央アジア諸国やモンゴルなどとの二国

日本アゼルバイジャン経済合同会議のあゆみ

	日　時	場　所
第1回	1999年10月12日	東京
第2回	2000年10月30～31日	バクー
第3回	2001年11月28日	東京
第4回	2006年11月21～23日	バクー
第5回	2008年2月25～26日	東京
第6回	2010年5月18日	東京
第7回	2011年11月22日	バクー
第8回	2014年2月26日	東京
第9回	2017年2月23日	バクー

間経済委員会の事務局も担当している）。アゼルバイジャン側の「アゼルバイジャン日本経済協力国家委員会」は、会長をこれまでシャリホフ副首相（２０１８年４月に副首相を退任）が務め、事務局を首相府対外経済関係局（アガエフ局長）が担っている。また、参加者は各省庁の次官クラスや政府系企業の代表者などである。

このように、基本的に、日本側は「民」、アゼルバイジャン側は「官」が参加する会議であるが、日本側の政府関係者が経済合同会議で来賓挨拶を行ったり、ＪＩＣＡやＪＥＴＲＯ関係者なども出席している。また、アゼルバイジャンに関心を有する非会員企業も参加することができ、中小企業の参加も見られる。日本側参加人数は、東京で２０１４年に開催された第八回会議は70名以上、バクーで２０１７年に開催された第九回会議は50名以上であった。

会議では、日本側、アゼルバイジャン側の双方からプレゼンテーションが行われる。アゼルバイジャン側からは経済情勢や投資環境全般の他、各省庁・関係機関の所掌の中で日本企業の参加や協力を求める分野について報告があることが多く、日本側からは通常、両国経済関係に関する企業や政府機関の取り組み等について発表している。

会議の場で特に熱心なのはアゼルバイジャン

第９回日本アゼルバイジャン経済合同会議の様子（2017年２月23日）（出典：アゼルバイジャン国営通信社（AzerTac） http://azertag.az/en/xeber/1038069）

側であり、各省庁・関係機関の幹部は、この機会を利用して日本企業を誘致しようと積極的に働きかけている。その背景として、石油依存型経済からの脱却に取り組むアゼルバイジャンにとって、非石油部門の育成は急務であり、そのためにエネルギー資源に乏しいながら経済発展を遂げた日本の経験や技術を取り入れたいという思惑があると見られる。このことは、第九回会議においてシャリホフ副首相（当時）が、これまで日本企業はアゼルバイジャンの石油・ガス分野に密接に関わっており、この協力が拡大することを期待すると述べつつ、続いて、新産業の創出、情報通信技術、宇宙産業、水事業・灌漑、代替・再生可能エネルギーなどの分野で日本企業がアゼルバイジャンと協力することを呼びかけたことからも看取される。

一方、日本側参加者は、経済合同会議をアゼルバイジャン政府関係者との直接交流の場や、アゼルバイジャン経済に関する最新情報の入手の場として活用している。近年の会議では、アゼルバイジャンにこれから参入しようとしたり、活動の幅を広げようとしているような日本企業は発表を行うこともあるが、すでにアゼルバイジャン側カウンターパートとのコンタクトが確立していたり、アゼルバイジャンでの活動実績があるような企業は、自社のアゼルバイジャンにおける事業や今後の計画を会議で述べることにはあまり積極的でないように見受けられる。なぜなら、会議で発表することにより、競合他社もいる前で、自らの手の内を明かすことにつながる可能性があるからである。このような企業は、会議に合わせてバクーを訪問、あるいはアゼルバイジャン側関係者が訪日した機会を捉えて、個別に協議を行うことが多い。例えば、第九回会議の際は、会議前日に伊藤忠石油開発とアゼルバイジャン国営石油会社（SOCAR）

の代表者が会談を行い、両社の間で技術共同スタディに関する覚書が締結された。

経済合同会議は、日本とアゼルバイジャンの経済分野の会合では最大規模のものであり、継続して開催されている点でも、単発的な経済ミッションの派遣などとは性格を異にする。同会議から双方の最新の関心事項を知ることができ、また、同会議を端緒として関係が深まったり、個別ビジネスが発展することも考えられることから、両国の経済関係、また、二国間関係全般に果たす役割は大きいと言える。

※本コラムの内容は全て筆者の個人的見解をまとめたものです。

67

難民支援

★富士メガネの視力支援★

アルメニア系住民による「ナゴルノ・カラバフ独立」を巡る軍事紛争から逃れて来た100万人に上る国内避難民（以下IDPs）及びアフガニスタン、チェチェン、パキスタン、シリアなどから避難して来た難民の視力ケアのため、国連難民高等弁務官（以下UNHCR）アゼルバイジャン事務所からの要請で2005年5月、初めてアゼルバイジャンを訪問した。以来、現在でもこの活動が毎年続いている。12回目の訪問を迎えた2016年は、出発直前の4月上旬、紛争地「ナゴルノ・カラバフ」で大規模な軍事衝突が発生し多数の死傷者が出たため、ミッションの実施に当たり例年に無い緊張感が高まった。この軍事衝突は前年のミッションで訪問したアルメニアとの軍事境界線に近いタルタル周辺で発生したが、訪問予定地となっていたバルダやアグジャベディとも地図上では至近距離にあり、参加するメンバーや家族の不安が俄かに高まった。UNHCRアゼルバイジャン事務所、バクーの日本大使館、東京のアゼルバイジャン大使館などの判断に基づき、軍事衝突が局地的であったため予定通りミッション実施を決断した。訪問直前バクー駐在の髙橋二雄大使（当時）がアリ・ハサノフ難民担当副首相（当時）

に面談を申し込み、日本チームの安全確保に万全を図るよう要請した。実際現地を訪問した5月下旬の時点では完全に平穏を取り戻し、バクーから同行した7名の若い通訳達もこれから向かう現地での治安について余り気に留めてはいない様子だった。

ミッションではＵＮＨＣＲジュネーヴ本部から派遣された撮影記録チームが３日間に亘って同行取材したが、映像は10月３日、スイス、ジュネーヴで開催されたＵＮＨＣＲ「ナンセン難民賞」授賞式の席上、世界各国から招かれた政府代表者等の前で紹介された。このビデオ映像はインターネットを通じ全世界に配信された。過去の「ナンセン難民賞」受賞者の中から現在でも活動を続けている人を一人選んで、スポットライトを当てるという企画だった。弊社が１９８４年以来行って来た難民支援に於ける「ＵＮＨＣＲと民間企業との協力関係（パートナーシップ）」はパイオニア的モデルになり、今日世界的に急増している難民問題対応への有効な選択肢の一つと見做されている。また２０１６年のハイライトとしては、米国カリフォルニア大学バークレー校オプトメトリー学部から次男の金井邦容助教授（当時）が10年ぶりにミッションに参加し、長男の金井宏将富士メガネ副社長（当時）と共に永年の夢だった息子二人との「親子三人」のオプトメトリストでチームを組むことが出来た。

弊社の海外難民への眼鏡寄贈を伴う視力支援活動は35年前まで遡り、タイのインドシナ難民キャンプでの活動が原点となっている。弊社創業45周年を記念する社会貢献事業の一環として１９８３年９月、現地関係者からの要請により第三国定住を控えた難民の視力改善のため社員3名を伴ってタイを訪問したのが始まりである。

首都バンコクから遠く離れた辺境の地、メコン川沿いに点在しているインドシナ難民キャンプを11

国内避難民の子どもへメガネを

年間に亘って巡回した。当時カンボジア、ラオス、ベトナム等インドシナ3国で発生していた内戦の戦禍から避難して来た大量の難民がタイに流入していた。以来ネパールのブータン難民、アルメニアやアゼルバイジャンの難民やIDPsなどを対象に毎年数名の社員と共に現地を訪れ、難民一人一人の視力を検査し、予め日本から送りつけてある新しい眼鏡の中からより適切な一組を選んでその場で手渡している。弊社本業の専門性を活かした、民間企業による国際協力活動として続けられている。日本と比べ遠視の比率が高く、視力に不自由している難民にとってメガネは生活の必需品で、難民の自立、学習を促す大切な道具であり、難民に生きる希望をあたえているとも評されている。この様な社会的に支援を必要としている人達への視力改善ボランティア活動の原点は、筆者がオプトメトリーという視力ケアの専門資格取得のため1966年から7年間に亘って米国カリフォルニア州ロサンジェルスに留学した時に得た体験から構想したものである。現在筆者はカリフォルニア州のオプトメトリー営業ライセンスを有しているが、このような活動継続の背景にはオプトメトリストとしての社会的使命感があると思われる。

　アゼルバイジャンでは首都バクーから西に300km余り離れた「ナゴルノ・カラバフ」との軍事境界線やアルメニアとの国境沿いに点在しているIDPsの集中度が高い居住地を毎年巡回している。これらIDPsはアゼルバイジャン全土に広く分散して保護され、社会復帰が図られている。地方では居住地周辺の病院、学校や公共施設などを借り、自治体関係者の協力を得て作業を行っている。首

視力検査中　親子３人でチームを組み

都バクーでは、中心部にある「ＵＮＨＣＲ難民婦人・青少年センター」の一室を借り、近隣諸国から避難して来た難民を対象に活動を行っている。年に一度の訪問だが、バクーに住む若い通訳達が初めて訪れるようなアゼルバイジャンの遠隔地を巡回している。毎回緊張度の高い厳しい作業を強いられるが、活動は彼らの献身的協力に支えられている。彼らとの信頼関係の構築はミッション成否のキーとなっており、大切な仲間だ。活動を通じ、折に触れ人々の心の機微に肌で触れる機会が多い。

ミッション全体の企画、運営は現地パートナーであるＵＮＨＣＲアゼルバイジャン事務所の全面的協力を得ている。実際ＵＮＨＣＲ事務所の協力は不可欠で、このような現地サポートが無ければ私共の活動は事実上不可能だ。１９８４年から始まったＵＮＨＣＲとのプライベートセクター（民間企業）パートナーシップの事例としては、弊社が世界で最も長期に亘る協力関係にあるとされている。近年カスピ海から採掘された原油の輸出で目覚ましい経済発展を遂げているアゼルバイジャンで何故このようなサービスが必要なのかと周りから何度も尋ねられるが、バクーから遠く離れたＩＤＰｓたちにとってメガネは貴重品で簡単には手に入らない。夥しい数のＩＤＰｓの基本的生活要件を満たすのが政府にとって最大の政治的課題で、そのための財政的負担も大きい。実際この数年ＩＤＰｓの住環境は格段に進歩し、居住地には真新しい近代的なアパート群が林立しているのが確認されているが、視力の専門的ケアまでは手が回らないので私共の訪問は毎年歓迎されている。活動の実施に当たりアゼルバイジャン政府から様々な便宜を受けている。特にアリ・ハサノフ氏からは、政府関係機関

ハサノフ氏、富士メガネ本店にて眼鏡製作を視察

へ事前に文書による協力要請がなされ、我々のミッションは入国から帰国まで特別の計らいを受けている。またミッションが終了した後、ハサノフ氏から毎回官邸にお招きを受け、温かい労いの言葉を頂いている。ハサノフ氏は2015年8月、日本政府外務省の招きで来日した折、多忙なスケジュールを縫って、弊社の難民の視力支援ミッションに謝意を表するため札幌まで足を延ばされ富士メガネを訪問された。「富士メガネの活動はヒューマニズムの象徴」と称えてくれた。

私共の活動は「ナゴルノ・カラバフ」問題と切っても切り離せない。アゼルバイジャンが今国家として直面している最大の問題は自国領土内に未解決の国際的軍事紛争を抱えており、平和と安全が常に脅かされていることだ。難民問題の原点とも云える。紛争発生以来25年以上経った今日でも解決のめどが立たず、膠着状態が続いている。毎回ミッションで接した多くの年老いた避難民達から、「いつか生きている内に故郷ナゴルノ・カラバフへ戻れる日を夢見ている」と、募る望郷の思いが伝えられている。「来年もまた来てネ！」、「私たちのこと、忘れないでネ！」。本原稿を執筆している2017年はミッション開始以来35周年を迎える。この活動は私達に生きるエネルギーを与えてくれる。既に筆者は74歳ではあるが、暫くはアゼルバイジャンで活動を続けるつもりだ。

（金井昭雄）

コラム13

日本へのまなざし、いまむかし

塩野崎信也

筆者は2010年から2012年にかけて2年間、アゼルバイジャンに滞在していた。その間、最も頻繁に口にした言葉の一つが「ニーハオ」である。日本人などほとんど見かけないこの国においては、極東系の顔をした者は中国人と思われる事が多い（中国人も決して数が多いわけではないが、それでも日本人よりははるかにたくさんいる）。それ故、彼らは町で筆者を見かけると、とりあえず「ニーハオ」と声をかけてくるのである。筆者の方でも、通りすがりのアゼルバイジャン人から中国人だと思われることに特に不都合もないため、「ニーハオ」と返すというわけだ。こちらを正しく日本人と認識し、「コッニーチヴァ」などと声をかけてくれる人もいるが、少数である。

日本人が極めて珍しい国であるので、人々はいつでも我々に興味津々である。筆者が2007年にシャマフの端の一集落を訪ねた際には、人々からまるで伝説の珍獣のような扱いを受けた。「話には聞いていたが、本当に実在していたのだな」というわけである。近くの山の中に遺跡があるらしいので、それを見に行くのだと筆者が言うと、そんな遺跡は知らんが俺も同行してやろう、と一人の男がついてきた。日本人がいるという噂は瞬く間に集落中に広まったものらしく、筆者の後をついてくる人の数は徐々に増えていき、ついには山へと向かう謎の行列が形成されたのだった。日本人でさえあれば、笛を吹く必要すら無いわけだ。大人も子どもも問わず、人々は勝手に後からついてくる。

そのように珍しい日本人であるが、かと言って、日本のことが知られていないわけではない。小さな子供であっても、「ヤポーニヤ（日本）」という国のことを知らない者は少ない。特に、格闘技が盛んなこの国では、我が国は空手や柔道の発祥の地として知られている。日本というと、SONYやPANASONICを最初に連想する者も多い。また、日本車は高級車として人気があり、特にトヨタと日産の車は街中でもよく見かける。日本のマンガやアニメも、若い

自称「日本のポーズ」をとる少年たち

人を中心に人気があるようだった。

では、アゼルバイジャン人は、いつから我が国のことを知っていたのだろうか。伝説的・奇譚的なものを除けば、日本に関する情報がアゼルバイジャンに入ってきたのは、ロシア帝政期、すなわち19世紀以降と考えて良いだろう。さらに、アゼルバイジャン人が日本に関して具体的な言及を行うようになるのは、20世紀に入ってからのこととなる。日露戦争の経験が、日本に対する関心を喚起したのである。はるか東方の小さな島国がロシアに「勝利」したことは、当時のアゼルバイジャン人にも衝撃を与えたらしい。ミュサヴァト党の重鎮の一人でもあった文筆家チェメンゼミーンリは、1916年に発表した文章の中で、「日本人が極東でロシアに勝利したことは、全アジアに驚くべき影響を与えた。数世紀にわたって眠りのうちにあった民衆が覚醒し、活動を始めたのだった」と振り返っ

ている。

　この時代、日本に関する言及を最も多く行った知識人の一人が、アリー・ベイ・ヒュセインザーデである。彼自身が編集長も務めた週刊雑誌『恩寵』の第5号（1906年）では、「日本人は子供たちに、右手と左手のどちらの手でも字を書けるように練習させていたのだ！　我が民族は、何故に両翼で飛ぼうとはしないのか。男性が片翼、女性がもう片翼である」との記述を行っている。日本人を引き合いにアゼルバイジャン人の覚醒を喚起しているわけであるが、彼がこの日本人に関する言及を事実として語ったのか、あるいは何らかの比喩として語ったのかは、いまひとつ判然としない。

　1907年発行の『恩寵』第23号には、ヒュセインザーデがとある集まりで、「日本はアメリカ（大陸）にある」と言っている人物と出会ったことが記されている。それに対してヒュセインザーデは「いや、君、日本はアジアにあるのだよ」と訂正したそうだ。この時代、日本という国がアゼルバイジャン人に広く知られ始めていたこと、しかしながらその位置に関する知識が曖昧であったことが窺える。

　彼はまた、『恩寵』第6号において、「日本人を日本人たらしめたのは、ミカド（の存在）であった」と語ったり、同誌第7号において、日本の発展がイスラーム世

『モッラー・ナスレッディン』より「日英同盟」（出典：*Molla Nəsrəddin: on cilddə (1906-1931)*. 1-ci cild: 1906-1907. Turan Həsənzadə (red.), Bakı: Azərbaycan Dövlət Nəşriyyatı, 1996.）

界にもたらした影響について述べたりもしている。また、1905年に『暮らし』という新聞で連載された記事の中では、日本語もアルタイ語族に含まれるという説があることを紹介している。

1906年に創刊された『モッラー・ナスレッディン』（コラム2を参照）にも、日本に関する記事がいくつか見られる。なかでも面白いのは、1907年の第9号に掲載された「日英同盟」という題の風刺画である。イギリスの上にのった日本が「太平洋」や「フィリピン」といった果実をもぎ取ろうとしており、アメリカが怒ってそれを止めようとしている。そして、イギリスの帽子の中には、すでに「インド」「朝鮮」などが収穫されている、という構図である。

ただし、この風刺画に描かれたような日本像は、やや例外的なものと言える。基本的に、アゼルバイジャン人は、今も昔も日本のことを「馴染みは薄いが良き友人」と見てくれているようだ。これから先、我々は彼らにとっての「馴染みの深い良き友人」になっていけるだろうか。

アゼルバイジャンを知るための参考文献

第Ⅰ部　概説

北川誠一、前田弘毅、廣瀬陽子、吉村貴之（編著）『コーカサスを知るための60章』明石書店、２００６年。〔１、４〕

廣瀬陽子『コーカサス――国際関係の十字路』集英社新書、２００８年。〔１、４〕

廣瀬陽子『アゼルバイジャン――文明が交錯する「火の国」』群像社、２０１６年。〔１、２、４〕

Alex Jones, Tom Masters, Virginia Maxwell et al., *Lonely Planet Georgia, Armenia & Azerbaijan 5th ed*, Lonely Planet, 2016.〔１、４〕

ズビグネフ・ブレジンスキー著／山岡洋一訳『地政学で世界を読む―21世紀のユーラシア覇権ゲーム』日本経済新聞社、２００３年。〔２〕

Margarita Assenova and Zaur Shiriyev (eds), *Azerbaijan and the New Energy Geopolitics of Southeastern Europe*, James Town Foundation, 2015.〔２〕

佐藤洋一郎、加藤鎌司（編著）『麦の自然史――人と自然が育んだムギ農耕』北海道大学出版会、２０１０年。〔３〕

アゼルバイジャンの生物多様性に関するレポート（英文）、https://www.cbd.int/doc/world/az/az-nr-05-en.pdf〔３〕

アゼルバイジャンの遺伝資源の多様性に関するレポート（英文）、http://www.fao.org/docrep/013/i1500e/Azerbaijan.pdf〔３〕

北澤大輔「カスピ海の環境問題」海洋政策研究所、*Ocean Newsletter* 第１４５号、２００６年。〔６〕

水文・水資源学会編集・出版委員会（編）『地球水環境と国際紛争の光と影――カスピ海・アラル海・死海と21世紀の中央アジア／ユーラシア』信山社サイテック、１９９５年。〔６〕

ヘザー・L・ビーチ他『国際水紛争事典――流域別データ分析と解決策』（ASAHI ECO BOOKS 8）アサヒビール発行・清水弘文堂書房発売、２００３年。〔６〕

第Ⅱ部　歴史

塩野﨑信也『〈アゼルバイジャン人〉の創出——民族意識の形成とその基層』（プリミエ・コレクション77）京都大学学術出版会、２０１７年。〔8〕

Zardab, Ismail Bay. *The History of Azerbaijan* (Textbook), London, 2014.〔7〕

Altstadt, A. *The Azerbaijani Turks, Power and Identity under Russian Rule*, Stanford 1992.〔8〕

Mustashari, Firuzeh. *Tsarist Colonioal Policy, Economic Change and the Making of the Azerbaijani Nation: 1828-1905* (UMI, 2760)〔8〕

Swietochowski, T. *Russian-Azerbaijan, 1905-20: The Shaping of National Identity in a Muslim Community*, Cambridge UO, 1985.〔9〕

Altshadt, A. *The Politics of Culture in Soviet Azerbaijan, 1920-1940*, Routkedge, 2016.〔9〕

立花　優『ポストソ連期アゼルバイジャンの政治変容』北海道大学学術成果コレクション、２０１３年。〔10〕

Cornell, S. e. *Azerbaijan since Independence*, New York and London, 2011,〔10〕

Altstadt, A. *Frustrated Democracy in Post-Soviet Azerbaijan*, Woodrow Wilson Centre Press and Colunbia UP, 2017.〔10〕

加藤哲郎『ゾルゲ事件——覆された神話』平凡社新書、２０１４年。〔コラム１〕

西木正明『夢顔さんによろしく』上下、文春文庫、２００２年〔コラム１〕

ロバート・ワイマント『ゾルゲ——引裂かれたスパイ』上下、新潮文庫、１９９６年。〔コラム１〕

第Ⅲ部　政治

立花　優「新アゼルバイジャン党と政治体制」『アジア経済』第49巻第7号、２００８年。〔１１〕

松本　弘（編著）『中東・イスラーム諸国民主化ハンドブック』明石書店、２０１１年。〔11、13、14、15〕

Cornell, Svante E., *Azerbaijan Since Independence*, Armonk: M.E.Shape, 2011.〔11〕

廣瀬陽子『旧ソ連地域と紛争——石油・民族・テロをめぐる地政学』慶應義塾大学出版会、２００５年。〔12〕

Altstadt, Audrey L., "Azerbaijan and Aliyev: A Long History and an Uncertain Future," *Problems of Post-Communism*, Vol. 50, No. 5, 2003.〔12〕

Cornell, Svante E., *Azerbaijan Since Independence*, Armonk: M.E.Shape, 2011.〔12〕

立花　優「２０１０年アゼルバイジャン国民議会選挙（特集 コーカサス研究の最前線）」『ロシア・ユーラシアの経済と社会』９４７号、２０１１年。〔13、14、15〕

立花　優「革命なき世代交代——アゼルバイジャンの政局と与党（小特集 ＣＩＳ群国の「民主化」）」『国際問題』５４４号、２００５年。

〔15〕
Amnesty International, *Amnesty International Report 2016/2017: The State of Human Rights*, 2017 (file:///Users/hiroseyoko/Downloads/POL1048002017ENGLISH.PDF)〔16〕
Freedom House 各種レポート（https://freedomhouse.org/reports）〔16〕
Human Rights Watch, *World Report 2017: Azerbaijan, 2016* (https://www.hrw.org/world-report/2017/country-chapters/azerbaijan)〔16〕
Morgan Meaker, "Azerbaijan worst place to be gay in Europe, finds LGBTI index," *The Guardian*, 10 May 2016 (https://www.theguardian.com/world/2016/may/10/azerbaijan-worst-place-in-europe-to-be-gay-lgbt-rainbow-index).〔16〕
UNFPA EECARO, *Child Marriage in Azerbaijan (Overview)*, 2014 (http://eeca.unfpa.org/sites/default/files/pub-pdf/unfpa%20azerbaijan%20overview.pdf)〔16〕
小泉　悠『プーチンの国家戦略――岐路に立つ「強国」ロシア』東京堂出版、２０１６年〔17〕
The International Institute of Strategic Studies, *The Military Balance 2018*, Routledge, 2018.〔17〕
"Армии «Черного сада»: Что Армения и Азербайджан могут выставить на поле боя, " Lenta.ru, 2016.4.5.〔17〕

第Ⅳ部　民族・人口

塩野﨑信也『〈アゼルバイジャン人〉の創出――民族意識の形成とその基層』（プリミエ・コレクション77）京都大学学術出版会、２０１７年。〔18〕
Brenda Shaffer, *Borders and Brethren: Iran and the Challenge of Azerbaijani Identity* (BCSIA Studies in International Security), MIT Press 2002.〔18、22〕
Svante E. Cornel, *Azerbaijan Since Independence*. (Studies of Central Asia and the Caucasus), Routledge 2011.〔18〕
Yoko Hirose, "The Complexity of Nationalism in Azerbaijan," *International Journal of Social Science Studies*, Vol. 4, No. 5, May 2016, pp.136-149.〔19〕
Jala Garibova & Betty Blair, "Names. History in a nutshell: 20th century personal naming practices in Azerbaijan," *Azerbaijan International*, 4(3), 1996.〔19〕
Liya Mikdash-Shamailov ed., *Mountain Jews: Customs and Daily Life in the Caucasus*, Jerusalem: The Israel Museum, 2002.〔20〕
Encyclopedia Judaica, 22 vols., Detroit: Macmillan Reference USA, 2007.（Azerbaidjan および Mountain Jews の項目）〔20〕
Elnur Ismayilov, "Israel and Azerbaijan: The Evolution of a Strategic Partnership," *Israel Journal of Foreign Affairs* 7(1), 2013.〔20〕

Mahir Khalifa-zadeh, “Israeli-Azerbaijani Alliance and Iran,” *Middle East Review of International Affairs* 17(1), 2013.〔20〕
Kiril Feferman, *The Holocaust in the Crimea and the North Caucasus*, Jerusalem: Yad Vashem, 2016.〔20〕
八尾師　誠『イラン近代の原像——英雄サッタール・ハーンの革命』東京大学出版会、１９９８年。〔21〕
八尾師　誠「ここにもトルコ人が！—少数民族—」上岡弘二（編）『暮らしがわかるアジア読本　イラン』河出書房新社、１９９９年。〔21〕
R.Tapper, “Azerbaijan vi. Population and Occupations” in Encyclopaedia Iranica, http://www.iranicaonline.org/articles/azerbaijan-vi〔21〕
田畑朋子「ロシアの地域別人口変動（１９８９年～２００２年）——男性死亡率の分析を中心として」『人口学研究』、第37号、２００５年。〔23〕
田畑朋子「ロシアの人口問題——人口減少にはどめはかけられたのか」『ロシアＮＩＳ調査月報』12月号、２００７年。〔23〕
田畑朋子「ロシアの人口問題——少子化対策として導入された「母親資本」の影響」『女性 文化研究所紀要』第37号、２０１０年。〔23〕
田畑朋子「ロシア極東の人口減少問題」田畑伸一郎、江淵直人（編著）『環オホーツク海地域の環境と経済』、北海道大学出版会、２０１２年。〔23〕
Slavs and Tatars, *MOLLA NASREDDIN Polemics, Caricatures & Satire*, I. B. Tauris, 2017.〔コラム２〕
Molla Nasreddin, A Political and Social Weekly in AWAKE, Mage Publishers, 2016.〔コラム２〕
伊藤秀一「バクーの東方諸民族大会」（『神戸大学文学部紀要』第１号、１９７１年。〔コラム３〕
Stephen White, “Communism and the East: The Baku Congress, 1920.” *Slavic Review*, vol. 33, no. 3 (Sept. 1974), pp. 492-514.〔コラム３〕
いいだもも（訳編）『民族・植民地問題と共産主義コミンテルン全資料・解題』社会評論社、１９８０年。〔コラム３〕
Ingeborg Baldauf, *Schriftreform und Schriftwechsel bei dem muslimischen Russland- und Sowjettürken (1850-1937)*, Budapest 1983.（ドイツ語『ロシアとソ連のトルコ系ムスリムにおける文字改革と文字交替（１８５０～１９３７）』）〔コラム４〕

第Ⅴ部　紛　争

Suny, R.G.The Baku Comune, 1917-1918, Princeton, 1972.〔24〕
廣瀬陽子『旧ソ連地域と紛争——石油、民族、テロをめぐる地政学』慶應義塾大学出版会、２００５年。〔25、26〕
Yoko Hirose, “Aspects of Genocide in Azerbaijan,” *Comparative Genocide Studies*, Vol.2, 2005/2006, pp.32-44.〔25、26〕
Yoko Hirose and Grazvydas Jasutis, “Analyzing the Upsurge of Violence and Mediation in the Nagorno-Karabakh Conflict,” *Stability:*

International Journal of Security and Development 3(1):23, 2014.〔25〕

廣瀬陽子『未承認国家と覇権なき世界』ＮＨＫ出版、２０１４年。〔25〕

Черный Январь: Баку-1990: документы и материалы, Баку: Азернешр, 1990.〔26〕

Robert Kushen, Human Rights Watch, Inter-Republic Memorial Society, Conflict in the Soviet Union: Black January in Azerbaidzhan, Human Rights Watch, 1991.〔26〕

iDMC (2014) After more than 20 years, IDPs still urgently need policies to support full integration〔27〕

Arif Yunusov (2013) Asylum Seekers, Refugees, and IDPs in Azerbaijan: Issues and Perspectives, CARIM-East Explanatory Note 13/125, European University Institute, 2013.〔27〕

北川誠一「グルジアの国民統合とメスヘティ・トルコ人」『ロシア研究』第22号、１９９６年。〔27〕

Mehmet Efe Biresselioglu "European Energy Security" Turkey's Future Role and Impact Palgrave macmillian England 2011〔28〕

https://www.eia.gov/todayinenergy/detail.php?id=%2012911#

September 11, 2013 Oil and natural gas production is growing in Caspian Sea region〔28〕

第Ⅵ部 石油・経済

塩野﨑信也『〈アゼルバイジャン人〉の創出——民族意識の形成とその基層』（プリミエ・コレクション77）京都大学大学院文学研究科、２０１７年。〔30〕

中沢敦夫「『アファナーシイ・ニキーチンの三海渡航記』翻訳と注釈(1)」新潟大学人文学部『人文科學研究』第１０３号、２０００年。〔30〕

マルコ・ポーロ『完訳 東方見聞録1〜2』愛宕松男訳注、平凡社、２０００年。〔30〕

吉田正春『回疆探検——ペルシアの旅』中央公論社、１９９１年。（アゼルバイジャンを訪ねた日本人としては最初期の人物による旅行記。ただし、アゼルバイジャンに関する記述は少ない）〔30〕

ダニエル・ヤーギン著／日高義樹、持田直武訳『石油の世紀——支配者たちの興亡（上・下）』、日本放送出版協会、１９９１年。〔30、31〕

本村眞澄『石油大国ロシアの復活』アジア経済研究所、２００５年〔31〕

Daniel Yergin, *The Prize: The Epic Quest for Oil, Money and Power*, Free Press, 1990.（ダニエル・ヤーギン著／日高義樹・持田直武共訳『石油の世紀——支配者たちの興亡（上・下）』日本放送出版協会、１９９１年。〔32〕

本村眞澄『石油大国ロシアの復活』アジア経済研究所、２００５年〔33〕

Mehmet Efe Biresselioglu “European Energy Security” Turkey’s Future Role and Impact Palgrave macmillian England 2011〔33〕

Ali Tekin“ Geo-Politics of the Euro-Asia Energy Nexus” The European Union, Russia and Turkey. Palgrave macmillian England 2011〔33〕

加藤　学「『火の国』アゼルバイジャンの行方――Diversification Policy はさらなる発展を促すか」『海外投融資』（２０１５年９月号）、（一財）海外投融資情報財団。〔34〕

在アゼルバイジャン日本国大使館ホームページ http://www.az.emb-japan.go.jp/itprtop_ja/index.html（「経済」http://www.az.emb-japan.go.jp/itpr_ja/00_000132.html）〔34〕

“Azerbaijan 2020: Look Into The Future” Development Concept（「アゼルバイジャン２０２０：将来展望」国家コンセプト）、Industry Portal of Azerbaijan, Ministry of Economy of the Republic of Azerbaijan (http://senaye.gov.az/content/html/2278/attachments/“Azerbaijan%202020%20Look%20Into%20The%20Future”%20Development%20Concept.pdf)〔34〕

“Doing Business 2018 Economy Profile: Azerbaijan”, A World Bank Group Flagship Report, 2017, World Bank (http://www.doingbusiness.org/~/media/wbg/doingbusiness/documents/profiles/country/aze.pdf)〔34〕

廣瀬陽子「ユーラシア統合の理想と現実――思惑が交錯する中でのナショナリズムとリージョナリズムの相克」『地域統合の現在と未来』日本国際問題研究所、２０１３年。〔35〕

欧州対外活動庁ホームページ　https://eeas.europa.eu/headquarters/headquarters-homepage_en

（EU-Azerbaijan Relations https://eeas.europa.eu/headquarters/headquarters-homepage_en/4013/EU-Azerbaijan%20relations ）〔35〕

Farhad Mammadov, “Azerbaijan’s foreign policy - A new paradigm of careful pragmatism”, The South Caucasus, Between integration and fragmentation, May 2015, The Center for Strategic Studies under the President of Republic of Azerbaijan, European Policy Centre〔35〕

Rovshan Ibrahimov, EU EXTERNAL POLICY TOWARDS THE SOUTH CAUCASUS, The Center for Strategic Studies under the President of Republic of Azerbaijan, 2013.〔35〕

野部公一『ＣＩＳ農業改革研究序説――旧ソ連における体制移行下の農業』農文協、２００３年。〔38〕

野部公一「旧ソ連諸国における農業改革――多様化する農業構造と農業生産の変貌」野部公一・崔在東編『20世紀ロシアの農民世界』日本経済評論社、２０１２年。〔38〕

Zvi Lerman, David Sedik, *Rural transition in Azerbaijan*, Lexington Books, 2010.〔38〕

第Ⅶ部　外交と近隣諸国との関係

廣瀬陽子『旧ソ連地域と紛争――石油、民族、テロをめぐる地政学』慶應義塾大学出版会、２００５年。〔39〕
廣瀬陽子『コーカサス――国際関係の十字路』集英社新書、２００８年。〔39〕
廣瀬陽子『未承認国家と覇権なき世界』ＮＨＫ出版、２０１４年。〔39〕
廣瀬陽子『アゼルバイジャン――文明の十字路で躍動する「火の国」』群像社、２０１６年。〔39〕
石井敬一郎「アラス河の北と南で――ふたりのアゼルバイジャン語詩人とそれぞれの『ヴァタン Vatan』」原隆一・中村菜穂（編）『イラン研究万華鏡――文学・政治経済・調査現場の視点から』大東文化大学東洋研究所、２０１６年。〔40〕
八尾師　誠『イラン近代の原像――英雄サッタール・ハンの革命（中東イスラームの世界９）』東京大学出版会、１９９８年。〔40〕
Hale, William M. *Turkish foreign policy since 1774*. Abingdon: Routledge, 2013.〔41〕
前田弘毅他著（藤森信吉、宇山智彦氏と共著）『民主化革命とはなんだったのか？――グルジア、ウクライナ、クルグズスタン』北海道大学スラブ研究センター、２００６年。〔42〕
前田弘毅『グルジア現代史』東洋書店、２００９年。〔42〕
前田弘毅編著『多様性と可能性のコーカサス～民族紛争を超えて』北海道大学出版会、２００９年。〔42〕
前田弘毅「グルジア紛争への道――バラ革命以降のグルジア政治の特徴について」『ロシア・ユーラシアの経済と社会』９４７号、２０１１年。〔42〕
吉村貴之「古い移民、新しい移民――アルメニアからの移民」駒井洋監修、宮地美江子編『中東・北アフリカのディアスポラ（叢書グローバル・ディアスポラ第3巻）』明石書店、２０１０年。〔43〕
吉村貴之「アルメニア人虐殺をめぐる一考察」石田勇治、武内進一共編『ジェノサイドと現代世界』勉誠出版、２０１１年。〔43〕
吉村貴之「パンドラの箱――アルメニア人虐殺50周年記念追悼集会に関する史料公開」中島毅編『新史料で読むロシア史』山川出版社、２０１３年。〔43〕
吉村貴之「アルメニア使徒教会について」「アルメニア教会基礎データ」三代川寛子編『東方キリスト教諸教会―研究案内と基礎データ』明石書店、２０１７年。〔43〕
笹岡伸矢「旧ソ連諸国の国際関係――親ロと反ロを分かつもの」『国際政治』第１６５号、２０１１年。〔44〕
廣瀬陽子「ロシアの対コーカサス外交」『ロシア研究』第35号、２００３年。〔44〕
富樫耕介『コーカサス――戦争と平和の狭間にある地域』東洋書店、２０１２年。〔45〕
富樫耕介「『コーカサス首長国』と『イスラーム国』」『中東研究』第５２２号、２０１５年。〔45〕

富樫耕介『チェチェン　平和定着の挫折と紛争再発の複合的メカニズム』明石書店、２０１５年。〔45〕
廣瀬陽子「ＧＵＵＡＭの結成とその展望――構成各国の諸問題とロシア・ファクター」国際問題研究所『ロシア研究』第31号、２０００年。〔46〕
廣瀬陽子「ＧＵＵＡＭ――ひとつの「時代」の終焉」アジア経済研究所『アジ研ワールド・トレンド：ＣＩＳを読み解く――旧ソ連諸国の現在』5月号、２００４年。〔46〕
廣瀬陽子「南コーカサスの政治変動と外交政策」六鹿茂夫編『黒海地域の国際関係』名古屋大学出版会、２０１７年。〔46〕

第Ⅷ部　文化

Yunusov, Arif. *Islam in Azerbaijan*, Baku, 2004.〔47〕
関　啓子『コーカサスと中央アジアの人間形成――発達文化の比較教育研究』明石書店、２０１２年。〔48〕
Kadriya Salimova and Nan L. Dodde (eds), *International Handbook on History of Education*, Moscow, 2000〔48〕
栗林　裕『チュルク語南西グループの構造と記述――トルコ語の語形成と周辺言語の言語接触』くろしお出版、２０１０年。〔49〕
林　徹「アゼルバイジャン語」亀井孝、河野六郎、千野栄一編著『言語学大辞典』第1巻、１９８８年。〔49〕
松長　昭『アゼルバイジャン語文法入門』大学書林、１９９９年。〔49〕
吉村大樹『トルコ語のしくみ〈新版〉』白水社、２０１４年。〔49〕
Johanson, Lars and Csató Éva (eds.) *The Turkic Languages*. London: Routledge, 1998.〔49〕
Selected Literatures and Author Page - Azerbailani Literatur. http://learning.lib.vt.edu/slav/lit_authors_azerbaijani.html〔50〕
鎌田由美子『絨毯が結ぶ世界――京都祇園祭インド絨毯への道』名古屋大学出版会、２０１６年。〔51〕
Kerimov, Liatif et al. *Rugs and Carpets from the Caucasus: The Russian Collections*, New York, 1984.〔51〕
Nooter, Robert H. *Flat Woven Rugs and Textiles from the Caucasus*, Atglen, 2004.〔51〕
Wright, Richard E. and John T. Wertime. *Caucasian Carpets and Covers: The Weaving Culture*, London, 1995.〔51〕
Aida Huseynova, *Music of Azerbaijan: From Mugham to Opera*, Indiana University Press, 2016.〔52〕
山中由里子編『驚異の文化史――中東とヨーロッパを中心に』名古屋大学出版会、２０１５年。〔53〕
「圓球萬國地海全圖」は以下のサイトで閲覧可能 http://www-user.yokohama-cu.ac.jp/~ycu-rare/pages/WC-0_141.html〔53〕
イズミラ・グリイェヴァ「バクーの伝統的な食文化」『Ｉ（上に・）ＲＳ』(http://irs-az.com/new/pdf/201207/1341481975119254895.pdf).〔54〕

Azerbaijan International: Food! Glorious Food!, Autumn 2000 (8.3).〔54〕
Feride Buyuran, *Pomegranates and Saffron: A Culinary Journey to Azerbaijan*, AZ Cookbook, 2015.〔54〕
Tahir Amiraslanov and, Leyla Rahmanova, *The Azerbaijani Kitchen: A Cookbook*, Saqi Books, 2014.〔54〕
アゼルチャイ HP　http://www.azercay.az/index_en.html〔54〕
Liz Thach, "Is Azerbaijan the 2nd Oldest Wine Region?: A Fresh Look at the Reawakening of an Ancient Wine Land," *WINE BUSINESS*, January 19, 2015 (https://www.winebusiness.com/news/?go=getArticle&dataid=144712).〔54〕
Rafael Huseynov, "Azerbaijani Novruz," *Visions of Azerbaijan*, Spring 2009, Volume 4.1.〔コラム7〕
深見奈緒子『イスラーム建築の見かた――聖なる意匠の歴史』東京堂出版、2003年。〔55〕
木村　崇『カフカース――二つの文明が交差する境界』彩流社、2006年。〔55、56〕
『シルクロード　中央ユーラシアの国々　改訂版』旅行人、2006年。〔55、56、57〕
田玉有紀子、さかいともみ『カスピ海の至宝――アゼルバイジャン』キョーハンブックス、2016年。〔55、56、57〕
廣瀬陽子『アゼルバイジャン――文明が交錯する「火の国」』群像社、2016年。〔55、56、57〕
赤瀬川原平『超芸術トマソン』筑摩書房、1987年。〔コラム9〕
塩野崎信也「18世紀におけるダルバンドの支配者と住民」『東洋史研究』68巻4号、2010年。〔58〕
Mark Elliott. *Azerbaijan: with excursions to Georgia. 4th edition*. Surrey: Trailblazer Publications, 2010.〔58〕
ガルリ カスパロフ著／近藤 隆文訳『決定力を鍛える――チェス世界王者に学ぶ生き方の秘訣』NHK出版、2007年。〔コラム10〕
バクー・チェス・オリンピヤード HP [http://www.bakuchessolympiad.com/]〔コラム10〕
FIDE（国際チェス連盟）HP [http://www.fide.com/]〔コラム10〕

第Ⅸ部　日本とのかかわり

一般財団法人 国際開発機構「平成27年度外務省ODA評価――コーカサス諸国への支援の評価（第三者評価）報告書」一般財団法人 国際開発機構、2016年。〔62〕
廣瀬陽子『強権と不安の超大国・ロシア――旧ソ連諸国から見た「光と影」』光文社新書、2008年。〔コラム11〕
世界の日本語教育の現場から（国際交流基金日本語専門家レポート）2015年版
https://www.jpf.go.jp/j/project/japanese/teach/dispatch/voice/voice/touou/azerbaijan/2015/report01.html〔63、64〕

世界の日本語教育の現場から（国際交流基金日本語専門家レポート）２０１６年版 https://www.jpf.go.jp/j/project/japanese/teach/dispatch/voice/voice/touou/azerbaijan/2016/report01.html〔63、64〕
リシャルド・カプシチンスキ著／工藤幸雄訳『帝国――ロシア・辺境への旅』新潮社、１９９４年。〔65〕
倉科昭彦「ＩＮＰＥＸのアゼルバイジャンにおける石油開発の取組」『海外投融資』9月号、（一財）海外投融資情報財団、２０１５年。〔66〕
小島光喜「平成24年度 海外貿易会議（宇宙）報告 アゼルバイジャン訪問（アゼルバイジャン訪問）」『航空と宇宙』第７１２号、（一社）日本航空宇宙工業会、２０１３年〔66〕
ロシアＮＩＳ貿易会「イベント・レポート ＲＯＴＯＢＯコーカサス経済ミッション報告――アゼルバイジャン・グルジア」『ロシアＮＩＳ調査月報』8月号、（一社）ロシアＮＩＳ貿易会、２０１４年。〔66〕
ロシアＮＩＳ貿易会「イベント・レポート 第8回日本アゼルバイジャン経済合同会議」『ロシアＮＩＳ調査月報』6月号、（一社）ロシアＮＩＳ貿易会、２０１４年。〔コラム12〕
ロシアＮＩＳ貿易会「イベント・レポート 第9回日本アゼルバイジャン経済合同会議」『ロシアＮＩＳ調査月報』6月号、（一社）ロシアＮＩＳ貿易会、２０１７年。〔コラム12〕
ロシアＮＩＳ貿易会ホームページ http://www.rotobo.or.jp/（「日本アゼルバイジャン経済委員会」 http://www.rotobo.or.jp/activities/committees/az/）〔コラム12〕
富士メガネホームページ http://www.fujimegane.co.jp/〔67〕

吉村　貴之（よしむら　たかゆき）〔32、43〕
早稲田大学ロシア東欧研究所 招聘研究員。
【主要著作】
『コーカサスを知るための60章』（廣瀬陽子、前田弘毅、北川誠一との共編著、明石書店、2006年）、『アルメニア近現代史』（東洋書店、2009年）、「カフカスの革命」（宇山智彦編『越境する革命と民族』〔ロシア革命とソ連の世紀　第5巻〕岩波書店、2017年）。

渡邉　義孝（わたなべ　よしたか）〔55、56、57、コラム8〕
一級建築士、尾道市立大学非常勤講師。
【主要著作】
『風をたべた日々 ── アジア横断旅紀行』（日経BP社、1996年）、『台南日式建築紀行 ── 地霊とモダニズムの幸福なる同居』（台湾／鯨嶼文化、2022年）、『台湾を知るための72章【第2版】』（共著、明石書店、2022年）、「コーカサスの教会建築」（『旅行人』163号、2010年）。

＊廣瀬　陽子（ひろせ　ようこ）〔1、4、16、19、25、26、32、39、46、54、コラム7、10、11〕
編著者紹介を参照。

藤田　伸子（ふじた　のぶこ）〔62〕
一般財団法人 国際開発機構 理事。

前田　弘毅（まえだ　ひろたけ）〔42〕
東京都立大学人文社会学部 教授。
【主要著作】
『多様性と可能性のコーカサス――民族紛争を超えて』（編著、北海道大学図書刊行会、2009年）、“Exploitation of the Frontier: The Caucasus Policy of Shah ‘Abbas I,” Willem Floor and Edmund Herzig (eds.), *Iran and the World in the Safavid Age*, London: I. B. Tauris, 2012.『黒海の歴史――ユーラシア地政学の要諦における文明世界』（監訳、チャールズ・キング著、明石書店、2017年）。

松里　公孝（まつざと　きみたか）〔29〕
東京大学大学院法学政治学研究科 教授。
【主要著作】
「クリミア後の世界――旧ソ連圏の再編とロシアの政策」（杉田敦編『グローバル化のなかの政治（岩波講座「現代」4）』岩波書店、2016年）、「宗教とトランスナショナリズム――レニンゴル、沿ドニエストル、クリミアに共通するもの」（六鹿茂夫編『黒海地域の国際関係』名古屋大学出版会、2017年）、“The Donbass War: Outbreak and Deadlock,” Demokratizatsiya: *The Journal of Post-Soviet Democratization* 25, 2 (2017), pp. 175-200.

松長　昭（まつなが　あきら）〔18、22、50、コラム2、3、4〕
事業創造大学院大学 客員教授。
【主要著作】
『アゼルバイジャン語文法入門』（大学書林、1999年）、『簡明日本語アゼルバイジャン語・アゼルバイジャン語日本語辞典』（国際語学社、2009年）、『在日タタール人――歴史に翻弄されたイスラーム教徒たち（ユーラシア・ブックレット134）』（東洋書店、2009年）。

松本　奈穂子（まつもと　なほこ）〔52〕
東海大学教養学部芸術学科 准教授。
【主要著作】
「オスマン帝国の音楽・舞踊芸術」（小杉泰、江川ひかり編『イスラーム』新曜社、2006年）。

吉村　大樹（よしむら　たいき）〔49〕
東京外国語大学アジア・アフリカ言語文化研究所 フェロー。
【主要著作】
『トルコ語のしくみ〈新版〉』（白水社、2014年）、『チュルク諸語研究のスコープ』（編著、渓水社、2012年）、『ウズベク語文法・会話入門』（ジュリボイ・エルタザロフとの共著、大阪大学出版会、2009年）。

鶴見　太郎（つるみ　たろう）〔20〕
東京大学大学院総合文化研究科 准教授。
【主要著作】
『ロシア・シオニズムの想像力――ユダヤ人・帝国・パレスチナ』（東京大学出版会、2012 年）、"Jewish Liberal, Russian Conservative: Daniel Pasmanik between Zionism and the Anti-Bolshevik White Movement," *Jewish Social Studies* 21(1), 2015、『社会が現れるとき』（共著、東京大学出版会、2018 年）。

富樫　耕介（とがし　こうすけ）〔27、44、45、コラム 5〕
同志社大学政策学部 准教授。
【主要著作】
『チェチェン――平和定着の挫折と紛争再発の複合的メカニズム』（明石書店、2015 年）、『コーカサスの紛争――ゆれ動く国家と民族』（東洋書店新社、2021 年）、「分離主義地域をめぐるコミットメント問題生成のメカニズム」（共著、『東海大学教養学部紀要』第 48 号、2018 年）、「ユーラシアにおけるエスノナショナルなイスラーム主義運動の凋落」（『PRIME』第 39 号、2016 年）。

野部　公一（のべ　こういち）〔38〕
専修大学経済学部 教授。
【主要著作】
「処女地開拓とフルシチョフ農政――カザフスタン　1957 〜 1963 年」（『社会経済史学』56 巻 4 号, 1990 年）、『CIS 農業改革研究序説――旧ソ連における体制移行下の農業』（農文協、2003 年）、「処女地開拓の再検討――ロシア：1954 〜 1963 年」（『専修経済学論集』第 129 号、2018 年）。

間　寧（はざま　やすし）〔41〕
日本貿易振興機構アジア経済研究所 主任研究員。
【主要著作】
『トルコ』（編著、ミネルヴァ書房、2019 年）、「外圧の消滅と内圧への反発――トルコにおける民主主義の後退」（川中豪編『後退する民主主義・強化される権威主義――最良の政治制度とは何か』ミネルヴァ書房、2018 年）、「トルコの政治変動と外交政策」（六鹿茂夫編『黒海地域の国際関係』名古屋大学出版会、2017 年）。

八尾師　誠（はちおし　まこと）〔21、40〕
イラン・イスラーム共和国イスラーム自由大学大学院校人文社会系歴史部門 アカデミックスタッフ、東京外国語大学 名誉教授。
【主要著作】
『イラン近代の原像――英雄サッタール・ハーンの革命』（東京大学出版会、1998 年）、『イスラーム社会のヤクザ――歴史に生きる任侠と無頼』（佐藤次高、清水宏祐、三浦徹との共著、第三書館、1994 年）、『銭湯へいこう・イスラム編』（編著、ＴＯＴＯ出版、1993 年）。

原田　郷子（はらだ　きょうこ）〔62〕
一般財団法人 国際開発機構人材開発事業部 次長。

杉浦　敏廣（すぎうら　としひろ）〔28、31、33、65〕
（公財）環日本海経済研究所 共同研究員。
【主要著作】
『北東アジアのエネルギー安全保障――東を目指すロシアと日本の将来（ERINA 北東アジア研究叢書 5）』（共著、杉本侃編、日本評論社、2016 年）、「本格市場デビューするカスピ海原油」（『石油・天然ガスレビュー』、JOGMEC、2005 年 5 月号）、「油価低迷に苦しむカスピ海沿岸資源国――アゼルバイジャン・カザフスタン・トルクメニスタンの現況と近未来」（同、2016 年 11 月号）。

須藤　展啓（すどう　のぶひろ）〔63、64〕
国際交流基金 派遣日本語専門家（2014 ～ 2017 年：バクー国立大学〔アゼルバイジャン〕、2017 ～現在：テヘラン大学〔イラン〕）。
【主要著作】
「世界の日本語教育の現場から　2015 年版」（国際交流基金日本語専門家レポート、https://www.jpf.go.jp/j/project/japanese/teach/dispatch/voice/voice/touou/azerbaijan/2015/report01.html）、「世界の日本語教育の現場から　2016 年版」（国際交流基金日本語専門家レポート、https://www.jpf.go.jp/j/project/japanese/teach/dispatch/voice/voice/touou/azerbaijan/2016/report01.html）。

関　啓子（せき　けいこ）〔48〕
一橋大学 名誉教授。
【主要著作】
『コーカサスと中央アジアの人間形成』（明石書店、2012 年）、『多民族社会を生きる――転換期ロシアの人間形成』（新読書社、2002 年）、『生活世界に織り込まれた発達文化』（青木利夫・柿内真紀との共編著、東信堂、2015 年）。

立花　優（たちばな　ゆう）〔11、12、13、14、15〕
北海道大学大学院教育推進機構高等教育研修センター 特任講師。
【主要著作】
『ポストソ連期アゼルバイジャンの政治変容』（博士学位請求論文、北海道大学学術成果コレクション、2013 年）、「新アゼルバイジャン党と政治体制」（『アジア経済』第 49 巻第 7 号、2008 年）、「2010 年アゼルバイジャン国民議会選挙」（『ロシア・ユーラシアの経済と社会』947 号、2011 年）。

田畑　朋子（たばた　ともこ）〔23〕
北海道大学スラブ・ユーラシア研究センター 共同研究員。
【主要著作】
「ロシアの地域別人口変動（1989 年～ 2002 年）――男性死亡率の分析を中心として」（『人口学研究』第 37 号、2005 年）、「ロシアの人口問題――少子化対策として導入された「母親資本」の影響」（『女性文化研究所紀要』第 37 号、2010 年）、S. Tabata and T. Tabata, Economic Development of the Arctic Regions of Russia. In V. Tynkkynen, S. Tabata, D. Gritsenko and M. Goto, eds., *Russia's Far North: The Contested Energy Frontier*. Routledge, 2018.

北澤　大輔（きたざわ　だいすけ）〔6〕
東京大学生産技術研究所 教授。
【主要著作】
Daisuke Kitazawa, Jing Yang (2012): Numerical analysis of water circulation and thermohaline structures in the Caspian Sea. Journal of Marine Science and Technology, 17, 168-180.; Jing Yang, Daisuke Kitazawa, Ryoichi Yamanaka (2008): Numerical study on the hydrological change due to water level rising in the Caspian Sea. Proceedings of OCEANS'08, (CD-ROM), 5pp.;「カスピ海の環境問題」Ocean Newsletter, 第 145 号海洋政策研究所、2006 年)。

久保　友彦（くぼ　ともひこ）〔3〕
北海道大学大学院農学研究院 教授。
【主要著作】
Takumi Arakawa, Daisuke Uchiyama, Takashi Ohgami, Ryo Ohgami, Tomoki Murata, Yujiro Honma, Hiroyuki Hamada, Yosuke Kuroda, Kazunori Taguchi, Kazuyoshi Kitazaki and Tomohiko Kubo, A fertility-restoring genotype of beet (*Beta vulgaris* L.) is composed of a weak *restorer-of-fertility* gene and a modifier gene tightly linked to the *Rf1* locus: PLOS One 13(6):e0198409, 2018.; Takashi Ohgami, Daisuke Uchiyama, Sachiyo Ue, Rika Yui-Kurino, Yu Yoshida, Yoko Kamei, Yosuke Kuroda, Kazunori Taguchi and Tomohiko Kubo, Identification of molecular variants of the nonrestoring *restorer-of-fertility 1* allele in sugar beet (*Beta vulgaris* L.): Theoretical and Applied Genetics 129(4): 675-688, 2016.; Dayou Cheng, Yu Yoshida, Kazuyoshi Kitazaki, Shinya Negoro, Hiroyuki Takahashi, Dechang Xu, Tetsuo Mikami and Tomohiko Kubo, Mitochondrial genome diversity in *Beta vulgaris* L. ssp *vulgaris* (Leaf and Garden Beet Groups) and its implications concerning the dissemination of the crop: Genetic Resources and Crop Evolution 58(4): 553-560, 2011.

小泉　悠（こいずみ　ゆう）〔17〕
公益財団法人未来工学研究所 特別研究員。
【主要著作】
『軍事大国ロシア――新たな世界戦略と行動原理』（作品社、2016 年）、『プーチンの国家戦略――岐路に立つ「強国」ロシア』（東京堂出版、2016 年）、「ロシアの秩序観――「主権」と「勢力圏」を手がかりとして」（『国際安全保障』第 45 巻第 4 号、2018 年）。

塩野﨑　信也（しおのざき　しんや）〔5、30、53、58、60、コラム 9、13〕
龍谷大学文学部 准教授。
【主要著作】
『〈アゼルバイジャン人〉の創出――民族意識の形成とその基層』（京都大学学術出版会、2017 年）、ŞİONOZAKİ Şinya. Qubalı Fətəli xan və Dərbəndin əhalisi. *Azərbaycan Respublikası: uğurlar və perspektivlər*. Y.M. Mahmudov, T.T. Mustafazadə, E.Ə. Məhərrəmov (red.), Bakı, 2012. Mullā Mīr Maḥmūd b. Mīr Rajab Dīvānī Begī Namangānī『Chahār Faṣl (Bidān) / Muhimmāt al-Muslimīn』（濱田正美（解説）、濱田正美、塩野﨑信也（校訂）、京都大学大学院文学研究科、2010 年）。

【執筆者紹介】（〔　〕は担当章・コラム、50音順、＊は編著者）

今西　貴夫（いまにし　たかお）〔34、35、66、コラム12〕
在ラトビア日本国大使館 一等書記官（元在アゼルバイジャン日本国大使館 一等書記官）。

奥山　真司（おくやま　まさし）〔2〕
国際地政学研究所 上席研究員。
【主要著作】
『地政学―アメリカの世界戦略地図』（五月書房、2004年）、『大国の悲劇』（訳書、ジョン・J・ミアシャイマー著、五月書房新社、2017年）、『南シナ海――中国海洋覇権の野望』（訳書、ロバート・カプラン著、講談社、2016年）。

片桐　俊浩（かたぎり　としひろ）〔36、37、59、61、コラム6〕
旧ソ連非核化協力技術事務局 事業部員（元在アゼルバイジャン日本国大使館 専門調査員）。
【主要著作】
『ロシアの旧秘密都市』（東洋書店、2010年）、『ロシアの歴史を知るための50章』（明石書店、2016年）、共著 Тосихиро Катагири, Такаси Хирано, Ясуси Томосигэ, «Экспортный потенциал продвижения азербайджанской нефти в Украину и Беларусь: взгляды трех стран по поиску «украинского маршрута»», «Философия экономики: история и современность», Национальная Академия наук Азербайджана Институт философии, 2017.

加藤　哲郎（かとう　てつろう）〔コラム1〕
一橋大学 名誉教授。
【主要著作】
『日本の社会主義――原爆反対・原発推進の論理』（岩波書店、2013年）、『ゾルゲ事件――覆された神話』（平凡社新書、2014年）、『「飽食した悪魔」の戦後――731部隊・二木秀雄「政界ジープ」』（花伝社、2017年）。

金井　昭雄（かない　あきお）〔67〕
株式会社富士メガネ 代表取締役会長、社長兼任。FUJI VISION AID MISSION 代表。

鎌田　由美子（かまだ　ゆみこ）〔51〕
慶應義塾大学経済学部 准教授。
【主要著作】
『絨毯が結ぶ世界――京都祇園祭インド絨毯への道』（名古屋大学出版会、2016年）、The "Attribution and Circulation of Flowering Tree and Medallion Design Deccani Embroideries" in *Sultans of the South: Arts of India's Deccan Courts, 1323-1687*, edited by N. Haidar and M. Sardar, New York, 2011.

北川　誠一（きたがわ　せいいち）〔7、8、9、10、24、47〕
東北大学 名誉教授。
【主要著作】
「イスラームとモンゴル」（『岩波講座世界史　イスラーム世界の発展　7-16世紀』第10巻、1999年）。

【編著者紹介】

廣瀬　陽子（ひろせ　ようこ）

慶應義塾大学総合政策学部・教授。

東京大学大学院法学政治学研究科博士課程単位取得退学、政策メディア博士（慶應義塾大学）。2000 ～ 01 年に国連大学秋野フェローとしてアゼルバイジャンで在外研究。専門は国際政治、旧ソ連地域研究。

【主要著作】

〈単著〉

『旧ソ連地域と紛争　石油・民族・テロをめぐる地政学』（慶應義塾大学出版会、2005 年）、『強権と不安の超大国・ロシア　旧ソ連諸国から見た「光と影」』（光文社新書、2008 年）、『コーカサス　国際関係の十字路』（集英社新書、2008 年【第 21 回アジア・太平洋賞特別賞】）、『ロシア　苦悩する大国　多極化する世界』（アスキー新書、2008 年）、『未承認国家と覇権なき世界』（NHK ブックス、2014 年）、『アゼルバイジャン　文明が交錯する「火の国」』（群像社・ユーラシア文庫、2016 年）、『ロシアと中国 反米の戦略』（ちくま新書、2018 年）。

〈共編著〉

（北川誠一・廣瀬陽子・前田弘毅・吉村貴之）『コーカサスを知るための 60 章』（明石書店、2006 年）。

エリア・スタディーズ 165

アゼルバイジャンを知るための 67 章

2018年 8 月 5 日　初版 第 1 刷発行
2022年 9 月30日　初版 第 2 刷発行

編著者　廣　瀬　陽　子
発行者　大　江　道　雅
発行所　株式会社 明石書店
〒 101–0021 東京都千代田区外神田 6-9-5
電話 03（5818）1171
FAX 03（5818）1174
振替　00100-7-24505
http://www.akashi.co.jp/
組版／装丁　明石書店デザイン室
印刷／製本　モリモト印刷株式会社

（定価はカバーに表示してあります）　ISBN978-4-7503-4672-4

エリア・スタディーズ

エリア・スタディーズ

39 **現代ベトナムを知るための60章【第2版】**
今井昭夫、岩井美佐紀 編著

40 **インドネシアを知るための50章**
村井吉敬、佐伯奈津子 編著

41 **エルサルバドル、ホンジュラス、ニカラグアを知るための45章**
田中高 編著

42 **パナマを知るための70章【第2版】**
国本伊代 編著

43 **イランを知るための65章**
岡田恵美子、北原圭一、鈴木珠里 編著

44 **アイルランドを知るための70章【第3版】**
海老島均、山下理恵子 編著

45 **メキシコを知るための60章**
吉田栄人 編著

46 **中国の暮らしと文化を知るための40章**
東洋文化研究会 編

47 **現代ブータンを知るための60章【第2版】**
平山修一 著

48 **バルカンを知るための66章【第2版】**
柴宜弘 編著

49 **現代イタリアを知るための44章**
村上義和 編著

50 **アルゼンチンを知るための54章**
アルベルト松本 著

51 **ミクロネシアを知るための60章【第2版】**
印東道子 編著

52 **アメリカのヒスパニック＝ラティーノ社会を知るための55章**
大泉光一、牛島万 編著

53 **北朝鮮を知るための55章【第2版】**
石坂浩一 編著

54 **ボリビアを知るための73章【第2版】**
真鍋周三 編著

55 **コーカサスを知るための60章**
北川誠一、前田弘毅、廣瀬陽子、吉村貴之 編著

56 **カンボジアを知るための62章【第2版】**
上田広美、岡田知子 編著

57 **エクアドルを知るための60章【第2版】**
新木秀和 編著

58 **タンザニアを知るための60章【第2版】**
栗田和明、根本利通 編著

59 **リビアを知るための60章【第2版】**
塩尻和子 編著

60 **東ティモールを知るための50章**
山田満 編著

61 **グアテマラを知るための67章【第2版】**
桜井三枝子 編著

62 **オランダを知るための60章**
長坂寿久 著

63 **モロッコを知るための65章**
私市正年、佐藤健太郎 編著

64 **サウジアラビアを知るための63章【第2版】**
中村覚 編著

65 **韓国の歴史を知るための66章**
金両基 編著

66 **ルーマニアを知るための60章**
六鹿茂夫 編著

67 **現代インドを知るための60章**
広瀬崇子、近藤正規、井上恭子、南埜猛 編著

68 **エチオピアを知るための50章**
岡倉登志 編著

69 **フィンランドを知るための44章**
百瀬宏、石野裕子 編著

70 **ニュージーランドを知るための63章**
青柳まちこ 編著

71 **ベルギーを知るための52章**
小川秀樹 編著

72 **ケベックを知るための54章**
小畑精和、竹中豊 編著

73 **アルジェリアを知るための62章**
私市正年 編著

74 **アルメニアを知るための65章**
中島偉晴、メラニア・バグダサリヤン 編著

75 **スウェーデンを知るための60章**
村井誠人 編著

76 **デンマークを知るための68章**
村井誠人 編著

77 **最新ドイツ事情を知るための50章**
浜本隆志、柳原初樹 著

エリア・スタディーズ

78 セネガルとカーボベルデを知るための60章
小川了 編著

79 南アフリカを知るための60章
峯陽一 編著

80 エルサルバドルを知るための55章
細野昭雄、田中高 編著

81 チュニジアを知るための60章
鷹木恵子 編著

82 南太平洋を知るための58章 メラネシア ポリネシア
吉岡政德、石森大知 編著

83 現代カナダを知るための60章【第2版】
飯野正子、竹中豊 総監修 日本カナダ学会 編

84 現代フランス社会を知るための62章
三浦信孝、西山教行 編著

85 ラオスを知るための60章
菊池陽子、鈴木玲子、阿部健一 編著

86 パラグアイを知るための50章
田島久歳、武田和久 編著

87 中国の歴史を知るための60章
並木頼壽、杉山文彦 編著

88 スペインのガリシアを知るための50章
坂東省次、桑原真夫、浅香武和 編著

89 アラブ首長国連邦（UAE）を知るための60章
細井長 編著

90 コロンビアを知るための60章
二村久則 編著

91 現代メキシコを知るための70章【第2版】
国本伊代 編著

92 ガーナを知るための47章
高根務、山田肖子 編著

93 ウガンダを知るための53章
吉田昌夫、白石壮一郎 編著

94 ケルトを旅する52章 イギリス・アイルランド
永田喜文 著

95 トルコを知るための53章
大村幸弘、永田雄三、内藤正典 編著

96 イタリアを旅する24章
内田俊秀 編著

97 大統領選からアメリカを知るための57章
越智道雄 著

98 現代バスクを知るための50章
萩尾生、吉田浩美 編著

99 ボツワナを知るための52章
池谷和信 編著

100 ロンドンを旅する60章
川成洋、石原孝哉 編著

101 ケニアを知るための55章
松田素二、津田みわ 編著

102 ニューヨークからアメリカを知るための76章
越智道雄 著

103 カリフォルニアからアメリカを知るための54章
越智道雄 著

104 イスラエルを知るための62章【第2版】
立山良司 編著

105 グアム・サイパン・マリアナ諸島を知るための54章
中山京子 編著

106 中国のムスリムを知るための60章
中国ムスリム研究会 編

107 現代エジプトを知るための60章
鈴木恵美 編著

108 カーストから現代インドを知るための30章
金基淑 編著

109 カナダを旅する37章
飯野正子、竹中豊 編著

110 アンダルシアを知るための53章
立石博高、塩見千加子 編著

111 エストニアを知るための59章
小森宏美 編著

112 韓国の暮らしと文化を知るための70章
舘野晳 編著

113 現代インドネシアを知るための60章
村井吉敬、佐伯奈津子、間瀬朋子 編著

114 ハワイを知るための60章
山本真鳥、山田亨 編著

115 現代イラクを知るための60章
酒井啓子、吉岡明子、山尾大 編著

116 現代スペインを知るための60章
坂東省次 編著

エリア・スタディーズ

117 **スリランカを知るための58章**
杉本良男、高桑史子、鈴木晋介 編著

118 **マダガスカルを知るための62章**
飯田卓、深澤秀夫、森山工 編著

119 **新時代アメリカ社会を知るための60章**
明石紀雄 監修　大類久恵、落合明子、赤尾千波 編著

120 **現代アラブを知るための56章**
松本弘 編著

121 **クロアチアを知るための60章**
柴宜弘、石田信一 編著

122 **ドミニカ共和国を知るための60章**
国本伊代 編著

123 **シリア・レバノンを知るための64章**
黒木英充 編著

124 **EU（欧州連合）を知るための63章**
羽場久美子 編著

125 **ミャンマーを知るための60章**
田村克己、松田正彦 編著

126 **カタルーニャを知るための50章**
立石博高、奥野良知 編著

127 **ホンジュラスを知るための60章**
桜井三枝子、中原篤史 編著

128 **スイスを知るための60章**
スイス文学研究会 編

129 **東南アジアを知るための50章**
今井昭夫 編集代表　東京外国語大学東南アジア課程 編

130 **メソアメリカを知るための58章**
井上幸孝 編著

131 **マドリードとカスティーリャを知るための60章**
川成洋、下山静香 編著

132 **ノルウェーを知るための60章**
大島美穂、岡本健志 編著

133 **現代モンゴルを知るための50章**
小長谷有紀、前川愛 編著

134 **カザフスタンを知るための60章**
宇山智彦、藤本透子 編著

135 **内モンゴルを知るための60章**
ボルジギン・ブレンサイン 編著　赤坂恒明 編集協力

136 **スコットランドを知るための65章**
木村正俊 編著

137 **セルビアを知るための60章**
柴宜弘、山崎信一 編著

138 **マリを知るための58章**
竹沢尚一郎 編著

139 **ASEANを知るための50章**
黒柳米司、金子芳樹、吉野文雄 編著

140 **アイスランド・グリーンランド・北極を知るための65章**
小澤実、中丸禎子、高橋美野梨 編著

141 **ナミビアを知るための53章**
水野一晴、永原陽子 編著

142 **香港を知るための60章**
吉川雅之、倉田徹 編著

143 **タスマニアを旅する60章**
宮本忠 著

144 **パレスチナを知るための60章**
臼杵陽、鈴木啓之 編著

145 **ラトヴィアを知るための47章**
志摩園子 編著

146 **ニカラグアを知るための55章**
田中高 編著

147 **台湾を知るための72章【第2版】**
赤松美和子、若松大祐 編著

148 **テュルクを知るための61章**
小松久男 編著

149 **アメリカ先住民を知るための62章**
阿部珠理 編著

150 **イギリスの歴史を知るための50章**
川成洋 編著

151 **ドイツの歴史を知るための50章**
森井裕一 編著

152 **ロシアの歴史を知るための50章**
下斗米伸夫 編著

153 **スペインの歴史を知るための50章**
立石博高、内村俊太 編著

154 **フィリピンを知るための64章**
大野拓司、鈴木伸隆、日下渉 編著

155 **バルト海を旅する40章**　7つの島の物語
小柏葉子 著

エリア・スタディーズ

156 カナダの歴史を知るための50章　細川道久 編著
157 カリブ海世界を知るための70章　国本伊代 編著
158 ベラルーシを知るための50章　服部倫卓、越野剛 編著
159 スロヴェニアを知るための60章　柴宜弘、アンドレイ・ベケシュ、山崎信一 編著
160 北京を知るための52章　櫻井澄夫、人見豊、森田憲司 編著
161 イタリアの歴史を知るための50章　高橋進、村上義和 編著
162 ケルトを知るための65章　木村正俊 編著
163 オマーンを知るための55章　松尾昌樹 編著
164 ウズベキスタンを知るための60章　帯谷知可 編著
165 アゼルバイジャンを知るための67章　廣瀬陽子 編著
166 済州島を知るための55章　梁聖宗、金良淑、伊地知紀子 編著
167 イギリス文学を旅する60章　石原孝哉、市川仁 編著
168 フランス文学を旅する60章　野崎歓 編著
169 ウクライナを知るための65章　服部倫卓、原田義也 編著
170 クルド人を知るための55章　山口昭彦 編著
171 ルクセンブルクを知るための50章　田原憲和、木戸紗織 編著
172 地中海を旅する62章　歴史と文化の都市探訪　松原康介 編著
173 ボスニア・ヘルツェゴヴィナを知るための60章　柴宜弘、山崎信一 編著
174 チリを知るための60章　細野昭雄、工藤章、桑山幹夫 編著
175 ウェールズを知るための60章　吉賀憲夫 編著
176 太平洋諸島の歴史を知るための60章　日本とのかかわり　石森大知、丹羽典生 編著
177 リトアニアを知るための60章　櫻井映子 編著
178 現代ネパールを知るための60章　公益社団法人 日本ネパール協会 編
179 フランスの歴史を知るための50章　中野隆生、加藤玄 編著
180 ザンビアを知るための55章　島田周平、大山修一 編著
181 ポーランドの歴史を知るための55章　渡辺克義 編著
182 韓国文学を旅する60章　波田野節子、斎藤真理子、きむ ふな 編著
183 インドを旅する55章　宮本久義、小西公大 編著
184 現代アメリカ社会を知るための63章【2020年代】　明石紀雄 監修　大類久恵、落合明子、赤尾千波 編著
185 アフガニスタンを知るための70章　前田耕作、山内和也 編著
186 モルディブを知るための35章　荒井悦代、今泉慎也 編著
187 ブラジルの歴史を知るための50章　伊藤秋仁、岸和田仁 編著
188 現代ホンジュラスを知るための55章　中原篤史 編著
189 ウルグアイを知るための60章　山口恵美子 編著
190 ベルギーの歴史を知るための50章　松尾秀哉 編著

——以下続刊

◎各巻2000円（一部1800円）

〈価格は本体価格です〉